# Estratégia para corporações e empresas
## Teorias atuais e aplicações

Dados Internacionais de Catalogação na Publicação (CIP)
(Câmara Brasileira do Livro, SP, Brasil)

Estratégia para corporações e empresas : teorias atuais e aplicações / João Paulo Lara de Siqueira, João Maurício Gama Boaventura, (org.). — São Paulo : Cengage Learning, 2023.

2. reimpr. da 1. ed. brasileira de 2012.
Vários autores.
Bibliografia.
ISBN 978-85-221-1249-4

1. Administração de empresas 2. Planejamento estratégico I. Siqueira, João Paulo Lara. II. Boaventura, João Maurício Gama.

12-07520     CDD-658.4012

### Índices para catálogo sistemático:

1. Negócios : Gestão estratégica : Administração de empresas 658.4012
2. Planejamento estratégico : Administração de empresas 658.4012

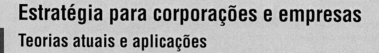

# Estratégia para corporações e empresas
## Teorias atuais e aplicações

João Paulo Lara de Siqueira (org.)
João Maurício Gama Boaventura (org.)

Ademir Antonio Ferreira
Arnaldo Luiz Ryngelblum
Carlos Inácio Maradei Guimarães
Celso Augusto Rimoli
Fábio Teixeira Arten
Flávio Hourneaux Junior
José Celso Contador
Léo Eduardo Pastori Noronha
Luciana Onusic
Marcus Eduardo Rocca
Nadia Wacila Hanania Vianna
Renato Telles
Ricardo Lavigne Futuro
Roberto Bazanini
Roseli Martins da Silva

Austrália • Brasil • México • Cingapura • Reino Unido • Estados Unidos

Estratégia para corporações e empresas: Teorias atuais e aplicações

João Paulo Lara de Siqueira e João Maurício Gama Boaventura (orgs). Ademir Antonio Ferreira, Arnaldo Luiz Ryngelblum, Carlos Inácio Maradei Guimarães, Celso Augusto Rimoli, Fábio Teixeira Arten, Flávio Hourneaux Junior, José Celso Contador, Léo Eduardo Pastori Noronha, Luciana Onusic, Marcus Eduardo Rocca, Nadia Wacila Hanania Vianna, Renato Telles, Ricardo Lavigne Futuro, Roberto Bazanini e Roseli Martins da Silva.

Gerente Editorial: Patricia La Rosa

Supervisora Editorial: Noelma Brocanelli

Editora de Desenvolvimento: Marileide Gomes

Supervisora de Produção Gráfica: Fabiana Alencar Albuquerque

Copidesque: Márcia Elisa Rodrigues e Mônica de Aguiar Rocha

Revisão: Márcia Elisa Rodrigues e Mônica de Aguiar Rocha

Editora de direitos de aquisição e iconografia: Vivian Rosa

Pesquisa iconográfica: Mariana Martins

Diagramação: Cia. Editorial

Capa: Sérgio Bergocce

© 2013 Cengage Learning Edições Ltda.

Todos os direitos reservados. Nenhuma parte deste livro poderá ser reproduzida, sejam quais forem os meios empregados, sem a permissão, por escrito, da Editora. Aos infratores aplicam-se as sanções previstas nos artigos 102, 104, 106 e 107 da Lei nº 9.610, de 19 de fevereiro de 1998.

Esta editora empenhou-se em contatar os responsáveis pelos direitos autorais de todas as imagens e de outros materiais utilizados neste livro. Se porventura for constatada a omissão involuntária na identificação de algum deles, dispomo-nos a efetuar, futuramente, os possíveis acertos.

Para informações sobre nossos produtos, entre em contato pelo telefone 0800 11 19 39

Para permissão de uso de material desta obra, envie seu pedido para direitosautorais@cengage.com

© 2013 Cengage Learning. Todos os direitos reservados.

ISBN-13: 978-85-221-1249-4
ISBN-10: 85-221-1249-5

**Cengage Learning**
Condomínio E-Business Park
Rua Werner Siemens, 111 – Prédio 11 – Torre A – Conjunto 12 – Lapa de Baixo – CEP 05069-900
São Paulo – SP
Tel.: (11) 3665-9900 – Fax: (11) 3665-9901
SAC: 0800 11 19 39

Para suas soluções de curso e aprendizado, visite **www.cengage.com.br**

Impresso no Brasil
*Printed in Brazil*
2. reimpressão de 2023

# Sobre os autores

**João Paulo Lara de Siqueira (Org.)**

Engenheiro civil, mestre e doutor em Administração pela FEA-USP. Foi coordenador de pesquisas e de cursos do Programa de Administração de Varejo (Provar), da Fundação Instituto de Administração (FIA), e do curso de graduação em Marketing da Trevisan Escola de Negócios. Lecionou matérias de Marketing e Logística em cursos de pós-graduação e MBAs da FIA e da Trevisan. É professor titular do Programa de Mestrado em Administração da Universidade Paulista (Unip). Coautor dos livros *Finanças no varejo* e *Clusters e redes de negócios* (ambos da Editora Atlas) e de diversos capítulos de livros e artigos publicados em revistas técnicas e periódicos acadêmicos.

**João Maurício Gama Boaventura (Org.)**

Mestre e doutor em Administração pela FEA-USP, por onde também é bacharel em Administração e pesquisas na área de Estratégia e Estudos do Futuro, com publicações em congressos nacionais e internacionais, em revistas especializadas e livros. Tem experiência docente de Estratégia em diversos níveis: mestrado e doutorado (FEA-USP, FIA, Unip e Unicid), pós-graduação *lato sensu* (FIA, EAESP-FGV, EPGE-FGV, Fecap, Mackenzie e Trevisan) e graduação (FEA-USP, Fecap e Trevisan). Desenvolveu carreira profissional em empresas das áreas de TI (Hot&Hos, Trigon e TRIX) e de Telecomunicações (MP-Alfa Telecomunicações), ocupando cargos de gerência, diretoria e presidência. Exerceu a presidência da Associação Brasileira das Empresas de Automação (AIM Brasil) e foi membro do Board of Directors e Chairman do Conselho de Afiliados da AIM-Global (entidade internacional que congrega a indústria de automação). Chefiou delegações brasileiras em reuniões da ISO, no Brasil e no exterior, tendo sido presidente do subcomitê da ABNT, voltado para as tecnologias de automação. Foi membro dos conselhos editoriais das revistas *Automação e Código de Barras*, *Logística Moderna* e *Scantech News*. Atualmente é editor da *Revista Brasileira de Gestão de Negócios* (*RBGN*). Como consultor, atuou em empresas como Johnson & Johnson, Kraki Alimentos e Cofibam Indústria de Cabos. Ainda como consultor, na área de ensino, desenvolveu projetos para a Faculdade Impacta, Trevisan e para o Centro Universitário Fecap.

## Autores dos capítulos

### Capítulo 1: Professor doutor Ademir Antonio Ferreira

Bacharel, mestre e doutor pela FEA-USP. Cursos de especialização na NorthWestern University e Vanderbilt University, ambas nos Estados Unidos. Professor doutor do Departamento de Administração da FEA-USP e professor titular do Programa de Mestrado da Unip. Coautor dos livros *Gestão empresarial – de Taylor aos nossos dias* (1997) e *Fundamentos de administração* (2010). Artigos publicados nas áreas de Transferência de Tecnologia, Redes de Negócios e Administração Estratégica.

### Capítulo 2: Professor doutor Renato Telles e professora mestranda Roseli Martins da Silva

#### Renato Telles

Professor doutor em Administração pela FEA-USP. Graduado em Economia pela FEA-USP, em Engenharia pela Escola Politécnica da USP e em Física pelo Instituto de Física da USP. Professor do Programa de Mestrado da Unip, graduação e pós-graduação das Faculdades Rio Branco e da Universidade de São Caetano do Sul. Autor de livros e artigos em revistas científicas e de negócio; executivo e consultor com 20 anos de experiência.

#### Roseli Martins da Silva

Graduada em Economia pela PUC-SP, pós-graduada em Administração também pela PUC-SP. Possui MBA em Finanças pelo IBMEC-SP, especialização em Mercados de Capitais pelo IBMEC/FGV-RJ e é mestranda na Unip. Atuou no mercado financeiro, em consultoria financeira e atualmente é docente no ensino superior e na pós-graduação.

## Capítulo 3: Professora doutora Luciana Onusic e professor mestrando Fábio Arten

**Luciana Onusic**

Graduada em Ciências Contábeis pela Universidade de São Paulo (2000), possui mestrado (2004) e doutorado (2009) em Administração pela Universidade de São Paulo (USP). Tem experiência em consultoria, pesquisa e docência há mais de 15 anos principalmente nos seguintes temas: Estratégia Competitiva, Gestão de Instituições de Ensino Superior, Finanças Corporativas e Gestão de Serviços. Atuou como docente em várias instituições de ensino superior, entre elas a Unip, onde o foco de aula e pesquisa era no programa de mestrado. Atualmente é professora da Unifesp na área de administração.

**Fábio Arten**

Graduado em Administração de Empresas pelo Mackenzie. Pós-graduado em Administração de Empresas pela Unip. Mestrando em Administração pela Unip. É professor de Administração de Empresas na Unip. Possui experiência em cargos de gestão em empresas.

## Capítulo 4: Professora doutora Nadia Wacila Hanania Vianna e professor mestrando Ricardo Lavigne Futuro

**Nadia Wacila Hanania Vianna**

Pós-graduada em Administração (doutora, mestre e especialista), graduada professora (área: Métodos Quantitativos) dos Programas de Pós-Graduação e Graduação em Administração da FEA-USP. Autora de livro, capítulo de livro e artigos. Atualmente é professora pesquisadora da Unip (Mestrado em Administração) e da Fipecafi-USP (Programas de MBA); na área não acadêmica, presta serviços de consultoria.

**Ricardo Lavigne Futuro**

É graduado pela PUC-SP, pós-graduado em Administração de Empresas pela FGV-SP e mestrando em Administração de Empresas na Unip. Atua há 10 anos no ramo educacional. É Diretor de Planejamento do Colégio Visconde de Itaboraí e professor de Economia e Finanças da Unip.

### Capítulo 5: Professor doutor Arnaldo L. Ryngelblum

Doutorado em Administração de Empresas pela EAESP-Fundação Getúlio Vargas/SP, mestrado em Ciências da Gestão pela HEC-Universidade de Montreal, graduado pela FGV/RJ e em Engenharia de Produção pela UFRJ. Atualmente é coordenador do mestrado da Unip. Executivo de gestão estratégica e marketing em empresas multinacionais e brasileiras. Pesquisador de temas em estratégia, políticas públicas e teorias organizacionais.

### Capítulo 6: Professor doutor Celso Augusto Rimoli e professor mestre Léo Eduardo Pastori Noronha

#### Celso Augusto Rimoli

Bacharel, mestre e doutor em Administração de Empresas pela FEA-USP, com estágio no Freeman Centre, University of Sussex, Reino Unido. Atualmente integra o mestrado em Administração na Unip. Interesses de pesquisa: marketing, inovação, redes de negócio e estratégia.

#### Léo Eduardo Pastori Noronha

Mestre em Administração pela Unip. Pós-graduado em design de produtos pela Faculdade de Belas Artes de São Paulo. Graduado pela Fundação Armando Álvares Penteado (FAAP). Professor adjunto do curso de Administração da Unip, no presencial e no ensino a distância (EAD). Trabalhou por sete anos no Ministério da Defesa (Exército Brasileiro), posteriormente na empresa Lemar, na Marques & Wilmers – Consultoria e Comércio Exterior Ltda., e exerce a função de Call Taker com a IBM desde fevereiro de 2009.

### Capítulo 7: Professor doutor Flávio Hourneaux Junior

Graduado em Administração de Empresas (1990), mestre (2005) e doutor (2010) em Administração, todos cursados na USP, com passagem pela Cranfield University (2009) do Reino Unido. Professor do curso de Mestrado em Administração da Unip desde fevereiro de 2011. Tem realizado trabalhos principalmente sobre os seguintes temas: mensuração de desempenho, planejamento estratégico e sustentabilidade.

### Capítulo 8: Professores doutores Renato Telles e João Paulo Lara de Siqueira

### Capítulo 9: Professor doutor Roberto Bazanini

Publicitário e consultor em Administração de Empresas, bacharel e licenciado em Filosofia e em Pedagogia, pós-graduado em Comunicação e Semiótica (PUC-SP).

### Capítulo 10: Professor doutor João Paulo Lara de Siqueira e professor mestrando Marcus Eduardo Rocca

#### Marcus Eduardo Rocca

Engenheiro civil pela Unip, administrador de empresas pelo Mackenzie. Pós-graduado em Engenharia de Segurança e Medicina do Trabalho pelo Mackenzie. Possui MBA em Gestão de Operações Bancárias pela Fundação Vanzolini e é mestrando em Administração pela Unip. Trabalha no Banco Itaú desde 1985, tendo desenvolvido trabalhos nas áreas de Construção Civil e Segurança do Trabalho e Patrimonial. É professor universitário na Unip. Também leciona no Senac.

### Capítulo 11: Professor doutor José Celso Contador e professor mestrando Carlos M. Guimarães

#### José Celso Contador

Engenheiro (USP, 1964), professor doutor (USP, 1973), professor livre-docente (Unesp, 1993); professor aposentado da USP e da Unesp e, atualmente, professor titular do Mestrado em Administração na Unip. É consultor de empresas, pesquisador em estratégia e autor dos livros *Campos e armas da competição* (2008), *Modelo para aumentar a competitividade industrial* (1996) e *Gestão de operações* (1997). Foi o segundo autor brasileiro mais prolífico em estratégia empresarial no período 1991 a 2002.

#### Carlos I. M. Guimarães

Mestrando em Estratégia Empresarial pela Unip (defesa no primeiro semestre de 2012); MBA em Marketing de Serviços pela USP; pós-graduado em Marketing e graduado em Publicidade e Propaganda pela Unip. É consultor associado sênior das Consultorias Seti e Ateon, bem como professor dos cursos de MBA e superior da Unip. Foi diretor do Grupo Santander, gerente geral de BU do Banco Mercantil Finasa S.A., gerente de marketing do Banco Citibank S.A. e gerente de produtos Credicard S.A.

# Apresentação

Este livro apresenta as principais teorias que versam sobre estratégia empresarial, referentes ao nível corporativo e das unidades de negócio, as quais também podem ser aplicadas às empresas individuais. Ele é destinado aos alunos de graduação em cursos de Administração e também pode ser útil em cursos de pós--graduação, especialmente os de *lato sensu*, como os MBAs, podendo, ainda, atender aos profissionais e executivos que precisem se informar – ou se atualizar – sobre as ideias de estratégia.

Existe, atualmente, no mercado uma razoável quantidade de livros sobre estratégia empresarial, com abordagens que variam desde as mais sofisticadas até as que se aproximam da autoajuda. Em função disso, é plausível questionar-se sobre o porquê do lançamento de mais um livro que trata desse tema.

No caso deste livro, essa pergunta tem uma resposta tripla. Em primeiro lugar, falta no mercado uma publicação com boa aderência ao programa de estratégia, da forma como ele é adotado na maioria das escolas brasileiras de administração. Atualmente é bastante comum que as aulas de estratégia sejam apoiadas em capítulos extraídos de diferentes livros e autores, pois falta um texto único que abranja todos os tópicos que normalmente são ensinados. Essa carência é, em parte, explicada pelo fato de a área da estratégia ter se expandido bastante nos últimos anos, tendo ganhado destaque em congressos e periódicos. Além disso, há muitos livros de autores estrangeiros, que certamente contribuem para o alargamento da visão dos estudantes, mas pecam por não interpretarem a realidade brasileira.

Outro motivo é em decorrência do avanço já mencionado do estudo da estratégia. As teorias mais recentes dificilmente podem ser encontradas em um único livro que tenha as características de aprofundamento nos temas e de adequação da linguagem à graduação e à pós-graduação em Administração.

Por último, pode-se citar também o fato de que, nesta obra, em todos os capítulos (com exceção do Capítulo 9, por razões que serão vistas adiante), a teoria é ilustrada com aplicações práticas dos conceitos e das ideias expostas, em casos que se referem, diretamente, ao contexto brasileiro, ou que nele poderiam ser aplicados com extrema facilidade.

Este livro foi elaborado pela equipe de professores do Programa de Mestrado em Administração da Universidade Paulista (Unip), com a colaboração de professores da graduação dessa mesma universidade.

O Capítulo 1, que introduz os principais conceitos e fundamentos da estratégia empresarial e que oferece uma visão geral do que é tratado mais detalhadamente nos capítulos subsequentes, foi escrito pelo professor doutor Ademir Antonio Ferreira. O Capítulo 2, que versa sobre o planejamento estratégico e administração estratégica, foi elaborado pelo professor doutor Renato Telles, com a colaboração da professora mestranda Roseli Martins da Silva, e tem por objetivo diferenciar planejamento, estratégia e administração estratégica e apresentar uma visão atual e crítica sobre esses assuntos. A parte teórica do Capítulo 3 ficou a cargo da professora doutora Luciana Onusic, e a aplicação prática foi desenvolvida pelo professor mestrando Fábio Arten. Esse capítulo traz a análise do ambiente empresarial, uma etapa fundamental na formulação estratégica, e inclui a análise do macroambiente e dos *stakeholders*.

No Capítulo 4, a professora doutora Nadia Wacila Hanania Vianna discorre sobre a estratégia corporativa e as estratégias para atuação internacional de empresas e corporações. Esse capítulo conta com um interessante estudo de caso sobre o Grupo Gerdau, preparado pelo professor mestrando Ricardo Lavigne Futuro. O Capítulo 5, que apresenta a estratégia competitiva de Porter, foi redigido pelo professor doutor Arnaldo L. Ryngelblum, que também se encarregou da aplicação prática. O objetivo desse capítulo é introduzir o modelo das cinco forças de Porter, a ideia da vantagem competitiva e as estratégias genéricas. A estratégia baseada em recursos (que neste livro engloba o que se costuma chamar de RBV, ou *Resouce-Based View*, e as competências essenciais) é abordada, na sequência, no Capítulo 6, facilitando a sua contraposição com o modelo de Porter, mais focado no encaixe da firma em um ambiente competitivo. Esse capítulo teve sua parte teórica escrita pelo professor doutor Celso Augusto Rimoli e a parte prática, pelo professor mestre Léo Eduardo Pastori Noronha.

O controle da estratégia e o *Balanced Scorecard* (*BSC*) é o assunto do Capítulo 7, desenvolvido pelo professor doutor Flávio Hourneaux Junior. Seu objetivo é discutir a importância do monitoramento do desempenho da empresa e o uso do BSC para isso. Seguindo nessa linha, o Capítulo 8, escrito pelos professores doutores Renato Telles e João Paulo Lara de Siqueira (também responsáveis pela aplicação prática), trata do alinhamento estratégico nas empresas e das estratégias de cooperação, incluindo o modelo da coopetição.

Os três últimos capítulos são dedicados a temas predominantemente teóricos ou mais recentes. Nesse sentido, o Capítulo 9, de autoria do professor doutor Roberto Bazanini, discute a estratégia em seu sentido mais amplo, buscando seus indícios em diversas atividades humanas, e faz algumas reflexões acerca da possibilidade da transposição da estratégia militar para a área empresarial. No Capítulo 10, o professor doutor João Paulo Lara de Siqueira apresenta a teoria dos *stakeholders* (cuja utilização na análise do ambiente é discutida no Capítulo 3) e discute seu conflito com a função–objetivo da empresa, segundo a teoria da firma. A parte prática desse capítulo ficou a cargo do professor mestrando Marcus Eduardo Rocca. O Capítulo 11 foi escrito pelo professor doutor José Celso Contador e tem por objetivo colocar o leitor em contato com o modelo de campos e armas da competição, de sua autoria.

O Capítulo 9, dada a sua natureza reflexiva, não possui parte prática e no capítulo 11, por motivos didáticos, optou-se por incluir o caso prático – que foi desenvolvido pelo professor mestrando Carlos Inácio Maradei Guimarães – no corpo da explicação da teoria. A tarefa de organização do conteúdo e estruturação do livro contou com a preciosa ajuda do professor doutor João Maurício Gama Boaventura, que também colaborou na revisão dos textos e com a sugestão de tópicos.

Por tratar-se de uma obra voltada basicamente para a sala de aula, os autores desenvolveram apresentações dos capítulos em *slides*, que estão disponíveis *on-line* e devem auxiliar na preparação das aulas. Recomenda-se que os casos práticos e as questões (sobre a teoria e os casos) também sejam considerados nesse momento.

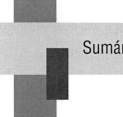

# Sumário

## Capítulo 1 Conceitos e fundamentos de estratégia empresarial 1

Estratégia: origens e conceitos 1
    Estratégia e ambiente 4
    Formulando o conceito de estratégia 6

Administração estratégica 7
    A missão da empresa 8
    Objetivos e metas 10
    Desenvolvendo estratégias 11
        Estratégias corporativas 12
        Estratégias de negócios 13
            Estratégia adaptativa 13
            Estratégia competitiva 13
        Estratégias funcionais 14
            Estratégias de marketing 15
            Estratégias operacionais 15
            Estratégias de recursos humanos 15
            Estratégias financeiras 16
            Outras estratégias funcionais 16
        Implementação e controle das estratégias 17

O processo de formação das estratégias  17

Unidades Estratégicas de Negócios (UENs)  22

    Perspectivas do modelo de gestão baseado em UENs  24

Questões de revisão  26

Estudo de caso  27

Referências  28

## Capítulo 2 Planejamento estratégico e administração estratégica  31

Planejamento estratégico x administração estratégica  31

    Administração, planejamento e estratégia  31
    Planejamento estratégico  32
    Administração estratégica  33
    Relação entre planejamento estratégico e administração estratégica  34

Planejamento estratégico  36

    Origem e evolução do planejamento estratégico  36
    Etapas de um planejamento estratégico  39
        Avaliação da estratégia vigente  40
            Avaliação do ambiente  42
            Estabelecimento do perfil estratégico  43
            Quantificação dos objetivos  44
            Finalização  45
            Implementação  45

Administração estratégica  46

    Origem  46
    Conceitos  47
    Propósito  49

Questões de revisão  50

Estudo de caso  50

Refrências  52

## Capítulo 3 Análise do ambiente empresarial  55

Análise do ambiente empresarial  55

   Análise do ambiente geral  57

      Segmento econômico  59

      Segmento político-jurídico  60

      Segmento sociocultural  60

      Segmento tecnológico  61

      Segmento global  61

Análise do ambiente setorial  62

Análise dos concorrentes  63

Análise de *stakeholders*  64

   O conceito de *stakeholders*  64

   Categorias de *stakeholders*  66

   Etapas da análise dos *stakeholders*  67

   A governança corporativa e sua importância para os *stakeholders*  68

Questões de revisão  70

Estudo de caso  70

Referências  73

## Capítulo 4 Estratégia corporativa e internacional  77

Conceito e tipos de estratégia corporativa  77

   A diversificação como estratégia corporativa  83

      O Teste de Porter  85

Estratégias corporativas no ambiente internacional  86

   A motivação para a internacionalização  87

      Teorias econômicas  87

      Teorias comportamentais  88

      Teorias estratégicas  90

Estratégias de entrada  90

Riscos no ambiente internacional  95

Empresas brasileiras e o investimento direto no exterior  95

Fatores motivadores da internacionalização de empresas brasileiras  98

Fatores inibidores da internacionalização de empresas brasileiras  98

Questões de revisão  99

Estudo de caso  100

Referências  103

## Capítulo 5 A estratégia competitiva de Michael E. Porter  111

A estratégia competitiva de Michael E. Porter  111

A análise estrutural do setor econômico (cinco forças)  113

A análise da cadeia de valor  119

A escolha da estratégia genérica  126

Críticas ao modelo  129

Capacidade de controlar todos os elementos do modelo  129

Abordagem do meio ambiente versus fatores específicos da empresa  129

Ausência do consumidor  129

Novos conceitos de produtos ou serviços  130

Questionário para o modelo da vantagem competitiva de Porter  130

Questões de revisão  133

Estudo de caso  134

Referências  136

## Capítulo 6 Visão baseada em recursos (RBV) e competências essenciais 137

Visão baseda em recursos (RBV) e competências essenciais 137

    Contexto da visão baseada em recursos (RBV) 137
    A visão baseada em recursos 139

Conceitos de ativos tangíveis e intangíves, recursos e capacitações 139

O modelo VRIO 141

Competências essenciais 154

    Visão estratégica de competências 154
    Conceitos e definições de competências essenciais 154
    As competências essenciais podem ser um obstáculo? 157

Questões de revisão 158

Caso de ensino 159

Referências 163

## Capítulo 7 Controle da estratégia e *Balanced Scorecard* (BSC) 167

A importância do monitoramento e do controle da estratégia 167

    O que é desempenho e por que gerenciá-lo 168
    Como fazer tudo isso? Implantando os SMDs nas organizações 171

O *Balanced Scorecard* (BSC) 172

    O BSC e o alinhamento estratégico 173
    A estrutura do BSC 176
    O BSC e os indicadores de desempenho 178
    O BSC e os mapas estratégicos 180
    Novos usos e tendências para o BSC 183

Reflexões finais 184

Questões de revisão 185

Estudo de caso   185

Referências   187

## Capítulo 8 Alinhamento estratégico e estratégias de cooperação   191

Alinhamento estratégico   191

   Origem do conceito de alinhamento estratégico   191
   Evolução da perspectiva do alinhamento estratégico   193
   Abordagens do processo de alinhamento estratégico   195
   Alinhamento estratégico – perspectiva de Kaplan e Norton   196
   Alinhamento estratégico e tecnologia da informação   197
   Modelos de dimensões organizacionais   199
   Dimensão estratégica   199
   Dimensão estrutural   199
   Dimensão tecnológica   199
   Dimensão humana   200
   Dimensão cultural   200
   Dimensão política   200
   Alinhamento: dimensão estratégica X demais dimensões   201

Estratégias de cooperação   201

   Alianças estratégicas   201
   O modelo de coopetição   204

Questões de revisão   208

Estudo de caso   208

Referências   211

## Capítulo 9 A estratégia em seu senso lato: criatividade e abrangência   215

A estratégia nos diferentes setores da atividade humana   215

   Relações de inferências   217
   Antropologia filosófica e estratégia   220

A inteligência astuciosa na mitologia grega 222

Atributos da inteligência astuciosa 224

Referencial externo à estratégia empresarial 226

Sun Tzu: as lições da estratégia oriental 227

O pensamento de Sun Tzu e a estratégia empresarial 229

Reflexões sobre a inteligência astuciosa 232

Casos paradigmáticos de sucesso e de fracasso 233

Referências 235

## Capítulo 10 Teoria dos *stakeholders* 237

Fundamentos da teoria dos *stakeholders* 237

Função-objetivo da teoria dos *stakeholders* 240

Contraposição à teoria da firma 242

Gestão de *stakeholders* 245

Estratégias para *stakeholders* 251

Questões de revisão 254

Estudo de caso 254

Referências 258

## Capítulo 11 Campos e armas da competição: formulação da estratégia competitiva 261

Introdução 261

O que é o modelo de campos e armas da competição e para que serve 261

Evolução do CAC 262

Objetivos deste capítulo 263

Evolução do pensamento estratégico 263

Definição de campo da competição e de arma da competição 264

Campos da competição 266

    Configuração dos campos da competição 266
    Campos da competição e estratégia competitiva de negócio 267

Armas da competição 275

    Conceitos sobre arma e arma da competição 275
    Determinação do conjunto das armas da competição de uma empresa 276
    Relevância das armas da competição 278
    Armas da cooperação 279
    Alvos das armas 280

Estrutura dos elementos essenciais e distintivos do CAC 282

    Inter-relações entre as entidades campos,
        armas e alvos: o modelo conceitual 282
    A tese do CAC e as sete variáveis quantitativas 284
    Caracterização do CAC 284
    A visão do CAC sobre estratégia 285
    A visão do CAC sobre competitividade, vantagem
        e vantagem competitiva 286

As variáveis quantitativas do CAC 287

    Grau de competitividade da empresa 287
    Intensidade da arma 288
    As três variáveis fundamentais do submodelo quantitativo do CAC:
        intensidade média das armas, foco e dispersão 289

Validação do CAC 292

Processo de formulação da estratégia competitiva pelo CAC 294

    O fabricante de computadores e a definição do produto 294
    Passos para formular ou reformular a estratégia competitiva
        de uma empresa 295
        Passo 5: identificar o posicionamento competitivo do fabricante
            de note e netbooks e dos concorrentes utilizando o CAC 295
        Passo 6: formular a estratégia competitiva de negócio pelo CAC 296
            Mapa estratégico 296

Formulação da estratégia competitiva de negócio:
   escolha dos campos  298
Passo 7: definir as estratégias competitivas operacionais  299
   Proposta de novas intensidades das armas do fabricante  299
   Implementação das estratégias competitivas: o plano de ação  301

## Comparação do CAC com outros modelos e conclusões  301
Comparação do CAC com os modelos de Porter,
   da RBV e de Hamel e Prahalad  301

## Conclusão  303
## Questões sobre a teoria  304
## Questões sobre o caso do fabricante  304
## Referências  304

# Estratégia para corporações e empresas
Teorias atuais e aplicações

## Capítulo 1

# Conceitos e fundamentos de estratégia empresarial

- Estratégia: origens e conceitos
- Administração estratégica
- O processo de formação das estratégias
- Unidades Estratégicas de Negócios (UENs)

## Estratégia: origens e conceitos

Quando se estabelecem as diretrizes básicas da atuação de uma organização, a seleção e a implementação das estratégias corporativas e dos negócios se tornam um dos pontos fundamentais para que se possam alcançar os objetivos propostos, superar os desafios do mercado e da concorrência e atingir um desempenho adequado, diante de todas as contingências e situações favoráveis ou adversas que se apresentam. Para se compreender a importância e a relevância da estratégia empresarial nos dias de hoje, tanto do ponto de vista teórico quanto na prática dos negócios, serão apresentados e discutidos, nas páginas seguintes, os conceitos de estratégia dos principais autores que se dedicaram a expor suas ideias sobre o assunto.

Não existe um consenso sobre o conceito de estratégia, embora a origem da palavra seja antiga e encontrada no campo militar. James Quinn, pesquisador e autor de trabalhos clássicos sobre estratégia empresarial, remonta à Grécia Antiga para mostrar a origem do termo *estratégia*:

> *strategos* (do grego que deu origem ao termo estratégia) referia-se, inicialmente, a um papel (um general no comando de um exército). Posteriormente, passou a significar "a arte do general", ou seja, as habilidades psicológicas e comportamentais com as quais

exercia o seu papel. Ao tempo de Péricles (450 a.C.), passou a significar habilidades gerenciais (administração, liderança, oratória, poder)[1].

No entanto, *A arte da guerra*, de Sun Tzu (século VI a.C.)[2], filósofo chinês, ocupa há muito tempo uma posição proeminente entre os livros mais lidos por empresários, dirigentes e executivos em todo o mundo. É leitura obrigatória em muitos cursos de gestão estratégica e sugerida para os que assumem posições gerenciais em algumas organizações. Paradoxalmente, a tese central de Sun Tzu é que se pode evitar a guerra se for possível desenvolver uma estratégia correta antes de começar a batalha. As centenas de traduções e edições da obra de Sun Tzu evidenciam que o livro serviu como fonte do pensamento estratégico de muitos estadistas e empresários ao redor do mundo.

A incorporação do termo *estratégia* ao ambiente empresarial trouxe uma riqueza muito grande de significados, conceitos e definições para fundamentar o papel e a importância da formulação da estratégia mais ajustada às condições do ambiente em que acontecem os negócios de uma organização. Quinn, reconhecendo a pluralidade de termos e significados utilizados quando se trata do assunto, afirma que estratégia:

> é o padrão ou plano que integra as principais metas, políticas e sequência de ações de uma organização em um todo coerente. Uma estratégia bem formulada ajuda a ordenar e alocar os recursos de uma organização para uma postura singular e viável, com base em suas competências e deficiências internas relativas, mudanças no meio ambiente antecipadas e providências contingentes realizadas por oponentes inteligentes.[3]

Todavia, o conceito de estratégia não pode e não deve ser visto somente como a adoção de uma abordagem formal e rígida. Henry Mintzberg, no intuito de caracterizar os principais significados da estratégia, segmentou o material existente a respeito do tema em cinco definições (os cinco Ps da estratégia):

- **Estratégia como planejamento** (*Plan*). Pergunte a qualquer pessoa o que é estratégia e certamente obterá respostas como um plano, uma direção, um guia ou um curso de ação para o futuro, um caminho para atingir um objetivo. Esta é a definição mais comum e mais utilizada, quer nos meios acadêmicos, quer nos meios empresariais.

- **Estratégia como pretexto** (*Ploy*). A estratégia pode ser uma manobra específica destinada a abalar ou enganar um concorrente. Este é um conceito ligado essencialmente ao conceito tático.

- **Estratégia como padrão** (*Pattern*). É um padrão que permite manter a coerência ao longo do tempo. Nesse ponto, surge a classificação de estratégias "emer-

gentes", nas quais os padrões se desenvolvem na ausência de intenções, e as "deliberadas", nas quais as intenções são realizadas.
- **Estratégia como posição** (*Position*). Uma maneira de posicionar a organização no ambiente no qual está inserida. Neste ponto, relaciona-se com as teorias militar e de jogos sobre estratégia. Compreende o estabelecimento de uma posição, quer para evitar a derrota ou derrotar a concorrência, quer para obter retornos econômicos. Compreende ainda o estabelecimento de forças competitivas considerando a posição ocupada no mercado.
- **Estratégia como perspectiva** (*Perspective*). Compreende o olhar para dentro das organizações, particularmente para o pensamento e mente dos estrategistas. Relaciona-se fortemente com a cultura organizacional e com as competências essenciais. Neste conceito se faz importante compreender como as intenções estratégicas difundem-se e tornam-se compartilhadas.[4]

Igor Ansoff, por muitos considerado o pai do planejamento estratégico e da administração estratégica, autor do livro *Corporate strategy* de 1965, referência na literatura acadêmica e da gestão empresarial, define estratégia como "as regras e diretrizes para decisão que orientam o processo de desenvolvimento de uma organização"[5].

Para Ansoff, as decisões estratégicas são aquelas que permitem à empresa se desenvolver e perseguir seus objetivos, considerando-se as relações e as condições do ambiente em que atua.

Kenneth Andrews, da Harvard Business School, em 1971, conceituava estratégia como um padrão de objetivos, políticas e planos a serem alcançados, de modo que definissem o negócio da empresa e o que ela pretendia ser[6]. Na revisão e na atualização da sua obra de 1980, Andrews reforça a noção de estratégia como orientação para os propósitos organizacionais e destaca a importância do ambiente e dos *stakeholders*[*] na sua abordagem:

> Estratégia empresarial é o padrão de decisões em uma empresa, que determina e revela seus objetivos, propósitos ou metas, produz as principais políticas e planos para alcançar as metas, define as áreas de negócios em que a empresa irá atuar, o tipo de organização econômica e humana que é ou pretende ser e a natureza da contribuição econômica e não econômica que pretende fazer a seus acionistas, empregados, clientes e comunidades.[7]

---

[*] *Stakeholder*: "uma pessoa, um grupo ou uma instituição que tem participação direta ou indireta em uma organização e que pode afetar ou ser afetado pelas ações, objetivos e políticas dessa organização. Inclui credores, clientes, diretores, empregados, governo (e suas agências), acionistas, fornecedores, sindicatos e a comunidade onde atua" (Business Dictionary.com). Na falta de uma palavra que reflita esse significado na nossa língua, é mantida a expressão em inglês, utilizada habitualmente no meio empresarial e acadêmico.

> **O que é estratégia – e ela realmente importa?**
>
> A Amazon.com apresenta uma lista de 47 livros com o título *Estratégia empresarial*. Na maioria, são grossos volumes, repletos de gráficos, listas e dogmas, que prometem ao leitor os princípios da estratégia corporativa. A análise cuidadosa revela que quase todos contêm praticamente as mesmas matrizes e autoridades. Há pouca variedade e autoquestionamento. Os preços variam em torno de US$ 50. Algo é bastante implausível nesses livros. Se os segredos da estratégia corporativa pudessem ser adquiridos por US$ 50, não precisaríamos pagar um salário tão alto aos gerentes executivos. Se houvesse real concordância entre os princípios da estratégia corporativa, não seria tão difícil tomar decisões estratégicas. Essa obra não promete torná-lo rico, nem o acalmará com uma reconfortante unanimidade. Ao contrário, lidará com a questão da estratégia como a prática contestável e imperfeita que ela realmente é. Daí a razão da pergunta no título.
>
> (Whittington, R. *O que é estratégia*, São Paulo: Cengage Learning Edições. 2006)

A administração estratégica situa-se, então, num ponto evolutivo das ideias iniciais do planejamento empresarial, procurando conciliar ou se ajustar à variabilidade de todos os elementos envolvidos no processo: a estruturação interna e os recursos da organização, as condições ambientais e as relações que se estabelecem nos diversos campos do ambiente empresarial (econômico, social, político, cultural, tecnológico etc.).

## Estratégia e ambiente

A análise do ambiente e a interface com a organização são os pontos fundamentais considerados em quase todas as abordagens, teorias e modelos criados para a formulação e a implantação de estratégias empresariais, que serão discutidas nos próximos capítulos.

Michael Porter, um dos autores mais lidos e ouvidos nos meios acadêmico e empresarial, sustenta a sua teoria das "5 Forças" na análise ambiental.[8] As forças descritas por Porter se transformaram, no final do século passado, num modelo de análise da estratégia organizacional, estudado e discutido nos meios acadêmicos e praticado em grande parte do meio empresarial de todo o mundo. As 5 Forças que devem condicionar a formulação da estratégia organizacional, segundo ele, se encontram no reconhecimento das seguintes características do ambiente empresarial:

- Rivalidade entre os concorrentes.
- Poder de negociação dos clientes.
- Poder de negociação dos fornecedores.

- Ameaça de entrada de novos concorrentes.
- Ameaça de produtos substitutos.

Deve ser observado que, em determinado momento, uma ou algumas dessas forças são mais importantes para cada setor industrial específico, assumindo maior influência na definição da estratégia a ser adotada e na determinação dos resultados que podem ser alcançados. Portanto, a proposta desse modelo é que, para se elaborar uma estratégia, adequada aos propósitos da organização, é necessário conhecer o setor em que atua e as características que governam suas forças competitivas.

O modelo SWOT sugere a comparação e posterior adequação dos recursos internos às condições externas oferecidas pelo ambiente. O termo SWOT é um acrônimo na língua inglesa de:

| | | |
|---|---|---|
| **S**trengths | = | Forças |
| **W**eakness | = | Fraquezas |
| **O**pportunities | = | Oportunidades |
| **T**hreats | = | Ameaças |

Esse modelo é uma ferramenta utilizada para fazer análise do ambiente e permitir a prospecção de cenários alternativos desse ambiente de negócios para os próximos anos. Visa efetuar uma síntese das análises internas e externas do ambiente, identificar elementos-chave para a gestão da empresa, o que implica estabelecer prioridades de atuação e preparar opções estratégicas que envolvam os riscos e as possibilidades de sucesso de cada uma. Esse modelo sugere realizar a previsão de vendas em articulação com as condições de mercado e a capacidade da empresa. É um sistema simples para situar ou verificar a posição estratégica da empresa no ambiente em questão. É utilizado como base para gestão e planejamento estratégico da organização, mas, devido a sua simplicidade, pode ser empregado em qualquer tipo de análise de cenário.

Credita-se a Kenneth Andrews e Roland Christensen, este também professor da Harvard Business School, a criação do modelo de análise SWOT como um quadro de referência para a definição da estratégia empresarial.[9] Os conceitos e as aplicações do modelo SWOT fundamentam muitas das abordagens à administração estratégica que surgiram posteriormente.

Os modelos conceituais de estratégia, elaborados para a obtenção de vantagem competitiva, buscam reconhecer o comportamento do mercado no estabelecimento dos seus parâmetros. E a tendência das abordagens contemporâneas é a elaboração de cenários prospectivos e alternativos em ambientes mais críticos ou sensíveis às pressões externas.

Outro ponto comum entre os muitos autores e pesquisadores refere-se à estratégia como um padrão de comportamento ao longo do tempo, num processo contínuo e interativo, que visa manter a organização integrada a seu ambiente, de modo que se transforme em um modelo de gestão. Enquanto os objetivos definem os rumos ou aonde a empresa quer chegar a curto, médio e longo prazo, as estratégias explicitam como e o que fazer para alcançá-los.

Portanto, as diferentes linhas de pensamento existentes na literatura devem ser consideradas no conceito de estratégia a ser adotado pela empresa. Seja qual for o seu ramo de atuação, porte e visão do negócio, a estratégia adotada deve conduzi-la a se diferenciar dos concorrentes, procurando estabelecer vantagem competitiva, a qual deve ser permanentemente monitorada, porque não se pode prever quanto irá durar. Paralelamente, é um caminho a ser seguido no intuito de alcançar os objetivos traçados e cumprir a missão definida.

## Formulando o conceito de estratégia

Todas as considerações até aqui elaboradas permitem perceber um conceito multidimensional de estratégia que abrange toda a atividade organizacional e busca oferecer um sentido de unidade, caminho e propósito para todos os setores da organização, bem como facilitar as mudanças necessárias induzidas pelo seu ambiente. Não parecem existir quaisquer contradições entre os diversos conceitos apresentados. Na verdade, se o leitor quiser elaborar seu próprio conceito de estratégia, pode combinar esses conceitos em uma única afirmação mais abrangente sobre estratégia. Efetuando esse exercício de reflexão, pode-se concluir que estratégia é:

Um padrão coerente, unificador e integrador das decisões:

- Que determina e revela os propósitos da organização em termos de objetivos de longo prazo, programas de ação e as prioridades de alocação de recursos.
- Que define em que áreas de negócios a empresa atua ou deve entrar.
- Que define o tipo de organização econômica e humana que a empresa é ou pretende ser.
- Que procura alcançar uma vantagem sustentável, a longo prazo, em cada uma das áreas de seus negócios, respondendo corretamente a oportunidades e ameaças oriundas do ambiente e verificando pontos fortes e fracos da organização.
- Que envolve todos os níveis hierárquicos da empresa, corporativo, de negócios e funcional.
- Que define a natureza das contribuições econômicas e não econômicas que pretende fazer para seus *stakeholders*.[10]

Desse ponto de vista integrado, a estratégia é um quadro de referência para que a organização possa manter a continuidade de seus negócios dentro de padrões considerados ideais e, ao mesmo tempo, facilitar sua força de adaptação a um ambiente em mudança. A essência da estratégia torna-se a gestão da mudança para a realização de vantagem competitiva em todos os negócios que a empresa está envolvida. Por fim, há um reconhecimento formal de que os destinatários de ações da empresa são os elementos que compõem as partes interessadas, direta ou indiretamente, no seu negócio. Portanto, o desenvolvimento da estratégia deve abordar, também, os benefícios dessas partes interessadas, fornecendo uma base para o estabelecimento da série de transações e contratos sociais que ligam a empresa a seus *stakeholders*.

## Administração estratégica

As diferentes abordagens para a estratégia empresarial, discutidas nesta breve introdução ao tema, demonstram a abrangência do conceito de estratégia, desde plano até perspectiva. Como plano, direciona o estrategista para a etapa de implantação e respectiva metodologia adotada, e, como perspectiva, busca a visão compartilhada por todas as pessoas da organização.[11] Todavia, colocar em prática e transformar em ações os postulados teóricos da administração estratégica exige algumas definições próprias e específicas de cada organização. O processo de gestão estratégica de uma organização consiste no desenvolvimento de uma série de etapas que visam:

- A definição da missão da empresa.
- O estabelecimento de metas e objetivos.
- A elaboração das estratégias e nos níveis corporativo, funcional e de negócios.
- A implementação e controle das estratégias.

Essa sequência de reflexões, decisões e ações não é linear, como mostra a Figura 1.1. Os gestores podem retornar às etapas anteriores para efetuar mudanças necessárias, como parte da atividade permanente de acompanhamento.[12]

As pressões oriundas do ambiente, que permeiam todo o processo da administração estratégica, compreendem as ações, geralmente, fora do controle da empresa. São os aspectos político-legais, que se refletem nos atos, nas leis e nas regulamentações baixadas em qualquer uma das esferas de governo. Na área da Economia, são os indicadores do desenvolvimento regional e global que parametrizam a elaboração de cenários futuros e as decisões estratégicas da organização. Os costumes e hábitos de compra atrelados ao nível de renda da população se refletem no comportamento dos consumidores potenciais de um produto ou serviço.

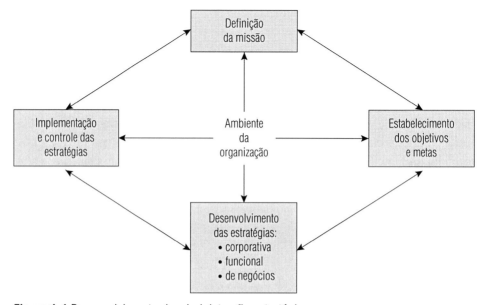

**Figura 1.1** Desenvolvimento da administração estratégica.
Fonte: Adaptacão de LUSSIER, R.; REIS A. C. F.; FERREIRA A. A. Fundamentos de administração. São Paulo: Cengage Learning, 2010.

E, finalmente, tem-se a concorrência, que é o foco de permanente preocupação e disputa para se conseguir a tão desejada vantagem competitiva.

## A missão da empresa

É a finalidade ou a razão de ser da empresa. O estabelecimento e a divulgação da missão permitem que todos tomem conhecimento do que a empresa se propõe a cumprir no momento atual e da sua visão do futuro. Peter Drucker afirma que:

> Uma empresa não se define pelo seu nome, estatuto ou produto que faz; ela se define pela sua missão. Somente uma definição clara da missão é razão de existir da organização e torna possíveis, claros e realistas os objetivos da empresa. Definir a missão de uma empresa é difícil, doloroso e arriscado, mas é só assim que se consegue estabelecer políticas, desenvolver estratégias, concentrar recursos e começar a trabalhar. É só assim que uma empresa pode ser administrada, visando um desempenho ótimo.[13]

Considerado um dos "gurus" da administração e autor de uma obra muito vasta sobre administração de organizações, Drucker enfatiza a importância da missão para a sobrevivência da empresa, embora demonstre preocupação com o desenvolvimento do processo. Efetivamente, a definição da missão da organização requer uma reflexão profunda sobre os propósitos, a contribuição e a função socioeconômica que a organização pretende cumprir. Entretanto, não deve se transformar em processo traumático e que coloque em risco seu desempenho.

Em geral, a missão da empresa é uma afirmação que contém as expectativas que a organização se esforça para alcançar. A missão do Google, site de busca na internet, é "organizar as informações do mundo todo e torná-las acessíveis e úteis em caráter universal"[14].

Com as mudanças que vêm ocorrendo há algumas décadas no cenário financeiro nacional e internacional, o Banco do Brasil redefiniu sua missão, considerando a competitividade do setor, sem deixar de se manter como um instrumento da política econômica e social do governo federal: "Ser um banco competitivo e rentável, promover o desenvolvimento sustentável do Brasil e cumprir sua função pública com eficiência".

E complementa com sua visão de futuro: "Sermos o primeiro banco dos brasileiros, das empresas e do setor público, referência no exterior, o melhor banco para trabalhar, reconhecido pelo desempenho, relacionamentos duradouros e responsabilidade socioambiental"[15].

A Microsoft acrescenta valores à sua missão:

Na Microsoft, a nossa função é ajudar as pessoas e empresas em todo o mundo a concretizarem todo o seu potencial. Esta é a nossa missão. Tudo o que fazemos reflete-se nesta missão e nos valores que a tornam possível: integridade e honestidade, empenho pessoal pelos clientes, pelos nossos parceiros e pela tecnologia, abertura e respeito, capacidade de assumir responsabilidades perante os clientes e acionistas, parceiros e funcionários relativamente a compromissos, resultados e qualidade. Capacidade de crítica construtiva, evolução pessoal e empenho na excelência pessoal.[16]

Os valores são os princípios éticos e morais declarados e que devem nortear o comportamento das pessoas que participam da organização. A visão é a proposta de se manter dentro dos padrões excelentes de desempenho ou a descrição do futuro desejado pela empresa, os quais devem ser alcançados pelos esforços individuais e coletivos das equipes. Essas afirmações geralmente estão inseridas na declaração da missão da empresa, como é o caso da Microsoft. Outras organizações procuram destacar sua missão, seus valores e sua visão individualmente.

A indústria farmacêutica Merck, Sharp & Dohme do Brasil criou um código de conduta para toda a organização, contido no manual "Os nossos valores e padrões", editado pela empresa e distribuído aos funcionários com uma carta de apresentação do seu presidente. Esse manual é revisto periodicamente e "reitera a missão e o compromisso da empresa com o mais alto nível de padrões, integridade e ética, como base para a construção das suas ações"[17].

A Petrobras declara que a sua missão é:

Atuar de forma segura e rentável, com responsabilidade social e ambiental, nos mercados nacional e internacional, fornecendo produtos e serviços adequados às necessidades dos clientes e contribuindo para o desenvolvimento do Brasil e dos países onde atua.

E a sua visão é bastante explícita para 2020: "Seremos uma das cinco maiores empresas integradas de energia do mundo e a preferida pelos nossos públicos de interesse"[18].

Como valores, a Petrobras relaciona aspectos institucionais, éticos, de preservação ambiental e sustentabilidade, de respeito às pessoas e à diversidade, empreendedorismo e o orgulho de pertencer à organização.

O HSBC estabelece a sua missão em termos de "Garantir a excelência na entrega de produtos e serviços financeiros, maximizando valor para clientes e acionistas".

A visão do Banco é: "Ser o melhor grupo financeiro do Brasil em geração de valor para clientes, acionistas e colaboradores".

E os valores estabelecidos pelo HSBC envolvem: conduta ética, comunicação clara e precisa, trabalho em equipe e relacionamento transparente e claro com clientes, baseados na responsabilidade e confiança entre as partes[19].

A definição, a redação e a divulgação de um conjunto de princípios, regras, propostas e compromissos, contidos no estabelecimento da missão, da visão e dos valores da organização, só são úteis e contribuem para o desempenho da organização se forem colocados em prática diariamente por todos os funcionários, independentemente da sua posição na hierarquia. Esses postulados devem reger a conduta do pessoal da empresa e também servir para facilitar e promover a convergência dos esforços de todos para o atendimento dos objetivos organizacionais e, consequentemente, contribuir para a formação e execução das estratégias organizacionais.

## Objetivos e metas

A gestão estratégica exige o comprometimento dos gerentes com o cumprimento da missão em relação ao conjunto dos objetivos e metas estabelecidos. É necessário que se faça a distinção entre objetivos e metas, haja vista que na literatura costuma-se usar esses termos como sinônimos ou com significados dúbios. Neste texto, objetivos são entendidos como os alvos gerais e amplos a serem alcançados num período mais longo de tempo. Sempre tendo como referência a análise do ambiente, os objetivos derivam da missão e da visão da organização. Por exemplo, uma empresa pode definir como um dos seus objetivos o aumento do retorno sobre o investimento nos próximos anos ou, ainda, efetivar parcerias e alianças estratégicas ou ampliar os negócios no mercado internacional.

Com relação às metas, trata-se da determinação do que deve ser realizado em termos específicos e mensuráveis num período de tempo estabelecido. É uma afirmação que reflete o resultado previsto das ações que serão tomadas na execução da estratégia definida e na consecução dos objetivos estabelecidos. Max E. Douglas, da Indiana State University, desenvolveu um modelo que é útil ao redigir metas efetivas. Uma variação do modelo de Douglas, elaborado por Lussier[20], inclui:

$$\underbrace{um\ verbo\ de\ ação}_{(1)} + \underbrace{um\ resultado\ único,\ previsto\ e\ mensurável}_{(2)} + \underbrace{prazo}_{(3)}$$

Assim, podemos exemplificar a redação de uma meta:

- para um laboratório farmacêutico:

$$\underbrace{\text{"lançar}}_{(1)}\ \underbrace{\text{seis novos medicamentos}}_{(2)}\ \underbrace{\text{nos próximos dois anos"}}_{(3)}$$

- para uma rede varejista:

$$\underbrace{\text{"abrir}}_{(1)}\ \underbrace{\text{três novas lojas na Região Nordeste do Brasil}}_{(2)}\ \underbrace{\text{no ano de 2012"}}_{(3)}$$

- para uma indústria de alimentos congelados:

$$\underbrace{\text{"aumentar}}_{(1)}\ \underbrace{\text{em 10\% a participação no mercado de pratos prontos}}_{(2)}\ \underbrace{\text{até o final do ano"}}_{(3)}$$

Deve ser observado também que a fixação das metas requer participação, aceitação e comprometimento dos gerentes e funcionários envolvidos para que sejam alcançadas e a estratégia elaborada tenha sucesso. O gerente de um setor da organização estabelece as metas com a sua equipe, tendo em vista as metas e os objetivos corporativos, e realiza reuniões frequentes para acompanhar o progresso do trabalho realizado e revisar o programa.

## Desenvolvendo estratégias

A administração estratégica requer que os gestores se dediquem à formulação das estratégias da organização em três níveis de planejamento: corporativo, funcional e dos negócios. Cada uma deles pode estar voltado a determinado objetivo que a empresa pretende atingir num determinado momento ou diante de uma situação que se apresenta.

Estratégias corporativas podem estar voltadas para o crescimento, para a estabilidade, para a reversão de uma situação ou podem ser uma combinação destas.

As estratégias de negócios podem ser adaptativas, isto é, se ajustar às constantes mudanças no ambiente, ou competitivas, quando a empresa busca estabelecer uma vantagem distintiva sobre seus concorrentes. As estratégias funcionais são formuladas com base nas linhas de ação estabelecidas nas estratégias corporativas e de negócios. Na Figura 1.2 pode ser visualizado um esquema simplificado das dimensões das estratégias da empresa e dos níveis organizacionais em que elas acontecem.

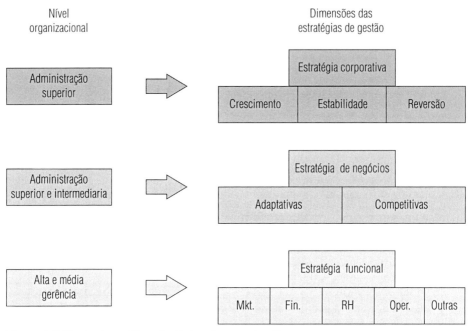

**Figura 1.2** Níveis da gestão estratégica da organização.
Fonte: Elaborada pelo autor.

## Estratégias corporativas

A determinação de uma estratégia adequada para a empresa começa pela identificação das oportunidades e riscos em seu ambiente. A estratégia corporativa, na maioria das vezes, não está dissociada da estrutura, do comportamento e da cultura organizacional e vai refletir um padrão de propósitos e políticas que definem a companhia e os seus negócios.[21] Deve haver uma significativa interdependência entre esses elementos definidores da ação da empresa para que se atinja o padrão desejado.

Cada uma das estratégias corporativas se alinha a diferentes objetivos pretendidos pela organização. Com uma *estratégia de crescimento*, a empresa faz tentativas agressivas para ampliar o seu negócio por meio do aumento das vendas. Com uma *estratégia de estabilidade*, a empresa tenta conter e manter seu tamanho atual, ou crescer lentamente. Muitas organizações estão satisfeitas com sua situação em termos de participação ou volume de vendas, ou ainda não pretendem realizar investimentos (ou não têm recursos) para ampliar o negócio. Uma *estratégia de reversão* é uma tentativa de reverter um negócio em declínio o mais rápido possível. A estratégia de reversão geralmente tenta melhorar o fluxo de caixa aumentando as receitas, diminuindo custos, reduzindo ativos ou combinando essas ações.

## Estratégias de negócios

Cada linha de negócios deve desenvolver seu próprio comprometimento, analisar seu próprio ambiente, estabelecer seus próprios objetivos e desenvolver suas próprias estratégias. Em organizações com linha única de produtos, as estratégias corporativas e de negócios são as mesmas. Kenneth Andrews faz uma clara distinção entre estratégia corporativa e de negócios:

> A estratégia corporativa define os negócios em que uma empresa irá competir, de preferência de uma forma que concentre recursos para converter competência distintiva em vantagem competitiva. A estratégia de negócios é a determinação de como uma empresa irá competir em um determinado negócio e se posicionar entre os seus concorrentes.[22]

Na organização envolvida em múltiplas linhas de negócios, a ligação da estratégia corporativa com as operações no nível da unidade determina o sucesso. As estratégias de negócios podem apresentar duas características distintas: adaptativas ou competitivas. Elas serão explicadas a seguir.

### Estratégia adaptativa

A estratégia geral de linha de negócios, que corresponde às estratégias corporativas de crescimento ou de estabilidade, é chamada de *estratégia adaptativa*, porque enfatiza a adaptação às mudanças no ambiente externo e a entrada em novos mercados como meio de aumentar as vendas. Cada estratégia adaptativa reflete um objetivo diferente. Como vimos, uma estratégia de crescimento pode ser efetivada mediante a concentração ou diversificação de produtos (ou de mercados). Se for integração ou não diversificação, novas linhas de negócios serão adquiridas e não haverá mais uma única linha de negócios. Portanto, deveremos buscar novas estratégias para cada linha e então estaremos tratando com novas unidades de negócios.

### Estratégia competitiva

A organização precisa ter uma compreensão clara do ambiente competitivo em que se insere, a qual deverá se refletir na formulação de uma estratégia que permita estabelecer algum tipo de vantagem sobre os seus concorrentes. Michael Porter identificou três *estratégias competitivas* eficazes: diferenciação, liderança nos preços e foco.[23]

Com uma estratégia de diferenciação, a empresa enfatiza sua vantagem sobre os concorrentes. No setor de artigos e acessórios esportivos, por exemplo, muitas organizações colocam sua marca na parte externa de seus produtos para diferenciá-los da concorrência. Escoradas em campanhas promocionais intensivas e baseadas em nomes de destaque nos esportes, cada uma procura aliar sua marca a um *status* de vencedor e diferenciá-lo pelo nome ou logotipo estampado de forma visível no produto.

Com uma estratégia de liderança nos preços, a empresa enfatiza os preços mais baixos para atrair clientes. No desejo de manter seus preços baixos, necessita de rigoroso controle de custos e sistema de processamento eficiente. Ampliar a demanda de um produto requer alto volume de produção e, consequentemente, preços mais baixos. Isso pôde ser notado recentemente no mercado farmacêutico: alguns laboratórios que comercializavam medicamentos de alto preço, ao sofrerem a pressão dos medicamentos genéricos, diminuíram radicalmente o preço desses produtos, abaixo até dos genéricos.

Com uma estratégia de foco, a empresa direciona seus esforços para um específico mercado regional, para uma linha de produto ou para um grupo comprador. Em determinado segmento-alvo ou nicho de mercado, a empresa pode usar uma estratégia de diferenciação ou de liderança nos preços. As estratégias de foco são muito comuns no mundo dos negócios: existem as revistas para o público masculino e outras especificamente que tratam de comportamento e moda no mundo feminino; a emissora mundial MTV foca toda a sua programação no público jovem; os relógios Rolex possuem um nicho de mercado encontrado nas pessoas de renda muito elevada; algumas marcas de desodorantes são destinadas exclusivamente para homens e outras só para mulheres. O público infantil também é contemplado com produtos específicos tanto no setor de alimentos quanto no de higiene. O aumento da população no segmento denominado de "terceira idade" também tem sido muito explorado, principalmente nas áreas de turismo, lazer e saúde, como, por exemplo, os programas de condicionamento físico, as viagens e excursões de grupos exclusivos dessa faixa etária, as visitas programadas desses grupos a eventos culturais na cidade etc.

### Estratégias funcionais

São as estratégias desenvolvidas e implementadas pelos gestores nos departamentos de marketing, operações, recursos humanos, finanças ou outros que fazem parte da estrutura organizacional de uma organização específica. A análise da situação do ambiente externo e interno da empresa também ocorre nos níveis funcionais e contribui com a avaliação, em nível corporativo, para determinar as pressões e as oportunidades que se apresentam.

*Estratégias de marketing*

O departamento de marketing tem a responsabilidade principal de conhecer o que o cliente quer, ou como adicionar valor para o cliente e definir o mercado-alvo. Um plano de marketing enfoca os quatro Ps: produto, promoção, praça (distribuição) e preço. Em outras palavras, o departamento de marketing toma as decisões sobre quais produtos desenvolver, como serão embalados, como serão anunciados, onde serão vendidos, como chegarão no destino e por quanto serão vendidos. A teoria de marketing considera basicamente duas estratégias na relação produto-mercado: a estratégia de diferenciação do produto e a estratégia de segmentação de mercado. No primeiro caso, a empresa procura estabelecer uma nítida vantagem oferecida pelo seu produto diante dos concorrentes e difícil de ser igualada. Pode ser a própria marca do produto (imagem de qualidade), o preço fixado, a comunicação (diferença percebida pelo consumidor), a embalagem (praticidade da utilização), os canais de distribuição utilizados e outras características próprias do produto que permitem estabelecer uma vantagem sobre os concorrentes. A estratégia de segmentação reconhece as características dos diferentes grupos que compõem o mercado consumidor, em termos socioeconômicos, geográficos, de gênero e raça, renda, hábitos de consumo etc., e define em quais segmentos irá atuar e concentrar seus esforços de marketing ou de desenvolvimento de produtos específicos para cada um.

*Estratégias operacionais*

O departamento de operações (ou produção) é responsável pelos sistemas de processamento que convertem insumos em produtos. As operações estão voltadas para a qualidade e a eficiência na produção de produtos que o marketing considera que agregam valor ao cliente. Todas as organizações têm operações que fornecem produtos, bens e/ou serviços e, portanto, definem suas estratégias operacionais. As decisões estratégicas na área de operações se referem à gestão dos recursos e da tecnologia e envolvem o volume de mão de obra que será necessário para os níveis de produção desejados, as facilidades para o cliente que irá se utilizar do produto e o grau de automação da linha de produção. Nas operações intensivas de capital, as máquinas fazem a maior parte do trabalho. É o caso das indústrias que utilizam processos repetitivos na produção e adotam tecnologia de ponta. As organizações do comércio em geral e prestadoras de serviços, normalmente, têm menor intensidade de capital e se utilizam mais intensivamente de mão de obra.

*Estratégias de recursos humanos*

O departamento de recursos humanos interage com todos os outros departamentos funcionais nas áreas de recrutamento, seleção, treinamento, avaliação e remuneração dos funcionários. Atualmente, o setor tem a função estratégica de contratar os recursos humanos adequados para que a organização cumpra sua missão e atinja seus objetivos. Assim, para elaborar o planejamento estratégico de recursos humanos da empresa, os gestores da área analisam a estratégia da empresa e a qualificação dos seus funcionários adiante das condições ambientais e do desempenho da própria organização. Com base nesses fatores, podem prever as necessidades específicas de funcionários e desenvolver um plano para atender a essas necessidades no decorrer de um período de tempo.

*Estratégias financeiras*

O departamento financeiro tem, pelo menos, duas funções primordiais: o financiamento da atividade empresarial, ao levantar recursos por meio da oferta de ações ou títulos ou por meio de empréstimos (decidindo sobre o índice de endividamento e pagamento da dívida e dividendos aos acionistas), e a manutenção de registros das transações, elaboração de orçamentos e demonstrativos financeiros. Uma terceira função desse departamento em muitas organizações é se utilizar das reservas de caixa e investir no mercado financeiro para obter uma receita não operacional.[24] Do ponto de vista estratégico, a empresa dispõe de dois vetores financeiros para melhorar o seu desempenho: aumento da receita e crescimento da produtividade. O *Balance Scorecard* (BSC), desenvolvido por Kaplan e Norton e que pode contribuir para essa análise, é um instrumento dirigido para o planejamento e o controle da estratégia empresarial. Originalmente criado para elaborar indicadores de desempenho financeiro, sua utilização extrapola os limites da área contábil-financeira e contribui para a formulação e o acompanhamento da estratégia global da organização.

*Outras estratégias funcionais*

Com base no tipo de negócio e dependendo do seu formato organizacional, outras funções críticas da atividade de uma empresa e que fazem parte da sua departamentalização deverão desenvolver suas estratégias próprias, porém consistentes com a estratégia corporativa. Finanças, Operações ou Produção, Recursos Humanos e Marketing são as áreas comuns em praticamente todas as organizações e por isso são destacadas na Figura 1.2. Entretanto, algumas funções em setores específicos de negócios têm no setor de P&D – Pesquisa e Desenvolvimento –uma fonte sensível de alimentação para a formação da estratégia empresarial. O setor de P&D é o centro nervoso de muitas grandes organizações e contribui com planos e ações específicas para a estratégia corporativa. Determinados ramos da indústria, mais notadamente os da informática, farmacêutico, da bioengenharia e da automação industrial, investem pesadamente em P&D, porque essa é efetivamente a missão da organização. Nessas indústrias, o desenvolvimento de novos produtos está incluído como um de seus objetivos, e a formulação da sua estratégia necessariamente envolve a inovação tecnológica. As empresas que vendem bens de consumo, em geral, alocam maiores recursos orçamentários para P&D do que as empresas que prestam serviços.

Todavia, a coordenação do trabalho de elaborar as estratégias funcionais de acordo com os pressupostos estabelecidos nas esferas superiores da organização não é uma tarefa fácil. Geralmente, as organizações têm dificuldades em traduzir as estratégias de negócios em estratégias funcionais coesas. A necessidade de maior integração entre as estratégias corporativas, de negócios e funcionais já foi há muito tempo reconhecida, mas uma das principais dificuldades na organização é obter maior cooperação dos departamentos funcionais.[25]

## Implementação e controle das estratégias

Ao formular a estratégia, a empresa está decidindo o que vai fazer, e a implementação e o controle das estratégias devem ser garantia do comprometimento e de que os resultados sejam alcançados. Os dirigentes principais e os gerentes intermediários estão mais envolvidos com o planejamento e o acompanhamento, enquanto os gerentes funcionais de nível inferior e funcionários técnicos e operacionais implementam as estratégias do dia a dia. A implementação bem-sucedida das estratégias exige sistemas de suporte efetivos e eficientes em toda a organização. A implementação com frequência requer mudanças e adequações dos planos estratégicos, em razão de contingências não previsíveis ou pressões do ambiente externo, que provocam situações incompatíveis com as orientações inicialmente traçadas.

Portanto, à medida que as estratégias são implementadas, também devem ser controladas. O controle é o processo de estabelecimento e implantação de mecanismos de acompanhamento e avaliação para garantir que os objetivos sejam alcançados. Parte importante do controle é a medição do progresso para atingir o objetivo e a tomada de medidas corretivas quando necessário. Outra função importante do controle é verificar a adequação do orçamento aos planos elaborados ou mudá-lo quando necessário, em razão de mudanças nos cenários do ambiente que havia sido inicialmente delineado.

# O processo de formação das estratégias

A apresentação e a análise dos conceitos de estratégia tratados no início deste capítulo, permitiram chegar, de forma bastante simples, a um conceito de estratégia que combina as diferentes dimensões dos conceitos destacados e que fornece uma base conciliadora dos diferentes pontos de vista expressos por autores reconhecidos na área acadêmica.

Hax e Majluf, pesquisadores da área, procuram separar o conceito de estratégia do seu processo de formação e adiantam que a questão é mais complexa quando se trata do processo de formação, no qual existe uma pluralidade de meios para atingir os ideais incorporados no conceito de estratégia. Pode-se dizer o que é estratégia, mas é quase impossível propor uma fórmula universal aplicável a qualquer empresa que atua num ambiente de negócios de características próprias e singulares.

Tendo esse quadro como referência, Hax e Majluf apontam algumas opções relevantes na formação da estratégia empresarial e que podem ser adaptadas aos objetivos, ao estilo gerencial, à cultura organizacional e aos processos administrativos da organização:[26]

- **Estratégia explícita *versus* implícita**: talvez a maior controvérsia em torno das questões abordadas nos centros da engenharia estratégica esteja na definição de até que ponto ela deve ser explicitada, tanto internamente quanto para os grupos de interesse relevante da empresa (*stakeholders*). O grau de abertura e participação na sua formação e os detalhes que podem ser divulgados costumam variar significativamente de uma empresa para outra, basicamente em função do estilo de gestão do CEO[**]. A enorme influência que o CEO tem, tanto na formação quanto no gerenciamento do processo, também é decisiva na forma da comunicação. O modo como a estratégia será explicitada no relatório anual da companhia provavelmente será diferente do modo como será apresentada ao Conselho de Administração, aos analistas financeiros, aos gerentes ou à alta administração. Devemos considerar também que o CEO, como o principal idealizador da estratégia corporativa, deliberadamente, não irá expor todos os movimentos que poderá realizar durante a execução do seu projeto. Pode ser o receio de uma divulgação prematura, ou de não estar disposto a compartilhar o conhecimento, ou ainda acreditar que ele é o único ou o melhor elemento qualificado para resolver os prós e os contras e decidir como proceder.
- **Processo analítico formal *versus* poder-comportamental**: de um lado, se busca a formação da estratégia como um processo formal e disciplinado, que visa à especificação das estratégias corporativas, dos negócios e funcionais; de outro lado, se reconhece o aspecto comportamental, que envolve o processo de negociação do executivo e as coalizões na gestão estratégica. Para tirar o melhor

---

[**] CEO: Chief Executive Officer. É o principal executivo da empresa; corresponde, na nomenclatura brasileira, à posição do diretor-presidente ou do diretor executivo da organização.

proveito ao se elaborar a estratégia, deve haver uma combinação adequada do pensamento analítico formal com um contexto que reconheça a enorme relevância dos aspectos comportamentais da gestão.

- **Estratégia como um padrão de ações em vez de planos futuros**: há alguns autores que tendem a ver a estratégia voltada exclusivamente para moldar o futuro da empresa. Assim, a estratégia torna-se o conjunto de objetivos e programas orientados para a ação na gestão da mudança futura da organização. Como alternativa, a estratégia também é vista como um padrão de ações emergentes das decisões do passado, que poderiam ser isoladas e identificadas como estratégias ou padrões situacionais. As origens dessas estratégias poderiam ser investigadas, com especial atenção, para explorar a relação entre planos, liderança e intenções e o que realmente aconteceu. Consequentemente, a elaboração da estratégia torna-se um delicado equilíbrio entre a aprendizagem com o passado e a preparação para novos cursos de ação que levarão a organização em direção a uma situação futura, que pode incluir uma parte substancial de seu comportamento passado.

- **Estratégia deliberada *versus* emergente como base para a formação da estratégia**: os conceitos de estratégia deliberada e estratégia emergente foram introduzidos por Mintzberg e Waters e considerados por Mintzberg na definição de estratégia como posicionamento.[27] Segundo esses autores, a comparação entre a estratégia idealizada e a que foi realizada permite o reconhecimento da estratégia deliberada, isto é, aquela realizada conforme o planejado. A estratégia emergente compreende os padrões alcançados a despeito ou na ausência de uma estratégia planejada. Implica a ideia de que as estratégias podem ser formadas sem serem conscientemente formuladas. Esses dois conceitos, especialmente a sua interação, se tornaram a base para a proposta de uma tipologia visando caracterizar as diversas formas de desenvolvimento do processo de formação da estratégia. Num dos extremos desse *continuum* está a estratégia puramente deliberada e no outro, a estratégia puramente emergente. Entre os dois extremos se enquadram as estratégias que combinam as outras dimensões citadas: o grau de explicitação, abertura para participação, decisão centralizada, gestão de consenso, formalização do processo e a continuidade *versus* a mudança. Além disso, o tipo de estratégia será afetado pela natureza do ambiente da empresa, especialmente se é mais ou menos favorável, controlável e previsível.

O Quadro 1.1 é um resumo dos tipos de formação de estratégia, baseado nos conceitos de estratégia deliberada e emergente, enunciados por Mintzberg e Waters.[28]

**Quadro 1.1** Tipologia dos processos de formação de estratégias.

| Estratégias | Características principais |
|---|---|
| Planejadas | Originam-se nos planos formais: existem intenções precisas; formuladas e articuladas por uma liderança central, apoiada em controles formais para assegurar uma implantação sem surpresas num ambiente favorável, controlável ou previsível; estratégias mais deliberadas. |
| Empreendedoras | São originárias da visão central: as intenções existem, desarticuladas na visão de um líder único e adaptáveis a novas oportunidades; organização sob controle pessoal do líder e localizada no nicho protegido do ambiente; estratégias relativamente deliberadas. |
| Ideológicas | São originadas nas crenças compartilhadas: as intenções existem como visão coletiva de todos os atores, de forma inspiradora e relativamente imutável, controladas normativamente pela doutrinação e/ou socialização; a organização se relaciona, muitas vezes, numa postura proativa com o ambiente; estratégias não deliberadas. |
| Guarda-chuvas | Originam-se em restrições: a liderança tem parcial controle das ações, define os limites estratégicos ou as metas, em que os outros atores podem definir em reação às forças do ambiente complexo e também imprevisível; estratégias deliberadas, em parte, em parte emergentes e deliberadamente emergentes. |
| de Processo | Originam-se no processo: os processos de controle da liderança sobre os aspectos estratégicos (estrutura, contratações etc.), deixando aspectos de conteúdo para outros atores; estratégias deliberadas em parte, parcialmente emergentes (e, mais uma vez, deliberadamente emergentes). |
| Desconectadas | Originam-se de enclaves: atores pouco comprometidos com o resto da organização desenvolvem padrões próprios, na ausência de, ou em contradição direta com as intenções comuns e centrais; estratégias organizacionais emergentes, se deliberadas ou não pelos atores. |
| de Consenso | Originam-se do consenso: mediante ajuste mútuo, os atores convergem em padrões que se tornam dominantes na ausência de intenções centrais ou comuns; estratégias bastante emergentes. |
| Impostas | Originam-se no ambiente: o ambiente dita padrões em ações através de imposição direta ou implicitamente, por meio da antecipação ou delimitação das escolhas; estratégias mais emergentes, embora possam ser internalizadas pela organização e se tornar deliberadas. |

Fonte: Adaptação de MINTZBERG H.; WATERS J. A. Of Strategy Delivered and Emergent. *Strategic Management Journal*, Chichester, UK., v. 6, n. 3, jul./set. 1985.

A principal conclusão a ser extraída dessa tipologia é que a formação da estratégia tem duas forças críticas atuando simultaneamente: uma é deliberada e a outra é emergente. A estratégia deliberada é necessária porque os gerentes devem fornecer um caminho preestabelecido para a organização. A estratégia emergente implica aprender o que funciona – estabelecendo uma ação de cada vez, consistente e viável com a situação. A estratégia emergente não significa o caos, mas uma ordem não intencional, assim como não significa que a gestão esteja fora de controle, mas ela está aberta, flexível e ágil.[29]

Assim, embora seja possível, intelectualmente, elaborar uma definição de estratégia conciliadora e unificadora de todas as dimensões e pontos de vista dos autores, extraídos dos conceitos discutidos na primeira parte deste capítulo, a questão da formação da estratégia é mais complexa. Nesse campo são confrontadas muitas maneiras para atingir os ideais incorporados no conceito de estratégia, que se manifestam em qualquer tipo de organização. Pode-se expressar o que é estratégia, mas não se pode propor uma fórmula universal aplicável a qualquer tipo de organização que atue em diferentes ambientes e que tenha uma validade ampla e geral.

No entanto, a falta de uma receita universal para o desenvolvimento de uma estratégia bem-sucedida não deve ter o entendimento de que qualquer estratégia ou qualquer processo para alcançá-la possa ser igualmente eficaz. Existem certos atributos do conceito de estratégia que a empresa sempre deve considerar na formação da sua estratégia. A Quadro 1.2 fornece uma série de atributos que podem facilitar a constituição de um processo de formação da estratégia adotado pela empresa.[30]

---

**Atributos para a definição do perfil do processo de formação da estratégia da organização**

- A estratégia é amplamente divulgada internamente na organização e a todos os públicos interessados.
- A estratégia é gerada mediante a adoção de um processo participativo.
- O processo estratégico é delineado para construir um amplo consenso em torno dos cursos de ação projetados.
- A estratégia é baseada no estabelecimento de um processo formal contendo todas as especificações das estratégias corporativa, de negócios e funcional.
- A estratégia é baseada na negociação entre todas as pessoas-chave da organização.
- A estratégia reflete o padrão de ações das decisões do passado.
- A estratégia é principalmente um instrumento de mudança que delineia novos cursos de ação.

---

**Quadro 1.2** Atributos do processo de formação da estratégia.
Fonte: HAX, A. C.; MAJLUF, N. S. *Strategy and the Strategy Formation Process*. Sloan School of Management. M.I.T. Mass. PH., 1986.

O que deve ser feito a seguir é avaliar o grau de concordância das pessoas envolvidas na elaboração da estratégia e definir o perfil do processo a ser adotado.

Há um grau elevado de subjetividade no perfil do conceito de estratégia e no processo de planejamento estratégico, porque diferentes indivíduos e grupos procuram expor seu pensamento e suas diferentes percepções sobre a questão, assim como para outras categorias de decisão. Isso é o que ocorre normalmente e deve ser encarado como a contribuição de cada indivíduo para a organização, a qual pode ser usada para transformar positivamente o processo de formação da estratégia em um processo que irá identificar o ideal de estratégia como um padrão unificador para a empresa.

## Unidades Estratégicas de Negócios (UENs)

O conceito de Unidade Estratégica de Negócios (Strategic Business Unit – SBU) nasceu de uma experiência de planejamento estratégico na General Electric Company, em Nova York, e foi apresentado por C. H. Springer num artigo publicado, em 1973, na revista *Operations Research*:

> Essencialmente, uma SBU (Strategic Business Unit) é um negócio ou uma coleção de negócios relacionados que tem sua própria missão, competidores, mercados, etc. de modo que toda a responsabilidade do negócio, a curto e longo prazo, pode ser, realisticamente, designada para um só gestor. Este gestor é responsável pela estratégia da sua SBU, mas o seu plano tem que estar sintonizado, em termos de alocação de recursos, aos interesses da companhia como um todo.[31]

A proposta de estruturação de uma empresa em Unidades Estratégicas de Negócios foi apresentada, inicialmente, por Igor Ansoff em 1975, que as definia como o resultado de subdivisões da realidade dos negócios da organização.[32] David Aaker, da Universidade da Califórnia, pesquisador e consultor global na área de marketing, afirma que: "UEN é uma unidade organizacional que deve ter uma estratégia de negócios definida e um gestor com responsabilidade de vendas e lucro"[33].

Trata-se de um modelo de gestão delineado a partir da identificação das áreas de negócios atrativas para a organização. Para explorar com maior eficácia as áreas-alvo de atuação, são criadas divisões na estrutura organizacional da empresa ou de um grupo empresarial, com significativo grau de autonomia na definição da sua estratégia e da relação produto-mercado. Numa organização que opera com diversas linhas de negócios e/ou em diferentes mercados, pode-se perceber que existem muitos fatores, relacionados às diferentes áreas de operação, que não podem receber o mesmo tratamento para a construção da estratégia de negócios e elaboração dos planos correspondentes.

Assim, as UENs possuem características próprias e independência para negociação, aproveitamento das oportunidades que o ambiente oferece e elaboração dos seus planos estratégicos.[34] Em termos de estrutura organizacional ou da hierarquia de decisões da empresa e, independentemente do grau de autonomia formalizado para os gestores de cada unidade, as UENs estão subordinadas a uma administração corporativa. Geralmente representada por uma diretoria executiva nomeada pela Assembleia dos Acionistas ou pelo grupo controlador, por um Conselho de Administração ou por uma holding (assim denominada uma sociedade gestora de participações em negócios na maioria das vezes diversificados), a administração corporativa define as linhas básicas de atuação, as políticas e as diretrizes gerenciais para cada UEN, além de exercer a coordenação das atividades de apoio e serviços que podem ser acionados pelas unidades, quando necessário.

No caso de empresas públicas, que se estruturam em bases estratégicas, a diretoria corporativa é nomeada pela esfera do governo em que se encontra. A Companhia de Saneamento Básico do Estado de São Paulo (Sabesp), por exemplo, é uma empresa de economia mista, com ações negociadas na Bolsa de Valores de São Paulo e na de Nova York (Nyse), mas seu controle acionário é do governo do Estado de São Paulo. As suas operações abrangem todo o Estado de São Paulo, desde que foi criada em 1973. Com a reestruturação administrativa em 1995, a Sabesp adotou o modelo de administração descentralizado, utilizando como critério a regionalização por bacias hidrográficas existentes no Estado. Foram criadas 17 unidades de negócios, com relativo grau de autonomia para gestão, aplicação e alocação de recursos. Cada unidade segue as diretrizes definidas pela diretoria corporativa. As decisões de cada unidade são comunicadas e discutidas em assembleias com representantes dos municípios daquela região e comissões de gestão regional.

Os critérios ou as dimensões que podem ser utilizados para a criação de UENs são definidos de acordo com as particularidades de cada organização. Entretanto, o tipo de cliente e a relação produto-mercado são sempre fatores predominantes nessa decisão. A Figura 1.3 apresenta a estrutura organizacional do Grupo Votorantim, um modelo de gestão suportado por UENs.[35] A empresa holding do grupo, a Votorantim Participações (VPAR), administra a Votorantim Industrial que possui seis UENs: cimento, siderurgia, papel e celulose, suco de laranja, metais (níquel, zinco e autogeração de energia). O ramo financeiro do grupo (Votorantim Finanças), associado ao Banco do Brasil, é representado por outras duas unidades: o Banco e a BV Participações. As diretorias corporativas subordinadas à Votorantim Industrial oferecem os serviços de apoio às UENs em atividades especializadas e suporte administrativo. As diretorias corporativas ligadas à VPAR cuidam das áreas institucional, controladoria e jurídica, assessorando todas as unidades do grupo.

## Perspectivas do modelo de gestão baseado em UENs

A estruturação de uma empresa em UENs é uma alternativa mais ajustada ao ambiente, para corporações que se constituem em conglomerados de negócios, ou para empresas com produtos diversificados em um mesmo setor industrial. Essa forma de estruturação não modifica o processo de planejamento da organização, mas requer que o plano estratégico resultante seja consistente com os propósitos dos planos globais da organização e reflita todos os princípios estabelecidos (missão, valores, objetivos etc.) em nível corporativo.[36]

A maior vantagem que esse modelo de gestão traz na prática dos negócios está na concentração dos seus esforços na área específica de negócio em que atua, no controle mais efetivo das suas operações e na maior proximidade com seus clientes atuais e potenciais. Uma preocupação, apontada por alguns autores, para a utilização desse modelo se refere à definição dos serviços de apoio, entre aqueles que devem ser centralizados em nível corporativo, para obtenção de economias de escala, e aqueles que devem ser mantidos na unidade, para facilitar e agilizar a realização da suas atividades-fins.

Em 1990, um artigo de C. K. Prahalad e Gary Hamel, publicado na *Harvard Business Review*, trouxe certo grau de turbulência na, até então, pacífica aceitação das propostas desse modelo de gestão estratégica. Os autores consideraram que as UENs impediam a organização de crescer e incitaram as empresas a verificar qual era a sua "competência central" (*core competence*) e definir toda a sua estratégia em torno dela.[37] Para eles, as competências "centrais" são corporativas e conduzidas pelas pessoas em toda a organização, ao passo que os gerentes das unidades estão focados nos resultados do seu negócio e não se preocupam em identificar as competências necessárias para o desenvolvimento da organização e de novos negócios. Por exemplo, no caso da Sony, estudado pelos dois pesquisadores, a competência central da organização era o domínio da arte de miniaturização (uma característica histórica da cultura japonesa), e nesse campo é que se deveria ser focalizada a estratégia da empresa. Todo o resto deveria ser terceirizado. Em muitos casos, esse movimento foi acertado, mas em outros casos deixou de lado negócios que poderiam ter sido explorados.

A empresa de consultoria A. T. Kearney, de Londres, afirma que a estruturação das companhias e dos grupos em UENs tem os dias contados. Segundo a equipe de consultores da empresa, e seguindo a linha de pensamento de Prahalad e Hamel, a vantagem competitiva está na organização em torno das aptidões distintivas de cada empresa que pode favorecer a colaboração estratégica com parceiros.

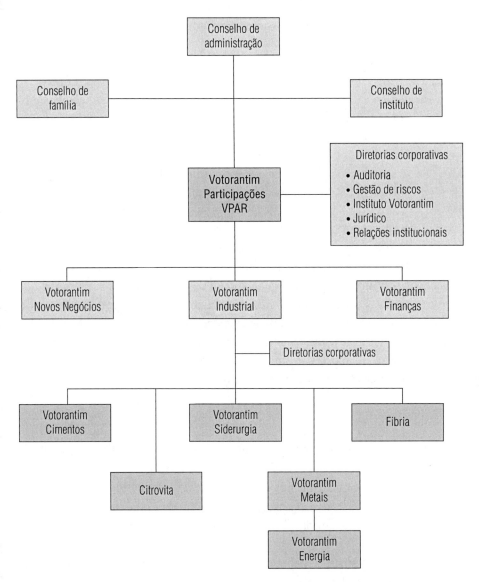

**Figura 1.3** Estrutura organizacional do Grupo Votorantim.
Fonte: Disponível em: < http://www.votorantim.com.br>.

A equipe da A. T. Kearney ressalta que essa visão estratégica é uma "solução inteligente para a diversificação e uma alternativa na corrida de aquisições e fusões apressadas para ganhar massa crítica"[38].

Andrew Campbell, diretor do Ashridge Strategic Management Centre, em Londres, é de opinião contrária. Apesar dos enormes esforços devotados para a definição das competências essenciais, para a reengenharia de processos e para o desenvolvimento de novos negócios, as empresas de maior sucesso organizaram-se em torno de UENs.[39]

Desde o surgimento das primeiras propostas formais de organização de uma empresa e ao longo dos últimos 40 anos, com a proposição de novos modelos de gestão (estratégico, contingencial, participativo, japonês), a estruturação das empresas se tornou mais complexa. Ainda hoje, encontramos organizações em que coexistem heranças da estrutura departamentalizada por funções (Produção, Marketing, Finanças, RH, Compras, Contabilidade etc.), com um modelo de diversificação relacionada e não relacionada, ou com indícios de empresa globalizada ou ainda com UENs criadas, formal ou informalmente, para responder às oportunidades de mercado.

Até certo ponto, o pensamento estratégico procurou estabelecer alguns parâmetros para estruturar uma organização que se propusesse a definir, implementar e acompanhar a execução da sua estratégia. Identificar com clareza os negócios que uma empresa deve continuar mantendo, quais os que deve abandonar e explorar os que surgem como novas oportunidades é essencialmente o alvo da gestão estratégica. Como toda a teoria da administração, os casos da estratégia também são baseados na realidade empresarial, sobre os quais os profissionais da área e os pesquisadores acadêmicos procuram teorizar e transformar em novos modelos de gestão, cujo principal paradigma, atualmente, é o das UENs.

## Questões de revisão

1. Por que a elaboração de uma estratégia é importante e necessária para o planejamento da organização?
2. Em que consiste cada uma das etapas do processo de gestão estratégica da organização?
3. A análise do ambiente em que a organização atua é fundamental para a formulação da estratégia empresarial. Como o modelo SWOT pode contribuir para esse fim? E a teoria das 5 Forças de Porter?
4. O que o conceito de estratégia deliberada *versus* emergente representa para a formação da estratégia de uma organização?
5. Qual a principal vantagem de uma empresa se estruturar em UENs? Quais os aspectos positivos apontados pelos críticos do modelo?
6. Qual a principal vantagem de uma empresa se estruturar em UENs? Quais os aspectos negativos apontados pelos críticos do modelo?

## Estudo de caso

**Um negócio saudável**

A prática de exercícios físicos, que até algumas décadas atrás se restringia, na nossa cultura, às aulas de educação física na escola e a atividades esportivas nos fins de semana em clubes ou centros comunitários, está se transformando em atividade rotineira para uma parcela significativa da população em todo o globo. No Brasil, o fenômeno se reflete no surgimento de novas e modernas academias de ginástica e ampliação ou abertura de filiais das já existentes.

Segundo a avaliação de consultores especializados e entrevistados pela *Revista Fitness Business* (ed. 23), entre os concorrentes interessados pelo mercado *fitness* brasileiro estão grandes empresas internacionais, como a Reebok, a Curves for Woman, a World Gym e a Gold Gym, que estão se instalando em diversas capitais brasileiras. Considerando-se que o custo de instalação e manutenção de uma academia de grande porte é muito elevado, empreendedores individuais interessados no negócio se associam a investidores que dispõem do capital necessário e também entram na concorrência para oferecer um serviço de qualidade com equipamentos e tecnologia inovadora, acreditando num retorno satisfatório do investimento, que só irá ocorrer se o empreendimento gerar um volume muito grande de frequentadores.

Nos anos recentes, outro concorrente surgiu no mercado: são os novos empreendimentos imobiliários, os condomínios, verticais ou horizontais, que utilizam a área de lazer e *fitness*, como um dos principais apelos para a comercialização do imóvel e, em alguns casos, fazem uso até da marca do equipamento que será instalado. Evidentemente, o custo de aquisição dos aparelhos, que é insignificante diante do dispêndio total da obra, é diluído entre todos os compradores, e o custo de manutenção das instalações se paga na taxa condominial, com a vantagem de ser menor que o de uma mensalidade de academia.

Médicos, fisiologistas, terapeutas são unânimes em afirmar e demonstrar que a atividade física, em qualquer fase do ciclo de vida das pessoas, é tão importante quanto o trabalho, o estudo ou a satisfação das necessidades fisiológicas de cada um. Se o motivo predominante é a manutenção de uma vida saudável, a prática de exercícios físicos também é recomendada e prescrita por médicos para as pessoas que já foram acometidas por problemas de saúde e que as levam a uma academia de ginástica para tentar corrigir ou amenizar o problema já instalado, isso independentemente de sua faixa etária.

Assim, no âmbito da prática de exercícios físicos, as academias podem satisfazer aos diferentes objetivos primários dos diferentes públicos que as procuram: manutenção de uma vida saudável, prevenção de doenças, correção de problemas físicos, administração do peso, prática de uma modalidade esportiva e estética corporal.

Efetivamente, o apelo "saúde" é o que deveria estimular e nortear a prática de exercícios físicos regulares em qualquer idade. Entretanto, a "estética" é ainda o fator considerado e o apelo mais destacado na propaganda e nas matérias jornalísticas sobre o tema, apresentadas e divulgadas na mídia e na internet. Um corpo "sarado", um abdome tipo "tanquinho", pernas bem "torneadas", músculos bem "definidos" etc. fazem parte do vocabulário e das pretensões de muitos adeptos da "malhação".

Um estudo realizado pela professora Silvana Correa, *expertise* em educação física e gestão de academias, acrescenta outros fatores que influenciam a decisão do indivíduo:

> Outro fator que faz as pessoas procurarem as academias é o lazer, devido principalmente à urbanização excessiva dos grandes centros e a falta de segurança pública. Assim sendo, a academia vem preenchendo esta lacuna revelando-se um lugar mais seguro e adequado para a prática de exercícios físicos, para o lazer e até mesmo para um contato social puro e simples. Derivando do lazer, o contato social ocorre naturalmente pela presença, em um mesmo local, de pessoas que, de alguma forma, realizam uma atividade conjunta, mesmo que individualmente, estejam ocupando uma esteira, bicicleta estacionária ou um aparelho de fortalecimento muscular. A convivência entre pessoas que antes ocorria em locais de lazer públicos, de alguma forma, precisa ser suprida, pois o homem tem a necessidade de conviver, conversar e ter a atenção de outros.[40]

Em entrevista com especialistas do setor, a pesquisadora identificou mais algumas características que formam o conceito do negócio:

- É um negócio de varejo e de conveniência, portanto, requer proximidade física do local de trabalho ou da moradia do cliente.
- Apresenta elevado *turnover*, em torno de 30% a 50% ao ano, o que sugere um trabalho permanente de vendas.
- Necessita de elevada alavancagem operacional, em função do custo inicial de instalação e da tecnologia sofisticada, tanto nos equipamentos quanto nos programas de treinamento adotados.

Embora o notório crescimento do mercado e a evolução do negócio *fitness* nos principais centros urbanos do país, as academias, como qualquer outro negócio, também enfrentam dificuldades e não resistem às oscilações da atividade econômica, uma vez que é um dos primeiros itens de despesa a ser cortados quando a renda individual ou familiar sofre algum tipo de abalo.

À luz dos conceitos e princípios formulados neste capítulo, elabore uma estratégia de negócios para uma academia de ginástica, definindo a missão da empresa e os objetivos que podem ser considerados. Justifique sua proposta sob a perspectiva da análise SWOT e do modelo de estratégia competitiva de Porter.

# Referências

[1] QUINN, J. B.; MINTZBERG H.; JAMES R. M. *The Strategy Process: Concepts, Contexts and Cases*. Englewood Cliffs, New Jersey: Prentice Hall, 1998.

[2] SUN, Tzu. *A arte da guerra*. 2. ed. bilíngue. São Paulo: Conrad Editora, 2006.

[3] QUINN, J. B. *Strategies for Change:* Logical Incrementalism. Homewwod, IL.: Richard D. Irwin, Inc., 1980.

[4] MINTZBERG, H. Os 5 Ps da estratégia. In: MINTZBERG, H.; QUINN, J. B. *O processo da estratégia*. 3. ed. Porto alegre: Bookman, 2001.
[5] ANSOFF, H. I. *Estratégia empresarial*. São Paulo: McGraw Hill do Brasil, 1977.
[6] ANDREWS, K. R. *The Concept of Corporate Strategy*. Homewood, IL.: Dow Jones-Irwin, 1971.
[7] Id. Ibid., 1980.
[8] PORTER, M. *Estratégia competitiva*. 9. ed. Rio de Janeiro: Campus, 1991.
[9] BAPTISTA, S.; BICHO, L. *Modelo de Porter e análise SWOT – estratégias de negócios*. Portugal: Instituto Politécnico de Coimbra, Depto. de Engenharia Civil, 2006.
[10] HAX, A. C.; MAJLUF, N. S. *Strategy and the Strategy Formation Process*. Sloan School of Management. M.I.T. Mass. PH., 1986.
[11] CORREA, S. A. M. *Estratégia competitiva das academias de ginástica da cidade de São Paulo*. 2007. Dissertação (Mestrado) – Vice-Reitoria de Pós-Graduação e Extensão UNIP – Universidade Paulista, São Paulo, 2007.
[12] LUSSIER, R.; REIS A. C. F.; FERREIRA A. A. *Fundamentos de administração*. São Paulo: Cengage Learning, 2010.
[13] PAGNONCELLI, D.; VASCONCELLOS FILHO, P. *Sucesso empresarial planejado*. Rio de Janeiro: Qualitymark, 1992.
[14] Disponível em: <http://www.google.com/intl/pt-BR/about/corporate/company/>. Acesso em: 28 maio 2012.
[15] Disponível em: <http://www.bb.com.br/portalbb/page3>. Acesso em: 28 maio 2012.
[16] Disponível em: <http://www.microsoft.com/portugal/mscorp/mission/default.mspx>. Acesso em: 28 maio 2012.
[17] Disponível em: <http://www.msdonline.com.br/corporativo/sobre_msd/documents/codigo_conduta_msd_brasil.pdf>. Acesso em: 29 maio 2012.
[18] Disponível em: <http://www.petrobras.com.br/pt/quem-somos/estrategia-corporativa/>. Acesso em: 29 maio 2012.
[19] Disponível em: <http://www.hsbc.com.br/1/2/portal/pt/pagina-inicial/hsbc-no-brasil/missao-visao-e-valores>. Acesso em: 29 maio 2012.
[20] LUSSIER, R.; REIS, A. C. F.; FERREIRA, A. A., op. cit.
[21] ANDREWS, K. R., op. cit., 1980.
[22] Id. Ibid.
[23] PORTER, M., op. cit.
[24] LUSSIER, R.; REIS, A. C. F.; FERREIRA, A. A., op. cit.
[25] Id. Ibid.

[26] HAX, A. C.; MAJLUF, N. S. *Strategic Management: an Integrative Perspective*. New Jersey: Prentice Hall, 1984.

[27] MINTZBERG H.; WATERS J. A. Of Strategy Delivered and Emergent. *Strategic Management Journal*, Chichester, UK., v. 6, n. 3, jul./set. 1985.

[28] Id. Ibid.

[29] HAX, A. C.; MAJLUF, N. S., op. cit., 1986.

[30] Id. Ibid.

[31] SPRINGER, C. H. Strategic Management in General Electric. *Operations Research. Informs. Publish*, Nova York, v. 21, n. 6, nov./dez. 1973.

[32] FISCHMANN, A. A.; SANTOS, S. A. Uma aplicação de UENs na formulação do planejamento estratégico. *Revista de Administração – RAUSP*, São Paulo, FEA/USP, v. 17, n. 3, jul./set. 1982.

[33] AAKER, D. A. *Strategic Market Management*. New Jersey: John Wiley & Sons, 1984.

[34] FERREIRA A. A.; REIS A. C. F.; PEREIRA M. I. *Gestão empresarial, de Taylor aos nossos dias – evolução e tendências da moderna Administração de Empresas*. São Paulo: Thomson Learning Edições, 1997.

[35] Disponível em: <http://www.votorantim.com.br/pt-br/grupoVotorantim/governanca/Paginas/governanca.aspx>. Acesso em: 29 maio 2012.

[36] FERREIRA, A. A.; REIS, A. C. F.; PEREIRA, M. I., op. cit.

[37] PRAHALAD, C. K.; HAMEL, G. The Core Competence of the Corporation. *Harvard Business Review*, Boston, Mass., v. 68, n. 3, maio/jun. 1990.

[38] AURIK, J. C.; JONK, G. J.; WILLEN R. E. *Rebuilding the Corporate Genome: Unlocking the Real Value of Your Business*. New Jersey: John Wiley & Sons, 2003.

[39] RODRIGUES, J. N. O adeus às unidades estratégicas de negócios. Disponível em: <http://www.janelanaweb.com/livros/jonk.html>. Acesso em: 28 maio 2012.

[40] CORREA, S. A. M., op. cit.

# Capítulo 2

# Planejamento estratégico e administração estratégica

- Planejamento estratégico x administração estratégica
- Planejamento estratégico
- Administração estratégica

## Planejamento estratégico x administração estratégica

### Administração, planejamento e estratégia

Administração, diretor administrativo, departamento de administração, administração de negócio... *administração* é um termo com uso intenso, sem dúvida, mas se a sua utilização ocorre nos mais diversos setores e situações, nem sempre se pode afirmar que é compreendida ou a mais adequada. Os livros, mesmos os mais repetidos, oferecem definições que, não raro, divergem ou, ao menos, não se compatibilizam integralmente. Entretanto, não se discute: administração envolve conhecimento, habilidades, postura e se constitui em processo de relevância fundamental em contextos empresariais, sendo decisivo para o sucesso ou insucesso de negócios. *A administração poderia ser definida como o desenvolvimento de atividades numa organização orientada, eficaz e eficientemente, para o alcance de seus objetivos, numa perspectiva social e ambientalmente responsável.* Mas diferentes autores imprimem sua visão na conceituação de administração. Drucker,[1] por exemplo, afirma que administrar é manter as organizações coesas, fazendo-as funcionar.

Planejamento, área de planejamento, planejamento orçamentário, gerente de planejamento, planejamento de campanha, de lançamento... *planejamento é uma palavra que conduz à ideia de compor, ao longo do tempo, mas no futuro, um encadeamento de ações e, eventualmente, decisões, orientadas para objetivos predefinidos.* Ou seja, planejamento poderia ser entendido como uma atividade de elaboração de planos. Simples, mas sutilmente superficial. Esse processo incorpora todos os riscos da previsão do futuro, todas as dúvidas do desconhecimento antecipado de iniciativas, movimentos e decisões dos demais agentes, todas as dificuldades da decisão em condições de incerteza.

Planejamento estratégico, estratégia de marketing, decisão estratégica, estratégia competitiva, de liderança de custos, de oportunidade... *estratégia* não é um conceito de consenso na literatura, entre executivos, no meio acadêmico, até mesmo – em alguns detalhes – entre os autores. Nas empresas, a estratégia pode ser entendida e praticada com diferentes configurações, como, por exemplo, planejamento estratégico, como um plano logicamente construído de orientação de negócio; ou o movimento e o comportamento a serem assumidos pelo negócio orientado para vencer os competidores. Telles[2] propõe uma definição instrumental para estratégia, qual seja, "orientação para ação e decisão do negócio". Mintzberg[3] sugere uma concepção mais abrangente, segundo o qual, *estratégia é uma perspectiva de pensar no futuro conjugada ao processo decisório, baseada em procedimento formalizado e orientado para resultados*. Se há a vantagem de perceber a estratégia como uma recomendação de negócio, convergente e unificadora, por outro lado, a proposta não fornece elementos para sua análise, avaliação ou decisão de adoção.

Em síntese, a estratégia pode ser associada ao planejamento estratégico, que se baseia no estabelecimento e na manutenção de vantagens competitivas. Zaccarelli[4], um dos mais respeitados nomes em estratégia, afirma que a noção de vantagem competitiva tornou-se a base do pensamento estratégico moderno. Nesse sentido, a estratégia deve ser compreendida e explicitamente adotada, sob pena de o planejamento ser desenvolvido independentemente de uma orientação estratégica, comprometendo o processo de administração de uma organização.

## Planejamento estratégico

O planejamento pode ser entendido como uma das atividades componentes do processo de administração, envolvendo basicamente a definição de objetivos e as ações a serem desenvolvidas para o alcance destes. *O planejamento estratégico, nesse sentido, considera a função de planejar segundo uma visão estratégica, qual seja considerar cenários futuros prováveis, a partir do reconhecimento da condição da organização, situação do ambiente e relação entre essas duas dimensões.*

## Planejamento estratégico

Exercício administrativo que, com base na avaliação da condição de uma organização e da situação de seu ambiente de atuação, resulta em reconhecimento crítico de suas oportunidades e ameaças e de seus pontos fortes e fracos para o cumprimento de sua missão, estabelecendo orientação estruturada e formal para a direção da organização.

O *planejamento estratégico*, dessa forma, considera o processo gerencial de definição de objetivos organizacionais e a formulação de planos de ação, segundo o exame e a avaliação de condições internas (presentes e futuras) da organização e situações externas a esta (presentes e futuras). Maximiano[5] ainda sugere que o planejamento estratégico constituiria o processo de elaboração e desenvolvimento da estratégia, estabelecendo-se a relação entre organização e ambiente interno e externo, assim como objetivos organizacionais e estratégias alternativas.

## Administração estratégica

A administração, segundo definição simplificadora e conceitualmente adequada proposta por Maximiano[6], "é o processo de tomar decisões sobre objetivos e utilização de recursos". *A administração estratégica, nesse sentido, considera as decisões sobre objetivos e utilização de recursos, segundo uma visão estratégica, qual seja considerar cenários futuros prováveis, com base no reconhecimento da condição da organização, situação do ambiente e relação entre essas duas dimensões.*

## Administração estratégica

Processo de construção e manutenção da competência organizacional de integração das decisões administrativas e operacionais às decisões estratégicas, assegurando a melhor solução de compromisso possível de expansão simultânea de eficiência e eficácia da organização.

Bateman e Snell[7] ainda apontam que a administração estratégica é um processo envolvendo administradores de todos os níveis da organização, na formulação e no alcance de objetivos estratégicos. Os mesmos autores afirmam que a administração estratégica unifica planejamento estratégico e administração, tornando o primeiro um processo continuado para os gestores, que são estimulados a considerar estrategicamente suas decisões e ações a longo, médio e curto prazo. De acordo com Wright, Kroll e Parnell[8], "em sentido mais amplo, administração estratégica consiste em decisões e ações administrativas que auxiliam a assegurar que a organização formula e mantém adaptações benéficas com seu ambiente".

## Relação entre planejamento estratégico e administração estratégica

Um planejamento estratégico destina-se, em última análise, à construção defensável e consistente de um plano estratégico para uma organização. É um documento destinado ao registro formalizado de premissas, considerações, análises estratégicas, definições de negócio, apresentação de cronograma, investimentos e resultado de ações, orientados por estratégias apresentadas e validadas pelos gestores responsáveis como alternativas de movimentos viáveis para o alcance de objetivos adotados. O principal mérito de um plano estratégico é a apresentação clara e inequívoca da avaliação da organização em relação ao seu ambiente, oferecendo um balanço da condição do negócio, sujeita a críticas, validação e revisão, mas potencializando a compreensão alinhada à relação negócio-ambiente. Nesse sentido, o processo de levantamento e análise da situação do ambiente de atuação, do contexto macroambiental, bem como o reconhecimento de tendências, conjugado ao inventário das condições do negócio, envolvendo fatores de operação, decisões de composto de marketing, competências disponíveis e acessíveis presentes na organização, oferece uma perspectiva de compreensão absolutamente necessária à administração estratégica do negócio.

A análise dos dois conceitos apresentados permite formular a seguinte síntese da relação existente entre eles: *a administração estratégica envolve o planejamento estratégico, a organização estratégica, a direção estratégica e o controle estratégico da organização, considerando cenários presente e futuros prováveis, a partir do reconhecimento da condição da organização, situação do ambiente e relação entre essas duas dimensões.* O Quadro 2.1, proposto por Fischmann e Almeida[9], colabora no esclarecimento da relação entre planejamento estratégico e administração estratégica.

**Quadro 2.1** Quadro comparativo de técnicas de planejamento.

| Características do exercício | Prática administrativa ||||
|---|---|---|---|---|
| | Planejamento tático | Planejamento de longo prazo | Planejamento estratégico | Administração estratégica |
| Conceito | Basicamente o orçamento; planejamento de curto prazo, envolvendo decisões administrativas, em geral, quantitativas. | Extrapolação para um horizonte temporal longo do orçamento, com manutenção das condições de ambiente e organização. | Planejamento da direção que a empresa deve seguir, envolvendo decisões estratégicas, de caráter qualitativo. | Processo e competência de integração de decisões administrativas e operacionais às decisões estratégicas. |

*(continua)*

**Quadro 2.1** Quadro comparativo de técnicas de planejamento. (*continuação*)

| Características do exercício | Prática administrativa | | | |
|---|---|---|---|---|
| | Planejamento tático | Planejamento de longo prazo | Planejamento estratégico | Administração estratégica |
| Função | Ferramentamento de implantação do plano estratégico. | Orçamento projetado para período de longo prazo (mais de 1 ano). | Planejamento de longo prazo, com perspectiva estratégica. | Integração de planejamentos de longo prazo, estratégico e orçamento. |
| Objetivo | Planejamento e controle de decisões administrativas e operacionais, visando à eficiência. | Aferição da tendência em relação à situação atual, facilitando o planejamento estratégico. | Planejamento construído com base no conceito de busca de eficácia organizacional. | Balanço (solução de compromisso) entre eficiência e eficácia da organização. |

*Fonte*: FISCHMANN, A.; ALMEIDA, M. *Planejamento estratégico na prática*. São Paulo: Atlas, 2007. p. 26.

De maneira simplificada, seria possível estabelecer a seguinte visão esquemática do planejamento estratégico e da administração estratégica:

---

**Relação entre planejamento estratégico e administração estratégica**

Planejamento estratégico
- Planejamento (nível estratégico)
- Orientação: ações no todo
- Natureza: longo prazo
- Caráter: predominantemente qualitativo
- Objetivo: eficiência, mas sobretudo a eficácia
- Referência: para programas, projetos e atividades

Administração estratégica
- Orientação: ações dos níveis administrativo e operacional
- Balanço: eficiência × eficácia
- Planejar/organizar/dirigir/controlar (nível estratégico)
    - Planejar: engloba o planejamento estratégico
    - Organizar: sintoniza a estrutura com a estratégia
    - Dirigir: decisões administrativas e operacionais de acordo com as estratégias
    - Controlar: políticas/orientação de ações segundo as estratégias

# Planejamento estratégico

## Origem e evolução do planejamento estratégico

Segundo Bomtempo,[10] a evolução do planejamento estratégico pode ter seu início associado à Revolução Industrial, historicamente no período entre meados do século XVIII e século XIX, com a constituição de mercados consumidores com maior escala em relação aos existentes até então. Entretanto, as bases para o conceito de estratégia devem ser reconhecidas como primeiro passo no entendimento da evolução do planejamento estratégico.

O conceito de estratégia, tal como hoje se veicula em administração, independentemente do significado mais teórico e/ou operacional que se pretenda, passou a ser incorporado na dimensão da abordagem da gestão de negócios em meados do século XX, ganhando um estatuto mais acadêmico a partir da década de 1960. A palavra *estratégia*, associada ao gerenciamento da guerra, inicialmente é utilizada ao final do século XVIII e início do século XIX, como afirmam Proença Jr., Diniz e Raza[11], sendo que, até então, falava-se em arte da guerra, todavia significando não um processo de gestão, e sim um processo de aprendizado da arte da guerra. Historicamente, Jomini, com a publicação de *Précis de l'art de la guèrre* em 1837, ou seja, *Resumo da arte da guerra*, expõe uma visão sistematizada de estruturação e orientação para a ação de guerra, baseada em dois princípios: a estratégia é chave da guerra e esta é controlada por princípios científicos universais.

Clausewitz, contemporâneo de Jomini, desenvolve uma compreensão mais madura e teoricamente mais consistente, embora o livro *Da guerra*, em que é desenvolvida sua teoria da guerra, tenha sido o resultado da organização de seus escritos por sua mulher, após sua morte. Pode-se afirmar que Clausewitz torna-se efetivamente referência no século XX, quando sua obra é resgatada e seu autor reconhecido como um teórico de um campo de conhecimento. A estratégia para Jomini é "a arte de fazer a guerra sobre o mapa", enquanto para Clausewitz é o "uso dos combates para o propósito da guerra". Com base nesse entendimento sobre os primeiros estudos sistematizados de estratégia (naturalmente de origem militar), não é possível inferir muito sobre a atual compreensão ou percepção do termo, porém alguns relevantes elementos, associados a competição, sobrevivência, posicionamento, ataque e defesa, entre outros, sugerem sua consideração na análise do desenvolvimento e transformação do conceito, inclusive na comparação dos diversos matizes em que a estratégia se apresenta, é compreendida e, por vezes, defendida.

Em administração, Rumelt, Schendel e Teece[12] indicam uma trajetória histórica interessante e didaticamente simples para a evolução da teoria da estratégia. Tomando, como ponto de partida, Taylor e sua teoria sobre eficiência técnica, existe um primeiro balizamento sobre a administração mais correta ou uma gestão mais eficiente e "cientificamente" embasada. Barnard,[13] em *Funções do executivo*, desloca ou estende a análise do trabalho organizacional para a dimensão do gerenciamento, distinguindo eficiência e efetividade. Simon[14] sugere uma estrutura para uma administração preocupada com análise e monitorização do negócio, e Selznick[15] propõe o conceito de competência distintiva. O termo gerenciamento estratégico pode ser associado aos anos 1960: em meio a abordagens contingencialistas, teorias comportamentais e perspectivas ambientalistas, o "campo do gerenciamento estratégico" pode ser teoricamente constituído a partir dos trabalhos de Ansoff[16] e Chandler[17] (*Estratégia e estrutura*, 1962). Este último descreve estratégia como a "determinação de objetivos e metas de longo prazo de uma organização e a adoção de cursos de ação e alocação de recursos necessários para a consecução destas metas". Nesse momento histórico, diferentes pesquisadores estudavam a possibilidade de otimizar a relação entre estratégia das organizações e ambiente de negócios. Na década de 1960, concebeu-se, em Harvard e orientada para a indústria automobilística, a Análise SWOT (*Strengths and Weakness, Opportunities and Threats*, em português *forças e fraquezas, oportunidades e ameaças*), relacionando oportunidades e ameaças do ambiente e forças e fraquezas do negócio.

Nos anos 1970, desenvolveu-se uma polarização entre a perspectiva descritiva e abordagens sobre emergência e implementação de estratégias, e em 1973, devido ao primeiro choque do petróleo, o planejamento de longo prazo, e, neste sentido, o planejamento estratégico, mostrou-se relativamente incapaz de capturar elementos como mudanças repentinas, inovação, alteração de condições ou descontinuidade, e, portanto, menos confiáveis devem ser consideradas as extrapolações da história. Outra importante questão levantada nesse momento é a associação entre estratégia e desempenho, sendo explorada a proposta de desempenho como função da estratégia e do ambiente. Porter[18] introduz, nos anos 1980, com base em estudos de caso e de uma reconcepção da teoria da firma da década de 1930, entre outros elementos, uma nova compreensão de estratégia. Fundado no reconhecimento das cinco forças de mercado, que passam a sistematizar e decodificar o ambiente sob uma perspectiva de competição e a operação da organização sob uma perspectiva de posicionamento, Porter integra a abordagem da organização industrial e de sua operação no mercado. O conceito de vantagem competitiva[19], no interior de uma concepção de competição como "mola mestra" da lógica de mercado, carrega núcleos de um reconhecimento da emergência de propostas estratégicas transformadoras além do processo analítico deliberado. Ou, como afirmam Vasconcelos e Cyrino[20], "o processo competitivo é caracterizado por um processo interativo de descoberta, no qual novos conhecimentos são produzidos".

Uma representação aproximada do desenvolvimento da concepção do processo administrativo e a incorporação da perspectiva estratégica podem ser visualizadas na Figura 2.1.

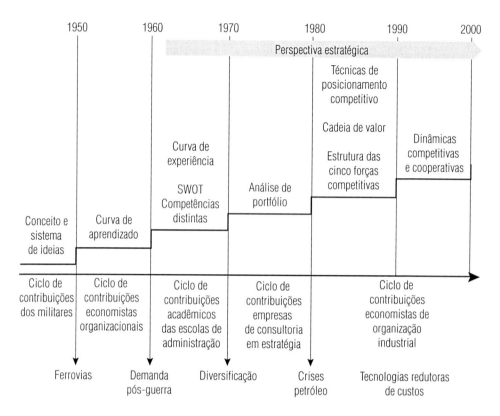

**Figura 2.1** Desenvolvimento da concepção do processo administrativo.
*Fonte*: Elaborada pelos autores.

O planejamento estratégico remete-se ao processo resultante do exercício, em geral anual, que as organizações costumam desenvolver, dando origem a um plano formal para as operações e negócios a ser seguido no próximo período. Como o processo impõe a adoção de premissas, procedimentos validados de previsão e/ou projeção, condições esperadas para indicadores, situações, contextos etc., a probabilidade de sucesso e aplicabilidade desses planos no período a que se propunha tende a ser corrompida ao longo de seu prazo de implementação. Em função dessa questão, alguns estudiosos de estratégia preferem considerar com ressalvas o plano estratégico. Nesse sentido, desde a publicação de *Ascensão e queda do planejamento stratégico* de Mintzberg, em 1983, a composição de planejamento e estratégia vem sendo articulada com cuidados conceituais redobrados.

As empresas têm diversas e diferentes formas de compreensão da estratégia; desde o planejamento estratégico identificado à elaboração de um plano deliberadamente construído, ao entendimento da estratégia como orientação, decisão e ação voltadas a vencer os competidores, existe um espectro amplo de alternativas de percepção sobre o que vem a ser *estratégia* e *planejamento estratégico*. De qualquer modo, fica cada vez mais claro que uma estratégia consistente considera oponentes inteligentes e criativos e interesses conflitantes, não sendo possível uma prescrição padronizada para posturas estratégicas. Segundo os escritos sagrados dos cristãos, David enfrentou e derrotou o gigante Golias apenas com uma funda; em um novo confronto, outro Golias não seria mais surpreendido por uma funda, e a solução usada por David não mais lhe asseguraria a vitória, o que não significa que outra ação decorrente da mesma perspectiva estratégica não oferecesse nova alternativa de ação eficaz.

Enfim, planejamento e estratégia devem compor uma plataforma sustentável e clara de referências para a gestão, oferecendo os fundamentos de um dado planejamento (baseados na estratégia adotada) e a operacionalização de um processo orientado para o alcance dos objetivos definidos (refletido no plano construído).

## Etapas de um planejamento estratégico

O planejamento estratégico, como procedimento de elaboração de um plano para a organização segundo abordagem estratégica, deve ser desenvolvido de forma operacionalmente articulada, favorecendo gestão e controle de sua construção ao longo do tempo. Esse processo de encadeamento de etapas não só colabora com a compreensão das tarefas e produtos de cada fase, como também a cada etapa permite a avaliação de consistência e integração com as etapas anteriores. Ocorre que, a cada fase, novas ideias ou concepções podem implicar recomposição do plano e revisão de seu conteúdo.

A segregação do planejamento estratégico em etapas, desse modo, facilita o controle e, principalmente, oferece a possibilidade de estabelecimento de um cronograma, vital para a gestão e elaboração do plano. Do ponto de vista da administração estratégica, é importante considerar que o plano estratégico se integra à sua implantação, numa perspectiva conjugada de condução estratégica de quaisquer organizações. A Figura 2.2 exibe essa composição entre planejamento estratégico e implementação, reconhecendo-se a integração permanente dessas duas dimensões. O planejamento estratégico poderia ser compreendido como um processo de cinco etapas encadeadas, quais sejam:

1. Avaliação da estratégia vigente.
2. Avaliação do ambiente.
3. Estabelecimento do perfil estratégico.
4. Quantificação dos objetivos.
5. Finalização.

Cada uma das fases do planejamento estratégico é caracterizada por necessidades definidas, um conjunto de atividades a serem desenvolvidas e, principalmente, por produtos específicos, resultantes das tarefas dessa etapa. Nesse sentido, são arroladas as demandas para cada etapa do processo na figura a seguir.

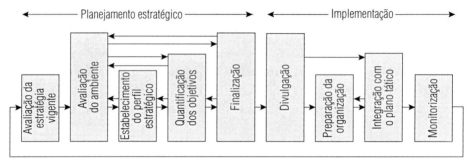

**Figura 2.2** Etapas da administração estratégica e sua implementação.
*Fonte*: FISCHMANN, A.; ALMEIDA, M. *Planejamento estratégico na prática*. São Paulo: Atlas, 2007. p. 33.

### Avaliação da estratégia vigente

Esta etapa é caracterizada pelo exame e pelo reconhecimento crítico da estratégia em curso, pressupõe uma compreensão estruturada da orientação adotada pela organização, independentemente dessa opção ter sido resultado deliberado de gestores, ou resultante de decisões tomadas em contextos específicos, que definiram um balizamento estratégico.

- **Produtos da etapa**: identificação de estratégia adotada, justificada por ações e decisões da gestão; reconhecimento de perspectivas de gestores em relação às decisões e às ações praticadas.

A estratégia vigente, como orientação praticada para ação e decisão particularmente de gestores, é resultado de um processo evolutivo de posturas, condições e contextos, que, baseado numa estratégia anteriormente assumida ou simplesmente como desdobramento de atitudes e decisões manifestadas, determinou uma forma de ver e conduzir a organização. Tornando mais operacional e prático o reconhecimento da atual estratégia, essa fase é composta basicamente de seis atividades: (1) *análise de desempenho de produtos*; (2) *projeção de vendas históricas*; (3) *definição do campo de atuação*; (4) *projeção de resultados*; e (5) *reconhecimento formal da estratégia vigente*.

1. *Análise de desempenho de produtos*: avaliação do resultado de produtos para cada um dos grupos de clientes. Ou seja, por meio do agrupamento de clientes (segmentação), em função de características semelhantes (tipo de atividade, volume de compra, mercado atendido etc.), levantam-se dados de vendas para cada um dos grupos, favorecendo a identificação de diferenças e semelhanças de operações de compra e venda e resultados para esses (receita, receita média por cliente, preços praticados, custo de atendimento etc.). Esse exame revela importantes indicações sobre a orientação estratégica da organização com base em sua operação junto a clientes, como: potenciais "unidades de negócios" efetivamente presentes na organização, volume e distribuição de investimentos em cada uma dessas "unidades de negócios", estrutura desenvolvida para atender cada um dos agrupamentos de clientes etc.

2. *Projeção de vendas históricas*: desenvolvimento de estimativa de vendas e receitas no futuro, baseado no desempenho e nas condições ambientais históricas, como referência para a consideração de mudanças no ambiente externo e/ou interno.

3. *Definição do campo de atuação*: delimitação do espaço de atuação do negócio, podendo ser definido por duas decisões fundamentais para a organização: (a) necessidade(s) do mercado a ser(em) satisfeita(s) e, se conveniente, (b) forma de atendimento a essa(s) necessidade(s). Em outras palavras, o campo de atuação não envolve os produtos produzidos e entregues pela empresa, mas, antes, considera sua oferta orientada à necessidade, que lhe dá origem e, eventualmente, a configuração, a tecnologia, a utilização de recursos etc. para a satisfação da(s) necessidade(s). Uma rádio comercial poderia, por exemplo, assumir como comunicação radiofônica seu campo de atuação, ou, se pretendesse atuar com veículos impressos, assumir seu campo de atuação como mídia. Essa decisão implica uma compreensão mais focalizada ou mais abrangente para reconhecimento do escopo estratégico vigente e futuro. Esse escopo estratégico pode ser entendido como vinculado à missão da organização e, nesse sentido, à sua vocação de entrega de valor aos clientes.

4. *Projeção de resultados*: desenvolvimento de estimativa de resultados organizacionais (basicamente lucratividade) no futuro, por meio do desempenho histórico do negócio, como base para o reconhecimento do longo prazo, se não houver alterações ambientais ou organizacionais.

5. *Reconhecimento formal da estratégia vigente*: registro sobre a direção que vem sendo adotada pela organização, assim como consciência sobre mudanças estratégicas realizadas (intencionalmente ou não), relação entre mudanças estratégicas e desempenho/resultado da organização.

## Avaliação do ambiente

Esta etapa é caracterizada pelo exame e pelo reconhecimento crítico da situação do ambiente externo (macroambiente e microambiente) e do ambiente interno (fatores de operação do negócio e estrutura/processos de relação com ambiente externo), objetivando a constituição de um inventário consistente sobre oportunidades, ameaças, forças e fraquezas.

- **Produtos da etapa**: levantamento de oportunidades e ameaças presentes no ambiente externo e forças e fraquezas existentes no ambiente interno da organização.

A avaliação do ambiente para as organizações, considerada como compreensão, monitoração e avaliação do meio em que atuam e estão inseridas, constitui fator decisivo para sua operação e seu desempenho. Pelo fato de estarem condicionadas à compra de fornecedores, à venda a clientes, à concorrência de outras organizações, à possibilidade de entrada de outras empresas na busca dos mesmos clientes, ou à oferta de outros produtos que satisfaçam as mesmas necessidades, entre outras variáveis, as empresas devem necessariamente mapear o ambiente que as constituem e que lhes cerca, buscando tornar-se mais adequadas e competitivas diante de mudanças. Duas atividades constituem basicamente essa etapa: (1) *análise externa* (análises do microambiente e macroambiente) e (2) *análise interna* (análise dos fatores de operação da organização).

1. *Análise externa*: exame da situação e reconhecimento das dimensões externas à organização, tais como concorrentes, fornecedores, economia e legislação, entre outros, buscando-se identificar oportunidades e ameaças. Na análise do ambiente externo a uma organização, é oportuna a separação entre microambiente e macroambiente. No microambiente, encontram-se os agentes que competem diretamente com a organização. No macroambiente, estão as condições cujos movimentos e alterações afetam em maior ou menor grau as regras da competição existentes no microambiente.

    - *Análise do microambiente*: exame dos agentes que competem pelo resultado do negócio, quais sejam fornecedores, concorrentes, clientes, potenciais entrantes no setor, substitutos, sindicatos, comunidade etc. No microambiente, encontram-se as entidades que concorrem diretamente com a organização objeto da análise, sendo possível afirmar que, nesse domínio, ocorre efetivamente uma disputa, já que esse jogo competitivo influencia a capacidade de produzir, comercializar e auferir resultado da organização em análise.
    - *Análise do macroambiente*: investigação, tão detalhada quanto possível, das variáveis do macroambiente. O macroambiente pode ser entendido operacionalmente como o conjunto de forças e tendências que afetam ou in-

fluenciam os mercados (microambientes), ou seja, as dimensões que estabelecem as regras de competição vigentes no microambiente. Constituem o macroambiente os cenários político-legal, econômico, tecnológico, demográfico e sociocultural.

2. *Análise interna*: avaliação crítica da organização (ou estrutura corporativa), recursos, processos e *stakeholders* (Figura 2.3), basicamente buscando-se identificar forças e fraquezas do negócio. O ponto de partida para um exame compreensivo do ambiente interno de uma organização é o entendimento dos fundamentos que determinam a existência da organização. Reconhecidas essas bases, a análise do ambiente interno passa a ser um processo de aprofundamento e mapeamento das situações que limitam ou potencializam a operação competitiva da organização, que podem ser entendidas como seus fatores de operação.

- *Análise dos fatores de operação da organização*: apreciação ponderada das condições que a empresa possui e apresenta, envolvendo diagnósticos consistentes de sua organização (infraestrutura, cultura organizacional etc.), de seus recursos (mão de obra, informações etc.), de seus processos (tecnologia, pesquisa etc.) e de seus *stakeholders* (fornecedores, clientes etc.).

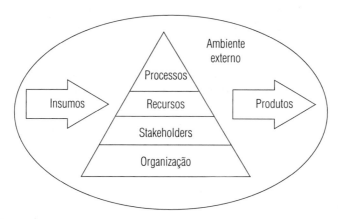

**Figura 2.3** Operação das organizações.
*Fonte*: Adaptação de NAYAK, P. R.; DRAZEN, E.; KASTNER, G. The High-Performance Business: Accelerating Performance Improvement. *Prism, First Quarter*, 1992.

## Estabelecimento do perfil estratégico

Esta etapa é caracterizada pela análise, seleção e deliberação de direção a ser adotada pela organização ou, em outros termos, pela escolha criteriosa de estratégia(s) norteadora(s) para operação, decisão e ação de negócio, suportada(s) por soluções de compromisso assumidas entre oportunidades e ameaças do ambiente *versus* forças e fraquezas da organização.

- **Produtos da etapa**: definição ou decisão de orientação estratégia, claramente estabelecida e justificada, em função de oportunidades e ameaças, reconhecidas no ambiente externo, e de forças e fraquezas associadas à organização.

O estabelecimento do perfil estratégico por uma organização objetiva fundamentalmente a decisão justificada sobre a direção estratégica a ser adotada, considerando oportunidades e ameaças do ambiente externo e forças e fraquezas presentes no ambiente interno. Duas atividades resumidamente compõem a fase: (1) *discussão e deliberação sobre objetivos e estratégias* e (2) *formalização das decisões adotadas para a organização*.

1. *Discussão e deliberação sobre objetivos e estratégias*: exercício composto de avaliação conjugada de oportunidades e ameaças do ambiente externo e de forças e fraquezas presentes no ambiente interno, proposição de objetivos para a organização e seleção ou construção de estratégias de alcance desses objetivos. Esse processo considera a estratégia vigente e os cenários delineados sobre mudanças e transformações ambientais, sendo utilizados em geral instrumentos como modelos de compreensão e decisão estratégica, permeados por discussão entre gestores e posterior deliberação consensual sobre objetivos e estratégias.

2. *Formalização das decisões adotadas para a organização*: documentação de registro, apresentação e referência sobre o produto da discussão e deliberação sobre objetivos e estratégias, para se unificar entendimentos, identificar potenciais mal-entendidos ou diferenças de compreensão, resolvendo-se conflitos de perspectivas e revisando integração com os produtos das etapas anteriores.

## Quantificação dos objetivos

Esta etapa é caracterizada pelo levantamento de dados, pela adoção de premissas, pela construção de avaliações e pelo exame crítico da viabilidade de alcance dos objetivos fixados na fase de estabelecimento do perfil estratégico. Envolve o estudo encadeado e minucioso de impactos provocados pelas decisões estratégicas adotadas e pelas mudanças ambientais consideradas no ambiente interno e externo à organização.

- **Produtos da etapa**: previsão de resultados (operacionais e não operacionais), demonstrações financeiras projetadas (incluindo investimentos, custos, despesas e receitas consideradas) e validação de objetivos e resultados projetados.

A quantificação de objetivos é desenvolvida por meio de um sequenciamento de estudos voltados para a construção de uma visão quantitativa e, nesse sentido, mais afeita ao entendimento, controle e monitorização de resultados. Essa visão proporciona uma perspectiva claramente definida em relação às ações a serem conduzidas, oferecendo uma base de análise efetiva para avaliação da viabilidade dos objetivos definidos. Entre as atividades a serem desenvolvidas, é possível considerar três macrotarefas: (1) *previsão de resultados*; (2) *construção de demonstração financeira planejada*; e (3) *avaliação crítica da relação entre objetivos fixados e resultados previstos*.

1. *Previsão de resultados*: desenvolvimento de projeções operacionais e não operacionais para o horizonte estratégico adotado (período de tempo, em que existe conforto para a organização praticar previsões com risco aceitável de manutenção de premissas adotadas). A atividade é composta de tarefas de previsão e estimativa de vendas, pessoal, investimentos, juros etc. e de tarefas de combinação das estimativas, resultando em previsões de resultados futuros.

2. *Construção de demonstração financeira planejada*: elaboração de instrumentos financeiros, baseados nas previsões de resultados desenvolvidos, oferecendo uma antevisão de lucros e perdas, fluxos de caixa e operações financeiras demandadas pelo planejamento proposto.

3. *Avaliação crítica da relação entre objetivos fixados e resultados previstos*: exercício desenvolvido por gestores em conjunto (em reunião, por exemplo), orientado para a discussão sobre a validação do planejamento e viabilidade das decisões sobre objetivos, estratégias e resultados.

## Finalização

Esta etapa é caracterizada pela elaboração sumarizada de um documento de registro e divulgação para a organização sobre decisões estratégicas e objetivos. Esse documento tem como principais propósitos (a) informação sobre a direção da organização aos gestores; (b) divulgação de resultados e objetivos esperados para cada gestor; e (c) uniformização de compreensão sobre operação, mercados e ambientes.

- **Produtos da etapa**: relatório de registro formal sobre o processo desenvolvido (avaliações conduzidas, análises realizadas, decisões tomadas, projeções elaboradas, planos desenhados etc.) e relatórios resumidos, dirigidos aos gestores, com informações sintetizadas e voltadas para a atividade desses gestores.

## Implementação

A implementação do planejamento estratégico é composta de um encadeamento de atividades, envolvendo processos organizacionais mais abrangentes e mais interativos, em termos de atores, tarefas e procedimentos. Enquanto o processo de planejamento estratégico pode ser abordado como uma técnica administrativa com demandas e produtos mais claramente identificáveis e passíveis de avaliação objetiva, a implementação pode ser compreendida como um processo dinâmico de confrontação entre planejamento e realidade de negócio.

Constituída esquematicamente por (I) divulgação, (II) preparação da organização, (III) integração com o plano tático e (IV) monitorização, a implementação deve ser vista como uma atividade administrativa contínua e condicionada ao comportamento estratégico da organização, em particular de seus gestores. Simplificadamente, as quatro etapas da implementação estão descritas a seguir.

**Divulgação**: comunicação aos gestores sobre estratégias gerais da organização, estratégias específicas sobre seu processo, expectativas sobre sua atividade e objetivos associados à sua atuação.

**Preparação da organização**: processo de mudança ou recomposição na estrutura organizacional e do sistema de administração que ofereça condições efetivamente para o desenvolvimento da estratégia adotada.

**Integração com o plano tático**: esforço de incorporação das premissas definidas durante o planejamento no orçamento (vendas, pessoal etc.), assegurando integração harmônica entre planejamento estratégico e previsão orçamentária.

**Monitorização**: controle sistemático e formal de planos de ação desenvolvidos no planejamento estratégico e tático, garantindo acompanhamento contínuo de ações, solução de problemas de contingência e realização de tarefas no prazo.

Em outras palavras, a integração entre planejamento estratégico e implementação de forma continuada e interagente constitui o núcleo de uma administração estratégica, discutida a seguir.

## Administração estratégica

### Origem

A partir da década de 1950, diversas universidades norte-americanas incluíram uma disciplina de eixo, integradora de marketing, finanças, contabilidade, administração e economia, na conclusão de seus programas.[21] A disciplina, em geral, foi tratada como Política de Negócios.[22] O conceito do conteúdo estava associado a uma perspectiva mais compreensiva da complexidade e da dinâmica presente do processo administrativo, procurando potencializar o sucesso da administração de gestores egressos dessas instituições. A disciplina, ao longo do tempo, incorporou abordagens desenvolvidas e necessárias ao exercício da função como análises de ambiente competitivo e interno à organização, elementos como missão e valores organizacionais e processos como formulação de estratégias e utilização de modelos de avaliação estratégica. Esse conteúdo emergente e mais afeito efetivamente à gestão de negócios passou a ser tratado como Administração Estratégica.[23] A administração estratégica, dessa forma, é mais uma resultante de incrementos e transformações de abordagens conceituais e menos uma concepção teórica deliberada construída de forma estanque.

O conceito da administração estratégica apresenta natureza evolucionária no tempo, transformando-se ou adaptando-se às demandas emergentes ou aportes conceituais desenvolvidos.[24] Nesse processo de reconfiguração de seu conteúdo e forma, na teoria, verificam-se importantes diferenças entre perspectivas de autores e, na prática, é comum a utilização do termo com diferentes entendimentos sobre sua função, seu caráter e ação processual. Ansoff[25] afirma que não há consenso sobre o que o conceito efetivamente significa.

## Conceitos

O modelo da administração estratégica deve ser analisado como uma estrutura de natureza dinâmica e processual, considerando não apenas as etapas discutidas, mas as fases fundamentais de definição da missão, dos valores e dos objetivos organizacionais, contextualizados na composição de seu ambiente interno e externo. A representação (Figura 2.4) de um modelo de administração estratégica sugere as interações e a relação continuada entre algumas das instâncias representadas.

A administração estratégica deve ser entendida como um processo contínuo de gestão organizacional orientada para a integração entre os processos administrativo e operacional e a perspectiva estratégica. Ao longo do tempo e durante a operação no cotidiano, é natural que a estratégia deliberada e a estratégia implementada apresentem diferenças em função de mudanças no ambiente externo e/ou interno à organização, impondo ações e decisões que, de alguma maneira, tendem a se distanciar não raro da orientação estratégica. Dessa forma, os condicionantes definidos efetivamente na operação do negócio, advindos das transformações ambientais e organizacionais, podem implicar uma estratégia pretendida, ou seja, a estratégia deliberada pela alta administração, distinta da estratégia praticada. Como afirma Mintzberg, normalmente a estratégia pretendida e a estratégia realizada diferem.[26]

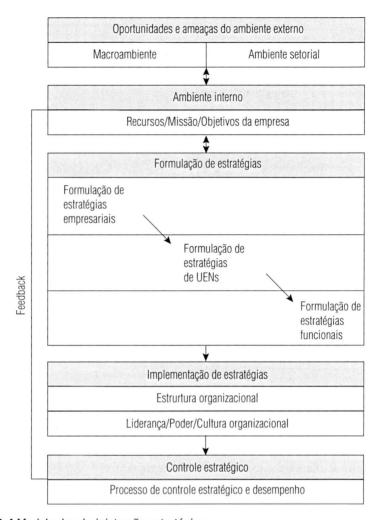

**Figura 2.4** Modelo de administração estratégica.
*Fonte*: WRIGHT, P.; KROLL, M. J.; PARNELL, J. *Administração estratégica*. São Paulo: Atlas, 2000. p. 27.

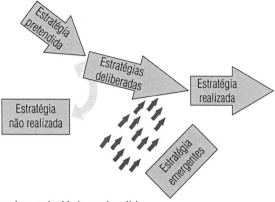

**Figura 2.5** Estratégia realizada x estratégia pretendida.
*Fonte*: QUINN, J. B; MINTZBERG, H.; JAMES, R. M. (Ed.). *The Strategy Process*. Englewood Cliffs, New Jersey: Prentice-Hall, 1988. p. 14.

## Propósito

Pode-se admitir que a administração estratégica tem como principal objetivo criar riqueza para a organização e, nesse sentido, para os acionistas, compondo os interesses de outros *stakeholders*, como funcionários, fornecedores e compradores, entre outros. Considerando essa questão, fica claro que a administração estratégica tem de considerar a satisfação das necessidades de outros *stakeholders*, isto é, a maximização do resultado dos acionistas, por exemplo, em detrimento dos demais públicos de interesse na organização constitui perda de potencial capacidade competitiva. Fornecedores insatisfeitos e, por desdobramento, não comprometidos integralmente com o abastecimento e/ou empregados insatisfeitos e não envolvidos de forma efetiva com o negócio, por exemplo, tenderão a reduzir o valor entregue a clientes.

Entretanto, do ponto de vista mais pragmático da gestão, a administração estratégica apresenta como três propósitos fundamentais:

1. Constituir um sistema íntegro, integrando as funções de planejar, organizar, dirigir e controlar, no nível estratégico.
2. Orientar as ações dos níveis administrativo e operacional, assegurando coerência e consistência com a perspectiva estratégica.
3. Harmonizar a ampliação simultânea de eficiência e eficácia, oferecendo soluções de compromisso entre o alcance de objetivos e a vitalidade organizacional.

## Questões de revisão

1. As organizações que, hoje, se derem conta dos impactos que o futuro (baseado em tendências e perspectivas) terá sobre seu negócio e, neste sentido, forem competentes para construir estratégias e desenvolver ações para lidar com as mudanças esperadas estarão ampliando suas chances de sucesso. Como a administração estratégica se encaixa nessa perspectiva?
2. Quais os pontos de similaridade e quais os pontos de diferenciação entre planejamento de longo prazo e planejamento estratégico? É possível afirmar que uma empresa que pratica um deles também pratica o outro? Justifique.
3. Qual a relação entre a administração estratégica e o planejamento estratégico? Pode-se admitir que organizações que adotaram uma administração estratégica fazem uso do planejamento estratégico? E o contrário é verdadeiro? Justifique.
4. Considerando a questão da eficácia organizacional, entendida como alcance dos objetivos organizacionais, qual a importância do planejamento estratégico e da administração estratégica? Descreva a diferença de importância de ambos os conceitos com relação à eficácia organizacional.
5. O reconhecimento da estratégia praticada é fundamental para o sucesso do exercício de elaboração do planejamento estratégico. Explique resumidamente seu significado e seu resultado, detalhando sua importância para as etapas posteriores. Quais erros nessa fase podem acarretar graves problemas para o plano estratégico estabelecido por uma organização?
6. O planejamento estratégico é um exercício e a administração estratégica é um processo. Explique as razões para o primeiro conceito ser considerado basicamente uma tarefa e o segundo ser entendido aproximadamente como um movimento envolvendo transformações?

### Estudo de caso

**Estratégia, planejamento e administração: o caso da Sol e Mar**

Fabricante: Sol e Mar
Localização: Poá – S.Paulo
Produto: Cadeiras de praia
Produção Normal: 36.000 unidades/mês
Capacidade ociosa produção: 10%
Preço de venda a varejo: R$ 60,00 (com. final)
Paridade cambial: R$ 2,00 = US$ 1,00

Um fabricante de cadeiras de praia (Poá / SP), identificado como Sol e Mar, recebeu uma proposta de um atacadista americano de Nova York, instalado e com operação na Costa Leste, para estabelecer um contrato de fornecimento de três anos para 60 mil unidades por ano, com entregas de 6 mil unidades de fevereiro a novembro (dez meses); preço unitário de U$ 25,00 (CIF Porto de Nova York), pagamento por carta de crédito.

Atualmente, o negócio de venda de cadeiras de praia é destinado a diferentes compradores, sendo que não se adotou uma estratégia de segmentação para identificação dos clientes.

Porém, o principal executivo e um dos quatro filhos do fundador tem a informação de que a capacidade ociosa está em 4 mil unidades/mês para uma produção média de 36 mil cadeiras/mês. A situação não propiciaria condições seguras para o contrato. Uma simulação de custos e receitas da proposta indica que o custo/unidade, considerando todas as despesas (inclusive frete), seria de R$ 30,00, com uma margem que deixou os proprietários entusiasmados com o negócio.

Consultores foram contratados para, em uma semana, darem parecer, pois era o prazo para a resposta final à firma americana. Com o tempo que tinham, os consultores decidiram pelo levantamento da "Matriz de clientes" e levantaram pontos fortes, pontos fracos, oportunidades e ameaças com seis gestores.

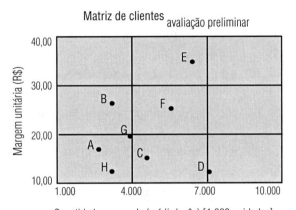

**Resultado das Entrevistas**
Demanda reprimida em mercados caribenhos
Certificação de qualidade internacional
Produção no limite da capacidade instalada
Falta de capacitação com transações internacionais
Dependência do câmbio (paridade US$ / R$)
Limitação de capacidade de investimento

*Fonte*: Elaborada pelos autores.

Como analista responsável pela análise solicitada e tendo disponível apenas as informações apresentadas (podendo assumir quaisquer premissas, desde que descritas claramente):

a) Descreva as informações de negócio expressas na "Matriz de clientes" e esboce a Matriz SWOT, identificando estratégias que colaborem com a análise e decisão na aceitação ou rejeição do contrato proposto.

b) Recomende a realização ou não do negócio com o atacadista americano. Em caso de declínio da proposta, justifique e sugira ações para o negócio recompor a eventual perda; em caso de aceite da proposta, justifique e sugira ações para viabilização da operação.

## Refrências

[1] DRUCKER, P. *A profissão de administrador*. São Paulo: Pioneira, 1998. p. 2.

[2] TELLES, R. *B2B: Marketing empresarial*. São Paulo: Saraiva, 2003.

[3] MINTZBERG, H. Os 5 Ps da estratégia. In: MINTZBERG H.; QUINN J. *O processo da estratégia*. 3. ed. Porto alegre: Bookman, 2001.

[4] ZACCARELLI, S. *Estratégias e sucesso nas empresas*. São Paulo: Saraiva, 2000.

[5] MAXIMIANO, A. *Teoria geral da administração: da escola científica à competitividade em economia globalizada*. São Paulo: Atlas, 2006.

[6] Id., Ibid.

[7] BATEMAN, T. S.; SNELL, S. *Administração: construindo vantagem competitiva*. São Paulo: Atlas, 1998.

[8] WRIGHT, P.; KROLL, M.; PARNELL, J. *Administração estratégica*. São Paulo: Atlas, 2000. p. 25.

[9] FISCHMANN, A.; ALMEIDA, M. *Planejamento estratégico na prática*. São Paulo: Atlas, 2007.

[10] BOMTEMPO, J. *Estratégias competitivas*. Universidade Federal do Rio de Janeiro: Abiquim, INT, 2000.

[11] PROENÇA Jr., D.; DINIZ, E.; RAZA, S. *Guia de estudos de estratégia*. Rio de Janeiro: Jorge Zahar Editora, 1999.

[12] RUMELT, P.; SCHENDEL, D.; TEECE, D. J. *Fundamental Issues in Strategy*. Boston: Harvard Business School, 1999.

[13] BARNARD, C. *The Functions of Executive*. Cambridge, Mass.: Harvard University Press, 1938.

[14] SIMON, H. A. Rational Choice and the Structure of the Environment. *Psychological Review*, v. 63, p. 129-138, 1956.

[15] SELZNICK, P. *Leadership in Administration, a Sociological Interpretation*. Nova York: Harper & Row, 1957.

[16] ANSOFF, I. *Estratégia empresarial*. São Paulo: McGraw-hill, 1965.

[17] CHANDLER, A. *Strategy and Structure*. Boston: MIT Press, 1962.

[18] PORTER, M. *Competitive Strategy*. Nova York: Free Press, 1980.

[19] Id. *Competitive Advantage: Creating and Sustaining Superior Performance*. Nova York: Free Press, 1985.

[20] VASCONCELOS, F. C.; CYRINO, A. B. Vantagem competitiva: os modelos teóricos atuais e a convergência entre estratégia e teoria organizacional. *Revista de Administração de Empresas*, FGV, p. 22, out./dez. 2000.

[21] GORDON R. A.; HOWELL J. E. *Higher Education for Business*. Nova York: Columbia Univesity Press, 1959.

[22] WRIGHT, P.; KROLL, M. J.; PARNELL, J., op. cit.

[23] LONTIADES, M. The Confusing Words of Business Policy. *Academy of Management Review*, n. 7, p. 46, 1982.

[24] GINTER, P. M.; WHITE, D. D. A Social Learning Approach to Strategic Management: Toward a Theoretical Foundation. *Academy of Management Review*, abr. 1982.

[25] ANSOFF, I. *Implanting Strategic Management*. Englewood Cliffs, New Jersey: Prentice-Hall, 1984.

[26] MINTZBERG, H. Opening up the Definition Strategy. In: QUINN, j. B; MINTZBERG, H.; JAMES, R. M. (Ed.). *The Strategy Process*. Englewood Cliffs, New Jersey: Prentice-Hall, 1988. p. 14-15.

## Capítulo 3

# Análise do ambiente empresarial

- Análise do ambiente empresarial
- Análise do ambiente setorial
- Análise dos concorrentes
- Análise de *stakeholders*

## Análise do ambiente empresarial

O ambiente externo passa por mudanças contínuas e rápidas que podem influenciar as estratégias das organizações. As mudanças que ocorrem envolvem desde aspectos de desenvolvimento tecnológico, oferecido por alguns países tornando-os mais competitivos, até aspectos demográficos dos consumidores. Crises como a que está ocorrendo na Europa e no Oriente Médio podem afetar diretamente a tomada de decisão da grande maioria das empresas. Os executivos sofrem cada vez mais com pressões para responder às forças externas e pensar globalmente.

A análise do ambiente externo é fundamental para o êxito e a sobrevivência de qualquer empresa, independentemente do setor de atividade, pois ela influencia as decisões que a empresa irá tomar. A análise do ambiente externo, somada ao conhecimento do ambiente interno, irá fornecer subsídios para que a empresa elabore sua missão e visão e determine estratégias que a tornem competitiva no mercado. Serão definidos como ambiente externo todos os elementos fora da organização, que são relevantes para sua operação. As organizações captam insumos do meio ambiente, como matéria-prima e mão de obra, e os transformam em produtos e/ou serviços que retornam ao ambiente externo.

Para que as empresas formulem estratégias competitivas, elas precisam entender o ambiente externo, verificando as ameaças e as oportunidades que ele oferece. Inovações tecnológicas, mudanças legislativas, acontecimentos políticos são exemplos de fatores externos que afetam as empresas. Assim, a organização deve analisar o ambiente externo, obtendo informações de seus concorrentes, clientes e outros *stakeholders*.[1]

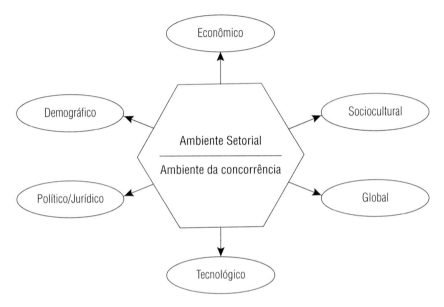

**Figura 3.1** O ambiente geral da empresa e os fatores que a influenciam.
*Fonte*: Adaptação de HITT, M. A.; IRELAND, R. D.; HOSKISSON, R. E. *Administração estratégica*. 2. ed. São Paulo: Cengage, 2011. p. 35.

O ambiente externo possui três dimensões: ambiente geral, ambiente setorial e ambiente competitivo, que serão descritos a seguir.

Ambiente geral: formado por dimensões que afetam o setor ou a empresa e que nela estão inseridas. Na Figura 3.1 essas dimensões foram agrupadas em seis segmentos: econômico, demográfico, político-jurídico, tecnológico, global e sociocultural. A análise do ambiente geral concentra-se no futuro. Já o ambiente setorial é formado por um conjunto de fatores que influenciam as ações das empresas, como, por exemplo, novos entrantes, o poder dos fornecedores, o poder dos clientes, a ameaça de produtos substitutos e a intensidade da concorrência. A análise setorial está focada na lucratividade da empresa e nos fatores que a influenciam. No ambiente competitivo tem-se o modo como as empresas buscam e interpretam as informações de seus concorrentes. A análise do ambiente competitivo está voltada para a previsão do comportamento dos concorrentes, bem como de suas ações.

## Análise do ambiente geral

Cada vez mais aumenta a dificuldade de as empresas interpretarem os ambientes externos, que, muitas vezes, vêm se tornando crescentemente turbulentos, complexos e globais. Assim, para lidar com dados incertos e entender melhor o ambiente em que atuam, as empresas tendem a desenvolver processos de análise do ambiente externo, o que, mesmo sendo uma tarefa difícil, é de significativa importância para a organização. Esse processo envolve quatro fases: escaneamento, monitoramento, previsão e avaliação, mostradas no Quadro 3.1.

**Quadro 3.1** Fases de análise do ambiente geral.

| Escaneamento | Identificar os primeiros sinais e tendências de mudanças no ambiente. Nesta fase, é necessária a análise de todos os segmentos do ambiente geral e ocorre que muitas vezes os dados ou informações estão incompletos ou desconectados. |
|---|---|
| Monitoramento | Detectar as mudanças e tendências do ambiente por meio de constantes observações. Para cumprir esta fase, o processo de escaneamento oferece subsídios que são averiguados mais a fundo para ver se oferecem uma tendência importante. Existem vários métodos de monitoramento do ambiente, uns mais quantitativos, utilizando software para averiguar tendências, armazenar dados de clientes, entre outros, e métodos qualitativos[2], que utilizam informações públicas para serem analisadas e formarem sentido. |
| Previsão | Uma vez detectadas as tendências no escaneamento e no monitoramento, os analistas preveem o que pode ocorrer no ambiente geral e com base nessa previsão fazem projeções. |
| Avaliação | Depois de coletada uma informação, avaliar se existe uma tendência no ambiente que represente uma ameaça ou uma oportunidade é de extrema importância para a empresa. Portanto, depois do escaneamento, do monitoramento e da previsão no ambiente geral, é fundamental avaliar a importância dessas mudanças ou tendências ambientais na administração estratégica da empresa. |

*Fonte*: Adaptação de HITT, IRELAND e HOSKISSON (2011, p. 37).[3]

Um objetivo importante da análise do ambiente externo é identificar oportunidades e ameaças para uma empresa.

Assim, é importante definir:

> Oportunidade: é a condição encontrada no ambiente para que a empresa consiga prosperar.
>
> Ameaça: é a condição do ambiente que pode prejudicar o crescimento da empresa.

Com a análise do ambiente externo, a empresa pode identificar tendências do mercado, ameaças e oportunidade para a organização. O ambiente geral ainda é composto de seis segmentos, apresentados a seguir, que são externos à organização.

## Segmento demográfico

O segmento demográfico ultrapassa as barreiras nacionais, pois atualmente muitas empresas estão presentes e competindo em mercados globais. Nesse segmento, busca-se entender o tamanho da população,[4] a distribuição geográfica e outros fatores que estão representados e exemplificados no Quadro 3.2.

**Quadro 3.2** Composição do segmento demográfico.[5]

| Segmento demográfico | Importância |
|---|---|
| Tamanho da população | O tamanho da população global é um grande desafio para as empresas. Em alguns países europeus, por exemplo, a taxa de natalidade vem caindo, enquanto em países como a China prevê-se um crescimento da população, o que deve tornar este país um dos mais populosos do planeta. |
| Estrutura etária | A idade média da população em alguns países está aumentando. Isso pode ser uma grande oportunidade para a criação de bens e serviços que atendam a essa faixa etária. |
| Distribuição geográfica | No Brasil, a distribuição geográfica está sendo alterada. Atualmente, o uso de computadores, celulares e outras tecnologias têm possibilitado às pessoas trabalhar em áreas mais distantes sem ter de se deslocar. |
| Composição étnica | A composição étnica continua crescendo em vários países, principalmente devido à imigração. As empresas precisam entender essa diversidade e propor produtos ou serviços que atendam às demandas de determinados grupos étnicos. |
| Distribuição de renda | É de extrema relevância para uma empresa entender a distribuição de renda das populações nos diversos países. O aumento de consumo de uma classe social, o número de casais que trabalham, entre outras, são informações que subsidiam as empresas a criar ações e estratégias para atender com produtos e serviços aos diversos públicos. |

*Fonte*: Adaptação de HITT, M. A.; IRELAND, R. D.; HOSKISSON, R. E. *Administração estratégica*. 2. ed. São Paulo: Cengage, 2011.

Um exemplo que merece ser citado sobre o segmento demográfico é a alteração na distribuição de renda pela qual o Brasil vem passando nos últimos anos. Uma pesquisa encomendada pela Cetelem BGN ao Ipsos Public Affairs, publicada no jornal *Valor Econômico*[6] em março de 2010, mostrou que 19 milhões de brasileiros migraram das classes D e E para a C em 2009. A classe C passou a ser a maior do país com 101 milhões de pessoas, representando 53% da população brasileira, enquanto as classes D e E correspondem a 25%, e as classes A e B, a 21%. Com a ascensão financeira da população mais pobre, devido a um crescimento médio da renda familiar (em 2009 a renda familiar foi 48,44% maior que em 2005), as empresas podem adotar estratégias para atender às demandas de consumo dessa parcela da população. Outro exemplo é a faixa etária da população brasileira. Segundo o Instituto Brasileiro de Geografia e Estatística (IBGE), em 1991, no grupo de crianças de 0 a 4 anos, o sexo masculino era representado por 5,7% da população total, enquanto o sexo feminino representava 5,5%. Em 2000, caíram os percentuais para 4,9% e 4,7%, e, em 2010, chegando a 3,7% e 3,6%. Nos mesmos períodos, observa-se um aumento da população com mais de 65 anos, que representava, em 1991, um total de 4,8%, chegando, em 2000, a 5,9% e, em 2010, representando 7,4% da população total, ou seja, no Brasil, nos últimos dez anos, o crescimento absoluto da população se deu com a adulta, com destaque da mais idosa. As organizações não podem ignorar o crescimento dessas faixas etárias da população para planejar suas demandas e criar produtos ou serviços que atendam a essas mudanças demográficas.

## Segmento econômico

O ambiente econômico deve ser levado em consideração por uma empresa, pois esta pode ser afetada pela orientação da economia local.[7] Devido à estrutura global das empresas, estas devem analisar o ambiente em que atuam, pois estão interconectadas a ele. Alguns dos fatores macroeconômicos que afetam a demanda de produtos e serviços são:[8]

- Quantidade de emprego.
- Distribuição e taxa de crescimento de renda.
- Taxas de juros, inflação e câmbio.
- Nível do produto interno bruto (PIB).

As empresas devem criar estratégias e fazer seu planejamento para se desenvolver nos vários ambientes econômicos, bem como se precaver de problemas diversos, caso ocorram mudanças na economia. Um exemplo é o que ocorreu em 2010, quando o real, então muito valorizado, teve uma queda em relação ao dólar de mais de 16% em dois dias, em razão das crises na Europa e nos Estados Unidos.

Nesse ano, a Petrobras, que possuía dívidas em dólar (mais de 70% de suas dívidas), segundo seu diretor financeiro, Almir Barbassa, teve um lucro no terceiro trimestre 42% menor que no segundo trimestre devido à variação cambial.[9] A empresa poderia evitar ou reduzir essa perda utilizando-se de mecanismos de proteção como derivativos.

## Segmento político-jurídico

Uma análise do ambiente externo importante a ser realizada é a do segmento político-jurídico, pois se refere às tendências das leis, dos códigos e de correntes ideológicas.[10] Alguns dos fatores a serem considerados são:

- Legislações federal, estadual e municipal.
- Legislações tributária e trabalhista.
- Políticas monetária, fiscal e previdenciária.
- Legislação ambiental.
- Regulamentação e desregulamentação de setores específicos.

Um exemplo que pode ser citado de variação tributária foi a decisão do governo brasileiro de aumentar o IPI em 30% para carros importados em setembro de 2011.[11] O governo federal anunciou essa medida para montadoras que não investissem em tecnologia, não produzissem veículos com pelo menos 65% de conteúdo nacional e que não cumprissem no mínimo seis etapas da produção no Mercosul. A princípio, a medida destinava-se a promover a inovação da indústria automobilística brasileira, mas, na prática, acabava punindo as indústrias que produziam veículos para fora do Mercosul. Com o agravamento da crise econômica mundial, muitos países tentam vender seus produtos em mercados emergentes, e estes tentam proteger a indústria local colocando algum tipo de dificuldade comercial, como ocorreu nesse caso. Quando uma empresa faz seu planejamento estratégico, deve estar atenta aos movimentos econômicos globais para identificar possíveis desafios como este e considerar adequadamente a demanda em seu planejamento.

## Segmento sociocultural

Outro segmento para o qual as empresas devem atentar em seu planejamento é o sociocultural. Para que uma empresa alcance sucesso, ela deve compreender a cultura de cada sociedade em que queira colocar seus produtos e serviços. Atitudes e valores culturais de uma sociedade são preocupações do segmento sociocultural. Alguns dos indicadores são citados a seguir:[12]

- Preocupações com atitudes individuais e em relação ao coletivo.
- Rede educacional.

- Preocupação com o meio ambiente.
- Veículos de comunicação.

Se algum leitor teve ou tiver a oportunidade de viajar para países como Índia, Canadá, México, não deve deixar de ir a um MacDonald's, onde poderá perceber que essa empresa soube adaptar seu cardápio em cada país em que se estabeleceu. Seria impensável, por exemplo, vender hambúrguer de carne na Índia, onde a vaca é considerada sagrada. Assim, entender a cultura local, bem como os aspectos sociológicos e preocupações com o bem-estar da sociedade, ajudará a empresa a criar valor.

### Segmento tecnológico

O segmento tecnológico é uma área que pode ser muito importante na obtenção ou na perda de vantagem competitiva. Assim, pode ser uma ameaça para empresas não preparadas e uma oportunidade para aquelas que buscam construir conhecimento ou adquiri-lo. A seguir, alguns exemplos de indicadores relacionados ao desenvolvimento, posse e uso da tecnologia:[13]

- Incentivos governamentais para pesquisa e desenvolvimento.
- Avanço tecnológico.
- Proteção de marcas e patentes.
- Expansão do campo de pesquisa.
- Nível de desenvolvimento e pesquisa do país.

O ambiente tecnológico é constituído por bens e serviços resultantes de pesquisas que trazem inovação. Em um mercado competitivo, inovações tecnológicas podem fazer a diferença e alavancar o crescimento de empresas. É o caso da Apple, que, aliando a inovação, o design e a simplicidade, ganha mercado à frente de seus concorrentes. Em uma entrevista à revista *Veja*, Edwin Estrada, especialista em sistemas da Apple, disse

> Lembro-me do Steve Jobs pregando, há muitos anos, que temos de criar produtos semelhantes ao telefone tradicional: para usá-lo ninguém precisa ter a menor ideia do sistema ou da tecnologia empregada; basta colocá-lo no ouvido e dizer alô.[14]

### Segmento global

Neste segmento, busca-se analisar fatores de impacto global para as empresas.[15] Podem-se elencar os seguintes indicadores:

- Aquecimento global.
- Catástrofes naturais.
- Escassez de água.

Uma organização deve incluir a análise do segmento global em seu planejamento para que não ocorram surpresas nem gastos além do previsto em suas operações. Por exemplo, com o aquecimento global, as temporadas de esqui têm tido seus períodos reduzidos. De acordo com o relatório do World Wildlife Fund (WWF), publicado no final de 2006, grande parte da neve esquiável do planeta deverá sumir nos próximos anos devido ao aquecimento global. Desde a década de 1980, só nos Estados Unidos, mais de 300 *resorts* desapareceram[16]. Empresas que atuam nesse ramo devem buscar alternativas para seus empreendimentos, como fez uma das principais estações de esqui em Aspen, nos Estados Unidos, pioneira em turismo sustentável. O diretor da Aspen Skiing Company, Patrick O'Donnell, disse à revista americana *Fast Company*: "Em Aspen, o clima faz parte do negócio"; "Se nós não pensássemos em novas alternativas, aí sim, teríamos problemas". Sua empresa instalou teleféricos movidos à energia eólica, diminuiu a água no sistema hidráulico dos vasos sanitários e das torneiras para evitar desperdícios, e cada cliente agora paga 2 dólares a mais por dia, valor que é convertido para a preservação do meio ambiente.

## Análise do ambiente setorial

Como visto anteriormente, várias forças macroambientais podem afetar as empresas. Para que os administradores reconheçam as ameaças e as oportunidades nesse macroambiente, eles precisam fazer o *scanning*\* ambiental, ou seja, coletar e analisar as informações sobre as tendências ambientais.

Embora as forças macroambientais influenciem as operações das empresas, existe um conjunto de forças mais específicas (forças setoriais) que afetam direta ou indiretamente as atividades de planejamento estratégico da organização. Estas forças são:

- Ameaça de novos concorrentes.
- A intensidade da rivalidade de novos concorrentes.
- A ameaça de produtos ou serviços substitutos.
- O poder de barganha dos compradores.
- O poder de barganha dos fornecedores.

Uma das principais autoridades em análise setorial é o professor da Harvard University, Michael E. Porter, que elaborou um modelo segundo o qual o potencial de lucro de um setor depende de cinco forças competitivas, conforme mostra a Figura 3.2.

---

\* *Scanning*: pode ser entendido como uma atividade que visa detectar, por meio de técnicas diversas, tendências atuais e futuras (WRIGHT; KROLL; PARNELL, 2000).

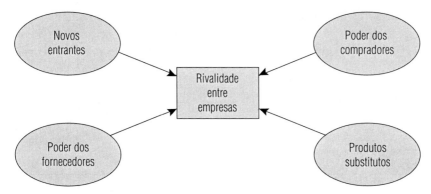

**Figura 3.2** Forças competitivas setoriais.
*Fonte*: Adaptação de WRIGHT, P.; KROLL, M. J.; PARNELL, J. *Administração estratégica – conceitos*. São Paulo: Atlas, 2000. p. 59.

Recomenda-se a leitura da descrição do modelo da Figura 5.2 no Capítulo 5, uma vez que o entendimento das cinco forças é importante neste momento, já que uma empresa, para garantir sua competitividade de maneira eficaz, deve encontrar uma posição no mercado em relação a essas forças que a beneficie ou que, pelo menos, lhe permita defender-se.

## Análise dos concorrentes

Uma parte importante da análise do ambiente externo é a análise dos concorrentes. Essa análise envolve os concorrentes diretos de uma empresa (classificados por Porter como a "Rivalidade entre empresas") e busca entender o que direciona os concorrentes, o que eles estão fazendo e/ou podem fazer, quais são as capacidades deles, entre outros.

Atualmente, muitas empresas possuem uma área/departamento específica para coletar e analisar informações dos seus concorrentes, com o propósito de entender melhor seus objetivos, suas estratégias, capacitações, entre outros, formando a inteligência competitiva da empresa.

Assim:[17]

> Inteligência competitiva pode ser entendida como um conjunto de dados e informações coletados por uma empresa para entender e prever melhor os movimentos de seus concorrentes.

Uma empresa não deve apenas coletar dados dos seus concorrentes, como também de todo o ambiente onde está inserida, conforme já mencionado neste capítulo. Fazendo bom uso das informações, a empresa pode criar vantagem competitiva e aumentar a qualidade de suas decisões diferindo-se de seus rivais.

A Figura 3.3, a seguir, sintetiza os componentes da análise dos concorrentes.

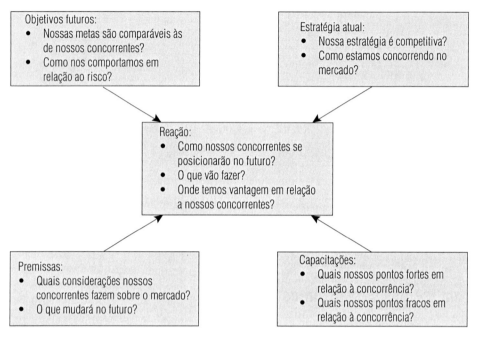

**Figura 3.3** Componentes da análise dos concorrentes.
*Fonte*: HITT, M. A.; IRELAND, R. D.; HOSKISSON, R. E. *Administração estratégica*. 2. ed. São Paulo: Cengage, 2011. p. 59.

Aqui é necessário abordar uma questão ética relevante. As empresas devem buscar informações de seus concorrentes de maneira ética. Entre as práticas consideradas éticas e legais estão: informações públicas, como relatórios financeiros disponíveis ao público, frequentar feiras e exposições comerciais, congressos, obter catálogos de seus concorrentes. Contudo, invasão de privacidade, chantagem, escuta clandestina são práticas não éticas e muitas vezes ilegais que devem ser banidas das organizações.

## Análise de *stakeholders*

### O conceito de *stakeholders*

As organizações têm se deparado com um ambiente cada vez mais complexo. São amplas as discussões sobre como tratar da melhor forma essa complexidade. Neste contexto, uma grande preocupação têm sido a de como inserir as partes interessadas, ou *stakeholders*, em sua estratégia. Uma organização possui partes interessadas com as quais mantém relações. Os *stakeholders* são pessoas, ou outras organizações, que influenciam ou são influenciadas pelos resultados estratégicos da organização. A Figura 3.4 representa alguns dos principais *stakeholders* de uma organização:

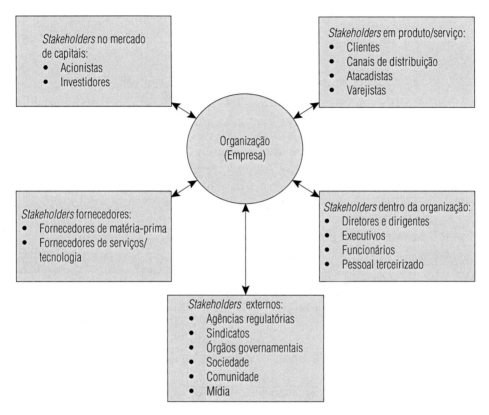

**Figura 3.4** Organização e *stakeholders* envolvidos.
Fonte: CHIAVENATO, I.; SAPIRO, A. *Planejamento estratégico – fundamentos e aplicações*. 2. ed. Rio de Janeiro: Campus, 2009. p. 91.

Uma organização é cercada por partes interessadas, que cobram resultados financeiros, comportamento ético ou demais necessidades[18]. Assim, é necessário que as demandas e as expectativas desses envolvidos sejam consideradas pelos gestores das empresas e que estes tenham claramente definidos quais são os grupos de interesse, para que não haja conflito entre eles – ou que o conflito seja o menor possível. Em geral, as empresas priorizam atender às demandas dos acionistas em detrimento de outros grupos de interesse, pois aqueles investem capital na empresa e aguardam um retorno do capital investido. A maximização do retorno dos acionistas pode resultar em diminuição da capacidade competitiva futura da empresa, por isso, é necessário criar condições que satisfaçam os outros grupos de interesse da empresa, o que, para ser feito, envolve:

- Identificar os grupos de interesse mais importantes para a empresa.
- Entender as expectativas de cada grupo.
- Alinhar as expectativas dos grupos de interesse (isso pode ser alinhado na missão e na visão da empresa, assim como na execução do planejamento estratégico).
- Criar valor para cada grupo de interesse.
- Quando não puder atender a todos os *stakeholders*, focar nos mais importantes para a organização.

Portanto, o sucesso duradouro de uma organização depende de como ela atende aos interesses dos seus *stakeholders*. Alguns exemplos de interesse dos *stakeholders* podem ser encontrados no Quadro 3.3. No entanto, na sequência, serão discutidas, com mais detalhes, outras classificações de *stakeholders*.

**Quadro 3.3** *Stakeholders* e principais interesses.

| Stakeholders | Oferecem | Principais interesses |
| --- | --- | --- |
| Acionistas | Capital, investimento | Rentabilidade, transparência, retorno do investimento. |
| Funcionários | Trabalho, conhecimento | Salários adequados, benefícios sociais, oportunidade de crescimento profissional. |
| Investidores | Capital, investimento | Rentabilidade, transparência, retorno do investimento. |
| Clientes | Compra de produtos ou serviços | Preço, qualidade dos produtos ou serviços, assistência técnica. |
| Fornecedores | Oferta de insumo | Pontualidade nos pagamentos, venda de seus produtos ou serviços. |

*Fonte*: Adaptação de CHIAVENATO, I.; SAPIRO, A. *Planejamento estratégico – fundamentos e aplicações*. 2. ed. Rio de Janeiro: Campus, 2009. p. 93.

## Categorias de *stakeholders*

Pode-se ainda classificar os *stakeholders*[19] em dois tipos, em razão da semelhança de seus interesses[20]: *stakeholders* primários, que são os grupos sem os quais a empresa pode ter sua continuidade comprometida, como, por exemplo, acionistas, empregados, consumidores; e *stakeholders* secundários, que são os grupos influenciáveis ou que influenciam a organização, sem, no entanto, participarem das transações da empresa, não sendo essenciais à continuidade desta, como, por exemplo, a mídia, universidades, ONGs, entre outros.

As empresas, no seu processo de planejamento estratégico, devem preocupar-se com os *stakeholders*[21] que mais lhes interessam e que podem sofrer influência ou influenciá-las. No entanto, não devem ser desprezados os *stakeholders* secundários.

Outros autores[22] aperfeiçoaram, com o tempo, o conceito de *stakeholders* e propuseram uma tipologia com diferentes classificações, baseada em seus atributos. Essas classes de *stakeholders* são latentes, expectantes e definitivos, e os atributos seriam: *poder* (capacidade alta de impor sua vontade), *legitimidade* (qualidade do que é apropriado) e *urgência* (ação para que as demandas sejam consideradas importantes).[23]

O Quadro 3.4, a seguir, mostra as classes dos *stakeholders*[24] de acordo com seus atributos:

**Quadro 3.4** Tipologia para *stakeholders*.

| | |
|---|---|
| *Stakeholders* latentes – possuem apenas um atributo | Inativos (poder); Discricionários (legitimidade); Demandantes (urgência). |
| *Stakeholders* expectantes – apresentam dois dos três atributos | Dominantes (poder e legitimidade); Dependentes (legitimidade e urgência); Perigosos (poder e urgência). |
| *Stakeholders* definitivos – apresentam os três atributos | Poder, legitimidade e urgência. |

Fonte: Adaptação de FREEMAN, R. E. *Strategic management:* a stakeholder approach. Boston: Pitman, 1984; MITCHELL, R. K.; AGLE, B. R.; WOOD, D. J. Toward a theory of stakeholder identification and salience: defining the principle of the who and what really counts. *Academy of Management Review*, 1997, v. 22, n. 4, p. 853-886; e HOURNEAUX JR., F.; SIQUEIRA, J. P. L.; TELLES, R. Análise dos stakeholders das empresas industriais do Estado de São Paulo. Anais do XXXV Enanpad, 2011.

## Etapas da análise dos *stakeholders*[25]

Vale ressaltar que a identificação dos *stakeholders* é de grande importância para as organizações, pois saber quais são os atuais e os potenciais *stakeholders* auxilia na definição da estratégia da firma.[26] Outra questão relevante é saber quais são os interesses desses *stakeholders*, para que a empresa consiga definir suas políticas de forma que atenda aos interesses de todos os envolvidos. Um terceiro aspecto a ser considerado é o quão satisfeito estão os *stakeholders*. Um quarto aspecto é: como podem influenciar o desempenho da empresa? Ou seja, verificar a existência de inter-relações entre os interessados e a organização e qual a força do impacto de suas ações na empresa, se fraco, moderado ou forte. Por fim, a organização deve entender a classificação hierárquica dos *stakeholders*. Essa preocupação com a análise dos *stakeholders*[27] se deve ao fato de alguns estudos mostrarem que empresas que gerenciam eficazmente o seu relacionamento apresentam melhor desempenho que as demais[28] quando criam vantagem competitiva, seja pela confiança, seja por obter conhecimento interagindo com esse grupo.[†] No Capítulo 10 será aprofundado o conteúdo sobre *stakeholders*.

No contexto atual, um tema relevante tanto para as empresas como para seus *stakeholders* é governança corporativa. Os escândalos corporativos ocorridos reduziram a confiança entre os *stakeholders* e as corporações, fazendo surgir regras e leis para garantir que ambas as partes não sejam prejudicadas. Na sequência, o tema governança corporativa será abordado, uma vez que esse assunto é relevante para os vários envolvidos com a empresa.

## A governança corporativa e sua importância para os *stakeholders*

Entende-se que a finalidade principal das estratégias organizacionais (o que inclui as estratégias empresariais) é cuidar do futuro das organizações. Em outras palavras, a continuidade (perenidade) da organização depende da qualidade das decisões tomadas pela administração, como também do equilíbrio de seus processos internos. Assim, de acordo com a dinâmica interna da organização, estabelece-se a relação desta com seus *stakeholders*, tais como fornecedores, investidores (acionistas e credores), governo, clientes, funcionários e concorrentes (Figura 3.4).

As práticas adotadas pelas organizações no seu aparato de gestão constituem sua governança, ou seja, o modo pelo qual suas atividades são governadas. Espera-se que a organização consiga relacionar-se com seus *stakeholders* de forma que contemple suas expectativas em torno dela, pois disso depende o futuro da organização e, por extensão, o valor da empresa. Em síntese, entende-se que a governança da empresa pode influenciar as suas perspectivas futuras, as quais determinam o julgamento de seu valor. Nesse sentido, credita-se às práticas de governança a habilidade de a empresa enfrentar crises, garantir seu futuro, acessar fontes de financiamento a custos menores e identificar boas oportunidades de investimentos.

O escândalo financeiro envolvendo a Enron, uma grande empresa norte-americana do setor de Energia[‡], ocorrido no início dos anos 2000, levou o governo dos Estados Unidos (por meio da inserção de um dispositivo legal) a instituir a Lei Sarbanes Oxley. Desde então, o estudo das práticas de governança corporativa tem recebido crescente atenção. No Brasil, um evento que pode ser elencado como

---

[†] A inteligência estratégica, informações que a empresa pode obter com a rede de stakeholders, pode auxiliar na resolução ou tomada de decisão em situações complexas (HOSKISSON, et al., 2009).

[‡] Para um entendimento do aprendizado advindo desse episódio, sugere-se a leitura da revista *Capital Aberto*, n. 97, ano 9, set. 2011, que discute os motivadores e consequências desse evento.

representativo dessa tendência é a criação do Novo Mercado da Bovespa[§], que é um dos exemplos de iniciativas preliminares, no Brasil, na direção de maiores níveis de desenvolvimento do mercado de capitais brasileiro. Espera-se que com isso haja um aumento do nível de confiança nas empresas, em decorrência da qualidade de sua governança.

O conjunto de definições para governança corporativa tem-se mostrado de grande interesse tanto quanto o é em torno do tema da governança. Contudo, uma ideia que parece ter maior aceitação entre acadêmicos e profissionais de mercado é que a governança corporativa consiste nas práticas de gestão da organização, as quais possuem associação com a sua perpetuidade.[**]

As práticas de governança, em sentido amplo, são aplicáveis não somente às empresas, mas também ao conjunto maior de organizações, tais como: igrejas, organizações militares, organizações não governamentais (ONGs), governos e sindicatos.[††] Para efeito de estudo, é evidente o interesse na abordagem de governança nas empresas (nos diversos setores de atividade e naturezas operacionais).

Entende-se que os conceitos básicos de governança corporativa são essencialmente os quatro a seguir listados:

- Transparência: também chamado de *disclosure*, trata-se da voluntariedade em prestar informações acerca de suas atividades.
- *Accountability*: existência de controles adequados à atividade da empresa.
- *Compliance*: cumprimento de normas que regulam a atividade da empresa.
- Equidade: tratamento equânime dos *stakeholders* da empresa.

Portanto, espera-se que a empresa adotante de boas práticas de governança apresente-se razoavelmente transparente (*disclosure*) segundo o julgamento dos seus *stakeholders*, que as informações disponibilizadas possuam bases sólidas em controles (*accountability*), que atenda aos dispositivos regulatórios aos quais suas operações estão sujeitas e ainda que seja dispensado tratamento igualitário entre os sujeitos interessados na sua operação.

---

[§] Conjunto de empresas cuja qualidade de gestão é julgada como superior pela Bolsa de Valores. Para maiores informações de critérios para receber essa distinção, bem como a lista de empresas que estão nesse conjunto, sugere-se consultar o site da Bovespa.

[**] Uma boa alternativa é a definição adotada pelo Instituto Brasileiro de Governança Corporativa (IBGC), em seu Código de Melhores Práticas de Governança Corporativa. Disponível em: <www.ibgc.org.br>. Acesso em: 21 maio 2012.

[††] Para uma discussão ampla das práticas de governança aplicáveis aos diversos tipos de organizações, recomenda-se consultar o trabalho de HILB, M. A. *Nova governança corporativa*: ferramentas bem-sucedidas para conselho de administração. São Paulo: Saint Paul, 2009.

A literatura a respeito de governança corporativa é vasta e bastante abrangente. Contudo, cabe aqui ressaltar a importância de considerar as especificidades do ambiente institucional brasileiro, tendo em vista suas diferenças em relação aos mercados mais desenvolvidos, os quais têm servido de ponto de partida para o conhecimento na área de governança corporativa, como é o caso dos Estados Unidos. Nessa linha de pensamento, empresas familiares, empresas estatais e dispositivos legais para resolução de conflitos entre empresas constituem exemplos de questões relevantes em governança corporativa, que merecem tratamento particularizado (em relação ao conhecimento disponível, que parte da realidade norte-americana).[29]

Dentre os tópicos estudados em governança corporativa, destacam-se: relações da empresa com o mercado (acionistas, credores, funcionários), transparência corporativa, qualidade dos controles internos e atuação do conselho de administração. Este último tópico é mais frequentemente envolvido em questões de direcionamento estratégico da empresa. Ou melhor, é no conselho de administração, composto de pessoas experientes de mercado, detentoras de reputação ilibada, que a empresa encontra o ambiente no qual são discutidos os seus caminhos futuros.

## Questões de revisão

1. Por que é importante para uma empresa analisar o ambiente externo?
2. Quais são os seis segmentos do ambiente geral? Explique-os.
3. Fale sobre o ambiente setorial de uma empresa.
4. Conceitue *stakeholders*. Cite cinco *stakeholders* e comente seus principais interesses.
5. Você entende que é importante coletar dados sobre concorrentes de uma empresa? Por quê? Quais os cuidados que se devem ter para realizar a prática de inteligência competitiva?
6. O que é governança corporativa e qual sua importância para a organização?

### Estudo de caso

#### As mídias sociais e as instituições tradicionais

Apesar de todos os avanços no campo teórico, com modelos analíticos e sistemáticos sobre o ambiente das empresas, seus possíveis cenários, além da identificação de todos os grupos de interesse que, de alguma forma, influenciam as empresas e, por isso, devem ser atendidos em suas respectivas demandas, ao menos de modo suficientemente satisfatório, parece que o simples "atendimento ao cliente" ainda não é uma atividade que receba a devida atenção de empresas renomadas e com relevante história na economia mundial.

Grandes empresas (por exemplo, Brastemp, Renault e PepsiCo) recentemente sentiram da pior maneira possível algumas mudanças críticas no segmento tecnológico e sociocultural. As novas tecnologias que intensificaram os meios de comunicação na internet, associadas a uma vocação humana que nos torna seres gregários (o fato de que o homem necessita viver em grupo), resultaram em mídias sociais (conhecidas popularmente como redes sociais na internet), que amplificaram e aumentaram consideravelmente a voz das pessoas que desejam comunicar algo. Em outras palavras, as novas mídias sociais, apoiadas em tecnologias de comunicação mais abrangentes e impactantes, tornaram as pessoas mais ativas e fortes em seus relacionamentos com as empresas.

No passado, quando um determinado consumidor fazia uma reclamação sobre um produto ou serviço, que lhe trouxera algum tipo de inconveniente, diretamente na loja onde o adquiriu, ou por telefone nos chamados SACs (Serviço de Atendimento ao Cliente), ou ainda em instituições tradicionais criadas oficialmente para solucionar esse tipo de questão dando força à voz da parte relativamente mais fraca do conflito, ele (consumidor ou cliente) costumava ser discreto e até mesmo complacente com a empresa que, de algum modo, o havia lesado.

No entanto, hoje, esse mesmo consumidor, ao direcionar sua reclamação a uma rede social ou qualquer outra rede na web, muda não só o canal de comunicação como também a intensidade e o alcance de sua queixa. Um conflito que antes era solucionado aos pares, ou seja, entre o consumidor que se queixava e a empresa, agora passa a ser resolvido em rede, e isso implica multiplicar indefinidamente o número de "envolvidos" e "interessados" no desfecho daquela "crise".

Existem, até mesmo, sites que funcionam como canais de comunicação entre consumidor insatisfeito e marca. Um dos mais famosos, o Reclame Aqui, tem mais de 4 milhões de acessos por mês (números de 2010) e suas taxas evolutivas são crescentes, e, mesmo que não fossem, já são um indicador suficiente por si só de que algo está mudando no relacionamento entre cliente e empresa. Outro detalhe é, comparativamente, o número de atendimentos realizados pelo Procon durante o ano inteiro de 2010: 630 mil atendimentos.[1]

O fato é que essas redes sociais e suas mídias apresentam características importantes. Elas mudaram os relacionamentos e a forma como eles são estabelecidos; a rede e a mídia têm memória, se movem e muitas coisas (por exemplo, imagem e reputação) fluem dentro delas.

### Governança corporativa em tempos de mídias sociais

Em estudo realizado pela E.Life, empresa especializada em inteligência de mercado, foram associados os conceitos de redes sociais e governança corporativa.[2] Basicamente, a conclusão do trabalho foi que empresas que tratam os seus relacionamentos com seus grupos de interesse e que divulgam e executam o conjunto de processos, políticas e instituições direcionadoras da empresa, sem considerar o potencial de amplificação que as redes sociais e suas mídias possuem, têm uma visão "míope" de mercado.

### Duas empresas, duas soluções e resultados diferentes

Após ocorrer o que a PepsiCo do Brasil chamou, em nota ao Departamento de Proteção e Defesa do Consumidor (DPDC), de "um possível acidente em seu processo produtivo", que resultou em cerca de 40 notificações de pessoas que apresentaram problemas como irritações e lesões na mucosa bucal após terem ingerido um dos achocolatados mais famosos do país, o Toddynho, foi protocolada, pelo Ministério da Justiça, uma campanha de *recall* para o recolhimento de 80 unidades do produto fabricado e vendido no Estado do Rio Grande do Sul.[3]

A direção executiva da PepsiCo do Brasil arquitetou o plano de crise que a empresa empreendeu, da forma mais rápida possível, para responder ao "acidente", dando a primeira e tímida resposta ao problema em dois dias. Uma eternidade, segundo especialistas em crises empresariais, pois, em tempos de redes sociais virtuais, uma resposta suficientemente rápida deveria ocorrer em até quatro horas após o evento. Uma campanha veiculada nos principais meios de comunicação e em redes de TV gaúchas dois dias depois das primeiras reuniões do comitê executivo não foi suficiente para controlar a situação que já havia se espalhado, nacionalmente, em redes como o Facebook e o Twitter. Somente uma semana após a contaminação e ao ser entrevistado por um jornal de grande circulação nacional, o diretor da unidade do produto confirmou o que realmente havia acontecido. Resultado: em pouco tempo o estrago já estava feito, queda de 20% a 30% nas vendas, segundo varejistas entrevistados pelo mesmo jornal em todo o país.[4]

Assim, 30 anos de construção de uma marca que domina seu mercado de consumo, com quase 50% de participação no mercado nacional e que corresponde à cerca de 800 milhões de dólares sobre um faturamento total de 4 bilhões, registrado pela empresa no ano anterior no país, foram colocados em xeque em poucas horas, menos pela mistura de detergente e soda cáustica colocada acidentalmente nas caixas do produto e mais pela demora em tomar o controle da situação e transmitir uma resposta com sinal forte para todos os seus grupos de interesse.

Oswaldo Borelli é um nome que a Brastemp vai se lembrar por muito tempo, pois ele foi o responsável por fazer a empresa figurar entre os quatro *trending topics* mais comentados do mundo no dia 20 de janeiro de 2011. Por conta de um relacionamento difícil que se arrastou por três meses, o cliente da fabricante utilizou o Youtube e o Twitter para declarar a sua indignação com o problema apresentado pelo produto adquirido, assim como com as soluções propostas pelo serviço de pós-venda da Brastemp. O fato é que foram quase 90 dias "sem geladeira em casa", como afirmou no vídeo postado no Youtube, porém quatro dias após o vídeo navegar pela internet, no dia 24 de janeiro de 2011, segundo a empresa, o problema foi "resolvido"[5].

Os tradicionais SACs perderam força e sua eficiência operacional nos últimos anos. A instantaneidade e a incrível velocidade das chamadas mídias sociais estão transformando esse canal de comunicação em um meio muito mais eficaz para as respostas aos problemas ocasionados por relações de consumo[6]. O fato é que os meios tradicionais e formais de reclamações para os consumidores insatisfeitos ainda devem ser utilizados, embora haja muito que se discutir e descobrir sobre como a "desconstrução digital" de uma marca proporcionada por uma rede social pode se transformar em algo positivo e produtivo, de fato, para as empresas.

Já existem novos negócios sendo criados por conta dessa tendência cada vez mais evidente de como a sociedade moderna se comunica, troca informações e realiza sua pesquisa sobre um determinado produto/serviço. Esses softwares são desenvolvidos para monitorar o modo e o conteúdo que os usuários de redes sociais dizem sobre as empresas.[7]

**Perguntas**

A fabricante de alimentos PepsiCo do Brasil e a fabricante de eletrodomésticos Brastemp são empresas de setores diferentes, que, em 2011, lidaram com problemas similares, porém com abordagens diferentes.

Até que ponto as empresas podem controlar a sua reputação em um ambiente cada vez mais volátil, em que a sociedade difunde as suas informações em velocidades vertiginosas? Se você fosse o diretor executivo da PepsiCo ou da Brastemp, quais soluções apresentaria para essas empresas caso enfrentassem novamente situações de crise de imagem? Até que ponto o monitoramento dos segmentos do ambiente geral, assim como a análise dos *stakeholders* e a governança corporativa, pode contribuir para solucionar de maneira mais eficaz os novos problemas que surgem nas relações de consumo? E, por último, você considera que esses problemas sejam realmente "novos", ou apenas a velocidade e o alcance dos ruídos que eles propiciam é que são, na verdade, novidades no cenário empresarial?

[1] Mídias sociais causam mais danos a marcas que Procon. São Paulo, 15 mar. 2011. Disponível em: <http://exame.abril.com.br>. Acesso em: 8 nov. 2011.

[2] Governança corporativa em redes sociais. Estudos e papers. São Paulo, maio 2011. Disponível em: <http://elife.com.br>. Acesso em: 8 nov. 2011.

[3] PepsiCo iniciará campanha para recolher lotes de Toddynho. São Paulo, 6 out. 2011. Disponível em: <http://exame.abril.com.br>. Acesso em: 2 nov. 2011.

[4] Dúvida é cruel como viu a PepsiCo. São Paulo, 26 out. 2011. Disponível em: <http://exame.abril.com.br>. Acesso em: 2 nov. 2011.

[5] Crítica leva Brastemp ao topo do Twitter. São Paulo, 28 jan. 2011. Disponível em: <http://exame.abril.com.br>. Acesso em: 2 de Novembro de 2011.

[6] Agilidade da rede flamba a imagem das organizações em poucos instantes. São Paulo, 13 out. 2011. Disponível em: <http://www1.folha.uol.com.br>. Acesso em: 2 nov. 2011.

[7] Programas monitoram atividades de consumidores em redes sociais. São Paulo, 13 out. 2011. Disponível em: <http://www1.folha.uol.com.br>. Acesso em: 2 nov. 2011.

# Referências

[1] WRIGHT, P.; KROLL, M. J.; PARNELL, J. *Administração estratégica – conceitos.* São Paulo: Atlas, 2000.

[2] LESCA, H. *Veille stratégique:* la méthode L.E.SCAnning. Colombelle: Editions EMS, 2003. ALMEIDA, F. C.; ONUSIC, L. M.; LESCA, H. Criação de sentido e criatividade no monitoramento estratégico do ambiente. *Revista de Administração – RAUSP* (impresso), v. 42, n. 4, p. 405-413, 2007.

[3] HITT, M. A.; IRELAND, R. D.; HOSKISSON, R. E. *Administração estratégica.* 2. ed. São Paulo: Cengage, 2011.

[4] FAHEY, L.; NARAYANAN, V. K. *Macroenvironmental Analysis for Strategic Management.* St. Paul, MN: West Publishing Company, 1986.

[5] HITT, M. A.; IRELAND, R. D.; HOSKISSON, R. E., op. cit.

[6] Classe C cresce e representa 53% da população brasileira. *Jornal Valor Econômico,* mar 2011. Disponível em: <http://www.valor.com.br/arquivo/179985/classe-c-cresce-e-representa-53-da-populacao-brasileira>. Acesso em: 23 jun. 2012.

[7] FAHEY, L.; NARAYANAN, V. K., op. cit., p. 105.

[8] HITT, M. A.; IRELAND, R. D.; HOSKISSON, R. E., op. cit.

[9] *Jornal Valor Econômico*, op. cit.

[10] BONARDI, J. P.; HILLMAN, A. J.; KEIM, G. D. The Attractiveness of political markets: implications for firm strategy. *Academy of Management Review*, v. 30, p. 397-413, 2005.

[11] Governo eleva IPI para proteger carro Nacional. *Jornal Valor Econômico*, set. 2011. Disponível em: <http://www.valor.com.br/empresas/1008704/governo-eleva-ipi-para-proteger-carro-nacional>. Acesso em: 23 jun. 2012.

[12] CHIAVENATO, I.; SAPIRO, A. *Planejamento estratégico – fundamentos e aplicações*. 2. ed. Rio de Janeiro: Campus, 2009.

[13] Ibidem.

[14] Por que a Apple se transformou numa das empresas mais criativas do planeta. Revista *Veja*, jul. 2006. Disponível em: <http://veja.abril.com.br/especiais/tecnologia_2006/p_064.html>. Acesso em: 20 maio 2012.

[15] WRIGHT, M. et al. Strategy research in emerging economies: challenging the conventional wisdom. *Journal of Management Studies*, vol. 42, p. 1-30, 2005. VERMEULEN, F.; BARKEMA, H. Pace, rhythm, and scope: process dependence in building a multinational corporation. *Strategic Management Journal*, vol. 23, p. 637-653, 2002.

[16] O calor modifica Aspen. *Revista ISTO é DINHEIRO*. Edição 500. 25 abr. 2007. <http://www.istoedinheiro.com.br/noticias/2570_O+CALOR+MODIFICA+ASPEN>. Acesso em: 23 jun. 2012.

[17] HITT, M. A.; IRELAND, R. D.; HOSKISSON, R. E., op. cit.

[18] CHIAVENATO, I.; SAPIRO, A., op. cit.

[19] ANDRIOF, J. et al. (Eds.). *Unfolding stakeholder thinking*. Sheffield, UK: Greenleaf Publishing Limited, 2002.

[20] CLARKSON apud HOURNEAUX, F. J.; SIQUEIRA, J. P. L. Análise dos stakeholders das empresas industriais do Estado de São Paulo, XXXV Encontro da Enanpad, 2011.

[21] BOATRIGHT, J. Fiduciary Duties and the Shareholder-Management Relation: or, What's So Special about Shareholders? *Business Ethics Quarterly*, v. 4, n. 4, p. 393-407, 1994.

[22] FREEMAN, R. E. *Strategic management*: a stakeholder approach. Boston: Pitman, 1984. e MITCHELL, R. K.; AGLE, B. R.; WOOD, D. J. Toward a theory of stakeholder identification and salience: defining the principle of the who and what really counts. *Academy of Management Review*, 1997, v. 22, n. 4, p. 853-886.

[23] HOURNEAUX, F. J.; SIQUEIRA, J. P. L., op. cit.

[24] FREEMAN, R. E.; GILBERT, D. *Corporate strategy and the search for ethics*. Englewood Cliffs, New Jersey: Prentice Hall Inc., 1988.

[25] STONER, J. A. F.; FREEMAN, R. E. *Administração*. 5. ed. Rio de Janeiro: LTC, 1999.

[26] BERMAN, S. et al. Does stakeholder orientation matter: the relationship between stakeholder management models and firm financial performance. *Academy of Management Journal*, v. 42, n. 5, p. 488-506, 1999.

[27] FREEMAN, R. E., op. cit.

[28] Hoskisson, R.E., et al. *Estratégia competitiva*. São Paulo: Cengage Learning, 2009

[29] SILVEIRA, A. M. *Governança corporativa no Brasil e no mundo:* teoria e prática. Rio de Janeiro: Elsevier, 2010. v. 1.

Capítulo 4

# Estratégia corporativa e internacional

- Conceito e tipos de estratégia corporativa
- Estratégias corporativas no ambiente internacional
- Empresas brasileiras e o investimento direto no exterior

## Conceito e tipos de estratégia corporativa

Nos anos 1960, Ansoff[1] defendeu que o crescimento de uma empresa pode ser obtido por meio de expansão e/ou diversificação; a expansão consiste na obtenção de maior penetração no mercado onde a empresa opera, ou no desenvolvimento de mercados, ou no desenvolvimento de produtos; e a diversificação é caracterizada pela atuação com novos produtos e mercados. Em decorrência da diversificação, teriam surgido as corporações.

As corporações, na tentativa de obter melhores resultados em razão da concorrência cada vez mais acirrada, têm procurado desenvolver competências que gerem vantagens significativas aos clientes. Tais competências são denominadas *competências* essenciais.[2]

Evidentemente, competências que geram vantagens facilmente imitáveis pela concorrência não podem ser consideradas como essenciais. Vantagens em relação à concorrência são chamadas de *vantagens competitivas* e é desejável que sejam sustentáveis por um longo período, isto é, que não sejam facilmente imitáveis ou substituíveis pela concorrência. A identificação das competências essenciais e dos elementos que contribuem para a formação delas não é um procedimento simples, pois exige o dispêndio de tempo e o esforço de vários gestores. Estudiosos do assunto alertam para as falhas que podem ocorrer nesse processo de identificação, geradas pela centralização excessiva de análises sobre o produto e pela não consideração de um fator importante, que é o valor percebido pelo cliente.[3]

Porter,[4] na tentativa de facilitar a determinação das fontes de vantagem competitiva, propõe que se faça uma análise sistemática da *cadeia de valor*, ou seja, de todas as atividades da empresa e da forma como elas interagem, lembrando que a cadeia de valores de uma empresa "[...] encaixa-se em uma corrente maior de atividades, denominada sistema de valores, que compreende a cadeia de valores dos concorrentes, dos compradores e dos fornecedores".[5] Segue, como exemplo, cadeia de valor simplificada de produtos de vestuário:

Algodão → Fio → Tecido → *Design* → Modelagem → Costura → Distribuição para lojas → Consumidor final

**Figura 4.1** Cadeia de valor simplificada do vestuário.

O esforço de pesquisa envolvido na análise da cadeia de valores é diretamente proporcional à área de abrangência de uma corporação, isto é, quanto maior o número de produtos e mercados, mais estudos *específicos* sobre compradores (cultura, comportamento etc.), por exemplo, serão demandados.

De acordo com a literatura,[6] os últimos 30 anos foram marcados por diferentes objetivos de desempenho, perseguidos com vista à obtenção de vantagens competitivas: a década de 1970 caracterizou-se pela busca de vantagens em termos de redução de custos de produção e consequentes preços menores; o foco, na década de 1980, foi na qualidade dos produtos ou serviços; na década de 1990, o diferencial competitivo residiu na tecnologia e em seus benefícios (produzir mais, com qualidade e em menor tempo). A primeira década do século XXI seria marcada pela flexibilidade na prestação de serviços especializados (isto é, pela capacidade de atendimento às necessidades específicas dos clientes) e acrescenta, ainda, que a vantagem competitiva estará – nos próximos anos – atrelada à capacidade de antecipação das empresas às necessidades futuras dos clientes, através da inovação e da criatividade.

A complexidade dos negócios nas corporações e a competição cada vez mais acentuada vêm exigindo de seus gestores a elaboração de planos e estratégias que levem em consideração o ambiente interno e externo da organização e que possibilitem, no mínimo, sua sobrevivência.

Neste capítulo será focalizada a estratégia corporativa; ela "especifica as ações que uma empresa toma para obter vantagem competitiva, selecionando e administrando um grupo de vários negócios que competem em vários mercados de produtos".[7] A Figura 1.2 do Capítulo 1 mostra claramente que as estratégias corporativas são concebidas nos níveis hierárquicos mais altos da corporação.

Cabe apresentar aqui o exemplo da Siemens, o maior conglomerado de engenharia elétrica e eletrônica do país, que assim descreve o processo de elaboração de sua estratégia corporativa:

A Siemens considera a análise e o posicionamento estratégico diferenciais para criação e ampliação de vantagens competitivas. Nossos princípios empresariais e visão futura norteiam o panorama do plano estratégico, base para um sistema integrado de gestão. A visão integrada do planejamento da organização abrange desde a estratégia corporativa, o plano operacional e a definição de indicadores de desempenho de pessoal, econômico-financeiro, mercadológico, processual, tecnológico, até cidadania corporativa e de responsabilidade social e ambiental.

O processo é coordenado pelo setor *Corporate Strategy* (CS) e disseminado por toda a organização, nos diferentes níveis hierárquicos. A estratégia corporativa é definida a partir de uma análise pormenorizada dos futuros cenários econômico, tecnológico, político e social e seus impactos microeconômicos, identificando riscos, desafios e oportunidades. Visando um horizonte de cinco anos, a CS estabelece, com base em suas análises, as premissas que são utilizadas pelas unidades de negócio no delineamento dos cenários setoriais em cada segmento de negócio, assim como a definição do posicionamento estratégico, para o qual são estabelecidos objetivos, responsabilidades e ações necessárias para cumprir as metas estabelecidas.

Desta forma, a estratégia corporativa torna-se um processo contínuo e dinâmico, no qual a busca do comprometimento de todos os níveis de responsabilidade das unidades de negócio e setores centrais é considerada a variável mais importante para se atingir o sucesso da organização.

Como empresa comprometida com os princípios da responsabilidade social e de desenvolvimento sustentável, todas as ações estão integradas com o objetivo não só de geração de valor para o acionista, mas da satisfação dos clientes e colaboradores e engajamento com a sociedade.[8]

Percebe-se que na Siemens a estratégia corporativa é cuidadosamente elaborada com base no plano estratégico e orienta as ações de todas as suas unidades de negócio.

A estratégia corporativa é, portanto, "o elemento que faz com que o todo corporativo seja superior à soma das unidades de negócio,"[9] ou ainda, que a organização corporativa torne-se mais valiosa do que a simples soma de valores das suas unidades de negócio. Nessa definição está implícita a ideia de que há um importante componente na estratégia, que é a *sinergia*. Ansoff[10] assim se expressa em relação à sinergia: "[...] é frequentemente descrita como efeito '2+2=5', denotando o fato de que a empresa procura chegar a uma postura em termos de produtos e mercados, em que o desempenho combinado é superior à soma de suas partes".

Cabe ressaltar que somente a formulação de uma estratégia corporativa que focalize vantagens competitivas e a conquista de sinergias não garante êxito para a organização. É necessário, além de outros fatores, que se analisem, cuidadosamente, os riscos de cada estratégia alternativa e se conquistem a adesão e o empenho de todas as unidades e colaboradores da organização em torno da estratégia escolhida.

Não há registro na literatura de uma *única* tipologia de estratégias corporativas, e sim diferentes denominações, conforme diferentes autores. As classificações mais comumente referenciadas são de Porter,[11] de Wright, Kroll e Parnell[12] e de Hitt, Ireland e Hoskisson.[13] O Quadro 4.1, a seguir, resume os quatro tipos de estratégia de Porter: gestão de portfólio, reestruturação, transferência de habilidades e compartilhamento de atividades.

**Quadro 4.1** Tipos de estratégia corporativa.

| Tipos de estratégia | Conceito |
|---|---|
| Gestão de portfólio | A organização diversifica a partir da aquisição de empresas identificadas como atraentes, sólidas, porém subavaliadas; as gerências competentes das unidades adquiridas são mantidas; as unidades de negócio permanecem autônomas. Exemplo: aquisição pelo Aché Laboratórios da Biosintética Farmacêutica, em 2004, tornando-se desse modo o maior laboratório farmacêutico da América do Sul; as duas empresas brasileiras, porém, continuaram operando de modo independente.[14] |
| Reestruturação | A organização identifica e investe na aquisição de unidades pertencentes a setores maduros e que se mostrem como oportunidades para transformação; as unidades de negócio permanecem autônomas. Exemplo: aquisição pela Marisol, em 1994, da Maju Indústria Têxtil Ltda.; ambas são malharias situadas na região sul do Brasil; após a compra, houve reestruturação bem-sucedida do processo produtivo da Maju para remoção de ineficiências.[15] |
| Transferência de habilidades | A organização adquire unidades com as quais possa estabelecer sinergias, para entrar em novos setores, por meio de inter-relacionamento caracterizado pela transferência de habilidades importantes para a vantagem competitiva. As unidades de negócio permanecem autônomas, mas em estreita colaboração, continuamente. Exemplo: em 2006, a construtora e incorporadora Gafisa passou a ser a controladora da Alphaville Urbanismo, maior incorporadora de loteamentos de alto padrão do país; essa operação transferiu à Gafisa a expertise da Alphaville Urbanismo em loteamentos.[16] |
| Compartilhamento de atividades | Aquisição de unidades com atividades compartilháveis com aquelas de unidades já existentes, para entrar em novos setores, objetivando ganhar vantagem competitiva; os benefícios do compartilhamento superam custos. As unidades de negócio estratégicas são motivadas a compartilhar atividades. Exemplo: a PepsiCo adquiriu, em 2009, a Amacoco, que comercializa água de coco (Trop Coco e Kero Coco); além de representar o ingresso da PepsiCo no setor de bebidas saudáveis, havia a expectativa de altos lucros com distribuição dos produtos Amacoco pelo mundo, usando a rede distribuidora da PepsiCo.[17] |

*Fonte*: Conceitos adaptados de PORTER[18] e acréscimo de exemplos.

O Quadro 4.2 apresenta a tipologia de Wright, Kroll e Parnell:

**Quadro 4.2** Tipos de estratégia corporativa (tipologia de Wright, Kroll e Parnell).

| Tipos de estratégia | Conceito |
|---|---|
| Crescimento | A organização faz tentativas agressivas para ampliar o seu negócio, por meio de crescimento interno, alianças estratégicas, fusão, integração ou diversificação (vertical ou horizontal). |
| Estabilidade | A organização tenta conter e manter seu tamanho atual ou crescer lentamente. |
| Redução | A organização tenta reverter um negócio em declínio o mais rápido possível, recorrendo a vários expedientes, dentre os quais, a redução de pessoal e de custos de distribuição, a revisão das linhas de produto e o fechamento (liquidação). |

*Fonte*: WRIGHT, KROLL e PARNELL.[19]

Cabe, a seguir, esclarecer e exemplificar alguns dos termos relacionados no Quadro 4.2.

**Crescimento interno**: a ampliação do negócio é feita a partir do aumento da produção, das vendas e da força de trabalho. Crescimento interno foi o foco da TAM S.A., empresa brasileira que, em 2004, ampliou a quantidade de voos oferecidos com destino à Europa e aos Estados Unidos;[20] cada voo era um produto adicional, que gerou aumento nas vendas e exigiu ampliação da tripulação.

**Alianças estratégicas:** são acordos econômicos estabelecidos entre competidores, visando alcançar resultados que lhes sejam benéficos. Há vários tipos de alianças, formalizadas de diferentes formas de contrato, dentre as quais estão as *joint ventures,* formadas com objetivo de atuação em um negócio específico, podendo ser desfeitas ao final do contrato. Um exemplo é a *joint venture* firmada, em 1987, entre as montadoras Ford e Volkswagen, denominada Autolatina,[21] que visava ao compartilhamento da tecnologia de produção para a montagem de determinados modelos de automóveis; essa parceria cessou em 1996. Nem sempre as alianças são bem-sucedidas. Alguns estudos, realizados nos anos 1990, mostraram, por exemplo, que a maioria das *joint ventures* industriais não chega a durar sete anos.[22]

**Fusão:** "representa o resultado acumulativo da união de duas ou mais empresas, resultando em nova empresa,"[23] isto é, as empresas anteriores deixam de existir individualmente e passam a constituir uma nova empresa. Foi o que ocorreu, em 1999, com as empresas do setor de bebidas, Companhia Cervejaria Brahma e Companhia Antarctica Paulista, que resultou na AmBev.[24]

**Integração vertical:** ocorre, segundo Hitt, Ireland e Hoskisson,[25] "quando uma empresa produz seus próprios insumos (integração para trás), ou a sua própria fonte de distribuição de produtos (integração para a frente)". Ou ainda, conforme Barney e Hesterly,[26] "a integração vertical para a frente é aquela que aproxima a empresa do consumidor final; a integração vertical para trás é aquela que aproxima a empresa das fontes de sua matéria-prima". Por exemplo, a integração vertical para trás ocorre quando uma fábrica de fios e tecidos de algodão incorpora ao seu negócio a produção do algodão; a integração vertical para a frente ocorre quando uma empresa que explora e extrai petróleo bruto adquire uma refinaria.

**Integração horizontal:** ocorre quando uma empresa faz aquisição de empresa que concorre com sua unidade de negócio. Foi o que aconteceu, por exemplo, quando o Aché Laboratórios Farmacêuticos S.A., que produz medicamentos, adquiriu a Biosintética[27] (fabricante de medicamentos genéricos), em 2005.

No Brasil, cabe notar, existe o Conselho Administrativo de Defesa Econômica (Cade), subordinado ao Ministério da Justiça, que analisa e fiscaliza operações dessa natureza, coibindo operações que se caracterizem como "abuso do poder econômico", isto é, que possam causar danos significativos à concorrência (formação de cartéis e outros).[28] A atuação do Cade pode ser ilustrada com o caso da compra da Chocolates Garoto (sediada no Espírito Santo) pela Nestlé, realizada em 2002 e feita sem notificação prévia ao governo:

> Apoiada pelos funcionários da Garoto e pela população do Espírito Santo, a operação foi bombardeada pelo Conselho Administrativo de Defesa Econômica (Cade). Por maioria, os conselheiros do Cade determinaram que a aquisição fosse revertida. Entre os males que seriam causados ressaltavam a grande concentração de mercado resultante (as duas empresas deteriam mais de 56% de participação), a criação de barreiras a novos fabricantes e uma elevação dos preços dos chocolates, bombons e coberturas comercializados [...] O fato é que inconformada, a Nestlé resolveu recorrer à Justiça em defesa dos seus interesses.[29]

**Diversificação:** ocorre quando uma empresa, em busca de sinergias, decide operar em múltiplos setores (produção de mais de um produto) e/ou mercados (geograficamente distintos) ao mesmo tempo. É o caso da Natura, por exemplo, empresa brasileira que está presente em mercados geográficos distintos: sete países da América Latina e França.[30]

O próximo tópico tratará especificamente da diversificação e dos diferentes focos a ela associados, por ser uma estratégia corporativa largamente utilizada. Será dado destaque à estratégia de diversificação, conforme descrita por Hitt, Ireland e Hoskisson, em virtude da profundidade e do detalhamento com que esses autores trabalharam o tema.

## A diversificação como estratégia corporativa

Hitt, Ireland e Hoskisson[31] reconhecem a existência de níveis de diversificação, conforme a importância dos elos que se formam entre os negócios da corporação. Os elos são as relações existentes entre os negócios e podem ser considerados fortes quando existem, por exemplo, o compartilhamento de produtos, tecnologia ou rede de distribuição entre os negócios. O Quadro 4.3, a seguir, apresenta e esclarece quais são os níveis (ou graus) de diversificação.

**Quadro 4.3** Graus de diversificação.

| Graus | Conceito |
|---|---|
| Baixo | Pelo menos 70% da receita advém de um único negócio. |
| Médio | Menos de 70% da receita advém do negócio principal predominante, e há a formação de elos fortes entre os negócios. |
| Alto | Menos de 70% da receita advém do negócio predominante, e há elos fracos (limitados) entre os negócios. |
| Extremamente alto | Menos de 70% da receita advém do negócio predominante, e não há a formação de elos entre os negócios. |

*Fonte*: Adaptação de HITT, M. A.; IRELAND, R. D.; HOSKISSON, R. E. *Administração estratégica. Competitividade e globalização*. 2. ed. São Paulo: Cencage Learning, 2008.

Os autores classificam a diversificação corporativa conforme a expectativa do valor a ser gerado por essa estratégia, como se vê no Quadro 4.4.

**Quadro 4.4** Tipos de estratégia de diversificação.

| Tipos de diversificação | Motivos para emprego da estratégia |
|---|---|
| Diversificação que cria valor | A empresa busca gerar valor, entre outras formas, por meio de: economias de escopo (reduções no custo, conquistadas pelo bem-sucedido compartilhamento de atividades e/ou transferência de competências essenciais entre seus negócios) e aumento de seu poder de mercado. Por exemplo, em 2009, o Grupo Pão de Açúcar passou a deter 100% do controle acionário da Rede Assaí, supermercadista, que vende, no varejo, artigos a preços de atacado ("atacarejo"); redução de despesas administrativas (economias de escopo em logística e Tecnologia da Informação, entre outras) foi visada nessa aquisição.[32] |

**Quadro 4.4** Tipos de estratégia de diversificação. (*continuação*)

| Tipos de diversificação | Motivos para emprego da estratégia |
|---|---|
| Diversificação que neutraliza o valor | A empresa diversifica objetivando a sua sobrevivência, isto é, para reduzir riscos, equilibrar fluxos de caixa incertos e atender a exigências legais, bem como para compensar outras situações que comprometem a perenidade da empresa. Como exemplo, o ingresso,[33] em 2010, da tradicional editora Saraiva (livros impressos) no mercado de *e-books* deu-se também como forma de proteção contra os riscos potenciais ao seu negócio, advindos dessa inovação. |
| Diversificação que reduz o valor | Ocorre quando a decisão tem como objetivo principal o atendimento aos interesses dos gerentes, pois "Graus mais elevados de diversificação podem aumentar a complexidade de uma empresa, o que resulta em uma remuneração ainda maior para os executivos que comandam uma organização cada vez mais diversificada"[34]; a diversificação efetuada com esse objetivo, se associada a uma governança interna inadequada, pode levar a empresa ao desempenho ruim e, consequentemente, a um retorno abaixo do valor investido. |

*Fonte*: Conceitos adaptados de HITT, IRELAND e HOSKISSON.[35]

Cabe notar que Hitt, Ireland e Hoskisson, com relação à *diversificação que cria valor*, identificaram três categorias: *diversificação restrita relacionada* (caracterizada pela busca da criação de valor a partir do compartilhamento de atividades), *diversificação associada relacionada* (caracterizada pela busca da criação de valor através da transferência – sem custos adicionais de desenvolvimento – de competências essenciais aos seus negócios) e *diversificação não relacionada* (caracterizada pela busca da criação de valor por meio de economias em custo, geradas por alocações mais eficientes do capital interno, ou também pela reestruturação de ativos da empresa adquirida e posterior revenda com lucro). Esta última categoria de diversificação é denominada *diversificação por conglomerados* pelos autores Wright, Kroll e Parnell, que a ela se referem da seguinte forma:

> Em um certo sentido, a diversificação por conglomerados é mais simples [...] porque se baseia em uma análise financeira sem se preocupar com os efeitos sinérgicos potenciais da combinação das competências essenciais. Além disso, como as unidades de negócio adquiridas não têm relação com as unidades da empresa, os custos de coordenação são relativamente poucos. Os custos burocráticos tendem a aumentar com a diversificação não relacionada.[36]

A correlação entre desempenho econômico e tipos de estratégia de diversificação foi estudada por vários autores nos anos 1970 e 1980. Pioneiro nesse campo, Rumelt, em 1974, concluiu que empresas que seguem estratégia de diversificação relacionada (restrita ou associada) apresentam desempenho melhor do que aquelas que optam pela diversificação não relacionada (por conglomerados).[37]

Porter, posteriormente, também interessado na correlação entre desempenho econômico e diversificação, conduziu estudo no período 1950-1986, junto a 33 empresas de grande porte nos Estados Unidos, com o objetivo de analisar o processo de diversificação. Esse estudo abrangeu um total de 3.788 negócios, realizados a partir de alianças, aquisições e novas empresas. Porter[38] concluiu que:

> [...] em média as empresas desinvestem mais da metade das suas aquisições em novos setores e mais de 60 por cento das aquisições em campos inteiramente novos. Quatorze empresas abandonaram mais de 70 por cento de todas as aquisições em novos campos. O histórico das aquisições em campos correlatos é ainda pior – o índice médio de desinvestimento é de surpreendentes 74 por cento [...].

Ao final desse trabalho, cerca de 20% das grandes empresas estudadas foram adquiridas por outras. Em função desses resultados pouco animadores em favor da diversificação, Porter elaborou um teste, que ficou conhecido como teste de Porter, visando orientar interessados na formulação de uma estratégia de diversificação.

## O Teste de Porter

Porter[39] sugere que, na formulação de uma estratégia corporativa de diversificação, é necessário atentar para três aspectos-chave, indicativos da efetividade da estratégia em termos da geração de valor. São eles:

**Atratividade:** É importante avaliar se o setor focalizado na estratégia corporativa é atrativo, em termos de rentabilidade para os acionistas. A análise da concorrência é um dos fatores essenciais a serem considerados nessa avaliação. Porter[40] entende que "se o setor não oferecer esses retornos [acima do custo de capital], a empresa deverá ter condições para reestruturá-lo ou conquistar uma vantagem competitiva sustentável que conduza a retornos bem acima da média"; o autor alerta, ainda, para casos de insucesso de estratégias de entrada em setores, quando a perspectiva de crescimento inicial rápido foi mais valorizada do que os lucros potenciais a serem obtidos a longo prazo.

**Custo de entrada:** A entrada em um setor pode ocorrer a partir de aquisição de empresa existente ou abertura de nova empresa; é importante levantar os custos de entrada em um setor e avaliá-los comparativamente à rentabilidade esperada, pois não podem superar o retorno esperado. Porter adverte: "quanto mais sedutor o novo setor, mais custosa será a entrada."[41]

**Melhoria das condições:** É necessário avaliar, de modo cuidadoso e profundo, se a nova unidade trará vantagens significativas para a corporação, e também se a nova unidade ganhará vantagem competitiva a partir de seu relacionamento com a corporação. Por exemplo, a compra da Amacoco pela PepsiCo, em 2009, já apresentada no Quadro 4.1, atendeu ao critério da melhoria das condições, pois a unidade Amacoco ganharia vantagens ao ter seus produtos distribuídos mundialmente, usando a rede distribuidora da PepsiCo, e a corporação PepsiCo ganharia vantagens ao reingressar no setor de bebidas saudáveis.

Ao formularem estratégias, as corporações podem estabelecer outros países como mercados-alvo para seus produtos. Nos próximos tópicos serão apresentados aspectos importantes desse movimento de empresas em direção ao exterior.

## Estratégias corporativas no ambiente internacional

Globalização é um termo frequentemente empregado para caracterizar a era contemporânea. A literatura registra várias definições controvertidas, algumas complexas, outras simples; uma das definições de globalização é: "a livre movimentação, em nível internacional, de mercadorias, capitais, força de trabalho e conhecimento."[42] E é com base nessa ideia de globalização que estratégias de diversificação passaram a incluir mercados de diferentes países.

O cenário econômico mundial, cada vez mais dinâmico com o advento da globalização e notadamente na década de 1990, gerou maiores preocupações com a capacidade competitiva das organizações. A necessidade de atendimento aos desejos do consumidor global e as constantes inovações tecnológicas, ou, mais genericamente, a velocidade das mudanças no cenário competitivo acarretaram nas organizações a necessidade do desenvolvimento de capacidades dinâmicas globais. Assim, pode-se dizer que, no mercado internacional, a competição não se restringe apenas às empresas, ela é sistêmica, pois os sistemas produtivos, órgãos sociais e governamentais estão imbricados e se influenciam mutuamente.

Cabe lembrar, neste ponto, que as empresas multinacionais – atores importantes no atual cenário global – já eram, no início dos anos 1990, responsáveis por mais da metade da produção mundial, por cerca de 75% do comércio mundial total, pela maior parte dos recursos privados investidos em pesquisa e desenvolvimento, pela geração de divisas e pelo acesso dos seus países de origem às novas tecnologias.[43]

Mas quais são os motivos que têm levado empresas a formular estratégias, envolvendo mercados de países diferentes daqueles de onde se originaram?

## A motivação para a internacionalização

Há várias teorias descritas na literatura que explicam o interesse de organizações em seguir estratégias de internacionalização. Podem ser agrupadas em teorias econômicas, teorias comportamentais e teorias estratégicas, conforme indicadas no quadro a seguir.

**Quadro 4.5** Teorias da internacionalização.

| Categorias | Tipos |
|---|---|
| Teorias econômicas | Paradigma eclético |
| | Hipótese do ciclo de vida dos produtos |
| | Teoria do poder de mercado |
| Teorias comportamentais | Modelo da escola de Uppsala |
| | Rede de trabalho (*Networks*) |
| Teorias estratégicas | Comportamento estratégico |
| | Recursos e competências (*Resource based view*) |

Cada uma dessas teorias é apresentada a seguir.

### Teorias econômicas

A principal abordagem econômica utilizada para explicar o fenômeno da internacionalização é o *paradigma eclético*, desenvolvido por Dunning em 1980, a partir da tese defendida por Hymer, em 1960, que apontava a motivação para o investimento direto no exterior, como uma forma, principalmente, de impossibilitar a apropriação de bens intangíveis da empresa pela concorrência (parceiros licenciados) no mercado externo.[44]

Segundo o paradigma eclético, existiriam três tipos de vantagens que determinariam a forma pela qual a empresa decidiria envolver-se com os mercados internacionais: *específicas da propriedade* (vantagens competitivas da empresa em relação às empresas do país-alvo, como *know-how* e tecnologia proprietária), *de localização* (comparação entre custos de produção estimados no país de origem e país-alvo, além de outros fatores econômicos e de mercado) e *de internalização* (advindas da construção de uma estrutura no exterior, para manter no âmbito da empresa o *know-how* e as operações que poderiam ser realizadas por agentes econômicos, contratados ou licenciados no país-alvo).[45]

As vantagens de localização nortearam, nos anos 1990, por exemplo, a instalação por grandes corporações dos Estados Unidos de fábricas que montavam produtos no México (ficaram conhecidas como "maquiladoras"), a partir de peças produzidas nos Estados Unidos, e depois os exportavam para outros países, inclusive para os

Estados Unidos. Vantagens em custos de mão de obra foram conquistadas: as "maquiladoras" pagavam por hora, "dez vezes menos" do que seria pago aos trabalhadores nos Estados Unidos.[46]

Outra abordagem econômica, desenvolvida na segunda metade da década de 1960, ficou conhecida como *hipótese do ciclo de vida dos produtos,* baseada no deslocamento da produção de um bem, originalmente produzido em determinado país, que oferecia vantagens comparativas, para outro país menos desenvolvido, que apresentasse fatores de produção mais baratos e recebesse o produto como inovador, propiciando maiores ganhos.[47] A abordagem adicional, denominada *teoria do poder de mercado,* propõe que as empresas buscam aumentar seu poder de mercado no cenário internacional, a partir da criação de barreiras à entrada de novos competidores, fazendo investimentos diretos em outros países.[48]

## Teorias comportamentais

Duas importantes teorias, que objetivam explicar o processo de internacionalização de empresas na esfera comportamental, são: modelo da Escola de Uppsala e teoria de networks.

**Modelo da Escola de Uppsala**: a Escola de Uppsala, na Suécia, apresentou um modelo que procurava explicar o processo de internacionalização e que,

> [...] ao contrário da abordagem eclética, não apresenta a internacionalização como o resultado de um processo racional de tomada de decisão, mas sim como sendo sequencial, começando por atividades exportadoras e indo até a construção de unidades produtivas no exterior.[49]

O conhecimento sobre mercados internacionais, segundo essa teoria, é fator-chave para o envolvimento em atividades no exterior e só pode ser conquistado gradual e plenamente a partir da experiência efetiva em negócios internacionais.[50]

Na perspectiva dessa Escola, a empresa começaria a se internacionalizar por meio de comprometimento superficial (alguma modalidade de exportação) com um país, e, à medida que fosse adquirindo e acumulando conhecimentos sobre o mercado desse país, avançaria no comprometimento de recursos, culminando com a instalação de plantas próprias. Convém notar que é pressuposto no modelo de Uppsala que a empresa irá considerar a distância psíquica entre países para a escolha daqueles com os quais irá estabelecer relações, e começará com aqueles psiquicamente próximos, seguindo depois para os mais distantes.[51] Releva notar que:

> Os pesquisadores de Uppsala pressupõem que a fronteira da incerteza está relacionada com a distância psíquica: quanto maior a diferença entre o país de origem e o país estrangeiro em termos de desenvolvimento, nível e conteúdo educacional, idioma, cultura, sistema político, entre outros, maior o nível de incerteza.[52]

O modelo de Uppsala tem se mostrado incompatível com a trajetória seguida por várias empresas, pois

> nunca se conseguiu confirmar que a teoria gradual explicasse todas as expansões de cada firma, ou ainda, a sequência de entrada em um determinado mercado, uma vez que as características específicas das empresas, das indústrias e dos fatores de localização também exercem forte influência sobre o processo.[53]

O conjunto de fatores relacionados a cultura, língua, educação e prática de negócios, entre outros (distância psíquica), pode dificultar ou facilitar o fluxo de informações entre uma empresa e o mercado-alvo no exterior. Pressupõe-se que quanto menor a distância psíquica em relação a um país estrangeiro, maiores as similaridades e "[...] mais encorajadoras as possibilidades de negócios com ele."[54]

Adicionalmente, há que registrar o resultado de pesquisas que revelaram a existência de uma relação inversa entre desempenho e distância psíquica, o que permite concluir que iniciar a internacionalização por países com menor distância psíquica não garante o sucesso da empreitada.[55]

Apesar das críticas que esse modelo vem recebendo, ainda exerce importante papel na explicação do movimento de internacionalização de empresas. Nesse sentido, cite-se, a título de exemplo, trabalho voltado para a indústria eletroeletrônica brasileira, que revelou um envolvimento gradual das empresas estudadas com os países receptores, sendo estes, em sua maioria, situados na América do Sul, guardando, portanto, forte proximidade psíquica com o mercado brasileiro.[56] Outro exemplo é O Boticário, empresa do setor de beleza, fundada em 1977, em Curitiba, que, após nove anos, contava com 500 lojas no Brasil, e escolheu Portugal como o primeiro país para internacionalizar sua marca.[57]

Convém notar que os estudos gerados pela Escola de Uppsala levaram à criação da Escola Nórdica de Negócios Internacionais.

**Teoria de networks:** segundo essa teoria, uma empresa lança-se no mercado internacional para acompanhar o movimento da rede à qual pertence, formada por diferentes agentes econômicos. Um exemplo seria um fabricante de autopeças que passa a exportar seus produtos para determinado país, quando uma montadora, sua principal cliente, decide produzir veículos naquele país.

Vantagens podem ser obtidas dessa atuação consonante, como, por exemplo, a maior facilidade no ingresso em um mercado psiquicamente distante, quando este já tiver sido atingido por algum integrante da rede. É importante lembrar que "[...] não se pode ver a firma como um ator isolado nesse processo; é preciso entender o movimento conjunto subjacente e associado ao movimento individual."[58] A internacionalização, na abordagem de networks, "deixa de ser só uma questão de produção no exterior e passa a ser percebida mais como fator de relacionamentos potenciais além-fronteiras."[59]

## Teorias estratégicas

De acordo com os defensores dessas teorias, o processo de internacionalização seguido por uma empresa estaria fortemente associado à sua orientação estratégica, indicada no eixo de seu plano estratégico.

**Teoria do comportamento estratégico:** a busca pela obtenção de vantagens competitivas em relação à concorrência constitui-se no fundamento dessa teoria. Um *mix* de interesses na esfera competitiva (evitar conflito, trocar ameaças, seguir a líder, acompanhar posição no mercado doméstico), além de criteriosa análise dos riscos relacionados aos movimentos internacionais, pode nortear a entrada da empresa no mercado externo.[60]

**Teoria baseada em recursos e competências (Resource Based View – RBV):** a teoria baseada em recursos foi construída a partir do trabalho de Penrose, datado de 1959, e das importantes contribuições agregadas por Barney, em 1986. De acordo com esses autores, a vantagem competitiva das empresas advém das competências heterogêneas que possam ser identificadas e dos recursos valiosos, raros, difíceis (ou custosos) de serem imitados ou substituídos. Essa abordagem diferencia-se substancialmente daquela tradicional, centrada no produto, e, em consequência, possibilita o delineamento de estratégias diferenciadas.

Diante do exposto, infere-se que a teoria baseada em recursos e competências explica a internacionalização a partir da necessidade de preservação dos fatores estratégicos relevantes da empresa. Quanto menos passíveis de codificação e divulgação, isto é, quanto mais tácitas forem as competências, maiores serão as possibilidades de que venham a ser mantidas, no âmbito da organização, durante o processo de internacionalização. É necessário salientar que o modo de entrada escolhido também não deve ameaçar a sustentabilidade da vantagem competitiva.

## Estratégias de entrada

A literatura referente à internacionalização destaca a importância da escolha a ser feita por uma empresa quanto ao modo de entrada em um país e apresenta diferentes modalidades de entrada: exportação (indireta ou direta), licenciamento, alianças estratégicas, investimento direto no exterior, a partir da criação de novas unidades de operação em outros países ou de aquisições.[61] Evoluindo nesse processo, surgem as subsidiárias autônomas e as empresas globais, que consideram, já em sua fundação, o mercado internacional como se fosse um só.[62] O Quadro 4.6 a seguir apresenta essas estratégias.

Quadro 4.6 Estratégias de entrada.

| Estratégia de entrada | Conceito |
|---|---|
| Exportação | Envio de produtos para outro país. Pode ser feito de modo direto, isto é, pela própria empresa, ou indireto, com o auxílio de intermediário independente (representante exportador interno, agente exportador interno, organização cooperativa e empresa administradora de exportação). |
| Licenciamento | Acordo contratual em que uma empresa (licenciadora) autoriza o uso de seu *know-how* ou marca por uma empresa no exterior (licenciada), mediante o pagamento de taxas ou *royalties*. |
| Alianças estratégicas | Formação de parcerias entre investidores locais e estrangeiros, para a criação de um empreendimento conjunto ou desenvolvimento de negócio preexistente; o controle do negócio é decidido por meio de contrato. |
| Investimento direto no exterior | Criação de unidade produtiva no mercado internacional, a partir de fusões, aquisições, subsidiárias de controle integral ou construção (operação *greenfield*). |
| Empresas nascidas globais (*born globals*) | A atuação em nível global já é considerada no momento de abertura da empresa, e, em geral, após dois a cinco anos de operação, a empresa já marca presença no cenário internacional. |

Com relação a cada uma das estratégias de entrada indicadas, cabe acrescentar:

**Exportação:** Apresenta, como principal vantagem, a economia de escala, porém é fortemente suscetível aos custos de transporte e às barreiras interpostas pelo país receptor.[63] Uma barreira forte para as exportações do setor de agronegócio é percebida, por exemplo, quanto às frutas frescas brasileiras: há crescente interesse dos países importadores na diminuição substancial de resíduos agrotóxicos que podem acompanhar as frutas exportadas, mas a Câmara Técnica de Agrotóxico (CTA), formada pelo Ministério da Agricultura, pelo Instituto Brasileiro do Meio Ambiente e dos Recursos Naturais (Ibama) e pela Agência Nacional de Vigilância Sanitária (Anvisa), considera como agrotóxico determinados produtos que não são assim identificados no exterior; então, ao cumprir a legislação interna, o produtor brasileiro fica impedido muitas vezes de levar, principalmente, produtos cítricos a outros países.

Para a realização da *exportação direta*, em geral são criados departamentos de exportação na empresa para conduzir o processo, porém, não se pode deixar de mencionar as filiais ou subsidiárias de vendas, os representantes viajantes de exportação e os distribuidores ou agentes no exterior.[64] No que tange à *exportação indireta*, é necessário esclarecer que o *representante exportador interno* compra o produto do fabricante e depois o vende no exterior, enquanto o *agente exportador interno* prospecta e efetiva os negócios de exportação, mediante recebimento de comissão.

**Licenciamento:** Embora o licenciamento possa implicar vantagem para a licenciadora, na medida em que os custos e riscos envolvidos na abertura do mercado externo ficam a cargo da licenciada, pode representar sério risco para a preservação do conhecimento tecnológico da licenciadora.[65]

Utilizadas essencialmente por empresas de serviços, as *franquias* – tanto de produto-marca (licença para venda de produtos e/ou atuação com a marca) como aquelas de formato de negócio (licença vinculada à padronização global do negócio) – podem ser inseridas nessa categoria. São várias as vantagens da franquia como mecanismo de entrada: "pode-se obter uma rápida expansão; baixos custos para o franqueador; mercados marginais podem ser acessados; pode-se usar administração local; e variedade de contratos possíveis."[66] A Via Uno S.A. Calçados e Acessórios, por exemplo, fundada em 1991, no Rio Grande do Sul, adotou uma bem-sucedida estratégia de entrada no mercado internacional: iniciou seu projeto de franquias em 2004 e, em sete anos, já contava com 275 lojas, sendo 116 espalhadas por mais de 20 países.[67]

**Alianças estratégicas:** Estudiosos do assunto afirmam que "[...] a formação de aliança estratégica é um fenômeno complexo, envolvendo tanto fatores estratégicos como sociais, operando dentro de uma lógica de necessidades e oportunidades para cooperação."[68] Os custos e os riscos envolvidos nessa modalidade de negócio são os mesmos indicados nos licenciamentos, embora sejam "compartilhados" entre os parceiros.[69]

A partir de extensa pesquisa bibliográfica, Cunha, Armando e Almeida[70] reconhecem a existência de dois tipos de aliança estratégica entre organizações: vertical (entre fornecedores e compradores; está relacionada à cooperação na cadeia de suprimentos) e horizontal (entre os próprios concorrentes). Ao pesquisarem os fatores indutores de alianças estratégicas, esses autores encontraram 20 fatores considerados muito importantes, entre os quais: coordenação de preços, troca estratégica de clientes, troca de informações, complementaridade de habilidades, combinação de recursos, maior participação de mercado, produtividade, divisão de riscos, transferência de tecnologia e conhecimento, aprendizagem, controle sobre a concorrência e sustentabilidade.

São exemplos de aliança estratégica, as *joint ventures* "[...] em que o parceiro nacional atua como intérprete do ambiente local para a empresa estrangeira, geralmente em troca de tecnologia ou de acesso a seus clientes e fornecedores."[71]

**Investimento direto no exterior (IDE):** Podem ser associações horizontais (empresas concorrentes), verticais (empresas pertencentes à mesma cadeia produtiva) ou do tipo conglomerado (entre empresas com negócios não correlacionados). A história do Grupo Votorantim, empresa brasileira produtora de cimento e concreto, além de vários outros produtos, exemplifica a estratégia de entrada IDE, por meio de aquisições:

> A internacionalização do grupo Votorantim começou pela área de cimentos. Em 2001 a Votorantim Cimentos **comprou** a St. Mary's Cement Inc., no Canadá, por US$ 680 milhões. A St. Mary's era uma das principais produtoras de cimento e outros materiais de construção, fornecendo principalmente para os mercados do Canadá e dos Estados Unidos. Em 2003, a empresa **adquiriu** 50% da Suwannee American Cement, com sede na Flórida. Em seguida, a Votorantim adquiriu duas plantas da Cemex nos Estados Unidos. Um dos principais motivos da internacionalização na área de cimentos era diversificar mercados [...]. Desde então, além de outros investimentos em cimento, inclusive na Bolívia, o grupo Votorantim investiu em um projeto de mineração de zinco no Peru, por meio de participação em uma empresa que dispõe também de uma carteira ampla de prospecção para a mineração de outros metais.[72] (grifo nosso).

Fusões, como explicado anteriormente, são caracterizadas pela união de empresas na constituição de uma nova corporação, a partir de acordo firmado, enquanto as aquisições referem-se à compra de uma empresa por outra. A trajetória da Marcopolo, empresa brasileira fabricante de ônibus, hoje presente em sete países, ilustra a utilização da estratégia de entrada aliança estratégica (por meio de *joint venture*) e IDE (por meio de operação *greenfield*):

> A Marcopolo é responsável por mais da metade dos ônibus produzidos no Brasil, e exporta a mais de 60 países. Nos anos noventa, começou a estabelecer operações de montagem fora do Brasil, o que permitia evitar os altos custos de transporte do produto montado, especialmente para destinos além-mar. Em 1990 **estabeleceu uma planta em Portugal** para atender ao mercado europeu. Em 1997, começou a produzir na Argentina. Essa operação, que chegou a produzir 100 unidades ao mês, sofreu severamente os efeitos da crise argentina e suspendeu a produção até 2005. Em 2000 a Marcopolo estabeleceu uma operação no México, que evoluiu para uma ***joint venture*** com a Daimler-Chrysler.[73] (grifo nosso).

Vantagens da fusão e da aquisição são apontadas: "presença de mercado obtida rapidamente; administração já estabelecida; fluxo de caixa imediato; possibilidade de transferência de tecnologia para firma doméstica; pode ser usada para obter locações para posteriores conversões".[74]

Subsidiárias no exterior são empresas independentes da empresa de origem, embora sejam controladas por ela. Há subsidiárias simples (mais da metade de seu capital acionário é da controladora) e subsidiárias integrais (a totalidade do capital acionário é da controladora). Essas empresas apresentam como vantagem a possibilidade de severo controle sobre operações em outros países e, quando a tecnologia fundamenta a vantagem competitiva, possibilitam a redução do risco da perda de controle sobre essa tecnologia.[75] A Embraer, que desenvolve aeronaves e tecnologias inovadoras, é empresa global que conta com várias subsidiárias pelo mundo, dentre elas, a Embraer Overseas Limited, situada nas Ilhas Cayman, que é uma subsidiária *integral* da Embraer.[76]

A literatura pesquisada destaca estudos que focalizaram critérios para avaliação do grau de internacionalização de empresas. Alguns autores[77] estabeleceram, com base em cinco indicadores, uma medida do grau de internacionalização. Essa medida, que varia de zero a um é composta das seguintes parcelas: razão entre vendas no mercado externo e venda total; razão entre a quantidade de atividades diferenciadas exercidas pela empresa com o exterior e a quantidade de atividades possíveis no mercado externo; razão entre quantidade de subsidiárias no exterior e o total de subsidiárias; distância psicológica; e a razão entre a quantidade de anos na atividade internacional e a quantidade de anos de existência da empresa.

Especificamente com relação à modalidade IDE de entrada no exterior, há teorias que buscam explicá-la pela ótica econômica ou a partir da posse de vantagens específicas. Com relação a estas últimas, destaca-se o trabalho de Dunning,[78] que coloca o paradigma eclético como a estrutura conceitual que reuniria diferentes construções teóricas e possibilitaria uma ampla análise desse tipo de movimento e estudos,[79] que consideram a decisão pelo IDE baseada em vantagens relativas a custos (escolha da localização que produz menor custo) e no ganho em eficiência a partir da internalização.

Quanto à posse de vantagens específicas, o conhecimento tem sido apontado na literatura como vantagem competitiva incentivadora de investimentos diretos no exterior, pois à medida que a empresa fosse capaz de transferi-lo ao exterior, mantendo-o internamente, tornar-se-ia detentora de uma vantagem competitiva sustentável.

A oportunidade do investimento direto no exterior deve ser avaliada, ainda, segundo a perspectiva do país receptor, que poderá entendê-lo como benéfico ou até mesmo prejudicial, caso esse investimento entre em desacordo com a política interna do país, ou redunde em desemprego de mão de obra local ou ainda em controle de setores-chave da sua economia.[80]

Entretanto, qualquer que seja a motivação para o IDE, é preciso notar que "[...] o investimento direto produtivo em manufatura promove crescimento econômico mundial maior que o investimento em carteira de títulos, isto porque este tende a se concentrar em setores mais dinâmicos e tecnologicamente mais avançados."[81]

**Born globals:** Essas empresas, por serem relativamente novas, vêm sendo alvo de vários estudos, que revelaram haver mais inovação nessas empresas do que na concorrência, maior oferta de produtos customizados e empreendedor com grande conhecimento técnico ou científico.[82] Há muitas empresas nascidas globais na área de *software*.

### Riscos no ambiente internacional

Hitt, Ireland e Hoskisson alertam para os riscos a que estão sujeitas as empresas no mercado internacional, como os riscos políticos e econômicos. Mudanças substanciais na esfera política de um país podem acarretar sérios problemas, inclusive econômicos, para a empresa estrangeira. Este foi o caso vivenciado pela Petrobras, em 2006, na Bolívia:

> [o documento assinado pelo presidente] passou para o controle do Estado boliviano toda a indústria do gás e do petróleo. O documento não fala em indenizar as empresas estatizadas. As vinte companhias estrangeiras atingidas pelo decreto investiram, ao todo, 3,5 bilhões de dólares na Bolívia – mas o prejuízo maior é da Petrobras, que aplicou 1 bilhão de dólares na extração e refino e outros 2 bilhões de dólares na construção do gasoduto que leva o produto até São Paulo.[83]

Um outro caso que merece relato foi vivenciado pela rede de *fast-food* de comida árabe Habib's. O atentado terrorista às torres gêmeas nos Estados Unidos, em 11 de setembro de 2001, foi um fator que desencorajou a entrada da rede brasileira naquele país; embora todos os planos estivessem concluídos, a crescente rejeição ao povo árabe poder-se-ia ver refletida na marca.[84] Muito provavelmente, a iniciativa de abortar a abertura da loja evitou sérios prejuízos para a empresa.

Além desses riscos, há que considerar as dificuldades da coordenação e da integração do negócio desenvolvido em outro país.

## Empresas brasileiras e o investimento direto no exterior

Embora tenha sido tímida a participação de empresas brasileiras no cenário internacional dos anos 1960 e 1970, na década de 1980 mais do que dobraram os investimentos no exterior, chegando aos 9,5 bilhões em 2004, apenas em investimentos brasileiros diretos no exterior.[85] No período 2006-2007, tais investimentos atingiram o montante de US$ 36,6 bilhões, e o setor de serviços liderou, em 2007, o *ranking* de investimentos no exterior.[86] Dentre os serviços prestados, destacaram-se, em 2004, os serviços prestados principalmente às empresas (37%); intermediação financeira, exclusive seguros e previdência privada (28%), e atividades auxiliares da intermediação financeira (24%).[87]

Os dados históricos relativos ao IDE brasileiro após 2000, ano em que foram superadas marcas históricas, têm estado aquém daqueles realizados por países com semelhante grau de desenvolvimento.[88]

Conceituados autores,[89] ao tentarem explicar esse movimento tardio das empresas brasileiras rumo ao exterior (*late movers*), levantam algumas hipóteses para a preferência pela operação em âmbito "nacional": existência de grande mercado doméstico e protegido da concorrência externa; menores custos e riscos em relação à atuação em mercados desconhecidos e culturalmente diferenciados; baixa intensidade de exportação, tendo, como consequência, baixo nível de conhecimento de mercados internacionais e reduzida presença no exterior; quadro cognitivo dos gestores não globalmente orientado (visão local); e política econômica governamental que pouco estimulou o IDE.

O investimento direto brasileiro no exterior esteve direcionado, em sua maior parte, aos "paraísos fiscais", o que pode ser fruto de uma estratégia das empresas, que consiste na realização de investimentos através de *holdings* (empresas que têm controle societário sobre outras empresas[90]) nas situadas nesses locais; por outro lado, excluindo-se tais "paraísos", cinco destinos destacam-se: Argentina, Estados Unidos, Espanha, Portugal e Uruguai.[91]

O destino principal do capital brasileiro em 2007, excetuando-se os "paraísos", foram os Estados Unidos, o que é um aspecto que foge à tendência até então verificada (Espanha e Argentina), e pode ser justificado pela necessidade de se tornar o produto brasileiro mais competitivo, em vista das barreiras protecionistas vigentes nos Estados Unidos[92]. É o caso, por exemplo, do aço, que vem sofrendo elevada taxação pelo governo norte-americano, principalmente quando o produto tem maior valor agregado (mais acabado), o que fez com que o Grupo Gerdau investisse na compra de unidades laminadoras nos Estados Unidos, para finalizar o processo de produção de produtos de aço, a partir de sua produção brasileira de semiacabados para lá exportada.

Na composição do IDE brasileiro, têm predominado as operações de "fusão" e "aquisição", notadamente nos setores de mineração e siderurgia; por outro lado, os investimentos do tipo *greenfield* têm sido voltados para a exploração de recursos naturais, como petróleo e gás.[93]

Em pesquisa realizada[94] em 2005, com 109 das mil maiores empresas do país, verificou-se que a internacionalização de empresas brasileiras ocorreu, em muitos casos, a partir da exportação direcionada a países com menor distância psíquica em relação ao Brasil, tendo os países da América Latina se constituído no primeiro foco de 47% das empresas pesquisadas; quando o primeiro destino escolhido foi a Europa, as atenções voltaram-se para Portugal e Espanha ou outros países católicos, que apresentavam menor distância psíquica em relação ao Brasil.

Em outro estudo,[95] voltado para a internacionalização de franquias, que abrangeu 78 empresas, concluiu-se que "o tempo de atuação no sistema de franquias e a dispersão geográfica no mercado doméstico são fatores que impactam na atitude da empresa diante da internacionalização", e, adicionalmente, notou-se que as empresas internacionalizadas tinham postura proativa, elegeram México e Portugal como países preferenciais e a máster-franquia como método. Convém notar que a máster-franquia envolve a concessão de direitos a um determinado franqueado (denominado principal) para que assine contratos de franquia com terceiros.[96]

Várias pesquisas indicaram que o destino mais frequente das exportações brasileiras é a América Latina.

Iglesias e Motta Veiga[97] observam que pesquisa realizada pelo BNDES, em 1995, junto a 30 grandes grupos econômicos nacionais, apontou que a motivação para o investimento no exterior variou em função do setor e do bem produzido, mas, em linhas gerais, esteve intimamente ligada ao "[...] fortalecimento do poder de competição, pela proximidade do mercado consumidor", ao suprimento do mercado regional e ao aproveitamento de oportunidades advindas do processo de integração regional da América do Sul.

No que tange aos modos de entrada, pesquisa realizada,[98] com uma amostra selecionada dentre as mil maiores empresas brasileiras, revelou que "[...] 45,3% podem ser consideradas tipicamente exportadoras e apenas 24,2% utilizam estratégias que envolvem algum tipo de investimento internacional, como subsidiárias de comercialização ou de produção". Resultado semelhante foi encontrado por Vianna*: a modalidade exportação foi a estratégia predominante; no entanto, três empresas indicaram um grau de envolvimento maior em seu processo de internacionalização, como a instalação de subsidiária no exterior ou a instalação de *joint ventures* de produção e/ou comercialização; ou seja, começaram a realizar investimento direto no exterior em apoio às suas atividades de exportação.

De acordo com pesquisa efetuada,[99] existem 20 multinacionais brasileiras responsáveis por 89 plantas industriais no exterior, e a AmBev (originada, em 1999, da associação entre Brahma e Antártica) e o grupo Gerdau lideram o *ranking*, respondem juntas por 44% desse total e têm a maior parte das plantas situadas na América do Sul e do Norte, respectivamente. Segundo autor da pesquisa, "[...] foram identificadas ao todo 71 plantas incorporadas via aquisição, 15 via *joint venture*, apenas duas via *greenfield* e para uma planta não foi possível identificar a forma de entrada."[100]

Com relação à AmBev, cabe notar que, em março de 2004, depois da aliança firmada com a InBev, passou a operar no Canadá, a partir da incorporação da Labatt, tornando-se a "Companhia de Bebidas das Américas"; está presente em 14 países, do Alasca à Patagônia.[101] A Gerdau, por seu turno, a partir da formação de alianças e aquisições, está presente em 14 países das Américas, Europa e Ásia.[102]

---

* O referido autor é o mesmo mencionado na nota do fim do capítulo n. 56.

Segundo Fleury e Fleury,[103] com base em outros estudos realizados, parece haver uma tendência em torno da criação de subsidiárias de controle integral. Dentre as justificativas apontadas para tal preferência, estão: proteção de vantagens específicas do negócio (em relação à ação oportunista de parceiros), aspectos culturais do brasileiro ("não se divide poder e controle com estranhos"), estrutura de capital das empresas brasileiras (alta incidência de ações preferenciais) e natureza familiar de grande parte das empresas.

Vários fatores apontados na literatura, a seguir descritos, favoreceram ou geraram entraves ao processo de internacionalização.

### Fatores motivadores da internacionalização de empresas brasileiras

Concorrência das empresas entrantes no Brasil: empresas brasileiras, principalmente após a abertura comercial verificada nos anos 1990, foram compelidas a buscar o mercado externo, visando ao crescimento e, em muitos outros casos, até à própria sobrevivência, diante da concorrência das empresas ingressantes.

Importantes autores[104] também reconhecem outras forças impulsionadoras da internacionalização: gestão de riscos, arbitragem e barreiras institucionais, competitividade em custos, busca de ativos estratégicos complementares nos mercados internacionais e intento estratégico dos dirigentes fundadores.

Algumas empresas, convém notar, rumaram para o exterior objetivando acompanhar seus maiores clientes, enquanto outras foram em busca de aprendizagem e aquisição de competências para atuar no cenário internacional.[105] Além disso, segundo pesquisas efetuadas, é possível admitir que a criação do Mercosul, em 1990, promoveu uma ampliação no "[...] quadro cognitivo de referência de gerentes brasileiros, de modo a incluir Argentina, Uruguai e Paraguai como uma extensão do mercado brasileiro."[106] A formação dos novos blocos econômicos impulsiona a internacionalização, e os autores citam, como exemplo, o movimento verificado das empresas industriais brasileiras em direção aos países vizinhos, especialmente à Argentina.[107]

### Fatores inibidores da internacionalização de empresas brasileiras

De acordo com Motta Veiga,[108] as exportações têm sofrido com: a falta de "cultura exportadora" dos empresários; as dificuldades operacionais envolvidas nessa atividade (inclui-se aqui o descompasso das políticas de incentivo governamentais com o modo de operação de seus agentes); políticas e regulamentações de caráter sistêmico que privilegiam o mercado doméstico (os gargalos da logística do transporte marítimo são um exemplo); e o viés antiexportador dos diferentes atores sociais e econômicos (associações sindicais e empresariais, e membros do governo, entre outros).

Quanto aos investimentos diretos no exterior, autores[109] apontam, com base em citada pesquisa realizada pelo BNDES, em 1995, que as dificuldades existentes no mercado financeiro brasileiro, no que tange à concessão de financiamentos para unidades localizadas fora do país, bem como as diferenças culturais entre países, foram os fatores mais indicados pelas empresas componentes da amostra.

É necessário destacar que, de acordo com Iglesias e Motta Veiga,[110] cada um dos sete planos de estabilização econômica instituídos no Brasil durante os anos 1980 e a primeira metade da década de 1990 promoveu a redução no volume de exportações de manufaturados, diante do aumento da demanda e valorização da moeda decorrentes desses planos. Argumentam ainda os referidos autores que a ausência de um mercado de capitais maduro e de políticas de crédito de longo prazo para apoiar as pequenas e médias empresas brasileiras também se constituiu em entrave à internacionalização destas.

Fatores exatamente opostos aos motivadores da internacionalização citados anteriormente (como, por exemplo, a falta de intento estratégico dos dirigentes) são frequentemente citados na literatura como entraves ao processo de internacionalização das empresas brasileiras.

Convém notar que as teorias aqui apresentadas não têm se mostrado adequadas para explicar o movimento de empresas *born globals*. Estas vêm recebendo especial atenção de pesquisadores.

Tendo em vista que a atuação em um país diferente leva à necessidade de conhecimento das condições político-econômicas vigentes no país, à adequação do composto de marketing ao novo mercado, à formulação de políticas para a movimentação de pessoal qualificado entre países, à necessidade de adaptação à legislação e a rotinas contábil-financeiras existentes no país, tais temas têm entrado na pauta de discussões e estudos das empresas que optaram pela internacionalização.

Após as questões para reflexão, serão feitas apresentação e análise da trajetória de um grupo Siderúrgico, importante empresa brasileira no cenário econômico internacional.

## Questões de revisão

1. Por que a formulação de estratégias é importante para as organizações?
2. Dentre as estratégias estudadas neste capítulo, cita-se a busca do crescimento por meio da integração horizontal e/ou vertical. Explique esses dois tipos de integração por meio de exemplos.
3. Quais são os aspectos-chave que, segundo Porter, devem ser considerados quando se formula uma estratégia de diversificação? Explique sua resposta.

4. Quais fatores, segundo as teorias estudadas, justificam o ingresso de uma empresa no mercado internacional? Exemplifique.
5. Na visão da Escola de Uppsala, a distância psíquica deve ser considerada quando uma empresa se decide pela internacionalização. Por quê?
6. Considerando as teorias de internacionalização estudadas, avalie se a política implantada pelo governo Collor de Mello (1990–1992) incentivou a internacionalização de empresas brasileiras.

## Estudo de caso

### Estratégia corporativa do Grupo Siderúrgico[1]

O Grupo Siderúrgico (GS) destaca-se no cenário mundial da siderurgia. O grupo adotou uma estratégia de crescimento arrojada, principalmente por meio da internacionalização. O objetivo deste caso de estudo é apontar as ações relevantes adotadas por esta companhia e analisá-las segundo as diferentes abordagens teóricas, relacionadas ao tema estratégia corporativa.

Atuando desde meados do século XX no setor siderúrgico, a GS possui uma linha de produtos de aço bruto, chapas grossas, laminados, além de outros derivados utilizados na indústria automobilística. O processo de produção do aço e seus derivados integram operações desde extração do minério de ferro ou obtenção de sucata, passando pela fundição do minério, lingotamento e corte do aço até a laminação.

A partir dos anos 1960, a GS iniciou um processo de expansão e diversificação de suas atividades, adquirindo companhias já existentes e construindo novas usinas em outras regiões do país. Nessa escalada rumo ao crescimento, adquiriu empresas no Brasil, entre elas uma siderúrgica, quando entrou no setor siderúrgico, e a Mineradora 1 (2001), integrando o processo de extração de minério ao grupo.

Na década de 1990 a GS adotou uma estratégia arrojada visando à ampliação de negócios internacionalmente. Realizou aquisições, fusões e alianças em outros países e passou efetivamente a exportar seus produtos, conforme a visão declarada do grupo: operar globalmente e ser referência nos negócios em que atuar.

O primeiro movimento de internacionalização ocorreu na década de 1980, com a aquisição de uma companhia boliviana, e no decorrer daquele período a GS também buscou realizar vendas a outros países por meio de exportações. Já na década de 1990, expandiu sua produção para o Canadá e Venezuela. Mas o processo ganhou dinâmica no início do século XXI, quando entrou com força nos Estados Unidos – realizando várias operações –, além de ampliar as operações na América Latina (Colômbia, Argentina, Uruguai, México, Paraguai e Chile), consolidando-se, dessa forma, no continente americano. No mesmo período, também adentrou o mercado europeu, adquirindo duas empresas portuguesas em conjunto com investidores locais, bem como o mercado asiático por meio de *joint venture*.

O foco no mercado estadunidense tem justificativa, pois é a maior área de consumo do continente. A opção pelo estabelecimento de unidades produtivas nos Estados Unidos, em detrimento de exportações para esse país, pode ser explicada pela existência de barreiras tarifárias que incidiam sobre o produto importado, o que pode ter tornado a produção local mais vantajosa para a companhia, que assim poderia oferecer seus produtos a preços mais competitivos.

Ao total, foram realizadas 30 operações de internacionalização até 2008, tendo como objetivo o aumento da capacidade produtiva, a obtenção de recursos naturais, a diversificação de produtos e a entrada em novos mercados consumidores. Como resultado dessas ações de expansão como estratégia de crescimento, no referido ano a companhia já operava em mais de dez países, passando a ter grande grau de internacionalização segundo critérios da Conferência de Comércio e desenvolvimento das Nações Unidas (United Nations Conference on Trade and Development – UNCTAD). O perfil das vendas da empresa demonstra esse fato: em 2011 a receita obtida no exterior (70%) foi muito superior à do mercado interno (30%), fornecendo indícios de que as ações foram bem-sucedidas em sua estratégia internacional.

Aquisições foram a marca da estratégia corporativa de ampliação de mercados da GS, isto é, buscava companhias já estabelecidas nos mercados consumidores ou com fontes de recursos e matérias-primas, com o objetivo de aumentar a capacidade produtiva e diversificar os produtos. Contudo, também foram realizadas *joint ventures*, fusões e investimentos tipo *greenfield*.

Para financiar o processo de expansão, cabe ressaltar que o grupo também utilizou produtos financeiros de ordem internacional. Lançou ADRs (American Depositary Receipts), certificados de ações emitidos por bancos americanos, com lastro em papéis de empresas brasileiras, na Bolsa de Valores de Nova York (NYSE, New York Stock Exchange). Também obteve recursos por meio de empréstimos ou financiamentos, públicos e privados, nacionais e internacionais.

A expansão da GS elevou sua capacidade produtiva de forma vultosa, como mostra o Gráfico 1 Somente na produção de aço bruto, é possível observar um aumento de 455% na capacidade produtiva de 1997 a 2010, resultante em grande parte das aquisições e das fusões realizadas no mercado externo.

Cabe notar que o potencial produtivo de aço bruto no exterior representava menos de 23% da capacidade total do grupo em 1997, e em 2010, essa participação saltou para 60%, isto é, mais da metade da capacidade de produção de aço bruto estava em território estrangeiro.

Já transformado numa companhia transnacional, o grupo ganhou grande destaque no mercado siderúrgico mundial elevando sua posição no *ranking* dos maiores produtores de aço bruto do mundo, de chapas grossas e aços laminados, especificamente laminados a frio.

As ações realizadas pela GS, desde o início de sua expansão nacional e depois internacional, podem ser analisadas sob a ótica de Porter, uma vez que foi feita opção pela diversificação da linha de produtos e pelo compartilhamento de atividades, com a aquisição de organizações inseridas na cadeia de valor de produção do aço, implicando assim vantagens de custos de internalização.

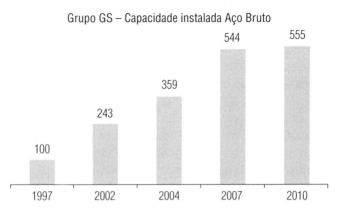

**Gráfico 1** Capacidade instalada da GS (ano-base 1997 – 100).

Considerando-se o modelo de internacionalização de Johanson e Vahle, que identifica quatro estágios no envolvimento das empresas com o ambiente internacional, nota-se que a GS saiu do estágio 1, que representa ausência de atividades regulares de exportação, indo diretamente para o estágio 4, de companhias que possuem unidades produtivas no exterior.

A análise das motivações para a internacionalização, realizada com base nas três abordagens teóricas relacionadas no Quadro 4.5 deste capítulo, revela que do ponto de vista econômico (paradigma eclético) houve vantagem de localização (os custos da produção local do aço bruto, de chapas grossas e de aço laminado mostraram-se vantajosos em relação à exportação desses produtos) e também vantagem de internalização (foram mantidos internos ao grupo o *know--how* e operações, pois não foram empregados agentes externos); e de acordo com a teoria de poder de mercado, houve ganho de *market share* (participação de mercado) pela GS, ao assumir uma posição de destaque no cenário internacional.

**Perguntas**

1. A estratégia corporativa da GS está relacionada à qual tipo de estratégia, segundo os conceitos de Wright, Kroll, Parnell? Por quê?
2. Hitt, Ireland e Hoskisson especificam as estratégias de integração. Relacione a aquisição da Mineradora 1 pela GS com os conceitos de integração. Indique qual tipo de integração foi feita e explique por que deve ser considerada como um caso de integração.
3. A diversificação da linha de produtos e o compartilhamento de atividades têm relação com qual das estratégias estabelecidas por Porter? Justifique.
4. Quais devem ter sido os aspectos relevantes que levaram à opção pela diversificação por meio da aquisição da Mineradora 1, segundo o Teste de Porter? Justifique.
5. Quais estratégias de entrada podem ser observadas no processo de internacionalização da GS? Explique e dê exemplos.

6. Na ótica da abordagem comportamental, e considerando o que está exposto no estudo de caso, a estratégia da GS pode ser relacionada com qual destas teorias: Uppsala ou teoria de networks? Quais são os indícios no estudo de caso que permitem essa identificação?

[1] Este caso foi inspirado em uma empresa real, mas foram alterados nomes, dados, datas e países para inviabilizar a identificação da empresa. O texto abrange o caso como um todo e, portanto, traz todas as informações e ilustrações necessárias para o seu entendimento.

## Referências

[1] ANSOFF, H. I. *Estratégia empresarial*. São Paulo: McGraw-Hill, 1977.

[2] HAMEL, G.; PRAHALAD, C. K. *Competindo pelo futuro*: estratégias inovadoras para obter o controle do seu setor e criar os mercados de amanhã. Rio de Janeiro: Campus, 1995.

[3] Ibidem.

[4] PORTER, M. E. *Competição*: estratégias competitivas essenciais. 8. ed. Rio de Janeiro: Campus, 2004.

[5] Ibidem, p. 31.

[6] SLACK, N. *Vantagem competitiva em manufatura*. São Paulo: Atlas, 2002.

[7] HITT, M. A.; IRELAND, R. D.; HOSKISSON, R. E. *Administração estratégica. Competitividade e globalização*. 2. ed. São Paulo: Cencage Learning, 2008. p. 154.

[8] SIEMENS. Disponível em: <http://www.siemens.com.br/templates/ar_business_area2.aspx?channel=7102>. Acesso em: 24 maio 2012.

[9] PORTER, M. E. Da vantagem competitiva à estratégia corporativa. In: PORTER, M. E. (Org.). *Competição. Estratégias competitivas essenciais*. 4. ed. Rio de Janeiro: Campus, 1999, p. 126.

[10] ANSOFF, H. I., op. cit., p. 63.

[11] PORTER, M. E., op. cit., 1999, p. 126.

[12] WRIGHT, P.; KROLL, M. J.; PARNELL, J. *Administração estratégica. Conceitos*. São Paulo: Atlas, 2000.

[13] HITT, M. A.; IRELAND, R. D.; HOSKISSON, R. E., op. cit.

[14] ACHÉ LABORATÓRIOS FARMACÊUTICOS S.A. Disponível em: <http://www.ache.com.br/PressRoom/News.aspx?NewsId=46>. Acesso em: 24 maio 2012.

[15] PEREIRA, É. C. O. et al. Engenharia simultânea: um estudo de caso em uma empresa têxtil. *Revista Produção*, v. 1, n. 1, out. 2001. Disponível em: <http://producaoonline.org.br/index.php/rpo/article/view/590/633>. Acesso em: 24 maio 2012.

[16] GAFISA. Disponível em: <http://www.gafisa.com.br/a-gafisa/perfil-gafisa>. Acesso em: 24 maio 2012.

[17] PEPSICO. Disponível em: <http://www.pepsico.com.br/downloads/pdfs/37_120809.pdf>. Acesso em: 24 maio 2012.

[18] PORTER, M. E., op. cit., 1999.

[19] WRIGHT, P.; KROLL, M. J.; PARNELL, J., op. cit.

[20] TAM. Disponível em: <http://tam.riweb.com.br/Tam/show.aspx?id_canal=1465>. Acesso em: 24 maio 2012.

[21] AUTOLATINA CLUBE. Disponível em: <http://www.autolatinaclube.cjb.net/>. Acesso em: 24 maio 2012.

[22] FAHEY, L. *Competitors:* outwitting, outmaneuvering, and outperforming. Nova York: John Wiley & Sons, 1999.

[23] OLIVEIRA, D. P. R. *Administração estratégica na prática.* 5. ed. São Paulo: Atlas, 2007. p. 268.

[24] AMBEV. Observatório social. Comportamento social e trabalhista. Mapa da empresa. Nov. 2002. Disponível em: <http://www.observatoriosocial.org.br/download/mapaambev.pdf>. Acesso em: 24 maio 2012.

[25] HITT, M. A.; IRELAND, R. D.; HOSKISSON, R. E., op. cit., p. 162.

[26] BARNEY, J. B.; HESTERLY, W. S. *Administração estratégica e vantagem competitiva.* São Paulo: Pearson Prentice Hall, 2007. p. 183.

[27] BIOSINTETICA. Disponível em: <http://www.biosintetica.com.br/index.php/sobre-a-empresa/quem-somos>. Acesso em: 24 maio 2012.

[28] CONSELHO ADMINISTRATIVO DE DEFESA ECONÔMICA (CADE). Disponível em: <http://www.cade.gov.br/>. Acesso em: 24 maio 2012.

[29] ESTADÃO.COM.BR. Disponível em: <http://economia.estadao.com.br/noticias/economia,compra-da-garoto-pela-nestle-faz-oito-anos,6647,0.htm>. Acesso em: 24 maio 2012.

[30] NATURA. <http://scf.natura.net/Conteudo/Default.aspx?MenuStructure=5&MenuItem=1>. Acesso em: 24 maio 2012.

[31] HITT, M. A.; IRELAND, R. D.; HOSKISSON, R. E., op. cit., p. 155.

[32] EXAME.COM. Disponível em: <http://exame.abril.com.br/negocios/empresas/noticias/pao-acucar-acoes-assai-ainda-nao-possuia-483953>. Acesso em: 24 maio 2012.

[33] ISTO É DINHEIRO. Disponível em: <http://www.istoedinheiro.com.br/noticias/27504_SARAIVA+ESCREVE+SEU+FUTURO+COM+BITS>. Acesso em: 24 maio 2012.

[34] HITT, M. A.; IRELAND, R. D.; HOSKISSON, R. E., op. cit., p. 171.

[35] Ibidem, p. 158.

[36] WRIGHT, P.; KROLL, M. J.; PARNELL, J., op. cit., p. 138.

[37] IOOTY, M.; EBELING, F. Coerência corporativa e diversificação via fusões e aquisições: um exame para empresas líderes da indústria manufatureira norte-americana nos anos 90. *Nova economia*, v. 17, n. 3, Belo Horizonte, set./dez. 2007.

[38] PORTER, M. E., op. cit., 1999, p. 129.

[39] Ibidem.

[40] Ibidem.

[41] Ibidem, p. 139.

[42] SOUZA, N. A. *Economia internacional contemporânea. Da depressão de 1929 ao colapso financeiro de 2008.* São Paulo: Atlas, 2009.

[43] ALEM, A . C.; CAVALCANTI, C. E. O BNDES e o apoio à internacionalização das empresas brasileiras: algumas reflexões. *Revista do BNDES*, Rio de Janeiro, v. 12, n. 24, p. 50, dez. 2005.

[44] HIMER, S. *Empresas multinacionales:* la internacionalización del capital. Buenos Aires: Ediciones Periferia S.R.L., 1972. ROCHA, A.; ALMEIDA, V. Estratégias de entrada e de operações em mercados internacionais. In: TANURE, B.; DUARTE, R. G. (Org.). *Gestão internacional.* São Paulo: Saraiva, 2006.

[45] MOURA, P. G. D. A. S. *O processo de internacionalização do desenvolvimento de produtos em empresas multinacionais brasileiras.* 2007. Dissertação (Mestrado)–FEA/RP-USP, Ribeiro Preto/SP, 2007. Disponível em: <http://www.teses.usp.br/teses/disponiveis/96/96132/tde-23072007-085606/>. Acesso em: nov. 2007.

[46] SOUZA, N. A., op. cit., p. 126.

[47] FREITAS, Y. A. *Obstáculos à exportação:* percepções de empresas brasileiras exportadoras de manufaturados. 2004. Dissertação (Mestrado em Adm)–UFRJ, Rio de Janeiro, 2004. Disponível em: <http://www.centrodelogistica.com.br/new/teses/pdf/21set04_Yuri_Almeida.pdf>. Acesso em: dez. 2007. AMATUCCI, M.; AVRICHIR, I. Teorias de negócios internacionais e economia brasileira – de 1850 a 2005. III ENCONTRO DE ESTUDOS EM ESTRATÉGIA, 2007, São Paulo. *Anais...* São Paulo: AMBEV. Disponível em: <http://www.ambev.com.br/emp_01.htm>. Acesso em: 25 nov. 2008.

[48] ATSUMI, S. Y. K.; VILLELA, L. E.; FREITAS, J. A. S. B. Estratégias de internacionalização de empresas brasileiras: o processo de investimento externo direto. In: III ENCONTRO DE ESTUDOS EM ESTRATÉGIA, 2007, São Paulo. *Anais...* São Paulo, 2007. p. 2.

[49] MELIN apud MOURA, P. G. D. A. S., op. cit.

[50] JOHANSON, J.; VAHLNE, J. E. The Mechanism of Internationalisation. *International Marketing Review*, v. 7, n. 4, 1990.

[51] SOTTO-MAYOR FILHO, L. A.; FERREIRA, G. C. Internacionalização de empresas de prestação de serviços em tecnologia de informação: o estudo de caso de

duas empresas brasileiras. 30º ENCONTRO DA ANPAD, maio 2006, Salvador/BA. *Anais...* Salvador/BA, 2006.

[52] HILAL, A.; HEMAIS, C. A. O processo de internacionalização na ótica da Escola Nórdica: evidências empíricas em empresas brasileiras. *Revista de Administração Contemporânea*, v. 7, n. 1, p. 112, jan./mar., 2003. Disponível em: <www.anpad.org.br/rac/vol_07/dwn/rac-v7-n1-ahh.pdf>. Acesso em: mar. 2008.

[53] FORTE, S. H. A. C.; SETTE JR., E. L. M. Grau de internacionalização de empresas: um estudo no setor de rochas ornamentais e de revestimento no Estado do Ceará. XXIX ENCONTRO DA ANPAD, 2005, Brasília. *Anais...* Brasília, 2005.

[54] TANURE, B.; DUARTE, R. G., op. cit., p. 206.

[55] O'GRADY; LANE, apud TANURE, B.; DUARTE, R. G., op. cit.

[56] VIANNA, N. W. H. et al. Indústria eletroeletrônica brasileira: estratégias de entrada e desafios do processo de internacionalização. *Revista Eletrônica de Administração – REAd*, edição especial 58, v. 13, n. 4, dez. 2007. Disponível em: <http://read.adm.ufrgs.br/>. Acesso em: fev. 2008.

[57] O BOTICÁRIO. Disponível em: <http://internet.boticario.com.br/portal/site/internetbr/>. Acesso em: 24 maio 2012.

[58] ROCHA, A.; ALMEIDA, V., op. cit., p. 29.

[59] GUEDES, A. L. *Negócios internacionais*. São Paulo: Thomson Learning, 2007. (Coleção Debates em Administração)

[60] ROCHA, A. ; ALMEIDA, V., op. cit.

[61] SHARMA; ERRAMILLI apud FORTE, S. H. A. C.; SETTE JR., E. L. M., op. cit.

[62] LEROY; RICHARD; SALLENAVE apud CHIPEIO, C. U. N. A. *A exportação como estratégia de entrada em mercados internacionais: um estudo multicaso no setor siderúrgico*. 2003. Dissertação (Mestrado)–FEA/USP, São Paulo, 2003.

[63] BATEMAN, T. S.; SNELL, S. A. Trad. Celso Rimoli. *Administração: construindo vantagem competitive*. São Paulo: Atlas, 1998.

[64] LEE, P. P. Y. *Avaliação do estágio de internacionalização:* um estudo de casos em empresas do setor de bebidas no Brasil. 2000. Dissertação (Mestrado)–FEA/USP, São Paulo, 2000.

[65] BATEMAN, T. S.; SNELL, S. A., op. cit.

[66] DAWSON apud MARQUES, D. S. P. *Internacionalização de franquias: um mapeamento sobre a presença de redes brasileiras no exterior*. 2006. Dissertação (Mestrado) –FEA/RP-USP, Ribeiro Preto, 2006. p. 33. Disponível em: <http://www.teses.usp.br/teses/disponiveis/96/96132/tde-24012007-151727/>. Acesso: em nov. 2007.

[67] VIA UNO. Disponível em: <http://www.viauno.com.br/franquias/lojas.php>. Acesso em: 24 maio 2012.

[68] SHARMA; VRENDENBURG apud GARCIA, P. L. *Sustainable Development Strategies in International Business:* the Case of Resource Based Firms in the Andean Latin America. 2006. Tese (Doutorado em Filosofia)–University of Calgary, Alberta/Canadá, 2006. p. 51. Disponível em: <http://proquest.umi.com/pqdweb?index=0&did=1144188861&SrchMode=1&sid=1&Fmt=2&VInst=PROD&VType=PQD&RQT=309&VName=PQD&TS=1204834838&clientId=61611>. Acesso em: fev. 2008.

[69] BATEMAN, T. S.; SNELL, S. A., op. cit.

[70] CUNHA, J. A. C.; ARMANDO, E.; ALMEIDA, M. I. R. Os fatores decisivos nas escolhas de parceiros estratégicos em alianças estratégicas internacionais. X SEMEAd, 2007, São Paulo. *Anais...* São Paulo: FEA/USP, 2007.

[71] TANURE, B.; DUARTE, R. G., op. cit., p. 208.

[72] TAVARES, M. Investimento brasileiro no exterior: panorama e considerações sobre políticas públicas. *Cepal – Série Desarrollo Productivo*, Santiago, Chile, nov. 2006. p. 25. Disponível em: <http://www.cepal.org/ddpe/publicaciones/xml/9/28819/LCL2624P.pdf>. Acesso em: out. 2011.

[73] Ibidem, p. 26.

[74] DAWSON apud MARQUES, D. S. P., op. cit., p. 33.

[75] BATEMAN, T. S.; SNELL, S. A., op. cit.

[76] EMBRAER. Disponível em: <http://www.embraer.com/pt-BR/Paginas/Home.aspx>. Acesso em: 24 maio 2012.

[77] FORTE, S. H. A. C.; SETTE JR., E. L. M., op. cit.

[78] DUNNING apud CHEVARRIA, D. G.; VIEIRA, L. M. Uma análise do investimento direto externo da Gerdau e Petrobras como função de vantagens específicas. XXXI ENCONTRO DA ANPAD, 2007, Rio de Janeiro. *Anais...* Rio de Janeiro, 2007.

[79] BUCKLEY; CASSON apud CHEVARRIA, D. G.; VIEIRA, L. M., op. cit.

[80] KINDLEBERGER, C. P. *International Economics.* Homewood: Irwin, 1963.

[81] ATSUMI, S. Y. K.; VILLELA, L. E.; FREITAS, J. A. S. B., op. cit., p. 4.

[82] DIB, L. A. R. *O processo de internacionalização de pequenas e médias empresas e o fenômeno Born Global:* estudo do setor de software no Brasil. 2008. Tese (Doutorado)–UFRJ, Instituto COPPEAD de Administração, Rio de Janeiro, 2008.

[83] VEJA. Disponível em: <http://veja.abril.com.br/100506/p_088.html>. Acesso em: 24 maio 2012.

[84] IG – ECONOMIA – EMPRESAS. Disponível em: <http://economia.ig.com.br/empresas/giraffas+leva+o+prato+feito+para+miami+eua+terra+do+fastfood/n1596978895105.html>. Acesso em: 24 maio 2012.

[85] FLEURY, A.; FLEURY, M. T. L. Internacionalização das empresas brasileiras: em busca de uma abordagem teórica para os *late movers*. In: FLEURY, A.; FLEURY, M. T. L. (Org.). *Internacionalização e os países emergentes*. São Paulo: Atlas, 2007.

[86] CRUZ, V. Múltis do país investem mais no exterior. *Folha de S.Paulo*, Caderno dinheiro, p. B1, 18 fev. 2008.

[87] BANCO CENTRAL DO BRASIL apud CORRÊA, D.; LIMA, G. T. A internacionalização produtiva das empresas brasileiras: breve descrição e análise geral. *Workshop sobre Internacionalização de Empresas*, FEA/USP, 2006. Disponível em: <http://ginebra.incubadora.fapesp.br/portal/referencias/workshop-usp/05.pdf>. Acesso em: mar. 2008.

[88] CORRÊA, D.; LIMA, G. T., op. cit.

[89] ROCHA, A.; SILVA, J. F.; CARNEIRO, J. Expansão internacional das empresas brasileiras: revisão e síntese. In: FLEURY, A.; FLEURY, M. T. L., op. cit.

[90] OLIVEIRA, D. P., op. cit.

[91] CORRÊA, D.; LIMA, G. T., op. cit.

[92] CRUZ, V., op. cit.

[93] AMBROZIO, A. M. Entendendo o investimento brasileiro direto no exterior. *Visão do Desenvolvimento*, BNDES – APE, p. 5, 2008. Disponível em: <http://www.bndes.gov.br/conhecimento/visao/visao_52.pdf>. Acesso em: 12 nov. 2008.

[94] CYRINO; PENIDO; TANURE apud CYRINO, A. B.; BARCELLOS, E. P. Estratégias de internacionalização: evidências e reflexões sobre a empresa brasileira. In: TANURE, B.; DUARTE, R. G., op. cit., p. 234.

[95] MARQUES, D. S. P., op. cit.

[96] FRANCHISE KEY BRASIL. Disponível em: <http://www.franchisekey.com/br/franquia-franchising/Article/ID/46/Session/BR-1-pSpF5i47-0-IP/_LNG_FAQ_ABOUT_FRANCHISING_.htm>. Acesso em: 24 nov. 2008.

[97] IGLESIAS, R. M.; MOTTA VEIGA, P. Promoção de exportações via internacionalização das firmas de capital brasileiro, p. 404, 2002. Disponível em: <http://www.bndes.gov.br/conhecimento/livro_desafio/Relatorio-09.pdf>. Acesso em: 10 jan. 2008.

[98] CYRINO; OLIVEIRA apud CYRINO, A. B.; BARCELLOS, E. P., op. cit., p. 239.

[99] ALTMANN, R. G. *As multinacionais brasileiras com plantas industriais no exterior*: configuração das operações internacionais. 2005. Dissertação (Mestrado)–EPU/USP, São Paulo, 2005.

[100] ALTMANN, R. G., op. cit., p. 45.

[101] AMBEV. Disponível em: <http://www.ambev.com.br/emp_01.htm>. Acesso em: 25 nov. 2008.

[102] GERDAU. Disponível em: <http://www.gerdau.com.br/port/agerdau/index.asp>. Acesso em: 25 nov. 2008.

[103] FLEURY, A.; FLEURY, M. T. L., op. cit.

[104] CYRINO; PENIDO; TANURE apud CYRINO, A. B.; BARCELLOS, E. P., op. cit., p. 231.

[105] CYRINO, A. B.; BARCELLOS, E. P., op. cit., p. 233.

[106] BARRETTO; ROCHA apud FLEURY, A.; FLEURY, M. T. L., op. cit.

[107] JANK, M. S.; TACHINARDI, M. H. Política comercial, negociações internacionais e internacionalização de empresas. In: FLEURY, A.; FLEURY, M. T. L., op. cit.

[108] MOTTA VEIGA, P. O viés antiexportador: mais além da política comercial, p. 159, 2002. Disponível em: <http://www.bndes.gov.br/conhecimento/livro_desafio/Relatorio-05.pdf>. Acesso em: 25 mar. 2008.

[109] IGLESIAS, R. M.; MOTTA VEIGA, P., op. cit., p. 404.

[110] IGLESIAS; MOTTA VEIGA apud FLEURY, A.; FLEURY, M. T. L., op. cit.

# Capítulo 5

# A estratégia competitiva de Michael E. Porter

- A estratégia competitiva de Michael E. Porter
- A análise estrutural do setor econômico (cinco forças)
- A análise da cadeia de valor
- Estratégias competitivas genéricas: custo, diferenciação e foco
- Críticas

## A estratégia competitiva de Michael E. Porter

Este capítulo está dividido em três partes. Na primeira, o modelo de Porter é detalhado, com exemplos para cada um dos conceitos apresentados, e exposto de modo que um estrategista identifique qual a ênfase a ser aplicada em cada parte. Na segunda, são mencionadas críticas em relação ao modelo, sobretudo a seus pressupostos. Na terceira, há um questionário que permite pesquisar quais estratégias são utilizadas pelas empresas a partir da perspectiva porteriana.

O Modelo de Porter[1] é um dos mais estudados e aplicados em estratégia empresarial. Michael Porter é professor da prestigiosa Harvard Business School nos Estados Unidos e já publicou vários artigos e 18 livros, dentre eles *Competitive strategy*, *Competitive advantage*, *Competitive advantage of nations* e *On competition*. É provavelmente o autor mais citado em estratégia e gestão.

Porter introduziu conceitos da economia em relação aos modelos desenvolvidos anteriormente. Estes haviam instaurado, na prática, a atividade estratégica nas empresas, dentre os quais os de Ansoff[2] e Andrews[3], os mais conhecidos. Enquanto esses modelos faziam referência genérica às influências do meio ambiente, fossem elas econômicas, políticas ou sociais, Porter optou por concentrar a atenção no setor econômico (do inglês, *industry*) onde a empresa se inseria.

Dessa forma, a análise feita por ele de algumas das principais interferências produzidas por determinados agentes no mercado é prioritariamente econômica. A essa atividade o estudioso chama de *análise estrutural do setor econômico* (SE), baseada na *análise de cinco forças competitivas*. As forças competitivas produzem influências variadas sobre as empresas. Somente após identificar quais são os efeitos é que o modelo passa a considerar alternativas estratégicas que possam responder satisfatoriamente aos desafios gerados pelas influências. São três as estratégias genéricas previstas pelo modelo.

Ainda assim, a resposta não será apenas em função dessas influências externas, mas terá de necessariamente levar em consideração a posição competitiva, vantajosa ou não, da empresa e sua capacidade em adotar determinada atividade – o que o modelo faz por meio do levantamento das condições específicas das ações desenvolvidas por suas funções internas. Porter denomina esse estudo de *análise da cadeia de valor*.

Ambas as análises são importantes para orientar a escolha da estratégia competitiva, de acordo com Porter. Uma empresa poderia usufruir de um excelente posicionamento em um setor pouco dinâmico (por exemplo, ser líder de um mercado estagnado ou um mercado para o qual não se visualiza inovação) e sua avaliação deveria ser quanto à migração ou ao investimento em outro setor mais dinâmico. De outra parte, é possível imaginar uma organização mal posicionada em um setor ativo, em que a preocupação seria no sentido de melhorar sua competitividade.

Com base nesses dois tipos de análise, o modelo fornece um pequeno leque de opções estratégicas, que desembocam, na prática, em uma grande gama de alternativas disponíveis ao estrategista, na medida em que, para desenvolver cada uma das estratégias, ele conta com um amplo espectro de instrumentos gerenciais.

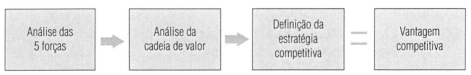

**Figura 5.1** Etapas do modelo.
*Fonte*: PORTER, M. *Vantagem competitiva*. Rio de Janeiro: Campus, 1989.

A adoção da estratégia adequada deve levar uma empresa a obter vantagem competitiva (veja Figura 5.1) sobre suas concorrentes, o que deve resultar em melhores resultados do que os destes. Porter define vantagem competitiva como a busca de uma situação favorável em relação à concorrência em um setor econômico, que possa ser lucrativa e sustentável.

Um fabricante de roupas, por exemplo, que queira traçar uma estratégia para obter vantagem competitiva sobre seus concorrentes teria, de acordo com o modelo, primeiro de analisar o mercado de roupas e suas principais forças com os desafios que trazem ao desenvolver suas ações mercadológicas, tecnológicas, financeiras, etc. Se o estrategista constatar que algumas influências são mais relevantes que outras, por questões de urgência, envolvimento de recursos, prioridade ou importância, irá buscar uma estratégia que possa fazer frente a tal desafio, mas desde que a empresa possua capacidade para realizar as ações necessárias, nas suas diversas áreas.

## A análise estrutural do setor econômico (cinco forças)

A análise estrutural de um setor aponta qual a sua atratividade. A atratividade é baseada na *análise de cinco forças competitivas*. A atratividade indica quanto um setor econômico pode ser interessante aos negócios. Deve-se levar em consideração que as forças se modificam com o tempo.

As cinco forças são as seguintes:

1. Entrada de novos concorrentes no SE.
2. Ameaça de produtos substitutos.
3. Poder de negociação dos compradores.
4. Poder de negociação dos fornecedores.
5. Rivalidade entre concorrentes existentes.

A representação delas vê-se na Figura 5.2:

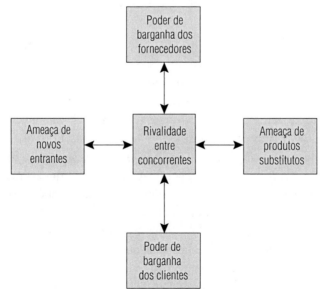

**Figura 5.2** Análise estrutural do setor econômico.
*Fonte*: PORTER, M. *Vantagem competitiva*. Rio de Janeiro: Campus, 1989.

A leitura dessa figura inicia-se pelo quadrado ao centro. Aí se concentram os concorrentes diretos de determinado setor da economia. Por exemplo, todos os fabricantes de fraldas para bebê. Ela é denominada *rivalidade*, pois se trata de uma competição contínua de quem já opera no mercado. Sobre ela convergem quatro distintos desafios, influências ou *ameaças*, tal como são denominadas duas dessas forças, e também o *poder de barganha* – outro tipo de ameaça – porque todos derivam de atores externos ao SE.

De acordo com a figura, *novos entrantes* são empresas que passam a trabalhar no mesmo mercado com produtos idênticos (ou muito semelhantes). Por exemplo, um novo fabricante de refrigerantes que entra em um mercado já existente. Já os *produtos substitutos* são aqueles que, apesar de terem tecnologia ou apresentação distinta de determinado produto ou serviço, ainda assim podem ser escolhidos pelos consumidores para preencher a função originalmente exercida pelo produto/serviço daquele SE. São exemplos, a telefonia celular em relação à telefonia fixa ou os sucos naturais em relação aos refrigerantes. Deve-se considerar ainda neste modelo o *poder de barganha dos clientes* e de outra parte o *poder de barganha dos fornecedores*. Há situações em que clientes podem concentrar grande poder de compra, como um governo ou uma grande cadeia de supermercados, ou determinados fornecedores deterem condições especiais no fornecimento, como é o caso de empresas monopolistas e mesmo, em determinadas circunstâncias, de empresas oligopolistas. Todas essas forças, direta ou indiretamente, ameaçam a lucratividade de quem opera no SE.

A seguir, explicaremos como o analista ou o estrategista deve analisar cada um desses fatores.

**1. Entrada de novos concorrentes no SE:** neste caso, a preocupação do estrategista é avaliar quais as chances de novas empresas se instalarem e passarem a concorrer em seu SE. A cada novo concorrente supõe-se que as empresas já instaladas correm o risco de ver sua participação de mercado decrescer, ou de ter de mobilizar novos recursos para fazer frente às ações dos novos concorrentes, ou ainda de ter de voltar a atenção para segmentos de consumidores que se veem atraídos por novidades etc.

Por exemplo, toda vez que uma cervejaria estrangeira procura introduzir suas marcas no mercado nacional, ameaça a fatia de mercado que as marcas locais já detêm e, em consequência, ameaça suas vendas e seu lucro total, porque é razoável imaginar que pouco a pouco a marca entrante possa agradar a uma fatia do público consumidor de cerveja. Essa incursão sugere, em geral, a necessidade de algum tipo de resposta da parte da marca ameaçada, que poderá ter de despender recursos que poderiam estar destinados a outros esforços.

Entretanto, existem algumas condições de mercado que podem facilitar ou dificultar a entrada de novos concorrentes em um novo mercado. As condições econômicas, financeiras, de produção, tecnológicas, estruturais, legais e outras. Se para atuar em um novo SE as empresas precisam realizar um grande investimento ou tomar capital emprestado, é possível que esse fato refreie as candidatas de seguir adiante com os planos. Outra circunstância que pode fazer com que as empresas repensem planos de entrada em novos mercados é o montante despendido de um SE com propaganda e promoção, que pode inibir quem pretenda aí entrar. Limitação tecnológica também pode ser um impedimento quando um setor é reconhecido por seu dinamismo; nesse sentido, um potencial entrante pode se assustar. Outro fator a restringir é o nível de preços praticados, que podem sinalizar lucro de porte tal a projetar retornos em prazos maiores do que os vislumbrados. Preços extraordinariamente elevados têm o efeito oposto, o de atrair competidores indesejados. Esgotamento de mercado também pode ser visto como limitante se um pretendente projeta estagnação ou crescimento irrisório.

Não existem modelos acabados que indiquem como estimar a possibilidade de entrada de um novo concorrente em um SE, porém, quando for possível avaliar que algum fator listado favoreça potenciais investidores, o alerta terá soado. A existência de terrenos disponíveis em determinada região, suficientes para construir supermercados (de acordo com o porte em estudo), deve soar o alerta para a empresa já instalada. E ela deverá agir para tentar evitar a concorrência a sua porta.

O estrategista deve em relação a essa força, caso já não existam condições que desincentivem a entrada de novos concorrentes, tentar criar condições que ajudem a desestimulá-lo, por exemplo, por meio de campanhas publicitárias ou pelo aprimoramento tecnológico de processo ou produto.

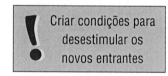

Criar condições para desestimular os novos entrantes

**2. Ameaça de produtos substitutos:** em relação a esta força, o estrategista deve ser capaz de prever se existem outros produtos ou serviços de outros SEs, que possam ser preferidos para o consumo em lugar do produto ou serviço que a empresa comercializa. Muitas vezes, os consumidores optam por substituir o produto consumido por outro com diferentes características, em situações específicas, como, por exemplo, quando há reposição demorada de produtos nos pontos de venda. Nessa circunstância, o negócio é prejudicado pela escolha de um produto ou serviço alternativo.

A opção por alternativas consideradas viáveis pelos consumidores pode ocorrer em períodos de baixa oferta, ou por incremento de preço, ou por retirada de uma apresentação preferida do produto etc. Alguns outros exemplos são períodos de entressafra, ou, também, quando um cliente faz uso de determinada especificação de um produto, uma variedade de aço com determinada presença percentual de ferro, e lhe é sugerida uma substituição por outro material de menor custo.

Nem todos os produtos ou serviços possuem (ou chegarão a enfrentar) alternativas viáveis no mercado. Muitos substitutos não cumprem com a função principal e secundária do seu concorrente. Por exemplo, o substituto do carro, seja o transporte público, seja a motocicleta, pode não satisfazer a uma larga parcela de consumidores em suas principais funções, que no caso poderia estar interessada em um transporte rápido, confortável e seguro. Nesse caso, o consumidor não reconhecerá a alternativa como viável.

Há situações em que o analista não tem condição de prever o surgimento de determinado produto ou serviço como um substituto viável. Isso pode acontecer no caso de determinada tecnologia não estar totalmente desenvolvida. Quando isso acontece, ela pode produzir um substituto, como o exemplo da tecnologia dos telefones celulares. Antes do seu desenvolvimento apropriado, a comunicação telefônica fixa parecia não enfrentar riscos desse tipo. Tal fenômeno também pode acontecer quando o consumidor assume novos hábitos ou práticas. O conceito de vida saudável prejudicou a configuração de determinados produtos, como a dos lanches rápidos (*fast food*), que precisam cada vez mais substituir gorduras e outros elementos para voltar a atrair os clientes. Os fabricantes de envelope e de cola em bastão foram grandemente afetados pelo e-mail e o SMS.

Como os produtos substitutos não surgem em função do SE sob análise, por pressuposto não são também as condições aí vigentes que os atrairão, ou ao contrário, os desincentivarão. Entretanto, é válido, de modo geral, o conceito de que a necessidade de grandes investimentos, ou de mobilização estrutural, ou de esforço promocional e propagandístico e de outros tenda a frear ímpetos empresariais.

Não existem também modelos para prever a chegada de substitutos, porém muitas vezes algumas indicações já estão registradas para acontecer. Por exemplo, a tendência de vida saudável; o mercado para cidadãos da terceira idade cada vez maior e com maior poder aquisitivo; os equipamentos menos poluentes; equipamentos econômicos na utilização de água, de eletricidade e outros.

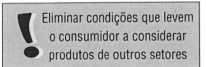

O estrategista deve em relação a esta força tentar eliminar as condições que levem o consumidor a considerar tais alternativas, para evitar o recurso a produtos substitutos.

**3. Poder de negociação dos compradores:** quanto a esta força, o estrategista somente deverá se preocupar com os compradores que tiverem a capacidade, os recursos, o poder de determinar a demanda de uma importante parcela dos produtos ou serviços oferecidos por sua empresa. A preocupação que deverá ter nesse momento é a de desenvolver elementos em sua estratégia que possam atender às demandas desse(s) comprador(es) poderoso(s). O risco evidentemente é de que a empresa deixe de vender uma parcela significativa de seus produtos ou serviços, ou tenha de praticar políticas negociadas sob a pressão desses compradores, que podem envolver descontos, bonificações ou fornecimento em condições especiais, como sob encomenda ou prazos exíguos. Esse tipo de pressão pode igualmente ocorrer em função da reunião de vários compradores em um aglomerado ou grupo de compras.

Assim, grandes redes de supermercado chegam, em determinados países, a corresponder a algo como 30% e até mais da comercialização de várias categorias de produto, de alimentos a produtos de limpeza. Se, além disso, determinada empresa tiver toda uma linha de produtos sendo escoada através deste canal, a dependência será ainda maior. Outro exemplo de comprador poderoso é o do governo.

Por mais que um comprador tenha poder de negociação, existem determinadas circunstâncias que favorecem a empresa comercializadora, como quando sua marca é líder de mercado. Nesse caso, o comprador normalmente tem necessidade de tê-la como um *puxador de vendas*, ou seja, aquele produto que por sua força ajuda a vender outros itens da loja. Mesmo um produto que não seja líder de mercado pode ser importante, na medida em que seja um competidor reputado, ele figurará como alternativa ao consumidor. Também, produtos que se diferenciam dos seus concorrentes na categoria, por exemplo, por seu desempenho, rendimento ou outros fatores.

Se, por outro lado, fica evidente o elevado poder de determinados compradores, tal fato irá provocar um desestímulo nos participantes do mercado, que podem ou retirar seus produtos, ou optar por incentivar outros produtos de linha, que possam ser negociados em melhores condições. Poderá ainda tentar substituir esses compradores por outros, o que não é uma atividade cujo resultado possa ser obtido a curto prazo.

O estrategista aqui deve, para tentar evitar o poder de compradores, ou buscar novos mercados compradores em substituição ou complementação àqueles que podem causar problemas à empresa, ou promover uma política comercial que possa acomodar as duas partes.

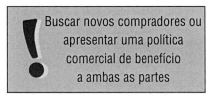
Buscar novos compradores ou apresentar uma política comercial de benefício a ambas as partes

**4. Poder de negociação dos fornecedores:** no que diz respeito a esta força, o estrategista avalia o SE para verificar se há fornecedores que tenham condições de afetar a oferta de insumos importantes, como produtos ou serviços para o negócio de sua organização. Normalmente, empresas monopolistas e em muitos casos oligopolistas são capazes de influir na oferta e em suas condições, podendo por vezes manter uma companhia refém de suas condições. Por exemplo, ao suspender a oferta ou ofertar em condições que não interessam ao comprador (constituição do produto ou prazos de entrega etc.). A combinação das condições de fornecimento por parte de um grupo de empresas que domina determinado mercado é chamada de *cartel* e constitui clara ameaça a seus clientes. A preocupação do estrategista deve ser a de se resguardar de condições desfavoráveis que possam ocorrer, como ter de suspender vendas por falta de matéria-prima ou componentes, ou ter de alterar os preços em função de reajustes inesperados.

Os fornecedores de produtos siderúrgicos ou de derivados do petróleo são poucos em cada país, de modo que boa parte de seus clientes é mantida dependente de suas políticas de fornecimento. Fabricantes de carros, motocicletas, eletrodomésticos e equipamentos agrícolas, que dependem dos primeiros, e fabricantes de tintas, produtos de limpeza e de plásticos, que dependem dos segundos, sabem que seus produtos são diretamente dependentes daqueles. Compradores podem buscar substituir seus fornecedores, mas dificilmente tal providência trará resultado a curto prazo, pois, em muitos casos por tratar-se de oligopólio, as políticas entre fornecedores não variam muito.

Ao mesmo tempo, algumas empresas concentram um volume de compras que muitas vezes o poder do fornecedor se equipara ao deste comprador. Esse é tipicamente o caso das grandes montadoras de automóveis.

Determinado SE, que se encontra nas mãos de fornecedores poderosos, não atrai o interesse de novos participantes do mercado, que julgarão eventualmente que o aporte de investimento não será compensado por um retorno interessante, estrangulado pelo poder do fornecedor.

> ! Desenvolver com antecedência uma gama diversificada de fornecedores ou alterar o próprio produto para escapar da restrição imposta pelo fornecedor

O estrategista aqui deve, para tentar evitar o poder do fornecedor, planejar, com antecedência, uma gama diversificada de fornecedores ou alterar o próprio produto para escapar dessa restrição, quando for possível.

**5. Rivalidade entre concorrentes no SE:** neste caso, o estrategista deverá preocupar-se com o nível de atividade dos demais competidores daquele SE. Isso porque as ações desenvolvidas por cada competidor devem proporcionar-lhes uma participação de mercado equivalente a sua atividade, determinando, portanto, quem poderá usufruir de vantagem competitiva. Aqui, para efeito dos ganhos que podem ser obtidos, são consideradas ações atividades promocionais, publicitárias, de inovação, processos diversos, lançamentos etc.

Desse modo, se os concorrentes estão com suas campanhas publicitárias desfraldadas aos quatro ventos, o estrategista deve avaliar quais as consequências que podem advir e, eventualmente, responder com uma atividade que possa fazer com que os consumidores sejam mais atraídos para o seu produto ou serviço. O mesmo vale em relação a possíveis lançamentos de produtos ou versões, incorporação de equipamento mais moderno e com mais recursos, contratação de um especialista em design ou em teste de qualidade e vários outros exemplos.

As condições que devem ser examinadas, por se saber que estimulam mais ou menos a ação rival, envolvem o crescimento previsto do mercado, a viabilidade de reajustes de preço, o nível da margem de lucro, o histórico da concorrência em termos de ações de apoio a produtos ou serviços, dentre os principais.

O estrategista deve em relação a seus rivais idealizar ações que permitam interessar aos consumidores mais do que seus concorrentes, tomando preferivelmente a iniciativa em lugar de responder à ação prévia dos demais.

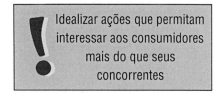

Idealizar ações que permitam interessar aos consumidores mais do que seus concorrentes

## A análise da cadeia de valor

A busca de vantagem competitiva, além de constatar e avaliar a atuação das cinco forças de mercado, leva em consideração as condições de geração de valor pela empresa. É com base nessa capacidade que o modelo irá propor as ações apropriadas em cada estratégia.

A geração de valor pela empresa depende das condições dos elementos de sua cadeia de valor, que envolve suas funções internas e atividades desenvolvidas, que, conforme Porter, se dividem em atividades primárias ou principais e atividades de apoio. As primeiras são aquelas que possibilitam a realização das atividades relativas à estratégia empresarial, enquanto as últimas tornam possível a existência daquelas.

O fornecimento de determinado insumo por um fornecedor pode representar uma fonte de vantagem de custo, se este puder entregar a um valor menor que o mercado, ou pode constituir-se na fonte de uma vantagem de diferenciação, quando oferece algum benefício que outros não conseguem, como uma inovação (um gatilho nas embalagens capaz de borrifar produtos de limpeza quando ainda não havia quem o fabricasse). Os exemplos podem ser estendidos para as demais atividades além de suprimento.

Uma empresa pode aumentar a produção e reduzir o custo devido à escala, em virtude de sua capacidade instalada de produção, ou pode ter instalado equipamento que lhe permite oferecer uma grande variedade de acabamentos. Esses exemplos se referem à infraestrutura da organização.

A configuração, em determinado momento, da cadeia de valores de uma companhia é o resultado de sua história, inclusive das atividades implementadas em função de sua estratégia recente.

A Figura 5.3 foi criada por Porter para representar a *cadeia de valor*:

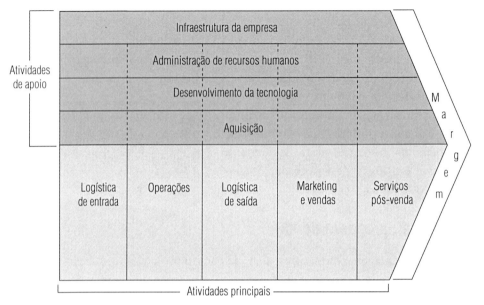

**Figura 5.3** Cadeia de valor.

*Fonte*: PORTER, M. *Vantagem competitiva*. Rio de Janeiro: Campus, 1989.

Essas atividades contribuem para criar uma estrutura de custos e uma base para diferenciação que permitirão equipar uma empresa em sua concorrência no mercado.

Toda empresa é composta de atividades da cadeia de valor, que permitem que seus produtos ou serviços cheguem a ser ofertados no mercado. As outras empresas participantes deste SE também produzem seus produtos ou serviços fazendo uso, cada uma, da sua própria cadeia de valor. Entretanto, as atividades e os recursos envolvidos de um para outro caso podem ser diferentes entre si. São essas condições que vão permitir a uma empresa obter vantagem competitiva, na medida em que possa desenvolver uma cadeia de valor que lhe permita atingir tal condição, resultando na maior margem de lucro do setor.

De acordo com Porter, valor é o montante que os consumidores pagam pela oferta de uma empresa. Uma organização terá desempenho rentável na medida em que o valor obtido por suas atividades ultrapassar seus custos totais.

A seguir, são apresentadas cada uma das atividades da cadeia de valor.

**Atividades de apoio:** Estão divididas em *quatro* categorias, que congregam várias outras atividades. Sua denominação já deixa claro que se trata de atividades que dão suporte a todas as outras da empresa. As atividades de valor variarão entre empresas.

**Aquisição:** Atividades e funções relacionadas com a compra de insumos, que entrarão tanto no processo produtivo de produtos ou serviços, como poderão ser solicitadas por outras atividades primárias e de apoio. Para a realização de aquisições, pode ser necessário o uso de softwares especializados. A área responsável por desenvolvimento de produtos ou a de controle de qualidade pode necessitar tanto de equipamentos como de produtos de consumo para realizar testes de produto.

A atuação estratégica dessa atividade, no sentido de acrescentar valor ao produto ou serviço da empresa, consiste em conseguir com que os insumos agreguem benefícios diversos. Por exemplo, menores custos, inovação tecnológica, maior facilidade de trabalhar tal insumo, maior rendimento, melhor composição com outros insumos, beleza, versatilidade etc. Ou menores custos na matéria-prima utilizada como insumo de produção, inovação tecnológica de partes do produto, como o fornecimento de *air bags* já acondicionados em volantes de carro, ou novas cores de acabamento possibilitando um maior número de opções de consumo. A economia nessas compras ou outras vantagens citadas podem ser uma fonte importante de valor para a organização.

A atuação da função propriamente dita também pode trazer vantagens que agregam valor, porém não tende a ser uma fonte decisiva nesse sentido. É possível reduzir custos de aquisição ou transformar essas funções para torná-las mais ágeis, integradas

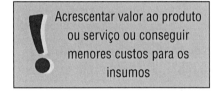
Acrescentar valor ao produto ou serviço ou conseguir menores custos para os insumos

com os fornecedores, mais bem organizadas internamente, entretanto dificilmente serão as principais fontes de valor de uma empresa.

**Tecnologia:** Atividades relacionadas com o desenvolvimento e o emprego de tecnologia em todas as áreas da empresa. Tecnologia não só referente aos produtos ou serviços ou às atividades envolvidas com tecnologia de ponta. Todas as atividades empregam algum tipo de tecnologia que pode ser aprimorada ou substituída por outra mais atualizada, ou de menor custo, ou de melhor rendimento etc. A aquisição de insumos pode requerer a realização de testes químicos, por exemplo, para verificar as características e condições de suas compras. A ouvidoria de uma empresa de telefonia poderia necessitar de um software específico para lidar com o grande número de petições e recursos de clientes que entram com demandas em relação à empresa. A linha de produção de uma montadora é uma das áreas usualmente de maior evolução tecnológica devido ao grande número de operações realizadas, que podem envolver diferentes equipamentos, mas também devido à forma de realizar tais operações, por exemplo, simplificar a montagem da carroceria de um veículo.

Novamente, a atuação estratégica da empresa com essa atividade é no sentido de agregar valor a seu produto ou serviço. Inovações tecnológicas são uma grande fonte de vantagem competitiva, sobretudo no produto ou serviço oferecido. Há numerosos exemplos conhecidos nesse sentido: a introdução do iPod pela Apple revolucionou o mercado de aparelhos telefônicos móveis; outro caso de grande sucesso foi o lançamento do sistema operacional Windows original, que mudou completamente a forma como se utilizavam os computadores.

Portanto, novos conceitos de produto ou serviço, ou novas funções para produtos preexistentes, novos benefícios, características etc. compõem o aperfeiçoamento tecnológico do negócio. A fralda descartável representou um novo conceito para seus consumidores quando comparada com a fralda de pano tradicional.

Novos processos para a realização das atividades, ou novos equipamentos, ou outros recursos também podem resultar de tecnologia aprimorada ou adicionada, quando não há propriamente novidade, e acrescentar valor ao negócio como um todo. Um exemplo simples foi a introdução da fila única e múltiplos atendentes em cinemas, bancos, farmácias, que melhorou o tempo de atendimento.

> **!** Agregar valor ao produto ou serviço por meio de inovação ou aprimoramento tecnológico

**Gestão dos Recursos Humanos**: Atividades e funções que visam tanto prover uma empresa de pessoas mais bem preparadas para assumir os cargos disponíveis como criar condições que permitam às pessoas já integradas na empresa desempenhar as funções inerentes a seus cargos. Essas atividades de apoio refletem sua atuação em toda a cadeia de valor da empresa, uma vez que inclui tarefas como contratação, treinamento, motivação, desenvolvimento e remuneração do pessoal.

Podem acrescentar muito ao valor do produto ou serviço de uma empresa, na medida em que as funções são exercidas por pessoas bem preparadas. Isso implica um processo de contratação com recrutamento e seleção adequados, treinamento e motivação no cotidiano organizacional, além de remuneração condizente. Especialistas em determinadas tecnologias podem acrescentar muito a processos de fabricação, administrativo, mercadológico e outros, além de produtos. A discussão e o treinamento de

> **!** Prover a empresa de pessoas bem preparadas e capazes de trazer valor ao que é produzido

atendentes sobre a melhor forma de responder agilmente e de maneira efetiva a clientes através de *call centers* pode criar uma imagem favorável de uma empresa.

**Infraestrutura da empresa**: Porter inclui aqui variadas atividades que não estão voltadas a dar apoio diretamente a uma ou outra parte da cadeia de valor, mas para a empresa como um todo. Incluem-se planejamento, finanças, contabilidade, gestão das informações, atividades jurídicas, atividades para lidar com questões governamentais, gestão da qualidade. Trata-se de atividades que não influem diretamente na produção, na comercialização e na distribuição do produto ou serviço, entretanto sua realização permite dar continuidade às atividades primárias.

Podem, portanto, contribuir com a cadeia de valor, por meio de uma gestão eficaz e eficiente. Por exemplo, *finanças* pode realizar uma gestão de fluxo de caixa que permita otimizar aquisições de todo tipo; *contabilidade* pode indicar atividades que apresentam maior elevação de custos e necessitem de ajuste de gestão; *gestão das informações* pode permitir que alterações de estoques ou de vendas sejam rapidamente anotadas pela contabilidade, possibilitando um acompanhamento em tempo real; *atividades governamentais* buscam aproximar regulamentos e leis aos interesses da empresa para favorecer seu desempenho; a boa gestão da qualidade pode minimizar a quantidade de reclamações.

**Atividades primárias:** São as responsáveis pela realização propriamente dita do negócio da empresa ao oferecer seu produto ou serviço no mercado. O *modelo da cadeia de valor* divide essas atividades em cinco categorias – logística dirigida para dentro da empresa; operações; logística para o exterior; marketing e vendas; e serviço.

**Logística dirigida para dentro da empresa**: Envolve transporte, recebimento, armazenamento interno e distribuição de insumos para as operações e todas as atividades que requeiram esses materiais, peças, equipamentos etc. Abrange ainda controle de estoques, programação de recebimentos e de distribuição interna e devoluções.

A adição de valor que se obtém da operação dessas atividades está associada à otimização da utilização do tempo, redução de custos e eventuais investimentos, por exemplo, em frota de empilhadeiras ou transportadores suspensos.

> ❗ Otimização da utilização do tempo, redução de custos e de eventuais investimentos envolvidos com essas atividades

**Operações**: Relacionam-se com a produção do produto ou serviço, que em geral envolvem uma sequência de operações que permitem a fabricação e montagem ou a configuração do produto ou serviço final. Quando se trata da produção de produtos, podem fazer parte dessas atividades operações de corte, furação, estampagem, rosqueamento, mistura e várias outras. Quando se trata de serviços, envolvem, por exemplo, preparar os vagões e a rede de transmissão, de modo que o transporte de metrô possa ocorrer; preparar equipamentos e convocar médicos e enfermeiros, para que o serviço hospitalar possa ser oferecido.

A vantagem que pode ser obtida por adição de valor a partir dessas atividades está diretamente ligada ao aumento da inovação, qualidade, beleza, praticidade ou outras características do produto ou serviço oferecido, ou à redução de custos obtida com toda a operação, seja por introdução de tecnologia, redução de desperdício, eficiência na sequência do processo etc.

Um equipamento mais resistente que é o resultado de um processo de fabricação aperfeiçoado pode ser um exemplo desse tipo. Um design mais elegante ou moderno muitas vezes também depende de ferramental de produção avançado. A redução de custos de roupas pode depender de tecnologia de software para aproveitamento de tecido a granel.

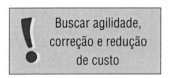
Acrescentar valor ao produto ou serviço, ou reduzir custos com toda a operação, seja por introdução de tecnologia, redução de desperdício, eficiência na sequência do processo etc.

A forma como os concorrentes organizam suas operações pode diferir entre empresas, mas o mais comum é que as diferenças sejam pequenas, uma vez que as organizações tendem a buscar informações pela mídia, ou por meio de fornecedores, ou em encontros setoriais. Por essa razão, se justifica que a empresa valorize aperfeiçoamentos constantes, mesmo que discretos, para incrementar a vantagem competitiva.

**Logística de distribuição**: Atividades relacionadas com a entrega de produtos a compradores, intermediários ou compradores finais, e pode envolver armazenagem de produtos acabados, processamento e programação de pedidos, logística de distribuição, transporte e entrega. A logística de empresas que percorrem grande parte ou praticamente todos os endereços das cidades, como é o caso de produtos vendidos para padarias, mercearias e postos de combustíveis, é geralmente muito complexa, exigindo vários níveis de repasse dos produtos (de depósito central para depósitos locais para serem entregues por meio de transporte porta a porta).

Buscar agilidade, correção e redução de custo

O valor adicionado que o estrategista busca é agilidade, correção e custo. Caso se consiga cumprir esses três elementos, a empresa apresentará tanto a seus intermediários como ao consumidor final uma imagem de segurança, de que é possível contar com ela a qualquer momento.

Também aqui pode haver alguma diferença na gestão dessas atividades pela concorrência e, assim, qualquer inovação pode incrementar a vantagem.

**Marketing e vendas**: Relacionam-se à promoção e venda de produto ou serviço ao cliente. Incluem propaganda, promoção, merchandising, entre outros para promover o produto/serviço aos consumidores; envolvem definição de preços e embalagens, equipe e territórios de venda, canais de distribuição, entre outros para realizar as vendas.

Essas atividades podem acrescer o produto/serviço com valor ao divulgar a marca, as propriedades e características, ao atrair o consumidor para benefícios específicos. Também, uma cobertura de vendas através de canais diferenciados, territórios mais abrangentes, diferentes apresentações e combinações ajudam a aumentar o valor ao consumidor. Essas são vantagens de diferenciação. Se, por outro lado, for possível obter redução de custos de propaganda, promoção, vendas, a empresa estará dando prioridade à liderança de custos.

A concorrência pode realizar de maneira distinta as atividades de marketing e vendas, entretanto, como acompanha as ações das demais empresas, acaba havendo, na prática, uma aproximação, seja por informação da equipe de vendas e promotores, por pesquisa encomendada, pela mídia especializada, pelas associações industriais. A introdução em primeiro lugar de aperfeiçoamentos permite uma dianteira sobre a concorrência.

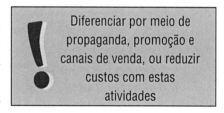
Diferenciar por meio de propaganda, promoção e canais de venda, ou reduzir custos com estas atividades

**Serviços**: Associam-se ao produto ou serviço para dar-lhe apoio ou manter seu adequado desempenho. Incluem-se instalação, assistência técnica, treinamento ao consumidor, fornecimento de peças de reposição. Essas atividades podem ser necessárias no ato da venda de produtos complexos, como, por exemplo, sistemas de vigilância. Organizações conceituadas dificilmente deixarão de fornecer uma estrutura de assistência técnica ou reparos, como no caso de uma empresa de fornecimento de energia ou telefônica.

A vantagem que essas atividades podem proporcionar dá-se quando as empresas atentam em atender as principais demandas ou insatisfações dos consumidores. Dessa forma, o consumidor tende a valorizar aquela organização que oferece o maior prazo de assistência acoplado a um produto ou serviço, por exemplo. Ou, em outro caso, aquela que é ágil em responder aos contatos por insatisfação.

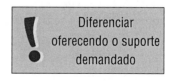
Diferenciar oferecendo o suporte demandado

## A escolha da estratégia genérica

O *modelo da vantagem competitiva* é muitas vezes denominado de *modelo de posicionamento* uma vez que, ao escolher uma das estratégias genéricas sugeridas, a organização estará definindo uma posição em relação a seus concorrentes nos termos de cada uma dessas estratégias.

Uma vez que tenha feito a *análise das cinco forças* atuantes no SE ao qual pertence e também a análise de sua *cadeia de valor*, o estrategista está preparado para definir sua escolha. Esse raciocínio inicia-se identificando a atuação das *forças*: quais os principais aspectos de sua influência, como preços, condições de comercialização e outros, que precisarão ser correspondidos pelas atividades da *cadeia de valor*, que deverão ter em conta tais influências para a decisão de suas ações. Verifica-se, por exemplo, que a atividade promocional é intensa no SE, ou seja, a concorrência recorre a muitas ações de promoção e propaganda, uma possibilidade é avaliar se a empresa pode desenvolver atividades promocionais diferenciadas em relação à concorrência. Entretanto, também é possível que a empresa avalie se poderia reduzir sua estrutura de custos de forma significativa em relação à concorrência praticando uma política calcada em menores preços.

Porter indica que são dois os principais fatores que uma organização pode manobrar em relação à concorrência e que terminam por definir sua vantagem competitiva – baixo custo e diferenciação.

Esses fatores estão diretamente relacionados com a capacidade de uma empresa em lidar com as *5 forças estruturais do SE*, do qual participa e, se o fizer com mais competência que as demais, poderá adquirir vantagem competitiva.

São três os tipos de estratégias genéricas:

1. **Liderança de custo**.
2. **Diferenciação**, ambas (esta a liderança de custo) voltadas para uma gama extensa de segmentos-alvo do SE.
3. **Focalização** (ou, nicho), voltada para um segmento delimitado do SE e onde também se aplicam a diferenciação e o baixo custo.

**Liderança de custo**: Estratégia que somente deve ser assumida pelo fabricante ou fornecedor de mais baixo custo, para que tenha condições de comandar os preços no SE. Caso um produtor de maior custo resolva praticar esta estratégia, ele sofrerá com as ações de seu concorrente de menor custo, que terá maior condição de manobra. Empresas que não têm essa condição não conseguirão disputar com as de mais baixo custo ações que impliquem diminuição da receita, como a redução dos preços de venda.

A possibilidade de conseguir uma estrutura de baixo custo será função da cadeia de valor. São os custos das atividades primárias e das atividades de apoio que irão definir a estrutura final. Operações mais bem organizadas e campanhas de marketing menos custosas poderão contribuir para esse resultado.

Nem sempre é fácil identificar se sua estrutura de custos é a menor do SE. Entretanto, há alguns elementos indicadores como economias de escala, ou seja, uma empresa que consiga produzir em volumes superiores a seus concorrentes, num processo produtivo similar, deverá usufruir de menores custos. Uma maior participação de mercado pode ser responsável por essa diferença. Da mesma maneira, inovações tecnológicas de produção ou produto podem permitir reduções de custo. Acesso preferencial a matérias-primas, peças ou partes, também.

A liderança de custo pode trazer ganhos superiores aos da concorrência mesmo quando a empresa não queira reduzir seu preço de venda. Devido a sua estrutura de custo inferior aos demais competidores, preços semelhantes proporcionarão nesse caso acumulação maior de lucro, permitindo que a organização constitua recursos para crescer mais rapidamente que as demais.

**Diferenciação**: Estratégia de conseguir uma singularidade em relação à competição que seja valorizada pelo consumidor. Essa característica diferenciada pode estar presente no produto/serviço ou em outros aspectos que compõem a oferta, como a distribuição em muitos pontos de venda, a rapidez na entrega, o prazo de duração da garantia, a atenção do SAC.

As opções para diferenciação serão fruto de atividades da cadeia de valor, como, por exemplo, a reputação, o logotipo, as apresentações de um produto, promoções etc. Cada um desses exemplos terá tido a contribuição dos recursos humanos da empresa, das atividades de marketing e outras.

Dificilmente um produto ou serviço no mercado deixará de apresentar mais de um ou até vários itens de singularidade em relação aos seus concorrentes, compondo um quadro complexo de análise quanto aos fatores que mais contribuem para seu desempenho. Nem sempre é fácil identificar os elementos que compõem a lista de itens de singularidade valorizada pelos consumidores. Uma pesquisa de mercado é a melhor forma de fazê-lo. Ainda assim, não é possível cobrir todas as possibilidades, o que deixa no ar certa dúvida quanto aos resultados.

A diferenciação, quando representa uma vantagem competitiva, pode trazer ganhos importantes, na medida em que a empresa pode impor uma política de preços superiores devido a sua vantagem sobre as demais. Vantagens competitivas permitem que produtos ou serviços venham a usufruir de liderança de participação de mercado, o que por si garante uma acumulação de lucro mais rápido do que a concorrência, uma vez que sejam considerados preços assemelhados.

Seja na liderança de custo, seja na diferenciação, a estratégia a ser utilizada deve ser a de *paridade ou proximidade* ao longo da outra dimensão (se liderança de custo, buscar paridade em relação à configuração dos produtos concorrentes;

se diferenciação, buscar aproximação com os preços de mercado) em relação à concorrência para assegurar sua vantagem.

Vale a pena mencionar que não é aconselhável tentar obter liderança de custo e, ao mesmo tempo, diferenciação, pois é difícil manter custos reduzidos para distinguir um produto ou serviço (*stuck in the middle*).

**Focalização**: Estratégia na qual a empresa visa uma limitada seleção de segmentos-alvo, podendo adotar tanto opção de liderança de custo como de diferenciação. São geralmente casos de baixos volumes, os quais as maiores companhias preferem não atender, por implicar fragmentação de sua produção, logística, suprimentos etc. caracteristicamente de larga escala, envolvendo preparação frequente de equipamentos (*setups*), algo que ficou mais facilitado com a introdução do método *just-in-time*.

Os segmentos limitados referem-se normalmente a compradores com necessidades incomuns. É o caso de vários produtos de (alto) luxo, ou de produtos (equipamentos, por exemplo) voltados para profissionais especializados (como os arquitetos), ou para grupos de usuários fora dos padrões (tamanhos grandes ou pequenos, por exemplo).

Também é o caso, muitas vezes, de produtos com conceitos inovadores que ainda não foram aprovados pelo grande público. Em geral, quando uma empresa lança um produto com o qual os consumidores ainda não estão acostumados, sua adoção se faz lentamente.

Na maior parte dos casos, a estratégia consiste em cobrar margens de lucro elevadas, porém nem sempre isso é possível, quando, por exemplo, existe a concorrência de produtos substitutos. As organizações costumam então combinar um leque de produtos ou serviços que adotam estratégias de focalização, tentando obter um resultado ampliado. Outra possibilidade é incluir o produto ou serviço no portfólio, cujos mercados sejam amplos e que adotem estratégias genéricas.

Deve-se chamar a atenção em relação a todas as estratégias genéricas para o fato de que a manutenção da vantagem competitiva é uma tarefa árdua, pois a concorrência busca a todo custo identificar os itens que permitem tal vantagem concorrencial e tendem a imitar ou buscar soluções mais engenhosas.

Mudanças na estrutura do SE podem afetar o equilíbrio relativo entre as estratégias genéricas de um setor como, por exemplo, mudanças tecnológicas no produto ou no processo de produção.

Diferentes estratégias implicam culturas e estruturas organizacionais distintas. A liderança de custo tende a privilegiar sistemas de controle rígidos, minimização das despesas indiretas, economias de escala, apego à curva da aprendizagem. A diferenciação tende para a inovação, a individualidade e capacidade de assumir riscos.

## Críticas ao modelo

Vários autores escreveram a respeito do *modelo da vantagem competitiva*, também denominado *modelo de posicionamento*, em relação ao qual há também diferentes críticas.

### Capacidade de controlar todos os elementos do modelo

Aktouf[4] critica o modelo quanto à sua operacionalidade, "uma pretensão declarada à capacidade de controlar o ambiente, os concorrentes, o Estado, o futuro, as incertezas, através do uso de meios puramente positivistas, promovidos ao status de infalibilidade". Knights e Morgan[5] incluem o modelo de Porter junto com outros em sua crítica, que acreditam ser possível indicar às empresas uma direção estratégica sólida de como gerenciar negócios complexos a partir de um conjunto de técnicas racionais, para lidar com um ambiente em mutação, que inclui turbulência econômica e política. Whittington[6] afirma que a abordagem das cinco forças é clássica em estratégia.

> O potencial para lucrar poderia ser calculado de acordo com critérios objetivos. O mundo era suficientemente estável para a indústria do presente prever a do futuro. A estratégia consistia em identificar posições favoráveis no campo de batalha dos negócios e simplesmente mover os ativos por controle remoto.

### Abordagem do meio ambiente *versus* fatores específicos da empresa

Tsoukas e Knudsen[7] comentam dentre as *desiderata* (desejos que não se realizam) do modelo porteriano, a de que este fosse capaz de lidar simultaneamente com a firma e seu meio ambiente. Em relação a esse item, os autores dizem que a vantagem competitiva pode ser explicada pela habilidade da empresa em explorar as oportunidades e ameaças no seu setor econômico, em vez de dar início ao reforço de suas forças e minimizar suas fraquezas como na visão baseada em recursos, o que sugere que o modelo tem problemas para atender esse ponto. Whittington[8], por outro lado, menciona o estudo de Rumelt[9], que concluiu que a análise do SE não importa muito, porque os fatores relativos a este podiam explicar apenas de 9% a 16% das variações de lucro das empresas, sendo que a maior percentagem de variação seria explicada por fatores específicos da empresa.

### Ausência do consumidor

O modelo pode também ser criticado por não realizar análise dos consumidores como uma força do setor econômico que pode, como as demais, influenciar decisivamente o destino de cada empresa. Os consumidores somente são considerados à medida que se avaliam as diferentes estratégias das organizações para agregar valor a seu produto ou serviço. Em princípio, mudanças de gosto ou de necessidades não são em tese percebidas pelo modelo.

### Novos conceitos de produtos ou serviços

Outro aspecto a ressaltar é justamente a falta de perspectiva do modelo além do produto ou serviço analisado, ou seja, novos conceitos de produto ou serviço e variedades mais bem adaptadas não entram nesse cômputo, pois o modelo reflete a preocupação de obter um posicionamento mais competitivo entre produtos ou serviços já existentes.

Aktouf[4] critica o conceito da vantagem competitiva identificando-o com um dogma instituído, como um molde generalizado para o mundo inteiro. O autor critica que o modelo não toma em consideração as condições de mercado; o modelo se anuncia o mesmo independentemente de haver expansão ou retração do mercado. Critica também que o *edifício porteriano* é inteiramente construído sobre o postulado da existência da concorrência de mercado. Menciona ainda a omissão da necessidade de "intervenção dos meios detentores do poder [...] que deixa supor que os jogos competitivos poderiam dar-se em um mundo tão neutro quanto igualitário e cientificamente objetivo". E, continua: "se as empresas aplicassem efetivamente os princípios das vantagens competitivas e estivessem obtendo sucesso, mais ninguém poderia pretender recorrer a tais vantagens; a teoria chegaria a uma auto-destruição em decorrência de sua generalização".

### Questionário para o modelo da vantagem competitiva de Porter

A seguir, encontra-se um questionário sugerido para avaliar as variáveis que entram na análise do modelo e a prática de estratégias competitivas pelas empresas.

Para cada afirmação dos itens das *forças*, deve-se atribuir as seguintes notas:

- A afirmação é completamente incorreta, 1.
- A afirmação é incorreta, mas pode ser verdadeira em certas condições, 2.
- A afirmação é correta, mas pode não ser verdadeira em certas condições, 3.
- A afirmação é absolutamente correta, 4.

Se a afirmação não se aplicar ao setor, opte por 1.
A intensidade da força é considerada:

- **Baixa** quando estiver na média entre 0 e 1,3.
- **Média** entre 1,4 e 2,6.
- **Alta** entre 2,7 e 4,0.

A média da soma das notas de cada questão deve ser calculada para torná-las comparáveis.

**Força 1 – Possibilidade de entrada de concorrentes**
A. É possível ser pequeno para entrar no negócio.
B. Os produtos desse mercado não são marcas reconhecidas.
C. O mercado requer baixo investimento em infraestrutura.
D. Requer baixo investimento em divulgação.
E. Os clientes terão altos custos para trocarem seus atuais fornecedores.
F. Tecnologia dos concorrentes não é patenteada.
G. Não é necessário investimento em pesquisa.
H. Não há exigências do governo que beneficiem empresas existentes ou limitam a entrada de novas empresas.
I. Empresas estabelecidas têm baixos custos.
J. Preços praticados são elevados com altas margens de lucro.
K. É improvável uma guerra com os novos concorrentes.
L. O mercado não está saturado.
**Total/média**

**Força 2 – Rivalidade entre as empresas do ramo**
A. Existe pequeno número de concorrentes, com relativo equilíbrio em termos de tamanho e recursos.
B. O setor em que o negócio se situa mostra alto crescimento.
C. Custos fixos baixos.
D. Disputa de preços entre os concorrentes não é acirrada.
E. Não há diferenciação entre os produtos/serviços comercializados pelos concorrentes.
F. É pouco dispendioso para as empresas já estabelecidas saírem do negócio.
G. O investimento em campanhas publicitárias ou promocionais é reduzido.
H. O investimento em pesquisa de produto é reduzido.
**Total/média**

**Força 3 – Ameaça de produtos substitutos**
A. Não existe uma grande quantidade de produtos que podem ser adquiridos como alternativa aos produtos do mercado em questão.
B. Produtos substitutos têm custos mais elevados que os das empresas existentes no negócio.
C. Produtos substitutos apresentam preços superiores aos dos produtos desse mercado.
D. Produtos alternativos utilizam menor publicidade para promover sua imagem do que os produtos do mercado.
E. Setor de atuação dos produtos substitutos está em retração ou estanque.
**Total/média**

Força 4 – Poder de negociação dos compradores
A. Não há grandes clientes que compram grandes quantidades e fazem forte pressão por preços menores.
B. Grandes clientes têm custos adicionais significativos se mudarem de fornecedores.
C. Não há ameaça dos grandes clientes virem a produzir os produtos/serviços adquiridos no setor.
D. Produto/serviço vendido pela empresa existente não é essencial no portfólio de produtos dos grandes compradores.
E. Grandes clientes não são muito bem informados sobre preços e custos do setor.
F. Grandes clientes trabalham com margens de lucro achatadas quanto a esse produto.
**Total/média**

Força 5 – Poder de negociação dos fornecedores
A. Há um amplo fornecimento de insumos e serviços necessários nesse setor.
B. Produtos/serviços adquiridos pelas empresas existentes são facilmente substituídos por outros.
C. Não há ameaça de suspensão de fornecimento ou de imposição de cotas.
D. Materiais/serviços adquiridos dos fornecedores não são importantes para a fabricação e outras atividades neste negócio.
E. Os custos para se mudar de fornecedor não são significativos.
F. Não há nenhum perigo de os fornecedores entrarem no negócio do setor.
**Total/média**

Cadeia de valor

As seguintes atividades são as responsáveis pelas principais ações estratégicas dos produtos assegurando sua vantagem competitiva em termos de redução de custos ou diferenciação em relação à concorrência. Indique a importância das atividades estratégicas ordenando de 1 (maior) a 9 (menor), com os respectivos comentários acerca de detalhes que possam melhor esclarecer sua implementação.

| Anotar as principais | Importância | Principais ações |
|---|---|---|
| Logística para obtenção de insumos | | |
| Logística na distribuição | | |
| Produção | | |
| Marketing e Vendas | | |
| Serviços (pré ou pós-venda) | | |
| Suprimento | | |
| Tecnologia | | |
| Recursos Humanos | | |
| Demais áreas de gestão | | |

## Estratégias genéricas

| A estratégia adotada por seus produtos é baseada: | Indicar emprego dos itens da cadeia de valor (de 1 a 9): |
|---|---|
| A) Na liderança de custos (a estrutura de custos inferior à concorrência permite trabalhar com preços inferiores ou com margens maiores do que estes). | |
| B) Em diferenciação (o produto apresenta diferenciais em relação à concorrência, seja no produto em si, seja na embalagem, marca, na propaganda, na distribuição ou outros aspectos). | |
| C) Em nicho (ou seja, trata-se de um segmento reduzido de mercado, em que se praticam em geral preços elevados). | |

A análise dos questionários deverá buscar associar, a partir da estratégia declarada, se as atividades da cadeia de valor descritas são capazes de configurar seja uma estratégia de liderança de custo, seja diferenciação, seja focalização. É também com base na cadeia de valor que será possível dizer se essas atividades seriam capazes de suprir as forças atuantes no SE.

## Questões de revisão

1. Que análises são necessárias para que seja possível indicar uma estratégia competitiva segundo este modelo?
2. No que consiste a análise das *cinco forças* atuantes sobre um Setor Econômico? Que indicações poderá trazer a um analista?
3. No que consiste a análise da *cadeia de valor* de uma empresa? Que indicações poderá trazer a um analista?
4. Quais as estratégias previstas pelo modelo para que uma empresa possa atingir vantagem competitiva em seu setor econômico? No que consistem?
5. Apresente o exemplo de uma estratégia praticada por alguma empresa no mercado, classifique-a segundo o modelo de Porter e explique por quê.
6. Liste e explique algumas críticas feitas ao modelo.

## Estudo de caso

### A Indústria de cereais – Aplicação do Modelo de Porter[1]

A seguir é apresentado o caso da indústria (SE) de cereais, cujas características permitirão, na parte subsequente desta seção, fazer sua análise tal como recomenda o modelo de Porter.

O mercado de cereais foi dominado desde o início por quatro grandes companhias, capazes no passado de aportar continuamente elevadas verbas de marketing, especialmente em promoções, construindo uma barreira de entrada para empresas menores. Serão denominadas de Cereais K, G, P e Q.

O esforço promocional neste mercado, que atua em complemento às campanhas de propaganda, é o cupom de desconto, que dá direito ao consumidor de obter um desconto no preço do produto adquirido. A promoção permitiu às empresas, por vários anos, praticarem preços *premium*, na medida em que ofereciam àqueles consumidores que se dispunham a buscar os cupons a oportunidade de pagarem menos.

Essas empresas inundaram o mercado, ao longo dos anos, com diferentes marcas de cereais e realizaram elevados lucros com altas margens. Tal política chegou a ser criticada quando, em torno de 1983, as marcas de cereais elevaram seus preços a taxas maiores que o dobro de outros produtos alimentícios, e suas margens de lucro também eram aproximadamente o dobro do restante do SE de alimentação.

Essas marcas são segmentadas para crianças, adolescentes, adultos (pais) e pessoas com estilo de vida saudável. A estratégia de proliferação de produtos, para formar uma ampla linha de produtos, busca satisfazer quaisquer desejos dos consumidores. Há cerca de 75 marcas no mercado, atualmente. E, apesar disso, algumas continuam tentando trazer novidades para os consumidores, como, por exemplo, os cereais com cobertura de chocolate, comercializado por duas delas.

Os consumidores, nos últimos anos, começaram a evitar os produtos de marca, cujos preços eram elevados, aproveitando-se de uma oferta crescente de produtos genéricos e de marcas próprias de supermercadistas e atacadistas, cujos valores foram posicionados significativamente abaixo daqueles, e que apresentavam características de qualidade e sabor bastante próximas.

As quatro empresas conscientizaram-se desse tipo de ameaça e começaram a buscar soluções em termos de política de preço, razão principal para sua perda de participação de mercado (os Cereais K tiveram sua participação diminuída de 41% para 33%). Isso acabou resultando em uma guerra de preços, a partir do momento que a Cereais G tomou a decisão de cortar preços. A Cereais P tomou a dianteira e cortou em média 20% de suas diferentes marcas e passou a oferecer ainda desconto de cupons, que serviam para todos seus produtos. No entanto, esse tipo de medida não tem necessariamente reflexo imediato no mercado, uma vez que cabe aos varejistas decidirem se querem e devem repassar tal desconto aos preços de prateleira.

Outra característica que parece estar mudando nesse mercado é que os consumidores estão deixando de lado o café da manhã, devido a um estilo de vida em que se tem menos tempo para sentar à mesa pela manhã. Os novos hábitos parecem também estar retirando consumidores desse tipo de produtos.

A fim de se adaptar às reduções de preço, a indústria (SE) buscou onde realizar reduções de custo, com o objetivo de tornar menos pesada a redução da margem de lucro. Dentre as atividades que deverão ser reduzidas estão as relacionadas ao marketing, especificamente propaganda e promoção. A Cereais P, por exemplo, já adotou o *cupom universal* válido para qualquer uma de suas marcas. A Cereais K tomou recentemente a medida de reduzir em um décimo sua força de trabalho para reduzir custos.

A Cereais K retomou recentemente a ênfase no desenvolvimento de produtos, algo que um novo presidente denominou de "motor dos lucros", mas que parecia estagnado na empresa. Basta ver que o produto-chefe da companhia tem hoje mais de 50 anos de existência. E foi apenas há poucos anos que a companhia lançou sua barra de cereal Nutrigrano.

A atual diretora de pesquisa e desenvolvimento da organização afirma que, durante muito tempo, os lançamentos eram "território exclusivo dos marqueteiros". Agora a empresa aposta em uma nova estratégia: incentivar a livre criatividade na *cozinha*. Lá, os funcionários passam o dia cozinhando, comendo e comparando notas. Os escritórios ficam a apenas alguns passos das cinco cozinhas do centro de pesquisas. Em um espaçoso laboratório de alimentos, os nutricionistas fermentam novas ideias, enquanto uma fábrica piloto testa as novas fórmulas de cereais e lanches.

Ela acredita que a "criatividade é um produto da diversidade". Por isso gosta de recrutar pesquisadores com currículos extravagantes. Gente como um engenheiro químico que estudou música na faculdade, por exemplo. Esses especialistas usam 15% de seu tempo em ideias próprias e recebem até uma verba para trabalhar de forma independente com fornecedores externos. Os resultados têm sido espetaculares. Este ano, em apenas um mês, a equipe de desenvolvimento gerou 65 ideias para novos produtos e 94 projetos para embalagens.

Ainda, numa nova maneira de realizar lançamentos, a responsabilidade agora é compartilhada por equipes multifuncionais, reunindo pesquisadores de mercado e engenheiros em tecnologia de alimentos. E pensa em fabricar alimentos mais saborosos, saudáveis e de fácil preparo.

**Alguns comentários a respeito do caso e da análise da companhia de Cereais K**

A utilização do questionário proposto neste capítulo para analisar o caso do SE de cereais matinais deve contemplar primeiro o exame das cinco forças do setor: a primeira – a possibilidade da entrada de novos concorrentes no SE, por exemplo, pergunta no item A – é possível ser pequeno para entrar no negócio? O próprio texto fala em grandes empresas com grandes orçamentos de propaganda; quem entrar utilizando a estratégia de marcas *premium* precisa ter condições de investir em propaganda. Porém, na pergunta E – os clientes terão altos custos para trocar de fornecedor? E, aqui, a resposta é não, o que abre a possibilidade e justifica a entrada dos genéricos e marcas próprias.

Na análise da cadeia de valor, o texto aborda a diminuição de pessoal, de um lado, e o desenvolvimento de produtos, de outro. O primeiro equivale a dar prioridade a uma atividade do item Recursos Humanos e o segundo, ao item Tecnologia, ou seja, atividades de desenvolvimento tecnológico.

Chegando ao item da estratégia adotada, trata-se basicamente de diferenciação, uma vez que a Cereais K não busca atingir a menor estrutura de custos dentre os concorrentes. A pergunta que deve ser feita agora é se a proposta de redução de pessoal e lançamento de produtos responde ao desafio do mercado.

Há nessa situação dois desafios descritos: o da chegada de marcas mais baratas, e o da mudança de comportamento do consumidor, o que sugere a necessidade de outros produtos, que podem estar sendo satisfeitos por produtos substitutos.

A pergunta somente poderá ser respondida com segurança caso se saiba se a nova política de preços para as marcas de cereais é competitiva com os concorrentes mais baratos. Por outro lado, a segunda estratégia de lançar novos produtos só poderá ser considerada razoável se produzir produtos que o consumidor possa consumir no seu deslocamento para o trabalho ou em um café da manhã rápido.

**Perguntas**

1. Responda e justifique os itens do questionário fornecido neste capítulo.
2. Qual a força mais relevante em atuação nesta indústria de acordo com a descrição do caso?
3. Dê um exemplo de situação em que o poder do comprador seja destaque nesta indústria.
4. Que outras atividades da cadeia de valor a Cereais K poderia utilizar? Explique.
5. Fazendo uso da estratégia de diferenciação para a Cereais K, sugira outras alternativas. Diga como respondem às forças do SE.

[1] Apostando na novidade. *Fortune Americas*, 3 jul. 1999. Topher's breakfast cereal character guide: analysis of the cereal industry. Disponível em: <http://www.lavasurfer.com/cereal-analysis2.html>. Acesso em: 12 nov. 2011.

# Referências

[1] PORTER, M. *Vantagem competitiva*. Rio de Janeiro: Campus, 1989.

[2] ANSOFF, H. I. *Corporate Strategy*. Nova York: McGraw-Hill, 1965.

[3] ANDREWS, K. R. *The Concept of Corporate Strategy*. Homewood, IL: Irwin, 1971.

[4] AKTOUF, O. Governança e pensamento estratégico: uma crítica a Michael Porter. *RAE-Revista de Administração de Empresas*, v. 42, n. 3, p. 43-53, jul./set. 2002.

[5] KNIGHTS, D.; MORGAN, G. Corporate Strategy, Organizations, and Subjectivity: a Critique. *Organization Studies*, v. 12, n. 2, p.251-273, 1991.

[6] WHITTINGTON, R. *O que é estratégia*. São Paulo: Pioneira Thomson Learning, 2002.

[7] TSOUKAS, H.; KNUDSEN, C. The Conduct of Strategy Research. In: PETTIGREW, H. T.; WHITTINGTON, R. (Eds.). *Handbook of Strategy and Management*. Londres: Sage, 2002.

[8] WHITTINGTON, R., op. cit.

[9] RUMELT, R. How Much Does Industry Matter? *Strategic Management Journal*, v. 12, n. 3, p. 167-185, 1996.

## Capítulo 6

## Visão baseada em recursos (RBV) e competências essenciais

- A visão baseada em recursos (RBV) e competências essenciais
- Conceitos de ativos tangíveis e intangíveis, recursos e capacitações
- O modelo VRIO
- Competências essenciais

## Visão baseda em recursos (RBV) e competências essenciais

Este capítulo discorre sobre os conceitos fundamentais e os elementos que compõem duas abordagens estratégicas relacionadas: a visão baseada em recursos e as competências essenciais das empresas. As duas abordagens são descritas e suas perspectivas relativas aos ativos tangíveis e intangíveis das organizações são relacionadas, potencializando o ferramental para análise estratégica interna.

### Contexto da visão baseada em recursos (RBV)

A visão baseada em recursos (que será referida neste capítulo como RBV, sigla em inglês de *resource-based view*) é uma vertente de análise estratégica para alcançar vantagens competitivas sustentáveis com base nos recursos internos que as empresas possuem. Ficou conhecida como uma reação à elaboração de estratégias visando vantagens competitivas com maior ênfase no ambiente externo à empresa.

Os modelos de obtenção de vantagem competitiva, com base em análise externa, condicionam o resultado da empresa a seu posicionamento no mercado, como os modelos Estrutura Conduta Desempenho (E-C-D)[1] e das cinco forças de Porter[2] exemplificam. Tais abordagens trazem implícitas duas suposições básicas: a primeira é a de que as empresas que compõem determinado setor são equivalentes quanto aos recursos que empregam nas estratégias que adotam; e a segunda afirma que qualquer característica distintiva que surja em uma empresa terá vida curta, pois poderá ser adquirida ou desenvolvida internamente pela concorrência. Essas ideias predominaram no pensamento estratégico durante os anos 1980.

A partir dos anos 1990, alguns autores procuraram resgatar a ênfase na análise interna afirmando que, na realidade, vantagens competitivas sustentáveis se baseiam em diferenças internas entre as empresas de um dado setor. Essa postura encontra respaldo em duas suposições opostas às anteriores: a de que empresas de um mesmo setor podem controlar individualmente recursos estratégicos diferenciados; e também que tais recursos não são facilmente imitáveis, bem como não estão disponíveis como objeto de compra. Decorre dessas suposições que o ambiente externo é o mesmo para todas as empresas de um setor e a vantagem competitiva reside nas diferenças internas entre elas. Entende-se que é inviável aproveitar oportunidades externas sem o conhecimento dos recursos necessários para explorá-las.

No ano de 1991, Jay Barney[3] apresentou um artigo que sistematiza conhecimentos sobre recursos e capacitações das empresas, que foram iniciados por volta de 1937 e desenvolvidos posteriormente no clássico trabalho de Edith Penrose, intitulado *The theory of the growth of the firm*.[4] O trabalho de Birger Wenerfelt em 1984[5] adicionou importantes contribuições e se referiu explicitamente à visão baseada em recursos da empresa.

Barney afirmou em seu artigo de 1991 que, embora desde os anos 1960 a análise SWOT (das forças e fraquezas internas e de oportunidades e ameaças ambientais) tenha recebido atenção na literatura de estratégia, a partir de 1980 o foco da análise estratégica passou a ser predominantemente externo. A partir daí, a RBV passou a ser divulgada como uma teoria que desloca o foco das análises estratégicas para o interior das empresas, no sentido de identificar e utilizar as qualidades e capacitações únicas de cada empresa – referidas como recursos – para a obtenção de vantagens competitivas sustentáveis.

Apesar de ter recebido diversas críticas devido à forte ênfase nos recursos internos, entre outras questões,[6] a RBV sobreviveu, evoluiu e atualmente é considerada uma opção de análise estratégica bastante consistente que visa alcançar vantagens competitivas sustentáveis com base em recursos e capacitações únicos de uma empresa.

Considera-se inclusive que o próprio Barney entende que a RBV se revelou, como uma perspectiva analítica dos recursos e capacitações internas das empresas, de importância fundamental para a obtenção de vantagens competitivas, mas deve ser empregada em consonância com uma análise externa adequada, conforme os preceitos atuais do planejamento e da administração estratégica. Nota-se essa postura no livro sobre administração estratégica do qual é coautor,[7] em que cada parte do processo estratégico, segundo quatro critérios: **v**alor, **r**aridade, **i**mitação e **o**rganização (VRIO), é um dos requisitos básicos da RBV.

Nesta e nas próximas páginas, são discutidos inicialmente os conceitos de recursos, capacitações, ativos tangíveis e intangíveis, além dos elementos que compõem o sistema VRIO. Em seguida são examinadas a relação dessa abordagem com as competências essenciais que uma empresa pode desenvolver e as correspondentes armadilhas a serem evitadas.

## A visão baseada em recursos

Conforme esboçado, a RBV é uma abordagem estratégica centrada nos recursos e nas capacitações internas de cada empresa. A lógica que a fundamenta é a de que o desempenho de uma companhia – considerado como obtenção e manutenção de vantagens competitivas – pode ser realizado pelo modo como cada uma administra seus recursos únicos e estratégicos. Para entender essa abordagem, é necessário inicialmente explicar seus principais conceitos, pois, além de terem uso corrente na linguagem coloquial, são empregados por várias áreas do conhecimento com um sentido próprio.

## Conceitos de ativos tangíveis e intangíves, recursos e capacitações

No âmbito da RBV, recursos são os ativos que as empresas possuem, utilizados para elaborar e implementar estratégias e podem ser de dois tipos principais: tangíveis e intangíveis. Exemplos de recursos como ativos tangíveis são os produtos de uma empresa, seus equipamentos e instalações. Ativos intangíveis englobam recursos como a reputação da empresa na sociedade, um sistema de treinamento interno, o nível de conhecimento técnico acumulado, entre outros. A Petrobras, empresa brasileira de capital predominantemente estatal, exemplifica bem os tipos de recursos mencionados, tanto os relativos a instalações físicas e produtos como os de reputação e conhecimento.[8]

Já as capacitações constituem um subconjunto dos recursos de uma empresa, podem ser tangíveis ou intangíveis, mas devem permitir o aproveitamento total de outros recursos que ela controla. Desse modo, as capacitações sozinhas não permitem que uma empresa elabore e implemente suas estratégias, mas possibilitam recorrer a outros recursos para elaborá-las e implementá-las. Exemplos de capacitações são as competências dos gerentes, seu trabalho em equipe e a cooperação entre as gerências. Um dos motivos do porte e do sucesso da Petrobras são competências de gerentes envolvidos em atividades diversas, porém correlacionadas, que permitem gerir com sucesso todas as operações.

Os recursos e as capacitações de uma empresa podem ser subdivididos em quatro amplas categorias: recursos físicos, financeiros, humanos e organizacionais.

Os físicos envolvem as unidades produtivas e os equipamentos, sua localização geográfica e seu acesso à matéria-prima. O nível de automação das unidades produtivas de empresas industriais e a utilização de tecnologia da informação e robôs podem ser importantes fontes de economia na fabricação dos respectivos produtos. A localização geográfica é um tipo de recurso físico importante para empresas de varejo, como Pão de Açúcar e Carrefour, que afeta as estratégias de abastecimento, de distribuição e de preço de suas mercadorias.

Recursos financeiros se referem a todo dinheiro, proveniente de fontes variadas (acionistas, credores, bancos, investimentos, lucros retidos em exercícios anteriores), que as empresas empregam para elaborar e implementar suas estratégias. Uma composição adequada e equilibrada desses recursos – considerando liquidez, níveis de endividamento e retornos previstos, entre outros pontos – contribui de modo importante para alcançar as metas de crescimento e lucratividade.

Recursos humanos são os atributos e as qualidades dos profissionais, como por exemplo, a inteligência, os relacionamentos, os juízos de valor que fazem e o treinamento a que são submetidos. Devem ser ressaltadas também a experiência, a personalidade e a visão individual de funcionários, gerentes e empreendedores. A importância de empreendedores famosos, como Bill Gates da Microsoft ou do comandante Rolim em sua época na TAM, é bastante conhecida. Não se deve deixar de mencionar os empreendedores internos e as equipes de trabalho em empresas de projetos tecnológicos e de vários outros ramos de negócio. Embora relativamente anônimos para o grande público, os recursos humanos, individualmente e em conjunto, podem ser importantes fontes de ganho para as empresas.

E, por fim, os recursos organizacionais constituem atributos de grupos de pessoas e de organizações atuando como uma unidade, ao passo que os recursos humanos constituem atributos individuais. Alguns tipos de recursos organizacionais são a estrutura formal e hierárquica, seus sistemas formais e informais de planejamento, coordenação e controle, suas definições estratégicas (missão, visão e valores), sua cultura e reputação e também as relações informais entre grupos dentro da empresa e as interações dela com outras instituições de seu ambiente de negócios. Como exemplos, podem ser mencionados, para empresas grandes, os *stakeholders* – grupos de influência como acionistas, clientes, funcionários, fornecedores etc. – interessados no desempenho superior de grandes empresas. E quanto a empresas pequenas, já não são poucos os exemplos no Brasil, daquelas que atuam em conjunto, visando ganhar escala e competitividade perante a concorrência. Esse é o caso dos *clusters* calçadistas nas cidades paulistas de Birigui, Jaú e Franca, que produzem e vendem calçados nacional e internacionalmente.[9] Na região sul do país, diversas redes viabilizam a competitividade de pequenas empresas, como, por exemplo, a Affemaq que fornece máquinas e ferramentas para o setor moveleiro e a Redemac de revenda de materiais de construção.[10]

O entendimento da natureza dos recursos das empresas como ativos tangíveis e intangíveis e suas relações com as capacitações, vistos neste tópico, são fundamentais para a compreensão do cerne da RBV: o modelo VRIO, examinado a seguir.

## O modelo VRIO

A RBV se apoia em duas suposições básicas sobre o modo como as empresas lidam com seus recursos e capacitações, já delineadas no início deste capítulo. Em conjunto, mostram como algumas companhias permanecem à frente das concorrentes ao longo do tempo, gerando, dessa forma, vantagens competitivas sustentáveis. Essas suposições também constituem a base do modelo VRIO, que operacionaliza e dá sentido à RBV.

A primeira suposição admite que empresas diferentes que competem no mesmo setor podem possuir conjuntos diferentes de recursos e capacitações. Essa é a suposição da *heterogeneidade* de recursos e indica que algumas empresas podem ser mais competentes que as concorrentes. A segunda suposição considera que algumas diferenças de recursos e capacitações entre empresas podem ser duradouras. Isso se dá porque as companhias que não possuem determinados recursos e capacitações teriam de gastar muito para comprá-los ou então desenvolvê-los internamente. Essa suposição se refere à *imobilidade* dos recursos, ou seja, eles devem permanecer em apenas uma empresa, a longo prazo.

Um exemplo que ilustra as duas suposições é a marca das motocicletas Harley--Davidson (HD).[11] A HD existe desde o início do século XX e evoluiu acompanhando diversos eventos sociais e históricos nos Estados Unidos, incluindo as duas Guerras Mundiais, nas quais as motos tiveram papel de destaque. Mas foi nos anos 1950 que esse ativo intangível se consolidou, adquirindo força e solidez que mantém até hoje. A marca HD simboliza um estilo de vida voltado à liberdade de confinamento e de convenções sociais e identifica seus usuários no mundo todo como possuidores de uma joia rara. Durante certos períodos, a Harley-Davidson Motor Company padeceu de problemas financeiros e produtos que saíam de fábrica com defeitos. Entretanto, a força da marca permitiu que houvesse estabilidade nas vendas sem alterações de preço. Esse exemplo revela um recurso heterogêneo (desenvolvido apenas na fabricante das motos) e imóvel (que perdura ao longo do tempo).

O exemplo anterior, exatamente por incorporar em si as duas suposições fundamentais da RBV, traz também as características do modelo VRIO, seu principal conjunto de ferramentas, pois a marca HD é: de alto valor, rara, difícil de ser imitada e duradoura. Essas ferramentas permitem identificar os pontos fortes e fracos das empresas, pois dizem respeito a quatro atributos a serem analisados para verificar o potencial competitivo dos recursos e capacitações. São eles o valor, a raridade, a imitabilidade e a organização.

A Figura 6.1 ilustra o sistema básico da RBV, iniciando pelas suposições de heterogeneidade e imobilidade no primeiro retângulo; no segundo retângulo está esquematizado o sistema VRIO, que é descrito na sequência; e por fim, os resultados alcançados, que são vantagens competitivas sustentáveis.

**Figura 6.1** Esquema básico da RBV.
*Fonte:* Adaptado de BARNEY, J. Firm Resources And Competitive Advantage. *Journal of Management*, v. 17, n. 1, p. 112, 1991.

**Valor.** O primeiro requisito para que recursos e capacitações possam gerar vantagem competitiva é que sua combinação forneça valor, em termos de se aproveitar oportunidades ou evitar ameaças do ambiente externo. Apenas com essa condição satisfeita, os recursos considerados são valiosos. Nenhum recurso ou capacitação é valioso por si mesmo, ao contrário, é dependente do contexto.

Nem sempre é simples ou rápido identificar se recursos e capacitações de uma empresa são valiosos, ou seja, se permitem o aproveitamento de oportunidades ou evitam ameaças do ambiente externo. Podem ser necessárias informações operacionais detalhadas que demoram em serem processadas. Um modo de identificar o impacto positivo ou negativo de recursos e capacitações é examinar os custos e as receitas líquidos em que estão envolvidos. Se sua utilização resultar em aumento de receita líquida, redução de custos, ou ambas as coisas em comparação com uma situação em que eles não são utilizados, têm-se recursos e capacitações valiosos.

A dinâmica de aumento de receitas e redução de custos, em decorrência da utilização de determinados recursos e capacitações, tem sido positiva para muitas empresas, mas não para todas. Exemplos de sucesso envolvendo fusões e aquisições são a ABInbev, maior fabricante de cervejas do mundo, que surgiu em 2008 quando a Inbev (oriunda de fusões anteriores de empresas brasileiras – como Brahma e Antarctica – e belgas) adquiriu a americana Anheuser-Busch. No setor telefônico, em 2002 a Oi era o braço de telefonia móvel da Telemar, criada na privatização do sistema Telebras; Telemar e Oi atuaram como marcas distintas do mesmo grupo até 2007, quando a Oi passou a ser a marca única. Em 2009, a Oi comprou a Brasil Telecom, o que lhe permitiu atuar em todo o território nacional; e, em 2010, selou uma aliança com a Portugal Telecom, o que a tornou uma empresa global.[12] Entretanto, há casos de insucesso também, como a fusão entre AOL e Time-Warner que tinha pretensões de ser uma empresa de entretenimento e mídia grande e inovadora, cujos prejuízos levaram ao fim da fusão em 2009.[13]

Outra maneira de identificar recursos e capacitações valiosos que podem ser explorados pelas empresas é analisar sua cadeia produtiva. Cada elo ou estágio de uma atividade econômica necessita da aplicação de recursos e capacitações diferentes por empresas diversas. Dessa maneira, cada uma delas pode analisar, desenvolver e aperfeiçoar recursos e capacitações físicos, financeiros, humanos e organizacionais de natureza única, exercendo atividades dentro do mesmo setor.

Como exemplo, é analisado o setor de café no âmbito do Sistema Agroindustrial (SAG) no Brasil,[14] um conceito análogo ao de cadeia produtiva do café, mas mais amplo. A transformação da matéria-prima dá origem a apenas três produtos: o café torrado, o café torrado e moído e o café solúvel. A combinação deles ainda pode originar outros produtos como misturas de café, leite e açúcar, cappuccinos e assemelhados. A Figura 6.2 mostra a sequência das principais atividades de negócios que devem ser desempenhadas desde o plantio das mudas até a venda de produtos aos consumidores finais.

O SAG do café pode ser representado por sete estágios. O primeiro mostra fornecedores de insumos e equipamentos, no qual se incluem três tipos de fornecimento: de máquinas e implementos agrícolas, de mudas de café e de defensivos agrícolas e fertilizantes.

O segundo estágio é denominado *produção primária* e congrega os plantadores de café de dois tipos básicos: Robusta e Arábica. O primeiro tipo é oriundo da África e o segundo, proveniente da Península Arábica. Os cafés diferenciados (que incluem os orgânicos, os descafeinados etc.) correspondem a diferentes misturas de grãos das duas espécies.

O terceiro estágio é chamado de *primeiro processamento* e conta com empresas individuais e cooperativas. Algumas apenas beneficiam o café verde para consumo interno ou exportação e outras também fazem torrefação e moagem. O café beneficiado pode ser vendido pelo produtor rural diretamente ou pelas cooperativas, ou ainda por cerealistas para varejistas nacionais ou estrangeiros.

O quarto estágio do SAG corresponde ao *segundo processamento*, do qual fazem parte as empresas de café solúvel nacional, as torrefadoras nacionais e as cooperativas. Essas companhias comercializam o café beneficiado, torrado e moído de modo semelhante ao estágio anterior.

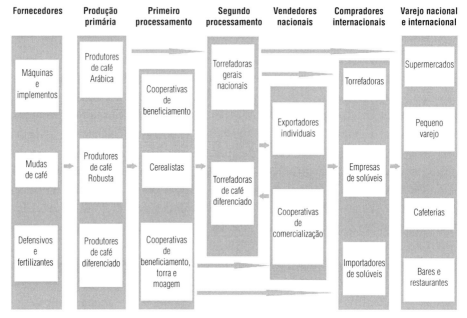

**Figura 6.2** Sistema agroindustrial do café.
*Fonte:* BRONZERI, M. S. Estratégias na cadeia produtiva do café: uma análise de empresas e produtores do norte do Paraná. In: XV SIMPÓSIO DE ADMINISTRAÇÃO DA PRODUÇÃO, LOGÍSTICA E OPERAÇÕES INTERNACIONAIS, SIMPOI. *Anais...* São Paulo, 2010. FAVARIN, J. L. Cadeia produtiva do café. Departamento de Produção Vegetal, ESALQ/USP. Disponível em: <http://www.foxitsoftware.com>. Acesso em: 15 dez. 2011.

O quinto estágio é denominado *vendedores nacionais* e, como o próprio nome diz, se dedica à venda dos produtos individualmente e em cooperativas e conta com empresas nacionais de café solúvel, empacotadores de produtos etc.

O sexto estágio encaminha os produtos do quarto estágio que utilizaram os intermediários do quinto para torrefadoras, empresas de café solúvel internacionais, importadores de produtos solúveis, respectivamente, e os encaminha aos destinatários finais.

E o sétimo estágio é composto de empresas que fazem interação com os consumidores finais. São eles: supermercados nacionais e internacionais, o pequeno varejo, o mercado institucional, as cafeterias e bares e restaurantes em geral.

Pode-se ver que as diversas empresas envolvidas no SAG podem fazer suas próprias escolhas relativamente ao estágio no qual pretendem trabalhar. Isso implica recursos e capacitações bastante diferentes para cada uma. Por exemplo, plantar café com características específicas requer seleção de mudas e acesso a solos adequados (recurso físico), aplicação de considerável conhecimento científico e técnico relativo a cultivo, (recursos humanos) e um compromisso organizacional para assumir os riscos inerentes ao negócio (recursos organizacionais). As empresas que trabalham no primeiro estágio (cultivo) provavelmente possuem recursos e capacitações muito diferentes daquelas que beneficiam os grãos e também daquelas que os vendem aos clientes finais. Na comercialização desses produtos para clientes nacionais e internacionais, utilizam-se campanhas publicitárias que empregam criatividade, também um recurso organizacional.

Entretanto até empresas que atuam no mesmo estágio de atividades da cadeia produtiva de um setor podem executá-las de maneira muito diferente, podendo desenvolver recursos e capacitações bem particulares associados a cada uma delas. Por exemplo, duas empresas podem vender os mesmos tipos de café, mas enquanto uma delas os comercializa em lojas de varejo, a outra pode preferir adotar um estilo de venda mais sofisticado e personalizado. Nessa situação hipotética, recursos financeiros e físicos da primeira empresa provavelmente seriam bem diferentes dos da segunda, embora ambas possam ter recursos individuais e organizacionais similares.

**Raridade.** É fundamental que as condições, os elementos e as características que adicionam valor aos recursos e capacitações da empresa sejam bem compreendidos, pois se trata do primeiro requisito para ela ser competitiva. Porém se muitos concorrentes também tiverem acesso a recursos valiosos, não haverá vantagem real ou duradoura para ninguém. Isso porque todos controlariam recursos e capacitações semelhantes, o que os conduziria a uma situação de paridade competitiva.

Embora a ênfase deste capítulo esteja na obtenção de vantagens competitivas sustentáveis, a paridade competitiva é algo desejável também. E é bom observar que nem todos os recursos e capacitações de uma empresa precisam ser raros e valiosos. A maioria das companhias possui uma base de recursos e capacitações valiosos, mas comuns. Tais recursos não geram vantagens competitivas, mas são essenciais à sobrevivência da empresa, em função da paridade competitiva que lhe trazem. Desse modo, em condições de paridade competitiva, embora nenhuma empresa obtenha vantagem sobre as outras, elas aumentam suas chances de perpetuação. Nesse sentido, a paridade competitiva funciona como uma precondição ou uma base para a obtenção de vantagens competitivas.

Para obter vantagens sobre os concorrentes, é preciso dominar recursos e capacitações que, além de valiosos, não estejam ao alcance dos concorrentes, ou seja, também devem ser raros. Mas quão raro precisa o recurso ou capacitação valioso ser para gerar vantagem competitiva é algo que varia de situação para situação. Não é difícil perceber que, se os recursos e as capacitações valiosos de uma empresa forem absolutamente únicos em meio ao grupo de concorrentes atuais e potenciais, eles podem gerar vantagens competitivas. Essa seria a situação ideal, mas na realidade é mais provável encontrar um número pequeno de concorrentes que dominam recursos ou capacitações valiosos e possuam certo nível de vantagem competitiva.

Quanto mais raro (controlado por menos concorrentes) for um recurso ou capacitação que já é valioso, maior será sua chance de gerar vantagens competitivas.

Essa situação pode ser ilustrada pela concorrência entre as empresas que oferecem canais de TV fechada, como, por exemplo, NET, SKY, TVA, Via Embratel etc. A maior parte delas exibe atrações em comum, como os canais de filmes de gêneros diversos (Telecine, HBO), os de divulgação de conhecimentos científicos gerais, como Discovery Channel e National Geographic, além dos canais infantis, como Disney XD, Cartoon Network etc. A oferta de produtos comum caracteriza paridade competitiva, mas seria difícil imaginar quaisquer desses concorrentes existindo sem a programação básica. Em casos assim, nos quais os recursos disponíveis relativos a pacotes de produtos e serviços, os respectivos preços, a qualidade da transmissão etc. são dominados pela maioria dos concorrentes, é mais difícil obter vantagens competitivas, pois não há raridade.

Outro exemplo está nos sistemas de telefonia móvel, aos quais praticamente todas as pessoas têm acesso, de modo que, em termos de recursos, tais sistemas não são raros. Se as empresas que fornecem esses produtos e serviços não possuíssem tais sistemas, estariam em situação de desvantagem competitiva, ou seja, não alcançariam nem a paridade competitiva podendo comprometer seu futuro.[15]

**Imitabilidade.** Empresas com recursos valiosos e raros normalmente praticam inovação, uma vez que elaboram e implementam soluções que os concorrentes não conseguem por não contarem com os recursos e as capacitações necessários. Empresas desse tipo se utilizam de recursos que as permitem serem pioneiras, o que é muito positivo. Entretanto, recursos e capacitações que já são valiosos e raros somente poderão gerar vantagens competitivas sustentáveis se os concorrentes que não os possuem tiverem dificuldades para desenvolvê-los internamente ou comprá-los. Recursos que detêm essa característica são, além de valiosos e raros, imperfeitamente imitáveis, e as empresas que os possuem realizam vantagens competitivas sustentáveis. Assim se configura o terceiro elemento necessário aos recursos e capacitações para que uma empresa obtenha vantagens competitivas sustentáveis: a imitabilidade imperfeita.

Em um setor hipotético com empresas em paridade competitiva, ou seja, em que elas utilizam a mesma matéria-prima, o mesmo tipo de mão de obra, fabricam e vendem os mesmos produtos para os mesmos consumidores, o desempenho delas deve ser semelhante. Entretanto, se uma dessas empresas em algum momento inovar, ou seja, desenvolver ou descobrir um recurso valioso e inédito, que lhe permita aproveitar uma oportunidade ou neutralizar uma ameaça do mercado, obterá vantagem competitiva sobre as demais. Essa situação geraria desequilíbrio e desconforto para os concorrentes que basicamente responderiam a ela de uma entre duas maneiras possíveis. Poderiam não fazer nada de diferente e, desse modo, não incorreriam em nenhum custo, mas também se colocariam em desvantagem competitiva. Mas poderiam tentar imitar o sucesso da empresa que inovou e tentar adquirir ou desenvolver os recursos inovadores e, se fossem bem-sucedidos, o setor alcançaria novamente a situação de paridade competitiva.

O SAG do café no Brasil, esquematizado na Figura 6.2 pode ilustrar essa situação. Trata-se de um dos mais tradicionais e importantes setores de geração de renda para a economia brasileira. Na década de 1960 chegou a representar 40% da produção mundial, e no mercado interno a demanda era de 6 Kg por habitante. Mas, em 1990, o setor representava apenas 20% da produção mundial, e a demanda interna não passava de 3,7 Kg por habitante. Tal situação caracterizava perda de competitividade do setor e era causada principalmente pela presença de mais de um século de regulamentação excessiva. Tratava-se de um quadro de paridade competitiva, com empresas utilizando recursos semelhantes, embora o setor estivesse encolhendo. Especificamente, isso se traduzia em entraves competitivos, como a restrição da oferta quando havia geada, o endividamento geral do sistema do café e a baixa capacidade dos agentes do sistemas de se ajustar às regras do mercado.

Os mercados nacional e internacional apresentavam à época duas situações dominantes: (a) a estagnação do consumo de café *commodity*, que envolvia a comercialização de grãos verdes, sem nenhum processamento; e (b) o crescimento da demanda por cafés especiais, tais como orgânicos, aromatizados etc. Em 1989 o setor foi desregulamentado e isso permitiu que as empresas, ao longo dos estágios do SAG do café, mobilizassem recursos e capacitações específicos, buscando adequação aos novos tempos.

A partir desse novo cenário, as empresas dos diversos estágios do SAG do café se organizaram em esforços diferenciados, utilizando recursos e capacitações diferentes em busca das oportunidades que essas tendências revelavam. Muitas delas se filiaram ao Programa Setorial Integrado para a Exportação do Café Industrializado (PSI). Pretendeu-se ampliar o volume e o perfil exportador brasileiro pela introdução de produtos de café com valor agregado, sem descuidar também da tradicional exportação de grãos verdes. Essas ações foram todas coordenadas e visavam beneficiar as empresas de todos os estágios do SAG do café. Companhias grandes e pequenas, associações, cooperativas, universidades, além de movimentarem recursos e capacitações individualmente específicos, desenvolveram também recursos e capacitações de relacionamento, em função da execução de ações conjugadas que resultaram em vantagens competitivas sustentáveis para o setor como um todo no país e para grupos de empresas de segmentos específicos no âmbito dos estágios do SAG do café.

O exemplo anterior retrata uma conjunção de empresas que empregaram recursos e capacitações individuais valiosos, raros e difíceis de imitar visando ao aumento da competitividade em nível setorial em função de problemas que eram comuns a todas elas ao longo do SAG do café. Entretanto, em outras condições, muitas empresas de um mesmo setor se deparam com desvantagens de custos importantes quando tentam imitar um concorrente que inovou e obteve sucesso. Quando isso ocorre, a companhia inovadora provavelmente consolida uma vantagem competitiva sustentável, uma vez que não pode ser imitada ou neutralizada pela concorrência e o clima de cooperação não é predominante. As organizações que elaboram e implementam estratégias que utilizam recursos valiosos, raros e difíceis de imitar desfrutam de um intervalo de tempo de vantagem competitiva sustentável.

Há duas maneiras principais de as empresas imitarem um concorrente que inovou sob algum aspecto: a *duplicação direta*, em que uma companhia pode, por exemplo, seguir os passos de um concorrente que aplicou recursos em patrocínio de eventos especiais ou em causas sociais. Se essa ação de duplicação se revelar muito custosa para os concorrentes, a empresa que a realizou em primeiro lugar haverá obtido uma vantagem competitiva sustentável, caso contrário a vantagem será apenas temporária.

Outra forma de imitação é a *substituição*, que consiste em empregar recursos em uma atividade ou ação diferente do que fez o inovador, mas que visa alcançar um resultado semelhante. Esse seria o caso de uma empresa bem-sucedida porque possui uma liderança carismática e exemplar (como foi o comandante Rolim da TAM) em comparação a uma companhia concorrente com um sistema de gestão eficaz e eficiente. Esse sistema de gestão seria dotado de boa comunicação, hierarquia enxuta, pacote de benefícios adequado etc., mas não teria a figura forte do fundador. Embora utilizando recursos e capacitações diferentes, ambas as organizações poderiam obter resultados competitivos semelhantes.

A questão da imitação imperfeita, que fornece sustentação ao longo do tempo a vantagens competitivas de uma empresa, está, em última análise, atrelada aos custos proibitivos que um concorrente deve incorrer para realizar a imitação, seja por duplicação, seja por substituição. Tais custos podem ser classificados em quatros grandes grupos: condições históricas únicas, ambiguidade causal, complexidade social e patentes.[16]

*Condições históricas únicas.* O sucesso de uma empresa pode ter sido construído com base no desenvolvimento de recursos e capacitações em condições especiais que ocorreram no momento histórico de sua criação e que, a partir de determinado momento, deixaram de existir. Quando essas condições ou atributos houverem cessado, será mais difícil os concorrentes imitarem, seja via duplicação direta ou substituição.

A empresa 3M é líder global em tecnologia diversificada, atua em muitos setores e apresenta soluções inovadoras para problemas do dia a dia e para situações específicas também. Está organizada em seis áreas de negócios e detém posições destacadas em cada uma delas: consumo e escritório, comunicação visual, produtos elétricos e comunicação, saúde, indústria e transporte, e segurança. Iniciou suas atividades no Brasil na cidade de Campinas (SP) e hoje possui fábricas em várias outras cidades. Foi eleita a 24ª melhor organização para se trabalhar no ano de 2009.

A empresa possui reputação mundial como uma das mais inovadoras e se pode dizer que sua história ajudou a forjar essa reputação. A 3M foi fundada em 1902 nos Estados Unidos por cinco empreendedores para explorar minérios, negócio promissor naquela época. Poucos anos após, em 1905, a empresa precisou redefinir seu foco inicial, passando a fabricar abrasivos em outra cidade. Desde sua fundação e ao longo de sua história, muitas foram as oportunidades de lançamento de produtos de sucesso, como, por exemplo, a lixa d'água (1920), a fita crepe (1925), a fita adesiva Durex (final dos anos 1920). Nos anos 1940 foram desenvolvidas as fitas magnéticas para gravação de sons, as fitas magnéticas de vídeo e a fita hipoalergênica micropore. Além desses, muitos outros produtos continuam a caracterizá-la, como o fio dental, os adesivos para fixação de papel Post it entre outros.

A 3M ilustra as duas principais maneiras pelas quais as circunstâncias históricas únicas podem fornecer vantagens competitivas a uma empresa: o pioneirismo e a dependência de caminho (*path dependency*). No primeiro caso, constata-se que ela foi pioneira em produtos em diversos setores e, em função disso, estabeleceu vantagens competitivas em muitos deles em relação a seus concorrentes. Quando há dependência de caminho, um evento inicial exerce influência sobre os demais. Isso pode ser ilustrado, no caso da 3M, pelo que se pode chamar de plataformas de inovação em que, por exemplo, o desenvolvimento das fitas magnéticas de áudio abriu espaço para que a própria empresa desenvolvesse fitas para vídeo, entre muitos outros exemplos.

*Ambiguidade causal.* Esse fator se caracteriza como uma barreira à imitação para as empresas concorrentes, porque muitas vezes é difícil para elas compreender a relação entre recursos e capacitações que geram determinada vantagem competitiva. Em outras palavras, as causas de uma vantagem competitiva podem ser ou parecer ambíguas para as organizações concorrentes.

Em princípio, parece razoável que os gerentes de uma empresa compreendam perfeitamente os recursos e as capacitações que geram ou causam vantagens competitivas. E, se isso ocorre, é provável que os gerentes das organizações concorrentes possam conseguir tais informações e imitar a empresa que detém as vantagens competitivas. Normalmente não há ambiguidade causal nas empresas, ou seja, os gerentes não têm dúvidas sobre os recursos e as capacitações envolvidas na obtenção de vantagens competitivas.

Mas, na realidade, os gerentes de uma empresa que possui vantagens competitivas sobre as concorrentes nem sempre compreendem perfeitamente as causas –

a combinação de recursos e capacitações que produzem as vantagens competitivas. Há diversos recursos e capacitações, como, por exemplo, trabalho em equipes de projetos, cultura organizacional, relacionamentos com clientes, entre outros, que muitas vezes não são totalmente compreendidos pelos gerentes por várias razões. Entre elas talvez os recursos que geram vantagens competitivas sejam simples e quase passem despercebidos pelos gerentes. Primeiro, é possível que os recursos e as capacitações que geram a vantagem competitiva sejam tão "dados como certos", tão corriqueiros para os gerentes de uma empresa, que eles não se dão conta deles. E se nem os gerentes das empresas detentoras de vantagens competitivas não conhecem direito as causas delas, mais difícil ainda será para os gerentes das concorrentes identificarem os recursos e as capacitações que causam as vantagens competitivas. Essa situação caracteriza a ambiguidade causal e dificulta a imitação por replicação direta ou substituição.

Outra situação que pode caracterizar ambiguidade causal é que os gerentes podem supor diversas causas prováveis das vantagens competitivas. Se empresários fossem questionados sobre quais são os fatores que lhes permitiram alcançar o sucesso, eles poderiam dizer que foi muito trabalho, ou então contar com profissionais talentosos e dedicados, ou ainda saber correr riscos calculados. Mas se a empresários que experimentaram o fracasso fosse perguntado por que isso lhes aconteceu, provavelmente diriam que empregaram os mesmos três atributos. A realidade é que esses fatores podem ser importantes para o sucesso das empresas, mas isso pode ocorrer também com outros fatores, como um planejamento bem realizado e executado, ou a escolha de um nicho de mercado pouco explorado. Mesmo se acadêmicos pesquisarem o assunto sistematicamente, é difícil saber com exatidão quais os principais fatores que causam o sucesso das empresas ou a ordem deles, ou seja, pois pode haver ambiguidade nos resultados.

Uma terceira situação pode ser responsável pelo sucesso nas empresas: o entrelaçamento ou imbricamento entre recursos e capacitações relativos a conhecimentos específicos, a grupos de pessoas ou de empresas, entre outros. Se um conjunto de recursos e capacitações for responsável pela obtenção de vantagens competitivas sustentáveis, pode ser virtualmente impossível realizar a imitação.

Enquetes e pesquisas como essa vêm sendo realizadas pelo Serviço Brasileiro de Apoio às Micro e Pequenas Empresas (Sebrae),[17] que procuram hierarquizar os fatores de sucesso das organizações. Entretanto, as pesquisas revelam apenas a percepção dos empresários sobre o sucesso ou insucesso que experimentam, não constituindo necessariamente os reais fatores de sucesso mais relevantes.

*Complexidade social.* Recursos e capacitações que estão ligados a relacionamentos interpessoais, ou outros recursos sociais, ou ainda estão imiscuídos na cultura organizacional, podem ser caros e difíceis de imitar, seja por duplicação direta, seja por substituição.

Quanto aos relacionamentos interpessoais, trata-se da rede de relações entre gerentes e diretores ou entre equipes de trabalho que pode existir em alguma empresa e que é responsável pela realização de vantagens competitivas que, por serem únicas, são muito difíceis de serem duplicadas e até substituídas. E em relação à cultura organizacional de uma empresa, ela pode deter certas características que favorecem, por exemplo, questões de qualidade tanto intrínseca aos produtos fabricados quanto relativas ao conceito de qualidade total, que visa à satisfação dos clientes, bem como pode ou não favorecer diversos outros processos organizacionais.

Recursos e capacitações sociais como relacionamentos e também fatores como cultura organizacional são mais prevalentes em empresas grandes, com muitos funcionários, pois sua influência tende a ser maior do que nas pequenas organizações. Nessas é comum o cuidado com o engessamento da estrutura para evitar que os funcionários assumam rotinas perniciosas ao foco principal da empresa. Costuma-se dizer em tais situações que as companhias precisam ser oxigenadas ou respirar novos ares, evitando assim as armadilhas que se escondem atrás da necessária burocracia que deve existir para o funcionamento da estrutura de uma grande empresa.

Não ficam de fora dessa tendência nem mesmo empresas de grande excelência global como a Google[18] que, para evitar os problemas mencionados, lançou em 2009 o Projeto Oxigênio, que pretende identificar os atributos dos melhores gerentes, organizá-los e disseminá-los a todo o corpo gerencial. Tais atributos foram organizados a partir do manancial que possuía em seus arquivos, como avaliações de desempenho, pesquisas de opinião, justificativas para a concessão de prêmios, em um documento intitulado *Os oito hábitos dos gerentes altamente eficazes do Google*. No ano de 2010, a empresa utilizou esse documento em seus programas de desenvolvimento de pessoas, em treinamento de liderança entre outros. Conseguiu com isso melhorar o desempenho de cerca de 75% dos gerentes com as piores avaliações no ano anterior. A ação interna da Google, que proporcionou tais resultados, é um exemplo de intervenção gerencial em recursos e capacitações gerenciais, bem como a consideração de aspectos da cultura organizacional da empresa.

*Patentes.* São arcabouços legais projetados para proteger pessoas e empresas que desenvolvem inovação ou tecnologia que pode ser empregada em produtos e serviços e incorreram em custos altos para fazê-lo. Durante o período de vigência de uma patente, a inovação, tecnologia ou segredo industrial podem ser utilizados a determinado custo, constituindo assim uma garantia de exploração financeira para seu detentor. Nesse sentido, configuram enquanto estiver vigente, uma patente constitui uma barreira à imitação. São muito comuns nas empresas farmacêuticas, no setor químico em geral, em biotecnologia etc.

Algumas vezes, a utilização de patentes acaba gerando o efeito contrário ao de barreira à imitação, porque as empresas, ao fazerem um pedido de patente, devem declarar uma quantidade razoável de informações sobre o que está sendo patenteado. Os órgãos governamentais responsáveis por patentes exigem tais informações como garantia de que a respectiva tecnologia ou conhecimento pode ser patenteado. Certo nível de informações fica disponível no texto da patente e pode, em alguns poucos casos, ser suficiente para que os concorrentes realizem a imitação, dissolvendo a vantagem competitiva que a patente poderia gerar. De um modo geral, o que ocorre é que as patentes podem impedir a duplicação direta durante o período de sua vigência, mas não exclui a possibilidade de substituição por conhecimentos e tecnologias que alcancem os mesmos resultados daquela que foi patenteada.

**Organização.** Foi visto até aqui que a obtenção de vantagens competitivas sustentáveis por uma empresa está relacionada ao valor, à raridade e à imitabilidade de seus recursos e capacitações. Mas, para que essas três condições possam realmente acontecer e configurar vantagens competitivas sustentáveis, a empresa em questão deve estar organizada de modo que possa explorar seus recursos e capacitações com esse fim.

Isso significa que os diversos elementos que compõem uma empresa, como sua estrutura hierárquica, seu sistema de gestão empresarial, sistemas de contratação, desenvolvimento e treinamento de recursos humanos, sistemas de controle de desempenho gerencial, entre outros devem ser consistentes entre si e organizados. A estrutura hierárquica de uma empresa identifica os fluxos de comunicação horizontal, vertical e diagonal, bem como quem se reporta a quem nesse contexto. O sistema de gestão empresarial envolve questões como delegação de tarefas e de poder, trabalho em equipe, níveis de decisão etc. e precisa estar adequado à estrutura hierárquica. Os sistemas de contratação, desenvolvimento e treinamento de recursos humanos devem ser definidos e administrados consistentemente com os dois elementos anteriores, assim como os sistemas de controle gerencial. E permeando todos esses elementos, outros fatores podem ser considerados, como, por exemplo, os aspectos formais e informais do processo global de gestão, aspectos ligados à motivação etc.

Os elementos descritos, que compõem a organização interna das empresas, são considerados recursos e capacitações complementares, pois sozinhos possuem pouca vocação para a obtenção de vantagens competitivas sustentáveis. Entretanto, podem facilitar grandemente a exploração efetiva de outros recursos e capacitações, potencializando-os na realização de vantagens competitivas sustentáveis.

Um exemplo que ilustra a importância do fator organização para a obtenção de vantagens competitivas sustentáveis é o da Xerox.[19] Pelo fato de possuir uma organização não adequada aos diversos desenvolvimentos que realizou, não pôde usufruir deles, mas, por outro lado, permitiu que empresas iniciantes como a SynOptics obtivessem sucesso.

Durante os anos 1960 e 1970, a Xerox realizou investimentos em pesquisa e desenvolvimento (P&D) muito intensos em inovação e tecnologia, a partir da criação de seu centro de pesquisas denominado Palo Alto Research Center (Parc), na Califórnia, Estados Unidos. Esse centro contava com cientistas e engenheiros muito capacitados e criativos, que tinham toda a liberdade para projetar o que desejassem. Assim, no âmbito do Parc, foram desenvolvidos o computador pessoal, o mouse, a impressora a laser e também a Ethernet.

O potencial mercadológico dessas inovações era bastante promissor e, por terem sidos desenvolvidas no Parc, da Xerox, também eram raras. Disso resulta que a Xerox poderia ter se fortalecido ainda mais em termos de competitividade, mas, como não contava com uma organização adequada, não pôde fazê-lo.

A Xerox contava com os recursos e as capacitações, mas não com uma organização adequada para obter vantagem deles. A estrutura existente não permitia que as inovações desenvolvidas no Parc fossem conhecidas pelos gerentes da Xerox. Quando finalmente tomaram ciência delas, foram poucas as tecnologias que sobreviveram ao desenvolvimento de produtos da Xerox, processo que era muito burocrático e detalhado, tornando-se lento e inadequado. Não havia planos de desenvolvimento de mercado para os produtos que incorporavam as inovações. Em função dessas e de outras características, a organização da Xerox revelou-se inadequada para explorar as potencialidades que as inovações poderiam gerar em termos de vantagens competitivas. Embora os recursos e capacitações fossem valiosos, raros e potencialmente difíceis de imitar, a organização inadequada da Xerox inviabilizou muitos dos desenvolvimentos.

Entretanto, nesse contexto vale ressaltar a história da empresa SynOptics,[20] que negociou uma dessas tecnologias – a Ethernet, uma tecnologia de interconexão de redes locais utilizada na transmissão de dados em alta velocidade – com a Xerox e, partir disso, viabilizou seu crescimento.

A tecnologia da SynOptics foi desenvolvida no Parc visando obter uma versão mais veloz do serviço da Ethernet utilizando cabos ópticos nos anos 1980. Contudo sua comercialização demandava inovações que só estariam disponíveis anos mais tarde, tais como cabos ópticos para redes de computadores instaladas nos clientes. Foi nesse contexto que um *insight* alterou significativamente os destinos comerciais da empresa: em vez de desenvolver cabos ópticos para transmitir os dados, optou por utilizar a plataforma de transmissão de dados mais tradicional (de fios de cobre) já instalada na base de clientes. A diferença é que as inovações da Ethernet puderam ser utilizadas muito antes do desenvolvimento dos cabos ópticos, alterando as perspectivas de lucro das empresas. Desse modo, em vez de vender produtos em redes futuras, ainda a ser instaladas, a SynOptics conseguiu melhorar a velocidade e o desempenho de milhares de redes já instaladas e em operação.

A SynOptics foi muito bem-sucedida prestando serviços desse modo e pôde lançar suas ações no mercado em 1988, aos três anos de vida. A história da SynOptics ilustra como uma organização adequada – de pequeno porte e enxuta – pôde aproveitar recursos valiosos e raros, viabilizando o próprio crescimento.

## Competências essenciais

Como foi visto, as fontes de vantagens competitivas sustentáveis estão relacionadas aos ativos da organização, tanto tangíveis quanto intangíveis. A obtenção dessas vantagens foi mostrada até aqui pela RBV e seu sistema VRIO, que enfatiza a análise interna e o processo de planejamento e administração estratégica das empresas. Entretanto, importantes complementações para a obtenção de vantagens competitivas por meio de recursos e capacitações internos residem nas competências da empresa, descritas na sequência.

### Visão estratégica de competências

As competências essenciais podem diferenciar a empresa perante seus concorrentes e possuem três características básicas. Devem ser de difícil imitação pelos concorrentes, significativamente relacionadas aos benefícios que usuários finais recebem, e permitirem acesso a ampla variedade de produtos-mercados. Quanto mais as competências alcançarem esses três requisitos, a empresa oferecerá valor aos clientes por meio de seus produtos e serviços, alcançando vantagens competitivas diferenciadas e sustentáveis. Tais características são apresentadas na Figura 6.2, que ilustra o conceito de competências essenciais pela metáfora de uma árvore.

### Conceitos e definições de competências essenciais

O conceito relativo a competências essenciais adquiriu relevância nos estudos sobre administração a partir de artigo intitulado *The Core Competence of the Corporation* (A competência essencial da organização), de C. K. Prahalad e Gary Hamel, em 1990.[21] As competências essenciais são constituídas de recursos intangíveis que, em relação aos concorrentes, são difíceis de serem imitados. Em relação a mercados e a clientes, são essenciais para que a organização possa oferecer produtos e serviços diferenciados. E em relação ao processo de mudança e evolução da própria empresa, constituem o fator fundamental de maior flexibilidade que permite explorar diferentes mercados.

As competências essenciais estão ligadas ao conhecimento e à tecnologia, mas não dependem deles, podendo também estar localizadas em funções administrativas. Para desenvolver competências essenciais a longo prazo, a empresa necessita de um processo sistemático de aprendizagem e de inovação organizacional. Para tanto, o importante é a habilidade em construir, de modo menos custoso e mais veloz do que os concorrentes, as competências essenciais que permitirão que se fabriquem produtos de alto impacto.

Isso quer dizer que as competências envolvem a aprendizagem coletiva da organização, especialmente relacionada a como lidar simultaneamente com diversas habilidades (tecnologia, produção, comercialização etc.). Constituem o conjunto de habilidades que capacitam a organização a oferecer um benefício diferenciado aos clientes mais do que uma habilidade ou tecnologia isoladamente. E além disso, se caracterizam como o resultado de um processo cumulativo de conhecimento.

São quatro as características principais das competências essenciais.[22] A primeira delas é a *abrangência empresarial*, que reflete o fato de se aplicarem a vários produtos ou negócios, sem serem características de determinada área ou profissional isoladamente. Em seguida há a *estabilidade no tempo*: as competências essenciais são mais estáveis e duradouras que os produtos e processos que se baseiam nelas; seus produtos traduzem momentaneamente as competências essenciais, porque elas são mais estáveis, duradouras e evoluem mais lentamente que os produtos aos quais se aplicam. Outra característica é a *aprendizagem ao fazer*: as competências são geradas e aperfeiçoadas como resultado do trabalho gerencial e operacional do dia a dia; quanto mais se desenvolve uma competência, maior destaque ela causa diante dos concorrentes. E por fim há o *locus competitivo*, que aponta a concorrência no respectivo produto-mercado meramente como a expressão superficial de uma competição mais profunda e mais real que ocorre em termos de competências.

A caracterização de competências essenciais em uma empresa requer identificar se (a) conduzem acesso potencial a uma variedade de mercados; (b) fazem significativa contribuição ao benefício percebido de clientes no produto final; e (c) são administradas enfatizando um modelo de coordenação e de aprendizado. Nesse sentido, a construção das competências é um processo no qual a empresa desenvolve uma configuração estratégica procurando atingir e exercitar os objetivos estratégicos. O processo compreende, de um lado, o objetivo estratégico presente, e de outro lado, a produção de resultados, o objetivo estratégico futuro e suas perspectivas. A construção de competências se dá por meio da melhor combinação de recursos tangíveis e intangíveis.[23]

Muito além de fazer previsões em relação ao futuro, para definir competências essenciais, é preciso criar esse futuro, executando atividades estratégicas que envolvem cenários sobre as tendências do ambiente empresarial e quais serão as consequências dessas mudanças para a organização. Nesse sentido, trabalha-se com uma arquitetura estratégica, ou seja, um mapa do que pode vir a ser o futuro e se identificam quais as competências que devem ser construídas e suas respectivas tecnologias. O mapa do futuro ajuda os administradores a entender a lógica de como funcionam as competências. Para tanto, a empresa deve responder a perguntas como controle sobre competências e competitividade estabelecida. Essas respostas fazem com que a organização abra os olhos sobre as competências e as formule da maneira mais adequada, prevenindo assim que outras companhias liderem o mercado.

Em resumo, o grande desafio é criar o futuro e não tentar adivinhar como ele será, ou seja, a construção de competências implica uma participação ativa e conjunta de várias áreas da empresa, visando entender as condições que poderão ocorrer e, usando a imaginação, criar contextos plausíveis com o que se deseja atingir.

A Figura 6.3 procura ilustrar a maneira como as competências essenciais atuam nas empresas por meio de uma analogia entre as partes que compõem uma árvore (raízes, tronco, copa e frutos) envolvendo os atributos mencionados até aqui.

A raiz corresponde a valores, crenças e pressupostos básicos da empresa, formados ao longo da vida da empresa e que constituem a base das ações dos funcionários nos diversos níveis e os componentes principais das competências.

O tronco corresponde ao conhecimento básico aplicado às plataformas de produtos e de processos e constitui outro componente de competência que a empresa armazena e utiliza quando é necessário. O grau de conhecimento disponível no âmbito de uma organização permite-lhe atuar com sabedoria e adequação diante dos desafios do dia a dia.

E a copa – com as ramagens e os frutos – corresponde a habilidades definidas de modo mais aplicado e diretamente relacionado aos produtos e serviços que competem nos produtos-mercados nos quais a empresa atua.

A Figura 6.3 foi adaptada para a empresa Honda, em que as raízes mostram as áreas em que a organização possui excelência em termos de capacitações e habilidades. A metáfora da raiz se refere a Honda constituir a base de suas operações e também ao fato de não serem características muito aparentes. Todas essas capacitações excelentes convergem para o produto essencial, que deve estar bastante relacionado aos benefícios que os clientes recebem – representado pelo tronco da árvore –, que são os motores pequenos. Por fim, os frutos da árvore representam os resultados de excelência distribuídos aos clientes, que neste exemplo se traduzem nos seguintes produtos-mercados: carros pequenos, coletores de neve, motocicletas e cortadores de grama.

Do mesmo modo, a Sony tem competências essenciais relacionadas ao projeto, produção e venda de tecnologia eletrônica miniaturizada. A empresa utilizou esses recursos e capacitações para explorar suas oportunidades, incluindo videogames,

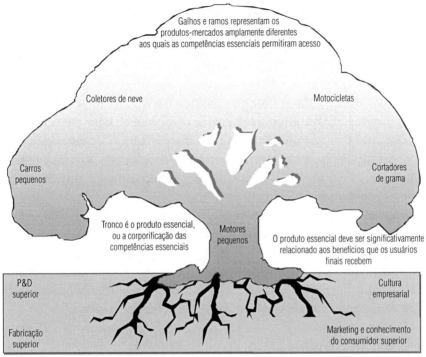

**Figura 6.3** Analogia às competências essenciais.
*Fonte:* MOHR, J.; SENGUPTA, M.; STANLEY. M. *Marketing of High Technology Products and Innovations.* New Jersey: Pearson Prentice Hall, 2005. p. 52.

câmeras digitais, computadores e periféricos, computadores de mão, equipamentos de áudio e vídeo, equipamentos de áudio portáteis e para automóveis.

Outro exemplo é a 3M, que utilizou seus recursos e capacitações em revestimentos e adesivos, ao lado de uma cultura organizacional que recompensa a criatividade e riscos assumidos por funcionários que decidem explorar oportunidades em produtos de escritório, incluindo fitas adesivas e marcadores Post-it.

Os recursos e capacitações da Sony e da 3M – incluindo suas competências tecnológicas específicas e culturas organizacionais criativas – permitiram-lhes crescer e serem competitivas, aproveitando oportunidades existentes e também criando novas.

## As competências essenciais podem ser um obstáculo?

As mesmas competências essenciais que hoje asseguram a vantagem da empresa podem se transformar em fonte de dificuldades para ela no futuro, caso haja mudanças no ambiente empresarial e a organização não as reconheça ou não valorize adequadamente. Essa postura não se coaduna com o conceito e o espírito das competências essenciais e revela, na verdade, as *rigidezes essenciais*.

As rigidezes essenciais são como frutos perniciosos das competências essenciais, originadas de áreas de excelência das empresas que, com o passar do tempo, se transformaram em rotinas entranhadas. O que um dia permitiu que a organização se destacasse e consolidasse uma posição diferenciada no mercado passou a ser uma camisa de força que inibe a habilidade de desenvolver produtos novos sobre conhecimentos e rotinas que não sejam familiares. Trata-se de um conjunto de fatores que pode sinalizar rigidezes essenciais reforçados por normas culturais arraigadas, que nunca são questionadas e que pressupõem confiança excessiva nas tecnologias existentes.

As rigidezes essenciais são extremamente importantes para avaliar se as competências atuais de uma organização estão cumprindo seu papel de prover vantagens competitivas sustentáveis ou se estão se comportando de modo contrário a isso.[24] Assim, não basta identificar comportamentos e chegar às competências, é preciso identificar o papel delas nas organizações e verificar se estão e se continuarão consistentes com as oportunidades oferecidas pelo mercado.

## Questões de revisão

1. Defina ativos tangíveis e intangíveis e explique como podem compor os recursos e capacitações de uma empresa.
2. Quais são as suposições básicas do modelo VRIO e como se complementam na caracterização dos recursos e capacitações da empresa?
3. Como o modelo VRIO deve ser utilizado para que uma empresa obtenha vantagens competitivas sustentáveis diante de seus concorrentes?
4. Qual é o papel do fator organização no estabelecimento de vantagens competitivas sustentáveis se os outros três elementos do modelo VRIO – valor, raridade e imitabilidade imperfeita – já as caracterizam?
5. O que são competências essenciais e como podem ser desenvolvidas?
6. Em quais condições as competências essenciais podem se transformar em rigidezes essenciais e comprometer a competitividade da empresa?

## Caso de ensino

### Saúde em primeiro lugar: como recursos, capacitações e competências forjam a excelência em dois hospitais de destaque no Brasil.

Este caso de ensino tem como objetivo possibilitar que o leitor compare e avalie dois renomados hospitais brasileiros – e até certo ponto concorrentes –, com base nos conceitos sobre RBV e competências essenciais discutidos neste capítulo. O caso descreve as duas instituições e seus principais recursos, capacidades e competências para a elaboração de estratégias visando à obtenção de vantagens competitivas sustentáveis.

### O ambiente de negócios

As organizações hospitalares descritas se inserem em um ambiente dinâmico, no qual o avanço da inovação e do conhecimento científico na área da saúde acontece rapidamente e é de grande vulto. Nesse contexto, qualidades como capacidade de investimento em infraestrutura e tecnologia, reputação, certificação internacional, parcerias, força das marcas, entre outros, constituem recursos importantes para sua sobrevivência e sucesso. As informações sobre os hospitais são reais, mas por motivos de sigilo profissional seus nomes foram disfarçados e eles serão referidos como Hospital A e Hospital B.

### Hospital A

Na década de 1950 foi constituída a sociedade de prestação de serviços à saúde que deu origem, cerca de 20 anos depois, à primeira unidade do Hospital A. Trata-se de um hospital geral, de alta complexidade, privado e sem fins lucrativos, cujas receitas ultrapassam R$ 1.100 milhões. Ele está distribuído em diversas unidades de atendimento na cidade de São Paulo e passa por uma expansão ao final da qual disponibilizará para atendimento mais de 2.700 leitos e 30 salas de cirurgia. Conta com mais de 9 mil colaboradores e oferece todo tipo de serviço assistencial e de apoio.

Desde sua fundação, o Hospital A tem construído excelente reputação na sociedade, o que é consequência das ações empreendidas por sua diretoria nesse período e que são consistentes com a missão da instituição de "oferecer serviços de qualidade no âmbito da saúde, além de gerar conhecimento e praticar responsabilidade social, como forma de contribuir para o bem-estar da sociedade brasileira".

As ações mencionadas podem ser classificadas em etapas, que abrangeram um período superior a 30 anos e iniciou no final da década de 1970. A primeira perdurou por cerca de seis anos e foi caracterizada pelo desenvolvimento da estrutura física. Nesse período se destacaram a construção do segundo prédio da instituição que teve por finalidade oferecer mais apoio aos diagnósticos realizados pelo corpo clínico, bem como proporcionar aos médicos a oportunidade de terem seus nomes vinculados ao do hospital. Seguiu-se a segunda etapa, em cerca de oito anos, que se caracterizou como um período de renovação tecnológica, pois a instituição adquiriu a reputação de ser o hospital tecnologicamente mais bem-equipado, além de se tornar um centro de excelência no Brasil e na América Latina. Durante os sete anos da terceira etapa, houve intensificação da concorrência entre hospitais privados e o aumento dos custos associados à assistência ao paciente. Para adaptar-se a essas mudanças, a instituição optou por adequar suas estratégias e, desse modo, enfatizou a qualidade dos processos, expandindo suas atividades diagnósticas para o público externo, visando ao crescimento econômico. Na etapa seguinte, iniciada em 2002, a diretoria passou a aperfeiçoar a adoção e difusão de conhecimento e de padrões de qualidade. Como resultado desse e de outros esforços, em 2007, o Hospital A foi certificado pela organização de qualidade americana *Joint Comission International* como instituição que realiza as melhores práticas de atendimento a pacientes que sofreram acidente vascular cerebral (AVC).

Em 2006, a sociedade beneficente que fundou o Hospital A iniciou um plano de expansão para dobrar o tamanho das instalações de sua unidade principal, a fim de responder às crescentes taxas de ocupação e ao aumento do número de pacientes externos. Visou também adaptar a infraestrutura do hospital às tecnologias atuais, à nova realidade da prática médica e aos mais rigorosos requisitos de qualidade no atendimento.

### Sustentabilidade e meio ambiente

Em relação a diretrizes ambientais, o Hospital A aprovou uma política interna como forma de demonstrar seu comprometimento com a segurança do trabalho, a saúde ocupacional e o meio ambiente. A responsabilidade na adoção dessa política é de cada um dos funcionários e os resultados de sua aplicação trarão benefícios para a saúde e segurança a eles, com a consequente melhoria da segurança dos pacientes.

O programa de sustentabilidade da instituição desenvolve suas atividades sem comprometer as gerações futuras, provendo o melhor para as pessoas e para o meio ambiente. É esse o princípio de sustentabilidade empresarial e uma das prioridades estratégicas do Hospital A.

### Capacidades internas

Dada a sua missão, a instituição se depara com a necessidade de promover inovações científicas e tecnológicas e, ao mesmo tempo, manter controle estreito sobre os processos e as rotinas existentes, a fim de garantir a assimilação e a manutenção dos mais altos padrões de assistência ao paciente. Tal dualidade exige capacidades e esforços organizacionais distintos.

A instituição desenvolveu e fez evoluir, ao longo de sua história, três capacidades internas capazes de sustentar os objetivos estratégicos mencionados: geração e incorporação de novos conhecimentos científicos, aquisição e uso eficaz de novas tecnologias e utilização e controle contínuo das melhores práticas em atendimento médico-assistencial.

No contexto da saúde, a evolução do conhecimento científico é muito rápida e afeta de maneira significativa a prática médico-assistencial. Os objetivos estratégicos da organização contemplam esse dinamismo e estabelecem que é preciso alcançar excelência na área de pesquisa com foco na aplicação clínica dentro das especialidades de oncologia, neurologia e cardiologia. Alguns exemplos recentes são: (1) cerca de 130 mil profissionais treinados, incluindo cursos e eventos nacionais e internacionais; (2) mais de 1.450 alunos matriculados nos cursos técnicos e de complementação, de graduação e de pós-graduação *lato sensu*; (3) 380 artigos publicados em revistas científicas indexadas, dos quais 198 ocorreram em revistas com alto valor de impacto; (4) Pesquisa: o Instituto de Ensino e Pesquisa do Hospital A tem mais de 240 estudos em desenvolvimento, com investimentos de R$ 18,5 milhões, sendo R$ 6,0 milhões do próprio hospital e o restante de fontes externas (agências e órgãos de fomento, doações e parcerias com o Ministério da Saúde e a indústria farmacêutica); e (5) cerca de 50 pesquisadores (incluindo pós-graduandos, pós-doutores e pesquisadores contratados) envolvidos em mais de 100 projetos de pesquisa em andamento, nos centros de Pesquisa Clínica, Pesquisa Experimental e Instituto do Cérebro.

A instituição adotou mecanismos externos e internos para a formalização e o controle de processos. No âmbito externo, é certificada pela ISO e credenciada pela *Joint Commission International*. Nos Estados Unidos, os pacientes e as seguradoras utilizam tal selo como parâmetro para escolher o hospital. Essa entidade, especializada na área da saúde, avalia critérios como prevenção e controle de infecções, melhoria da qualidade e da segurança do paciente, educação e qualificação de profissionais, cuidados do paciente, gerenciamento de informações, liderança e direção, entre outros. O Hospital A foi a primeira instituição fora dos Estados Unidos a receber o selo em 1999 e, desde então, foi recredenciada três vezes. Hoje, no Brasil, faz parte de um pequeno grupo de instituições de saúde que receberam a certificação.

No âmbito interno, a instituição implementou uma estrutura matricial que contempla funções corporativas de padronização e controle para a prática médica e a prática assistencial. Além disso, possui comitês multidisciplinares de qualidade, que se reportam ao Conselho de Administração, para as seguintes especialidades: oncologia, cardiologia e neurologia. Os comitês são responsáveis pela documentação de processos e rotinas, pela certificação das especialidades, pela identificação e minimização do risco legal e pela divulgação de indicadores de epidemiologia.

Desse modo o sucesso do Hospital A evidencia seu nível de excelência nacional e internacional que decorre de capacidades que foram construídas segundo um modelo organizacional abrangente. Por um lado, tal modelo prioriza a qualidade de processos, serviços e equipamentos atuais e, por outro, encoraja inovações que tanto os aperfeiçoam quanto os substituem, quando for indicado.

**Hospital B**

O Hospital B também tem sua origem ligada a uma sociedade beneficente e filantrópica que desenvolve ações integradas de saúde, de assistência e de ensino e pesquisa. Fundada há quase um século, trata-se de um esforço coletivo voltado a atender todas as pessoas, sem qualquer distinção social ou econômica. Esse cuidado está na origem do Hospital B e justifica sua reputação singular no segmento hospitalar. Afinal, ele focaliza seu trabalho na assistência médica diferenciada, que associa três fatores essenciais: cuidado próximo e humanizado, modernas instalações assistenciais e um corpo clínico de excelência.

O hospital conta com cerca de 480 leitos. O compromisso com a excelência, o conforto, a segurança e a modernidade são primordiais para a prestação de serviço e com isso todos ganham: o Corpo Clínico, os pacientes, os funcionários, os fornecedores etc. Para continuar cumprindo sua missão com qualidade e bons resultados, o Hospital B está constantemente aprimorando suas atividades. Para tanto, há pouco mais de um ano, deu início a um plano diretor de expansão de obras, que visa ao desenvolvimento e à ampliação planejada da Instituição para os próximos cinco anos, com revisões regulares.

Para dar suporte às atividades de assistência aos pacientes, são desenvolvidos diversos projetos nas áreas de ensino e pesquisa, com base na filosofia de que o exercício da prática médica só pode ser aprimorado quando se constrói e se compartilha o conhecimento. O Hospital B busca ampliar continuamente as fronteiras do conhecimento, no intuito de disponibilizar um cuidado de excelência médica a todos os pacientes.

Além do pilar institucional descrito, a filantropia constitui o pilar social do Hospital B e se baseia na importância que atribui à sua comunidade e em fazer mais para quem mais precisa. Esse processo se dá em conjunto com as políticas públicas de saúde voltadas aos cidadãos com pouco acesso a serviços de saúde de qualidade. A política estabelecida pelo hospital em seus projetos filantrópicos visa apoiar o Sistema Único de Saúde (SUS), para que ele se desenvolva e se consolide. Por esse motivo o Hospital B procura compartilhar o conhecimento que desenvolve ou adquire para que as políticas de saúde e as redes públicas de atenção médica tenham parâmetros eficazes e eficientes que possam garantir a universalidade e a integralidade da assistência aos cidadãos em geral.

A evolução da tecnologia, unida à geração de novos serviços médicos, bem como a necessidade da modernização das instalações, são características importantes e que fazem parte do planejamento geral da instituição, alinhado às estratégias do hospital. Nesse sentido, o superintendente do Hospital B afirma que esse planejamento integra a estratégia da instituição, detectando e implantando o que for necessário para atender às necessidades do sistema de saúde. Como parte do mesmo esforço, estão previstas obras de expansão das instalações físicas atuais em cerca de 60%.

O Hospital B também goza de excelente reputação na sociedade, que foi construída a partir das ações empreendidas ao longo de sua existência. O início das atividades hospitalares se deu na primeira metade da década de 1960; nos anos 1970 criou-se o centro de pesquisas, sempre muito atuante; em meados da década de 1990 foi inaugurado o setor de transplantes de órgãos e tecidos; e em 1998 teve início a moderna ala de oncologia. No ano 2000 realizou-se a primeira telecirurgia guiada por robô do Hemisfério Sul; e alguns anos depois o Hospital B começou a realizar exames com a tecnologia PET/CT (Tomografia por Emissão de Pósitrons), um dos mais notáveis avanços da medicina nuclear.

Em 2010, o mercado de turismo em saúde correspondeu a 4% do turismo mundial e, pensando nisso, o Hospital B buscou e alcançou acreditação internacional, uma vez que foi certificado pela *Joint Commission International* e pelo Consórcio Brasileiro de Acreditação (CBA). Para o superintendente do Hospital B, a acreditação por essas entidades constituem um elemento facilitador na conquista de clientes que buscam o Hospital B por meio de seu corpo clínico.

### Meio ambiente

O programa de gestão ambiental do Hospital B está voltado para todos os públicos relacionados a ele. Considera-se que os projetos de minimização dos impactos no meio ambiente e a conscientização ambiental são ferramentas fundamentais para a transformação social. Afinal, o hospital está localizado em uma grande metrópole – São Paulo – com diversos problemas ambientais causados em grande parte pela falta de consciência sobre a importância de se preservar os recursos naturais. Não se pode esquecer que todo o planeta convive atualmente com o desafio do uso sustentável de matérias-primas.

O Hospital B, em sua atividade, busca garantir a utilização racional dos insumos e o descarte adequado de resíduos comuns e hospitalares. Esse é um ponto importante para a instituição, e seu programa de gestão ambiental está estruturado em duas frentes: a) redução no consumo de água, energia elétrica e gás; e b) gerenciamento de resíduos.

### Capacidades internas

O Hospital B conta com um Departamento de Responsabilidade Social (DRS) que se configura como apoio importante aos novos projetos sociais da instituição e, além disso, está diretamente ligado à missão da sociedade beneficente que o criou. É reconhecido como organização social pelo município de São Paulo e pelo governo do Estado, e atualmente trabalha com foco na área assistencial por meio da gestão de equipamentos públicos de saúde. Com profissionais de excelência na área de gestão, controle financeiro e assistência médica, o instituto administra três unidades de saúde: duas dedicadas ao atendimento de urgências e emergências e uma voltada a especialidades como ortopedia, cardiologia, neurologia, endocrinologia, reumatologia e vascular.

Com essa atuação social, o Hospital B procura reforçar seu compromisso com o pioneirismo na gestão hospitalar e com o apoio ao desenvolvimento institucional do SUS. Esse modelo de gestão inovador é focado na eficiência dos resultados, na eficácia no atendimento dos profissionais de saúde e na transparência e prestação de contas regulares aos gestores do poder público, responsáveis pela saúde no município. Desse modo, todos os serviços estão voltados ao cuidado humanizado das pessoas atendidas pelo SUS para lhes garantir o acesso a uma saúde integral e resolutiva. Com o DRS o Hospital B oferece à sociedade todo seu potencial intelectual, técnico e funcional para assegurar o dinamismo na atenção pública à saúde.

No contexto da saúde, a evolução do conhecimento científico é muito rápida e afeta de maneira significativa a prática médico-assistencial. Por meio de sua unidade de ensino e pesquisa, o Hospital B conduz o acesso à atualização, ao aprimoramento médico e às novas descobertas na área da saúde. Essa unidade é responsável por gerar e difundir conhecimento a todos os profissionais de saúde. É orientada para a excelência da assistência à saúde com capacitações, cursos especializados de pós-graduação *lato sensu* e centros de treinamento equipados com moderna tecnologia e infraestrutura, voltados a diversas especialidades médicas, sejam elas clínicas ou cirúrgicas.

Atualmente a unidade de ensino e pesquisa conta com quase 6.000 m², distribuídos em dois andares onde se acomodam suas diversas instalações ligadas à produção e disseminação do conhecimento. O espaço é utilizado pelos médicos do corpo clínico do Hospital B, por outros profissionais de saúde da instituição e é dirigido também a ações de filantropia e responsabilidade social em parceria com o SUS.

**Questões**

1. Identifique os principais recursos que conferem vantagem competitiva ao Hospital A e ao Hospital B. Para cada um deles, em que medida os recursos são tangíveis ou intangíveis? Explique.
2. Utilizando o modelo VRIO, discuta de que maneira o Hospital B poderia sustentar sua vantagem competitiva perante o Hospital A e vice-versa.
3. Identifique as principais capacidades internas do Hospital A e do Hospital B. Como se assemelham e se distinguem? Elas podem ser copiadas por outros concorrentes?
4. Imagine-se como o gestor hospitalar de uma dessas instituições e, a partir dos dados oferecidos no caso e recorrendo a outras fontes, como os *sites* de hospitais de ponta e a mídia em geral, elabore um plano para obtenção de vantagens competitivas sustentáveis para o hospital escolhido.

# Referências

[1] SCHERER, F. M; ROSS, D. *Industrial Market Structure and Economic Performance*. Boston: Houghton Mifflin Company, 1990.

[2] PORTER, M. *Estratégia competitiva*: técnicas para a análise de indústrias e da concorrência. 7. ed. Rio de Janeiro: Campus, 1991.

[3] BARNEY, J. Firm Resources and Sustained Competitive Advantage. *Journal of Management*, v. 17, n. 1, p. 99-120, 1991.

[4] PENROSE, E. *The Theory of the Growth of the Firm*. Nova York: Wiley, 1959.

[5] WERNERFELT, B. The Resource-Based View of the Firm. *Strategic Management Journal*, v. 5, n 2, p. 171-180, 1984.

[6] PRIEM, R. L.; BUTLER J. E. Is The Resource-Based "View" a Useful Perspective for Strategic Management Research. *Academy of Management Review*, v. 26, n. 1, p. 22-40, 2001.

[7] BARNEY, J.; HESTERLY, W. S. *Administração estratégica e vantagem competitiva.* São Paulo: Pearson Prentice Hall, 2007.

[8] Disponível em: <http://www.petrobras.com.br/pt/quem-somos/perfil/>. Acesso em: 30 maio 2012.

[9] MILANEZE, K.; BATALHA, M. Análise da competitividade do setor calçadista do estado de São Paulo. *Revista de Administração da USP*, São Paulo, v. 43, n. 2, p. 162-175, abr./jun. 2008.

[10] SCHERER, F. O. *Limites, inovações e desenvolvimento nos relacionamentos de redes de pequenas empresas no Rio Grande do Sul.* 2007. Dissertação (Mestrado em Administração) – Universidade Federal do Rio Grande do Sul, Porto Alegre, RS, 2007.

[11] NORONHA, L. E. P. *Descrição da imagem da marca e os reflexos para sua gestão em uma sociedade em redes: o caso das marcas Harley-Davidson e Buell no Brasil.* 2010. Dissertação (Mestrado em Administração) – Universidade Paulista, São Paulo, SP, 2010.

[12] CRUZ, P.; BESSI, B. Novas empresas brasileiras na década. *Último Segundo*. Disponível em: <http://ultimosegundo.ig.com.br/retrospectiva2000a2010/novas+empresas+brasileiras+na+decada/n1237881895175.html>. Acesso em: 17 nov. 2011.

[13] Fusão AOL-Time Warner chega ao fim... e AOL não fará nenhuma falta. Disponível em: <http://www.nerdssomosnozes.com/2009/11/fusao-aol-time-warner-chega-ao-fim-e.html>. Acesso em: 17 nov. 2011.

[14] RONZERI, M. S. Estratégias na cadeia produtiva do café: uma análise de empresas e produtores do norte do Paraná. XV SIMPÓSIO DE ADMINISTRAÇÃO DA PRODUÇÃO, LOGÍSTICA E OPERAÇÕES INTERNACIONAIS, SIMPOI. *Anais...* São Paulo, 2010. FAVARIN, J. L. Cadeia produtiva do café. Departamento de Produção Vegetal, ESALQ/USP. Disponível em: <http://www.foxitsoftware.com>. Acesso em: 15 dez. 2011.

[15] BARNEY, J.; HESTERLY, W. S., op. cit., 2007.

[16] Id., Ibid.

[17] Disponível em: <http://pt.wikipedia.org/wiki/3M>. Acesso em: 19 dez. 2011. E disponível em: <http://www.busca.sebrae.com.br/search?q=fatores+de+sucesso&spell=1&output=xml_no_dtd&client=web_um&ie=UTF-8&proxystylesheet=sebrae2&site=web_all&access=p&lr=lang_pt&getfields=*&oe=UTF-8&filter=0&entsp=0>. Acesso em: 19 dez 2011.

[18] Disponível em: <http://aquintaonda.blogspot.com/2011/05/oxigenio-google-lideranca-oito-habitos.html>. Acesso em: 19 dez. 2011.

[19] BARNEY, J.; HESTERLY, W. S., op. cit., 2007.

[20] CHESBROUGH, H. *Inovação aberta: como criar e lucrar com a tecnologia*. Porto Alegre: Bookman, 2012.

[21] PRAHALAD, C. K.; HAMEL, G. The Competence of the Corporation. *Harvard Business Review*, Boston, p. 79-91, maio/jun. 1990.

[22] Id., Ibid.

[23] Id., Ibid.

[24] LEONARD-BARTON, D. *Wellsprings of Knowledge: Building and Sustaining the Sources of Innovation*. Boston: Harvard Business School Press, 1995.

## Capítulo 7

# Controle da estratégia e *Balanced Scorecard* (BSC)

- A importância do monitoramento e do controle da estratégia
- O *Balanced Scorecard* (BSC)
- Reflexões finais

## A importância do monitoramento e do controle da estratégia

A esta altura, é possível – ou até provável – que o leitor esteja com algumas dúvidas com relação à viabilidade de conduzir todo o processo de estratégia: ao seu final, a organização realmente conseguirá alcançar aquela situação que busca no futuro? É claro que não há nenhuma garantia de que isso ocorrerá somente pelo fato de se ter um processo de planejamento estratégico em curso na empresa. De fato, o que é tratado neste livro pode contribuir ou até mesmo facilitar esta longa jornada. No entanto, uma coisa é certa: caso a organização – ou mesmo as pessoas, em suas vidas diárias – não esteja atenta ao monitoramento ou ao controle da situação em que se encontra e à observação dos resultados que se têm atingido, não há meios de saber se serão cumpridos os objetivos, as metas e os planos estabelecidos (mesmo que sejam, na perspectiva pessoal, aquelas simples resoluções de ano-novo – perder os quilos a mais, parar de fumar, dentre outras – tão comuns e tão difíceis de serem atingidas...).

Assim, a mensuração do desempenho passa a ter um papel de destaque na vida das organizações, quaisquer que sejam sua natureza e características: privada ou pública; com ou sem fins lucrativos; pequena, média ou grande; de qualquer setor ou natureza de atividade. As decisões que serão tomadas devem ser baseadas no conhecimento que se tem da situação da organização (essência da gestão do desempenho); dessa forma, um bom processo de gestão pode reduzir os potenciais problemas da falta de dados ou da má qualidade destes, levando-se a um melhor entendimento da realidade.[1]

É nesse contexto que este capítulo é apresentado. Primeiro, vamos tratar da definição do que é desempenho (de que tanto se fala nas organizações!) e por que é fundamental gerenciá-lo. Na sequência, será explicado o que são os genericamente chamados modelos de mensuração de desempenho para serem introduzidos, em seguida, o *Balanced Scorecard*, uma das ferramentas de gestão mais conhecidas na atualidade, e seus principais elementos e, por fim, serão discutidas novas aplicações do BSC e tendências sobre este assunto e seu impacto na mensuração e na gestão do desempenho na organização. O objetivo, ao final do capítulo, é que o leitor tenha conhecido, como fruto deste primeiro contato com o tema, as importantes questões aqui tratadas e que isso possa levá-lo a ter uma postura mais efetiva nas suas atividades, no que se refere a sua aplicação em uma administração – que seja mesmo – estratégica.

## O que é desempenho e por que gerenciá-lo

Um dos termos mais utilizados em administração, tanto na literatura como na prática administrativa, é *desempenho*.[*] Esse termo pode ser definido, de uma forma mais estrita, como "um parâmetro usado para quantificar a eficiência e/ou a efetividade de uma ação passada,"[2] ou, de uma forma mais abrangente, como a "habilidade da organização na obtenção de suas metas, utilizando-se de seus recursos de um modo eficiente e eficaz."[3] Assim, o desempenho necessariamente passa por uma quantificação e por um monitoramento ou controle do que ocorre na organização.

Cabe aqui, também, destaque para dois termos fundamentais para o entendimento deste tema, citados acima, que comumente são tratados nos livros de introdução e de fundamentos de administração. São eles eficiência e eficácia. Eficácia é a "palavra usada para indicar que a organização realiza seus objetivos. Quanto mais alto o grau de realização dos objetivos, mais a organização é eficaz"; enquanto eficiência é a "palavra usada para indicar que a organização utiliza produtivamente, ou de maneira econômica, seus recursos. Quanto mais alto o grau de produtividade ou economia na utilização dos recursos, mais eficiente a organização."[4] Dessa forma, devem-se ter sempre em mente essas duas dimensões do desempenho. Apesar dos livros de estratégia, em geral, darem destaque à eficácia – claramente

---

[*] É importante ressaltar que a palavra desempenho é o correspondente em português ao termo em inglês *performance*, comumente utilizado nos textos. Portanto, deve-se tomar como mais apropriado o uso do termo em português, uma vez que é uma palavra reconhecida por todos.

em função de sua natureza ser mais diretamente relacionada à estratégia em si –, a eficiência também será muito relevante para a operação e para a sobrevivência da organização e deve estar presente nos processos e sistemas de gerenciamento.

Agora, já é possível se ter um melhor entendimento do que é a mensuração do desempenho. Neely, Adams e Kennerley[5] definem as ações relativas à mensuração de desempenho como aquelas que "permitem que decisões e ações sejam baseadas em informação, sendo tomadas porque se quantificam a eficiência e a efetividade de ações passadas, por meio da aquisição, coleta, classificação, análise e interpretação de dados apropriados". Em outras palavras, trata-se de um processo importantíssimo e complexo, que carece de muita cautela e de qualidade em sua realização, pois, como já vimos, será a partir daqui que virão os elementos que darão subsídio à tomada de decisões na organização.

A mensuração de desempenho como prática administrativa não é tão recente como se pode pensar a princípio. A literatura aponta que, desde bem antes dos primeiros estudos da administração clássica – cujo início se deu nos últimos anos do século XIX e nos primeiros anos do século XX, com Taylor e Fayol e os demais pioneiros no assunto –, já havia uma preocupação com o desempenho. No século XIII, em uma das primeiras versões do que viria a ser uma linha de montagem, no Arsenal de Veneza, porto na Itália pelo qual passava boa parte do comércio mundial na época, começou-se a se fazer a medição da produtividade para produção em larga escala,[6] algo que veio a ser uma característica marcante nas empresas industriais modernas.

Com a evolução dos negócios e, consequentemente, da administração, a preocupação, que antes era exclusiva à produção e ao controle, passa a se voltar para sistemas cada vez mais amplos e complexos, que hoje incluem modelos que focam em diferentes aspectos em sua concepção, como qualidade (com os prêmios nacionais de qualidade institucionalizados em vários países, como Deming, no Japão, Malcom Baldrige, nos Estados Unidos, e PNQ, no Brasil), gestão do conhecimento (*Skandia Navigator*), sustentabilidade (Sigma, *Sustainability, Scorecard* e *Performance Prism*), entre outros.[7]

Assim, a mensuração do desempenho na organização deve ser considerada como uma parte importante e como um dos resultados de um processo efetivo de planejamento estratégico. Desse modo, ela auxilia no monitoramento e, consequentemente, na escolha pela alta administração da natureza e do escopo dos contratos que ela negocia, tanto implícita como explicitamente, com seus *stakeholders*.[8]

Como resultado dessa evolução e crescimento deste assunto, um novo artigo científico é publicado sobre o tema a cada sete horas de um dia de trabalho; além disso, a quantidade de livros e aplicativos eletrônicos tem crescido muito, tornando a mensuração do desempenho das organizações um mercado multimilionário.[9]

Em um estudo realizado pela empresa de consultoria KPMG com 143 altos executivos dos setores público e privado, 93% deles acreditavam que a mensuração é eficiente em influenciar o desempenho da sua organização, mas apenas 51% encontravam-se satisfeitos com os sistemas de mensuração e gestão de desempenho em suas empresas[10] (essa discussão será novamente abordada no final deste capítulo).

Mas quais motivos poderiam levar uma organização à adoção de um sistema de mensuração de desempenho (SMD)? Em uma pesquisa realizada nos Estados Unidos, mostrou-se que a principal razão para a implantação ou a manutenção de um SMD se relaciona ao controle, seguido mais de longe de outros dois motivos, sua relação com o planejamento estratégico e a tomada de decisão.[11] Os resultados da pesquisa estão representados no Quadro 7.1.

**Quadro 7.1** Principais motivos para a implantação ou manutenção dos sistemas de mensuração de desempenho. (SMDs).

| Razão alegada | Frequência |
|---|---|
| Controle, avaliação dos indivíduos e do grupo | 30% |
| Planejamento estratégico | 19% |
| Tomada de decisão diária | 18% |
| Validação estratégica | 12% |
| Comunicação | 8% |
| Motivação e recompensa | 7% |
| Gestão do relacionamento com *stakeholders* | 3,5% |
| Relatórios legais e *compliance* | 2,5% |

*Fonte*: MARR, B.; NEELY, A.; BOURNE, M. Business Performance Measurement – What Is the State of Use in Large US Firms? *Performance Measurement and Management:* Public and Private Conference. Edinburgh, 2004.

Assim, a necessidade de controle estaria em primeiro lugar voltada para a implantação dos SMDs, talvez em função de ser realmente a primeira necessidade em termos de evolução das práticas nesse tema. E em segundo lugar como complemento ao planejamento estratégico, ratificando sua importância como parte fundamental da administração estratégica.

Como se vê, trata-se de uma situação interessante: o assunto parece ser considerado extremamente importante, há muitas pesquisas realizadas a respeito, as empresas estão acompanhando a evolução no tema e aplicando em seu dia a dia, e, no entanto, os administradores queixam-se de que não têm obtido os resultados esperados dessa atividade. Como entender por que isso acontece?

Uma possibilidade de explicação é que, para qualquer ação que se venha a implantar na empresa, é necessário conhecimento e reflexão sobre aquilo que está sendo trabalhado. Dessa forma, uma melhoria na qualidade na mensuração do desempenho depende desse primeiro passo. É disso que tratam os tópicos a seguir.

## Como fazer tudo isso? Implantando os SMDs nas organizações

A mensuração do desempenho e seu gerenciamento devem passar pelo que é chamado de istemas de mensuração de desempenho (SMDs). Eles funcionam como "um sistema de informações que os administradores usam para rastrear a implementação da estratégia do negócio, comparando-se os resultados reais aos objetivos e metas estratégicas."[12] Assim, cada organização teria seu próprio SMD, com características básicas e procedimentos semelhantes, mas partindo de contextos e recursos disponíveis diferentes.

> **Sistemas de mensuração de desempenho: uma abordagem abrangente**
>
> Um SMD constitui-se em "um conjunto de processos que uma organização usa para gerenciar a implementação de sua estratégia, comunicar sua posição e progresso e influenciar o comportamento e as ações de seus empregados. Isso exige a identificação dos objetivos estratégicos, medidas de desempenho multidimensionais, alvos e o desenvolvimento de uma infraestrutura de suporte".

*Fonte:* FRANCO-SANTOS et al. Towards a definition of a business performance measurement system. In: BOURNE, M.; KENNERLEY, M.; WALTERS, A. (Eds.). *Performance measurement and management: public and private conference Edinburgh*. UK: University of Cambridge, 2004. p. 401.

Dessa forma, eles atuam como peça fundamental para a administração estratégica de uma organização.

Os SMDs, por sua vez, são constituídos por um conjunto de métricas usadas para quantificar tanto a eficiência quanto a efetividade das ações.[13] Assim, essas métricas ou variáveis, que devem ser mensuradas e transformadas em medidas ou indicadores, devem ter três requisitos básicos:

1. As medidas devem ser sólidas para garantir o monitoramento dos fatores apropriados.
2. O sistema deve ter uma característica de totalidade, e não ser simplesmente uma coleção de medidas que não sejam necessariamente relacionadas.
3. O processo de gerenciamento de desempenho deve converter as medidas aferidas em ação que gere resultados.[14]

Assim, um bom SMD seria pensado a partir das necessidades da organização, com a implementação das medidas apropriadas para, em seguida, ser implementado de forma efetiva – com a definição dos sistemas e procedimentos para coleta e processamento dos dados. Em seguida, os resultados devem ser comparados com o planejamento estratégico, e todo o processo deve ser revisto e revisado periodicamente, em diferentes níveis. As revisões devem incluir todos os aspectos que sejam afetados por possíveis mudanças, com o propósito de assegurar que o alinhamento estratégico seja mantido.[15]

> **Como definir os sistemas de mensuração de desempenho**
> 
> Há quatro aspectos fundamentais para a definição dos SMDs:
> 
> 1. O propósito dos sistemas é transmitir informações, com o foco em dados, tanto financeiros como não financeiros.
> 2. Os sistemas representam rotinas e procedimentos formais, baseados em sistemas computadorizados e padronizados.
> 3. Os sistemas são desenhados para utilização dos administradores, e não simplesmente representam dados pontuais e específicos, do dia a dia.
> 4. Os sistemas devem manter ou alterar os padrões das atividades organizacionais, direcionando os padrões de eficiência, eficácia e melhorias de forma geral.

*Fonte*: Simons, R. *Performance measurement and control systems for implementing strategy*. Upper Saddle River: Prentice Hall, Inc., 2000. p. 4-5.

Como já foi dito, existem vários modelos de mensuração de desempenho e o mais famoso deles é o *Balanced Scorecard* (*BSC*). A partir de agora serão mais bem detalhados o que é o BSC e as vantagens de sua utilização nas organizações.

## O *Balanced Scorecard* (BSC)

Provavelmente o mais conhecido modelo de mensuração de desempenho seja o BSC, que surgiu no início da década de 1990. Naquele momento, o que se percebia era uma necessidade crescente de mudanças no cenário administrativo, em função dos problemas de competitividade enfrentados pelas empresas americanas diante de novas formas de gestão, principalmente aquelas vindas do Japão. Assim, era imperativo que não somente se tomassem novos caminhos na estratégia, mas também que houvesse forma de garantir que a estratégia seria alcançada. Foi quando Robert Kaplan, notório professor da Universidade de Harvard, e David Norton, um importante consultor no cenário empresarial nos Estados Unidos, desenvolveram o *Balanced Scorecard*, definindo-o como um meio pelo qual se traduziriam a missão e a estratégia da organização em objetivos e medidas, facilitando a comunicação, a informação e o aprendizado.[16] A partir da sua criação, o BSC passou rapidamente a ser adotado em larga escala por organizações no mundo todo. Já no ano de 1998, estimava-se que 60% das empresas presentes na relação da revista *Fortune* utilizavam ou tencionavam utilizar o BSC.[17] Em outra pesquisa, atestou-se que, de 1.910 empresas que atuavam nos Estados Unidos, 43% afirmavam utilizar o método criado por Kaplan e Norton.[18] Os próprios criadores do BSC asseveram que, em um estudo realizado pela empresa de consultoria Bain&Company, nos Estados Unidos, 55% das empresas já utilizavam o BSC, enquanto o mesmo estudo na Europa alcançou um percentual de 45%.[19]

Mas quais motivos teriam levado o BSC a ter uma aceitação tão rápida e um sucesso tão grande em escala mundial? O que se percebe é que a "simplicidade" do modelo – possivelmente aliada a uma grande capacidade comercial de comunicação e pela notoriedade dos seus autores, sem dúvida[20] – parece ter colaborado para tal disseminação do BSC. Assim, nas próximas páginas serão descritos a lógica e o funcionamento dessa ferramenta, de modo que se possa compreender as vantagens que ela traz e o porquê de sua popularidade.

## O BSC e o alinhamento estratégico[†]

Uma das grandes contribuições do BSC para a gestão estratégica tem sido apontada como a promoção do chamado alinhamento estratégico. A ideia é bastante simples – muito embora muitas vezes a sua realização ou implementação não o seja –, pois leva os executivos e os demais colaboradores da organização a enxergar mais claramente as relações entre o que é definido na estratégia corporativa e seus desdobramentos, seja nas unidades de negócios, seja nos departamentos ou áreas funcionais, seja até mesmo no nível do indivíduo. Dessa forma, tudo que viesse a ocorrer na organização teria uma "razão de ser", que poderia ser relacionada com os níveis imediatamente superior ou inferior do chamado mapa estratégico (o que são mapas estratégicos será explicado mais à frente). Por exemplo, se um dos objetivos no nível corporativo de uma empresa de bens de consumo é o aumento da receita de vendas, o desdobramento para as áreas poderia levar a objetivos como desenvolvimento de novos produtos, para a área de Pesquisa e Desenvolvimento; alocação de novas plantas produtivas, para a área de Operações; distribuição de produtos a mercados geograficamente distantes, para a área de Logística; aumento no treinamento para a força de vendas, para a área de Recursos Humanos e assim por diante, com esses objetivos relacionados com aquele principal.

Dessa forma, Kaplan e Norton, descrevem seu BSC como "uma ferramenta completa que traduz a visão e a estratégia da empresa num conjunto coerente de medidas de desempenho."[21] Para eles, o *Balanced Scorecard* seria o meio pelo qual se traduziriam a missão e a estratégia da organização em objetivos e medidas ou

---

[†] O Capítulo 8 discute, com maiores detalhes, a questão do alinhamento estratégico. Nesta seção, serão destacados apenas os pontos mais importantes para a compreensão deste capítulo.

indicadores, facilitando a comunicação, a informação e o aprendizado, permitindo esse desdobramento ou "cascateamento" das esferas estratégicas para a operação, como demonstra a Figura 7.1.

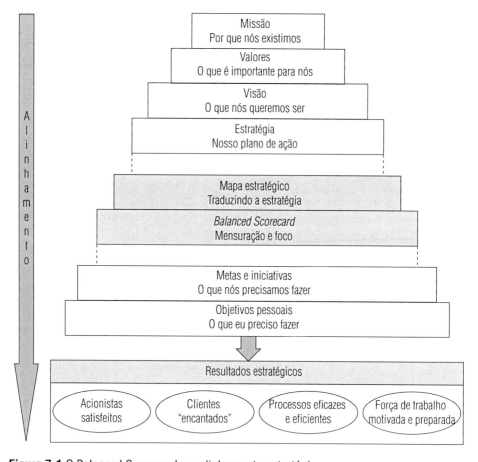

**Figura 7.1** O Balanced Scorecard e o alinhamento estratégico.
*Fonte*: Adaptação de KAPLAN, R. S.; NORTON, D. P. *Strategy maps*. Boston: Harvard Business School Press, 2004.

Como já citado, uma importante contribuição do *Balanced Scorecard* para a organização seria o alinhamento entre os processos administrativos-chave e a estratégia,[22] o que pode ser atingido se o processo for realizado de acordo com o que é demonstrado na figura acima.

Com o passar do tempo, e a publicação de diversos livros e artigos, Kaplan e Norton ampliam o conceito do BSC, apontando os cinco princípios que devem ser seguidos para que uma organização tenha um foco estratégico efetivo, como apresentado no Quadro 7.2 a seguir.

**Quadro 7.2** Contribuições do *Balanced Scorecard* para o alinhamento estratégico.

| Contribuições do BSC | Aspectos importantes |
|---|---|
| Traduzir a estratégia em termos operacionais | ■ Descrever a estratégia (uso dos mapas estratégicos).<br>■ Identificar e explicitar as relações de causa e efeito (como os ativos intangíveis se transformam em resultados financeiros).<br>■ Selecionar o *scorecard* de indicadores não financeiros. |
| Alinhar a organização à estratégia | ■ Integrar as estratégias das unidades de negócios, áreas funcionais ou indivíduos à estratégia corporativa.<br>■ Promover a sinergia de recursos, conhecimentos e competências entre as diferentes áreas.<br>■ Utilizar os assuntos estratégicos como instrumento de gestão e comunicação, substituindo os tradicionais relatórios financeiros. |
| Transformar a estratégia em tarefa de todos | ■ Difundir a estratégia com o uso de diferentes canais de comunicação.<br>■ Educar toda a equipe sobre o negócio e a estratégia da empresa.<br>■ Definir *scorecards* individuais a partir dos *scorecards* organizacionais.<br>■ Vincular o sistema de remuneração e recompensas na consecução dos *scorecards* individuais e organizacionais. |
| Converter a estratégia em um processo contínuo | ■ Elaborar o orçamento a partir de objetivos e iniciativas estratégicos.<br>■ Avaliar periodicamente a estratégia competitiva.<br>■ Criar uma cultura organizacional que estimule o aprendizado estratégico em todos os níveis da empresa.<br>■ Criar sistemas de informação e análise que possibilitem ao usuário criar relatórios gerenciais para a avaliação do desempenho da empresa. |
| Mobilizar a mudança por meio da liderança | ■ Ter como patrocinador um alto executivo, que desempenhará o papel de líder do processo.<br>■ Dar autonomia aos integrantes da equipe responsável pela implementação do BSC, para que atuem como líderes do processo junto aos colaboradores da organização.<br>■ Mobilizar a equipe de colaboradores para que adquiram senso de propriedade do processo do BSC.<br>■ Implementar modelo de governança corporativa inspirado no BSC. |

*Fonte*: Criado pelo autor, baseado em KAPLAN, R.S.; NORTON, D. P. Transforming the balanced scorecard from performance measurement to strategic management: Part II. *Accounting Horizons*, v. 15, n. 2, p. 147-160, June 2001.

Assim, os autores apontam para as vantagens do uso do BSC e também justificam sua utilização como a "pedra angular do sistema gerencial de uma organização", com benefícios significativos a partir dos seguintes processos-chave:

- Esclarecimento e atualização da estratégia.
- Comunicação da estratégia a toda a organização.
- Alinhamento das metas de departamentos e indivíduos à estratégia.
- Identificação e alinhamento das iniciativas estratégicas.
- Associação dos objetivos estratégicos com as metas de longo prazo e os orçamentos anuais.
- Alinhamento das revisões estratégicas e operacionais.
- Obtenção de *feedbacks* para fins de conhecimento e aperfeiçoamento da estratégia.[23]

Como se percebe, o *Balanced Scorecard* vai além do tradicional enfoque financeiro e complementa a mensuração do desempenho da estratégia da organização com a utilização de enfoques não financeiros, embora não tenha sido a primeira metodologia que assim procedesse.[24] Tal característica consolidou sua relevância com o seu uso como sistema de controle estratégico, além do natural emprego como sistema de mensuração, que tinha sido anteriormente sua origem.[25]

## A estrutura do BSC

Em sua estrutura original, o BSC apresenta quatro perspectivas diferentes: *financeira*, relativa aos acionistas; *clientes*, relativa aos clientes e aos consumidores da organização e à proposta de valor oferecida; *processos internos*, elementos relativos às várias atividades que levariam à satisfação do cliente e do acionista; e *aprendizado e crescimento*, aspectos relativos às pessoas da organização e à seu desenvolvimento, em função das estratégias organizacionais. As quatro perspectivas "equilibram os objetivos de curto e longo prazos, os resultados desejados e os vetores de desempenho desses resultados, as medidas concretas e as medidas subjetivas mais imprecisas."[26] Cada uma das perspectivas deve atender a um objetivo principal – correspondente a uma questão a ser respondida – e é composta de medidas, ou seja, aquilo que deverá ser analisado em termos de desempenho, como apresentado no Quadro 7.3 a seguir.

**Quadro 7.3** Perspectivas do *Balanced Scorecard*.

| Perspectivas do *Balanced Scorecard* | Questões a serem respondidas | Medidas gerais |
|---|---|---|
| Financeira | Para sermos bem-sucedidos financeiramente, como devemos aparecer para nossos acionistas? | Retorno sobre investimentos e valor econômico adicionado |
| Clientes | Para atingirmos nossa visão, como devemos aparecer para nossos clientes? | Satisfação, fidelização, participação de mercado |
| Processos internos | Para satisfazermos nossos acionistas e clientes, em que processos de negócio devemos ser excelentes? | Qualidade, tempo de resposta, custo e introdução de novos produtos |
| Aprendizado e crescimento | Para atingirmos nossa visão, como deveremos sustentar nossa capacidade de mudar e melhorar? | Satisfação dos empregados e disponibilidade dos sistemas de informação |

*Fonte*: Adaptação de KAPLAN, R. S.; NORTON, D. P. *A estratégia em ação – Balanced Scorecard*. Tradução de Luiz Euclides Trindade Frazão Filho. 13. ed. Rio de Janeiro: Campus, 1997.

Dessa forma, caso se obtenham resultados positivos para as várias medidas (ou indicadores), pode-se ter uma importante referência em termos do desempenho – em cada perspectiva e em toda a organização –, respeitando-se o alinhamento estratégico, fundamental para a gestão estratégica, como já foi comentado.

De acordo com a proposta do BSC, a estratégia e a visão da organização são condições estabelecidas, *a priori*, as quatro diferentes perspectivas do *Balanced Scorecard* "equilibram os objetivos de curto e longo prazos, os resultados desejados e os vetores de desempenho desses resultados, as medidas concretas e as medidas subjetivas mais imprecisas,"[27] conforme ilustrado na Figura 7.2.

Os criadores da metodologia buscam estabelecer relações de causa e efeito entre os vários elementos dentro das quatro perspectivas, configurando as inter-relações entre os indicadores de desempenho[28] e relacionando o processo de mensuração com o planejamento estratégico (objetivos e metas) e a execução (ações). Portanto, os indicadores de desempenho são parte importantíssima de um SMD e são o tema do próximo tópico.

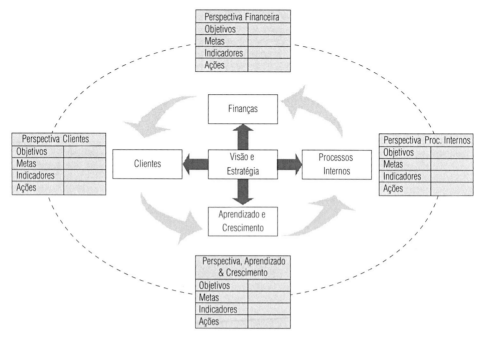

**Figura 7.2** As quatro perspectivas do *Balanced Scorecard*.

*Fonte*: Adaptação de KAPLAN, R. S.; NORTON, D. P. *A estratégia em ação – Balanced Scorecard*. Tradução de Luiz Euclides Trindade Frazão Filho. 13. ed. Rio de Janeiro: Campus, 1997. p. 10.

## O BSC e os indicadores de desempenho

Um dos possíveis motivos para o sucesso do BSC é que ele traz, de forma integrada, diferentes formas de ver o processo de mensuração na organização. Esse enfoque multidimensional pode ser entendido a partir de alguns fatores importantes. Primeiro, em função das crescentes dificuldades de obtenção de largas margens de lucro, o desempenho, com base nos mercados, passou a ser considerado um importante direcionador para o crescimento futuro, com uma valorização de variáveis externas à organização, como vendas, por exemplo. Em segundo lugar, a utilização de métodos com facetas distintas permitiria que se percebessem as sutilezas das organizações, perante uma crescente avidez de informações mais amplas por parte dos analistas e investidores. Finalmente, deve-se considerar a ascendência do papel do consumidor e das inovações feitas pelas organizações para atendê-los nas mais diversas frentes.[29]

Assim, com a evolução dos negócios, da administração e da complexidade que isso envolve, percebeu-se que a tradicional mensuração feita somente com indicadores financeiros não seria mais suficiente para as necessidades das organizações.

Com isso, há uma tendência crescente de se utilizarem indicadores de desempenho que sejam de natureza não financeira, devido a uma série de possíveis limitações quanto ao uso de indicadores financeiros, como:

- Têm uma perspectiva histórica voltada ao passado.
- Apresentam falta de capacidade preditiva.
- Recompensam comportamentos possivelmente incorretos e voltados ao curto prazo.
- Não permitem uma ação.
- Apreendem as mudanças-chave no negócio somente tardiamente.
- São agregados e sumarizados demais para guiar uma ação administrativa.
- São muito departamentalizados, em vez de interfuncionais.
- Não consideram efetivamente os aspectos intangíveis.[30]

Assim, o BSC busca harmonizar indicadores financeiros e não financeiros. Além disso, traz outros dois tipos de indicadores na sua estrutura: *lagging* e *leading indicators*. Para Kaplan e Norton,[31] "um bom *Balanced Scorecard* deve ser uma combinação adequada de resultados (*lagging* ou indicadores de ocorrências) e impulsionadores de desempenho (*leading* ou indicadores de tendências) ajustados à estratégia [...]". Os autores destacam a diferença entre essas duas categorias de indicadores, *lagging* e *leading*, da seguinte forma:

**Indicadores *lagging***: Refletem resultados de processo já realizados, em geral, resultados financeiros (também chamados de medidas de resultado), e são mais associados à perspectiva financeira e relacionados a eventos passados, como lucratividade, participação de mercado, satisfação dos clientes e outros.

**Indicadores *leading***: Refletem resultados de processos que têm seus desdobramentos no futuro (também chamados de direcionadores do desempenho) e que "refletem a singularidade da estratégia" de uma organização ou unidade de negócios, que são, portanto, específicos para cada organização.

Ao seguir as recomendações anteriores, é possível estabelecer um BSC bem desenhado que permite um balanço entre objetivos de curto e longo prazos, medidas de resultado (*lagging*) e de processo (*leading*) e medidas objetivas e subjetivas.[32] Dessa forma, pode-se ter uma definição clara do "que" deve ser mensurado. E assim é possível estabelecer um "mapa" do desempenho da organização, tal como apresentado na seção a seguir.

## O BSC e os mapas estratégicos

Kaplan e Norton têm continuamente desenvolvido seus conceitos sobre o BSC, ampliando o seu uso. Outro aspecto levantado pelos autores recai sobre o uso dos chamados mapas estratégicos, que seriam uma "representação visual das relações de causa e efeito entre os componentes da estratégia de uma organização" e significariam uma evolução dos conceitos anteriores do BSC.[33]

Os autores afirmam que a elaboração dos mapas estratégicos deve se basear nos seguintes princípios:

- A estratégia equilibra forças contraditórias (articulação dos conflitos entre objetivos financeiros de curto prazo e de aumento da receita de longo prazo).
- A estratégia baseia-se em proposição de valor diferenciada para os clientes (a satisfação dos clientes é a fonte de criação de valor sustentável para a organização).
- A criação de valor se dá por meio dos processos internos (as atividades de gestão operacional, gestão dos clientes, inovação e atividades regulatórias e sociais promovem a criação de valor).
- A estratégia compõe-se de temas complementares e simultâneos (a identificação e a prática desses temas geram benefícios e crescimento sustentáveis à organização).
- O alinhamento estratégico determina o valor dos ativos intangíveis (o capital humano, o capital da informação e o capital organizacional), que devem estar alinhados com a estratégia, permitindo que a empresa tenha "uma capacidade de mobilizar e sustentar o processo de mudança necessário para executar a sua estratégia"[34].

Uma vez seguidas essas premissas, a elaboração do mapa estratégico permite à organização perceber e determinar como os ativos intangíveis alavancam o crescimento e a sustentabilidade na criação e no fornecimento de valor para clientes, acionistas e demais *stakeholders*.[35]

A Figura 7.3 apresenta um exemplo de mapa estratégico com a representação do *Balanced Scorecard* de uma organização hipotética.

Na Figura 7.3, pode-se perceber mais claramente como se dá o alinhamento estratégico com a utilização dos mapas estratégicos e dos demais componentes de um SMD. A partir da visualização da estratégia da empresa e de sua decomposição nos fatores críticos de sucesso, passam a ser definidos objetivos, metas e as consequentes atividades para o cumprimento da estratégia.

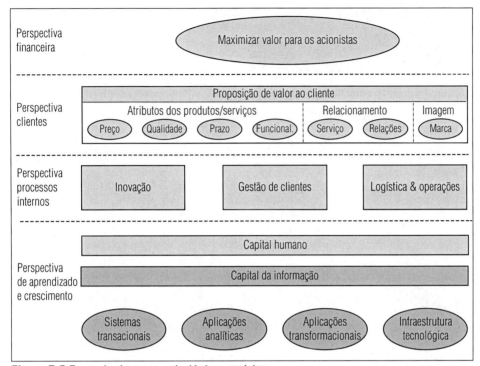

**Figura 7.3** Exemplo de mapa estratégico genérico.
*Fonte*: KAPLAN, R. S.; NORTON, D. P. *Strategy maps*. Boston: Harvard Business School Press, 2004.

Assim, o mapa estratégico seria a referência para a comunicação da estratégia e conteria todos os demais elementos a ele associados: missão (proposta de valor ao cliente), objetivos ou fatores críticos, metas e planos de ação, incluindo as relações de causa e efeito que ocorrem nos processos das organizações. A Figura 7.4 representa um exemplo com destaque para o desdobramento, desde a estratégia geral da empresa (baseada em excelência operacional) até o nível das ações, reforçando a ideia do alinhamento estratégico.

No exemplo – uma empresa aérea com uma estratégia de baixo custo operacional –, menos aviões em operação resultaria em menores custos, aumentando a rentabilidade prevista; por sua vez, uma preparação em solo mais rápida levaria a um maior "giro" dos aviões, aumentando a produtividade e reduzindo a necessidade de mais aviões, novamente levando a menores custos; por fim, para que se tenha uma operação de solo rápida, o pessoal responsável por essa atividade deve estar totalmente alinhado com o porquê de fazer isso; para chegar lá, programas de treinamento podem melhorar o tempo de operação, completando o ciclo. Assim, definida a lógica do alinhamento, parte-se para o estabelecimento de metas e de indicadores para verificar se os resultados estão de acordo com o planejado e, consequentemente, se a estratégia planejada será efetivada ou não.

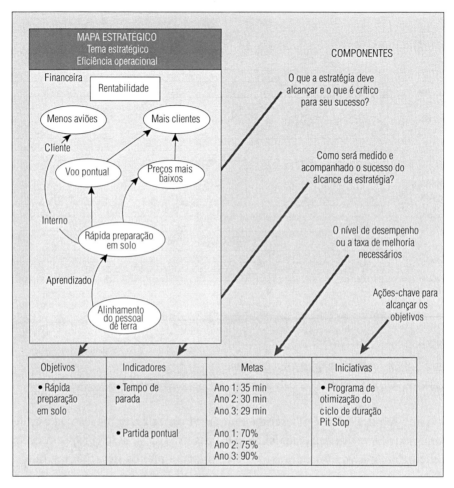

**Figura 7.4** Desdobramento do mapa estratégico.

Fonte: Baseada em KAPLAN, R. S.; NORTON, D. P. *A estratégia em ação – Balanced Scorecard*. Tradução de Luiz Euclides Trindade Frazão Filho. 13. ed. Rio de Janeiro: Campus, 1997. KAPLAN, R. S.; NORTON, D. P. *Strategy maps*. Boston: Harvard Business School Press, 2004.

Percebe-se aqui que a administração é, de fato, estratégica se a organização respeita alguns pontos importantes no que se refere à questão do desempenho, os quais foram apresentados neste capítulo. No dia a dia, é possível perceber que muito já foi realizado – embora uma boa parte das empresas ainda trate o tema de forma embrionária –, mas há ainda muito o que melhorar. Na próxima seção, serão levantados outros aspectos que podem contribuir para as discussões desse assunto no futuro.

## Novos usos e tendências para o BSC

Como já foi visto, o BSC tem sido amplamente utilizado nas organizações. No entanto, Kaplan e Norton[36] sugerem que o seu *Balanced Scorecard* seja utilizado simultaneamente com outras ferramentas, que seriam compatíveis entre si e ajudariam na melhoria do desempenho organizacional, como o custo baseado em atividades (*activity-based cost*), a gestão do valor para o acionista (*shareholder value management*), que inclui técnicas como *economic-value added* (EVA), e a administração da qualidade total (*total quality management* – TQM). Além disso, os autores alertam para a necessidade de consenso e de apoio da alta administração para a introdução do seu *Balanced Scorecard*.[37]

Apesar da consolidação e da disseminação do uso das quatro perspectivas do BSC, já citadas (financeira, clientes, processos internos e aprendizado e crescimento),‡ alguns autores apontam a necessidade de uma mudança na construção de um novo *Balanced Scorecard*. Para Bieker, por exemplo, existiriam cinco perspectivas, e não apenas quatro: sociedade, financeiro, clientes, processos e aprendizado. A primeira perspectiva, sociedade, abrangeria os resultados que ultrapassassem os próprios limites da organização, caracterizando uma orientação para questões próprias de aspectos relacionados à sustentabilidade. De acordo com o autor, esse enfoque poderia proporcionar "um alto potencial para a gestão da sustentabilidade corporativa" e fornecer importantes medidas para os vários *stakeholders* da organização.[38]

Assim, os conceitos de sustentabilidade causariam uma grande mudança no escopo da mensuração. Esse contexto levaria ao uso do *Balanced Scorecard* Sustentável,§ que seria o caminho de chegar a um índice de sustentabilidade para a organização, e, desse modo, permitiria o acesso às informações por parte dos *stakeholders* envolvidos,[39] o que seria um novo desenvolvimento na aplicação do BSC e um importante avanço na mensuração do desempenho organizacional.

---

‡ É importante salientar que os próprios criadores afirmam que o BSC pode (e deve) ser desenhado de formas diferentes, de acordo com a situação, e sua utilização não pode ser vista como uma "camisa de força", ressaltando a flexibilidade da aplicação do BSC (KAPLAN R. S.; NORTON, D. P. *A estratégia em ação – Balanced Scorecard*. Tradução de Luiz Euclides Trindade Frazão Filho. 13. ed. Rio de Janeiro: Campus, 1997.

§ Casos de aplicação do *Balanced Scorecard* Sustentável foram analisados por diferentes autores, como, por exemplo, um caso em que se descrevia o que ocorrera em uma empresa brasileira (KAPLAN, R. S.; REISEN DE PINHO, R. *Amanco*: developing the sustainability scorecard. Boston, MA: Harvard Business School, 2008).

## Reflexões finais

Para concluir este capítulo, apontamos a necessidade de entender e implementar um efetivo controle do desempenho e da estratégia. Caso esse processo não atinja os resultados esperados, podem ocorrer problemas relacionados a dificuldades de comunicação e de alinhamento; ineficácia dos sistemas de informação e falta de critérios objetivos para a remuneração variável, dentre outros.

Além dos pontos anteriores, deve-se destacar também o papel das pessoas na mensuração de desempenho. Elas são parte fundamental dos processos, tanto no que se refere a concepção, implementação e desenvolvimento dos SMDs, como também como usuários e participantes nas atividades diárias de coleta de dados, análise e tomada de decisão. Em outras palavras, os sistemas dependerão do conhecimento e da participação efetiva das pessoas para alcançarem os resultados que deles se esperam.

Uma observação importante: as premissas aqui adotadas não são consenso entre os pesquisadores. Talvez a maior crítica feita à abordagem estruturada e formalizada do planejamento estratégico venha de Mintzberg (1994).[40] Os autores apontam que, ao tratar os processos de planejamento dessa forma, pode-se cair em três falácias: (1) a **falácia da predeterminação**, em que se desconsidera a imprevisibilidade do ambiente externo à empresa, levando à pouca precisão na identificação do "futuro" da empresa; (2) a **falácia do desligamento**, em que se criticam os processos de planejamento (formulação) realizados a distância da ação (implementação), gerando uma dicotomia entre a formulação e a implementação da estratégia; e (3) a **falácia da formalização**, em que os sistemas formais serão incapazes de "internalizar, compreender ou sintetizar" as informações. Assim, principalmente neste último caso, os SMDs teriam sua eficácia comprometida e seu papel posto em dúvida, de acordo com a posição dos autores.

Finalmente, deve-se ressaltar que a mensuração do desempenho carece de novos processos e novas estruturas que lhe deem o suporte necessário para que se torne uma nova filosofia dentro das organizações.[41] O entendimento desse contexto é fundamental para o desenvolvimento do tema, como já foi destacado, e também pode desfazer uma percepção ruim em relação ao nível de satisfação com relação à efetividade da mensuração do desempenho. Além disso, o conhecimento e uma postura crítica e reflexiva por parte dos gestores podem contribuir para a melhoria esperada na gestão estratégica das organizações.

## Questões de revisão

1. Por que as empresas devem implantar sistemas para mensurar e controlar o seu desempenho? O que pode acontecer caso não o façam?
2. Qual a diferença entre eficiência e eficácia? Por que é importante entender essa diferença?
3. Quais as principais características do *Balanced Scorecard*?
4. Por que o alinhamento é muito importante para o controle da estratégia?
5. Qual a diferença entre indicadores *lagging* e *leading*? Dê exemplos.
6. Qual a importância das pessoas nos processos de mensuração de desempenho das organizações?

## Estudo de caso

### Petrobras S.A.

A Petrobras é conhecida como uma das maiores e mais importantes empresas brasileiras. Desde sua fundação, há mais de 50 anos, a empresa tem tido importante papel não só no desenvolvimento econômico do país, mas também em aspectos importantes nas áreas social e ambiental. Hoje, a Petrobras é um dos grandes *players* no setor petrolífero, especificamente, e no setor de energia, em geral, em todo o mundo. É também reconhecida como detentora de importante *know-how* para extração de petróleo em águas profundas e por ser importante formadora de mão de obra extremamente especializada e de alta qualidade.

Em função de sua importância, também a Petrobras tem passado por relevantes mudanças no que se refere a sua estratégia. Uma dessas grandes mudanças ocorreu em 2001, quando se decidiu pela implantação do *Balanced Scorecard*, como ferramenta de controle e de comunicação da estratégia, processo que contou com o apoio de empresas de consultoria[1] e que vem demonstrando bons resultados em termos de promoção do alinhamento da estratégia[2].

Dessa forma, o processo de implantação do BSC deu origem ao mapa estratégico da Figura 1. Pode-se reparar que a declaração de visão para 2015 (definida anteriormente e hoje já modificada) encabeça e direciona o mapa. As quatro perspectivas originais do BSC também estão contempladas e são dispostos os objetivos principais da empresa, estabelecendo as esperadas relações de causa e efeito.

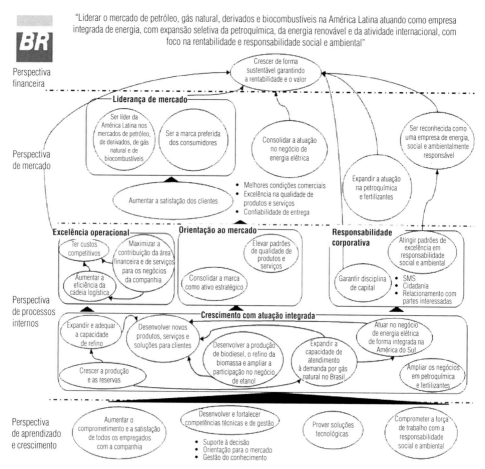

**Figura 1** Mapa estratégico da Petrobras.

Fonte: JERONIMO, C. P.; RAMOS, N. M.; MOURA, J. M. de. Uma análise da implementação do BSC na Petrobras. *Revista Cadernos de Administração*, n. 1, jan./jun. 2008.

### Perguntas

A partir da leitura e da análise do mapa estratégico da Petrobras e com base nos conceitos vistos no texto, responda às seguintes perguntas:

1. De acordo com o mapa estratégico da Petrobras, quais os pontos críticos no que se refere aos seus processos internos?
2. Quais resultados são importantes para serem alcançados, tanto em termos mercadológicos quanto para a sociedade em geral?
3. O mapa estratégico está alinhado com a declaração de visão/missão para 2015?
4. Sendo a nova visão da Petrobras "Em 2020 seremos uma das cinco maiores empresas integradas de energia do mundo e a preferida pelos nossos públicos de interesse" (citada no Capítulo 1, na seção *A missão da empresa*), o que deve mudar em seu mapa estratégico? Por quê?

[1] JERONIMO, C. P.; RAMOS, N. M.; MOURA, J. M. de. Uma análise da implementação do BSC na Petrobras. *Revista Cadernos de Administração*, n. 1, jan./jun. 2008.
[2] VILLAS, M.; FONSECA, M.; MACEDO-SOARES, T. D. L. A. Assegurando o alinhamento estratégico da tecnologia de informação e comunicação: o caso das unidades de refino da Petrobras. *RAP*, Rio de Janeiro, v. 40, n.1, p. 127-53, jan./fev. 2006.

# Referências

[1] MASON, R. O.; SWANSON, E. B. (Eds.). *Measurement for management decision*. Reading, Mass.: Addison-Wesley Pub. Co., 1981.

[2] NEELY, A.; ADAMS, C.; KENNERLEY, M. *The performance prism*: the scorecard for measuring and managing business success. Londres: Prentice Hall, 2002.

[3] DAFT, R. L.; MARCIC, D. *Understanding management*. Versailles: Thomson – South-Western, 2004.

[4] MAXIMIANO, A. C. A. *Introdução à administração*. São Paulo: Atlas, 2004.

[5] NEELY, A.; ADAMS, C.; KENNERLEY, M., op. cit., p. xiii.

[6] BRUDAN, A. Integrated performance management: linking strategic, operational and individual performance. *PMA Conference 2009*, Nova Zelândia, 2009.

[7] HOURNEAUX JR., F. Avaliação de desempenho organizacional: estudo de casos de empresas do setor químico. 2005. Dissertação (Mestrado)–Universidade de São Paulo (USP), São Paulo, 2005.

[8] ATKINSON, A. A.; WATERHOUSE, J. H.; WELLS, R. B. A. Stakeholder approach to strategic performance measurement. *Sloan Management Review*, v. 38, n. 3, p. 25, Spring, 1997.

[9] NEELY, A., op. cit., p. 3, 2007.

[10] DRICKHAMER, D. Next generation performance measurement. *Industry Week*, v. 251, n. 6, p. 14, July 2002.

[11] MARR, B.; NEELY, A.; BOURNE, M. Business performance measurement – what is the state of use in large us firms? *Performance Measurement and Management: Public and Private Conference*. Edinburgh, 2004.

[12] SIMONS, R. *Performance measurement and control systems for implementing strategy*. Upper Saddle River: Prentice Hall, Inc., 2000.

[13] NEELY, A. D.; GREGORY, M. J.; PLATTS, K. Performance measurement system design. A Literature Research and Research Agenda. *International Journal of Operations and Production Management*, v. 15, n. 4, p. 80-116, 1996.

[14] RUMMLER, G.; BRACHE, A. P. *Melhores desempenhos das empresas – uma abordagem prática para transformar as organizações através da reengenharia*. Tradução de Katia Aparecida Roque. 2. ed. São Paulo: Makron Books, 1994.

[15] BOURNE, M. C. S. at al. Designing, implementing and updating performance measurement systems. *International Journal of Operations and Production Management*, v. 20, n. 7, p. 754-772, 2000.

[16] KAPLAN, R. S.; NORTON, D. P. *A estratégia em ação – Balanced Scorecard*. Tradução de Luiz Euclides Trindade Frazão Filho. 13. ed. Rio de Janeiro: Campus, 1997.

[17] DEBUSK, G. K.; BROWN, R. M.; KILLOUGH, L. N. Components and relative weights in utilization of dashboard systems like the Balanced Scorecard. *The British Accounting Review*, v. 35, p. 215-231, 2003.

[18] MAISEL, L. S. Performance measurement practices survey results: executive summary. *American Institute of Certified Public Accountants, Inc.*, 2001. Disponível em: <http://ftp.aicpa.org/public/download/cefm/perfmeas.doc>. Acesso em: 28 jan. 2004.

[19] KAPLAN, R. S.; NORTON, D. P. Building a strategy-focused organization. *Balanced Scorecard Report*, v. 1, n. 1, p. 1-6, Sept./Oct. 1999.

[20] KENNY, G. Strategy: balanced scorecard – why it isn't working. *New Zealand Management*, Auckland, p. 1-32, 2003.

[21] KAPLAN, R. S.; NORTON, D. P., op. cit., 1997, p. 24.

[22] KAPLAN, R.S.; NORTON, D. P. Transforming the balanced scorecard from performance measurement to strategic management: Part II. *Accounting Horizons*, v. 15, n. 2, p. 147-160, June 2001.

[23] Id., ibid., p. 147-156.

[24] DEBUSK, G. K; BROWN, R. M.; KILLOUGH, L. N., op. cit., p. 217.

[25] KAPLAN, R. S.; NORTON, D. P., op. cit., 1997, p. 19.

[26] Id., ibid., p. 26.

[27] Id., ibid., p. 26.

[28] Id., ibid., p. 30-31.

[29] MORGAN, R. E.; STRONG, C. A. Business performance and dimensions of strategic orientation. *Journal of Business Research*, v. 56, p. 166, 163-176, 2003.

[30] ITTNER, C. D.; LARCKER, D. F. Innovations in performance measurement: trends and research implications. *Journal of Management Accounting Research*, v. 10, p. 205-238, 1998. 34p.

[31] KAPLAN, R. S.; NORTON, D. P., op. cit., 1997, p. 156.

[32] SIMONS, R., op. cit.

[33] KAPLAN, R. S.; NORTON, D. P. *Strategy maps*. Boston: Harvard Business School Press, 2004. p. 10.

[34] Id., Ibid., p. 10-14.

[35] Id., Ibid., p. 14.
[36] KAPLAN, R. S.; NORTON, D. P., op. cit., 2001, p. 156-158.
[37] KAPLAN, R. S.; NORTON, D. P., op. cit., 1997, p. 308.
[38] BIEKER, T. *Managing corporate sustainability with the balanced scorecard*: developing a balanced scorecard for integrity management. 2002. Paper apresentado a Oikos PhD Summer Academy – Sustainability, Corporations and Industrial Arrangements, 2002. p. 2-20.
[39] HUBBARD, G. Measuring organizational performance: beyond the triple bottom line. *Business Strategy and the Environment*, v. 19, p. 177-191, 2009.
[40] MINTZBERG, H. *The rise and fall of strategic planning: reconceiving roles for planning, plans, planners*. Nova York: The Free Press, 1994.
[41] ECCLES, R. G. The Performance measurement manifesto. *Harvard Business Review on Measuring Corporate Performance*. Boston, Harvard Business School Publishing, p. 25-41, 1998.

Capítulo 8

# Alinhamento estratégico e estratégias de cooperação

- Alinhamento estratégico
- Estratégias de cooperação

# Alinhamento estratégico

## Origem do conceito de alinhamento estratégico

Alinhar significa dispor um conjunto de objetos em uma sequência reta, formando uma linha ou fila. Também vem à mente, quando se fala em alinhamento, a existência de uma direção, um traçado. Em certos contextos, alinhar-se a algo também pode significar aderir a um projeto, ideia ou atividade.

No ambiente empresarial, o termo alinhamento geralmente é empregado para indicar que os recursos da organização estão dispostos e são utilizados de forma que ela alcance seus objetivos eficientemente. Os recursos da empresa compreendem suas instalações, equipamentos, empregados, prestadores de serviço, fornecedores etc. Ter esses recursos alinhados significa também que as pessoas da firma dividem uma mesma visão de futuro e ideia da missão da empresa, bem como da forma como realizá-la.

Conseguir uma visão de futuro plausível e definir a missão da empresa, como já foi dito no Capítulo 1, não são procedimentos simples, nem indolores. Ir além desses dois pontos e estabelecer objetivos, metas e formas de verificar se a empresa está indo na direção certa, igualmente, não é coisa fácil. Informar e conscientizar a empresa toda de tudo isso – lembrando que a empresa pode ser uma corporação com diversas unidades de negócio e milhares de empregados –, orientando e motivando as pessoas, é mais difícil ainda e, por isso, é para muitos talvez a principal atribuição de um CEO. Não são poucos os que creem que apenas os verdadeiros líderes são capazes de dar conta dessa tarefa.

A discussão sobre o alinhamento estratégico, no entanto, é mais ampla do que esses aspectos mencionados, ligados a liderança, motivação e comprometimento. Esse tema também abriga questões ligadas à estrutura que a empresa possui e que deve servir de base para que ela realize sua estratégia e atinja até mesmo o próprio conceito de firma, que, nas suas diversas dimensões e funções, pode ter processos e recursos alinhados ou não.

Embora as pesquisas e os textos sobre alinhamento sejam relativamente recentes, datando do final do século XX, segundo o que acaba de ser visto, pode-se concluir que desde a publicação dos trabalhos de Taylor, de uma forma ou de outra, a preocupação com o alinhamento sempre esteve presente. Os dois nomes que inicialmente merecem ser citados, por terem abordado o assunto, deixando contribuições significativas, cada um na sua área, são Henry Ford (Figura 8.1) e Alfred Chandler.

Ford, na função de empresário, mudou a forma de produzir automóveis, e suas ideias foram mais tarde aproveitadas em praticamente todos os produtos manufaturados. Antes de Ford, os carros eram fabricados em um local fixo no chão de fábrica, para onde os trabalhadores traziam e montavam todos os seus componentes. Via de regra, o novo automóvel deixava o local onde foi produzido andando, ou melhor, rodando.

Ford criou a linha de montagem: colocava, em uma linha que se movimentava, o futuro veículo, que ia sendo montado por trabalhadores que permaneciam em postos de trabalho fixos e executavam tarefas específicas (geralmente, poucas). No modelo anterior, o carro não se movia, e os trabalhadores, sim. Na produção fordista, o carro se movimentava, e os trabalhadores, não. Os trabalhadores de Ford eram mais especializados e executavam tarefas repetitivas, com maior produtividade. Dessa forma, Ford levou a manufatura a um grau de alinhamento inédito.

**Figura 8.1** Henry Ford, seu modelo T e a linha de montagem.

Chandler, na função de pesquisador, tratou o alinhamento de forma diferente da utilizada por Ford, preocupando-se em entender a relação entre a estrutura que as firmas possuem para produzir e suas estratégias. Isto é, Chandler preocupou-se verdadeiramente com o alinhamento estratégico, investigando se as empresas possuíam estruturas em sintonia com as estratégias que se propunham a seguir.

## Evolução da perspectiva do alinhamento estratégico

O trabalho mais conhecido de Chandler[1] chama-se *Strategy and structure* e foi publicado em 1962. Nesse livro, Chandler apresenta os resultados de uma pesquisa efetuada, entre 1948 e 1959, com um conjunto de empresas que incluía as 50 maiores empresas americanas desse período. A pesquisa buscou relações entre a estrutura das empresas, suas estratégias e seus desempenhos. A conclusão foi que as empresas cujas estruturas estavam alinhadas com suas estratégias apresentavam um desempenho superior. Além disso, como a pesquisa acompanhou as empresas por dez anos, foi possível observar que as estruturas das empresas mudavam gradualmente de forma que se ajustassem às suas estratégias.

Das conclusões do trabalho de Chandler, surgiu a máxima de que "a estrutura segue a estratégia" (ou, na versão em inglês, a mais conhecida *structure follows strategy*), o que, na prática, significaria que os executivos deveriam primeiro formular as estratégias que considerassem mais adequadas e depois modificar a estrutura da empresa, alinhando-a com a estratégia. Um exemplo disso seria o de uma empresa que produz bens de consumo e, com o objetivo de expandir seu mercado, adota a estratégia de comercialização de seus produtos na região nordeste do Brasil (onde originalmente não atuava) e, para isso, investe em um centro de distribuição nessa região. A estrutura estaria, assim, seguindo a estratégia. Diversos pesquisadores dedicaram-se a dar continuidade ao estudo de Chandler.

Talvez dentre eles o de maior impacto tenha sido Rumelt,[2] que acompanhou as 500 maiores empresas americanas entre 1959 e 1969 e, em 1974, publicou o livro *Strategy, structure and economic performance*. Rumelt aprofundou as investigações de Chandler identificando dois tipos de estrutura nas empresas, assim como duas estratégias.

Os tipos de estrutura identificados eram a funcional e a divisional. Na estrutura funcional, há uma divisão do trabalho, e as pessoas que realizam atividades semelhantes são agrupadas, trabalhando em um grupo restrito cujo trabalho tem pouca variação e é especializado.[3] Nessa estrutura, a empresa é dividida em áreas especializadas em determinadas funções, como marketing, produção, finanças, RH etc.

Na estrutura divisional, em vez de as pessoas se agruparem segundo funções semelhantes, elas se reúnem porque lidam com um mesmo produto (ou linha de produtos), constituindo uma unidade organizacional.[4] Uma empresa química poderia ter, por exemplo, uma divisão que produz aditivos para carros e outra, que fabrica produtos de limpeza.

As estratégias encontradas por Rumelt[5] foram a diversificação – que, segundo Ansoff,[6] corresponde à atuação da empresa com novos produtos e mercados – e a verticalização, que ocorre "quando uma empresa produz seus próprios insumos (integração para trás) ou a sua própria fonte de distribuição de produtos (integração para a frente.)"[7]

A pesquisa de Rumelt[8] revelou que as empresas que têm estratégias de diversificação se encaminham para estruturas divisionais, e as que optam por estratégias de verticalização tendem a possuir estruturas funcionais. Tendo constatado isso, Rumelt considerou que havia alinhamento entre estrutura e estratégia quando a empresa seguia uma estratégia de diversificação e tinha estrutura divisional e quando optava pela verticalização e possuía estrutura funcional, conforme se observa no Quadro 8.1.

**Quadro 8.1** Alinhamento estrutura – estratégia.

|  |  | Estratégia | |
|---|---|---|---|
|  |  | Diversificação | Verticalização |
| Estrutura | Funcional | Não alinhada | Alinhada |
|  | Divisional | Alinhada | Não alinhada |

*Fonte*: Elaborado pelos autores.

Ao verificar a relação entre a existência de alinhamento e resultado econômico, Rumelt observou que as empresas que não estavam alinhadas apresentavam resultados inferiores, o que, de certa forma, confirmou o trabalho anterior de Chandler.[9]

Entretanto, até hoje há polêmica com relação à máxima "a estrutura segue a estratégia", por vários motivos. Uma primeira razão para isso é que essa expressão, no fundo, parece sugerir que as empresas podem alterar suas estruturas com certa facilidade, o que não é verdade. Uma mudança na estrutura da firma é difícil, envolve custos – muitas vezes elevados – e pode não dar certo. Outros motivos seriam a existência de mais possibilidades de estrutura atualmente do que na época das primeiras pesquisas sobre o assunto, também se pode considerar que resumir a estratégia de uma empresa a umas poucas possibilidades pode ser restritivo demais, e, ainda, o fato de que as empresas e os segmentos econômicos são tão diferentes e tantos que os estudos existentes não são suficientes para uma conclusão válida para todas as situações possíveis.

### Abordagens do processo de alinhamento estratégico

A partir do conceito de alinhamento estratégico, baseado na relação entre estratégia e estrutura, é possível uma primeira concepção de sua abrangência e importância para as organizações, quaisquer que sejam. Entretanto, o alinhamento estratégico compreende outras dimensões de abordagem, incluindo relações de menor amplitude do que a estrutura, envolvendo instâncias mais táticas e operacionais de quaisquer empreendimentos. Nesse sentido, outras formas ou configurações de alinhamento estratégico devem ser reconhecidas e focalizadas em uma organização.

Uma perspectiva conveniente e interessante de compreensão do alinhamento estratégico em uma dada organização se dá por meio de uma abordagem de diferentes vetores organizacionais, que integram a operação e o processo de um negócio e, nesse sentido, demandam um funcionamento conjugado (ou subordinado) à visão estratégica da organização, ou seja, de acordo com a estratégia adotada (Figura 8.2).

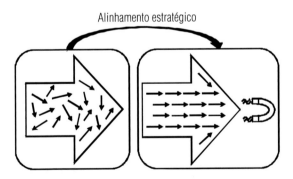

**Figura 8.2** Esquema de alinhamento estratégico.
*Fonte*: Elaborada pelos autores.

As dimensões do negócio, desse modo, devem ser entendidas como as diferentes formas de descrição de uma organização e de sua operação, como sua estrutura, sua cultura, sua tecnologia e suas operações, entre outras perspectivas. "Na dimensão operações, por exemplo, uma característica de alinhamento poderia ser sua flexibilidade, pelo emprego de um processo como o *just-in-time*."[10]

## Alinhamento estratégico – perspectiva de Kaplan e Norton

A literatura sobre estratégia apresenta diferentes modelos de descrição ou apreciação de instâncias organizacionais. Kaplan e Norton[11] propõem uma concepção dessas instâncias, associadas fundamentalmente ao conceito de alinhamento estratégico. Essa abordagem destaca a relação entre ativos intangíveis organizacionais, como capital humano, e o processo de alinhamento estratégico. Nesse sentido, três dimensões fundamentais são elencadas para o alinhamento estratégico entre ativos intangíveis e a estratégia: (1) funções estratégicas, (2) portfólio estratégico de tecnologia da informação e (3) agenda de mudanças organizacionais. O alinhamento estratégico (ou organizacional numa perspectiva estratégica de orientação integrada) pode ser entendido como um processo de implementação e gestão de posturas, visões e ações direcionadas, coerente e conjugadamente, para objetivos organizacionais, desenhados estrategicamente, ou seja, adotados segundo uma compreensão da vitalidade da organização no curto, médio e longo prazo.

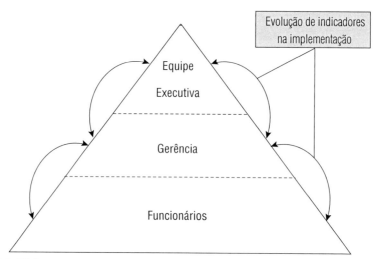

**Figura 8.3** Alinhamento de metas pessoais – conceito de medição.
*Fonte*: Elaborada pelos autores.

Dessa forma, segundo Kaplan e Norton,[12] os *drivers* para o alinhamento, seja no nível individual, seja no organizacional, estão associados à definição de metas de processos, departamentos e colaboradores, entre outras dimensões, alinhadas aos objetivos do negócio. A Figura 8.3 esboça um processo de alinhamento de metas pessoais, entendidas como métricas de desempenho em relação a objetivos fixados pela organização.

## Alinhamento estratégico e tecnologia da informação

Uma compreensão de particular interesse no reconhecimento e na operacionalização do alinhamento estratégico se dá pela abordagem desse processo, segundo uma perspectiva baseada na tecnologia da informação (TI). Em outras palavras, uma visão estratégica da estrutura da TI pode prover um modelo de alinhamento estratégico.

Esse modelo é constituído por quatro domínios:

1. Estratégia empresarial.
2. Estratégia da tecnologia da informação.
3. Processos e infraestrutura organizacionais.
4. Processos e infraestrutura de sistemas de informação.

O construto foi desenvolvido segundo duas dimensões básicas: (a) integração estratégica e (b) integração funcional. O alinhamento resulta da composição cruzada das duas dimensões. A perspectiva teórica de alinhamento estratégico é balizada segundo quatro conceitos fundamentais:

1. Consistência na análise do domínio cruzado.
2. Exaustividade da análise.
3. Validade do processo.
4. Abrangência do processo.

A função da TI, em razão da velocidade de seu desenvolvimento, vem sendo progressivamente expandida, em particular pela sua importância na instrumentalização da estratégia de organizações.[13] Desse modo, naturalmente o crescimento dos aportes financeiros em TI, nesse contexto, demanda seu retorno em termos de resultados. Entretanto, os efeitos da evolução da TI apresentam dificuldades de mensuração econômica, segundo Strassman.[14] Da mesma forma, o estabelecimento de correlações entre investimento em TI e aumento da eficiência não indicou significância em termos nacionais.[15] No nível da empresa, os resultados também não têm oferecido indicações incontestes de relação.

É razoável admitir que as estratégias organizacionais e de TI devam ser integradas e coerentes. Mesmo considerando que essa afirmação tenha se consolidado como uma perspectiva de referência para gestores e estudiosos, o caráter da integração entre essas duas dimensões (estratégia de negócio e estratégia de TI) não se encontra efetivamente estabelecido na literatura. Ou seja, o conceito de integração, como plataforma de conexão entre estratégia de negócio e de TI, vem sendo utilizado sem a necessária estrutura de referência conceitual.

A proposta de John C. Henderson e N. Venkatraman[16] aborda a natureza desse vínculo (entre estratégia de negócio e estratégia de TI) como alinhamento. Essa perspectiva pode ser caracterizada em termos de duas dimensões fundamentais e seu alinhamento:

- **Integração estratégica:** alinhamento entre os domínios do ambiente externo (mercado e ambiente de inserção) e do ambiente interno (organização, recursos e processos), incorporando a perspectiva de organização e estratégia de sistemas abertos.[17]
- **Integração funcional:** alinhamento entre os domínios de negócios e de TI, movimento consistente com a tendência recente em direção à integração das diferentes funções para alcançar vantagem competitiva.
- **Alinhamento cruzado de domínios:** integração das relações entre os domínios ao longo das duas diagonais da matriz, implícita nas dimensões de integração estratégica e funcional.

A Figura 8.4 exibe o modelo conceitual proposto por Henderson e Venkatraman,[18] envolvendo alinhamento entre estratégia da organização e estratégia de TI, destacando-se a existência de dois domínios cruzados.

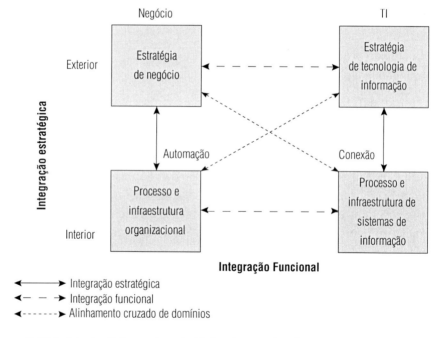

**Figura 8.4** Modelo de alinhamento estratégico da organização – tecnologia da informação.
*Fonte*: Adaptação de HENDERSON e VENKATRAMAN.[19]

## Modelos de dimensões organizacionais

O modelo proposto por Motta,[20] que compreende, de forma abrangente, as diferentes instâncias associadas à teoria organizacional, é particularmente interessante em função de sua descrição estruturada de dimensões organizacionais. O maior mérito da proposição de Motta reside na clareza de seu delineamento das diversas dimensões organizacionais, que servem de sustentação ou referência para as demais dimensões. Em outros termos, os referenciais da dimensão estratégica estão presentes nas demais dimensões abordadas da empresa. Nesse sentido, Motta[21] define as dimensões organizacionais: estratégica, estrutural, tecnológica, humana, cultural e política.

### Dimensão estratégica

A dimensão estratégica está associada, diretamente, à missão e aos objetivos da organização. Essa dimensão, em geral, é compreendida como uma instância deliberada pelo negócio e, nesse sentido, interveniente nas cinco outras dimensões da organização em função da estratégia. Em outras palavras, procura-se construir uma análise ou apreciação dos efeitos decorrentes nas demais dimensões organizacionais que as condicione (ou as alinhe) à estratégia organizacional.

### Dimensão estrutural

A dimensão estrutural relaciona-se ao sistema/processo de autoridade e responsabilidade formalmente estabelecido. A alteração da estrutura da organização é condicionada à necessidade de mudança da forma de distribuição da autoridade e da responsabilidade. O alinhamento da estrutura à estratégia, de fato, é a essência do conceito de alinhamento por Chandler. Em relação a essa dependência, Zaccarelli et al.[22] exemplificam com o caso da Coca-Cola, uma empresa que possui no alto do organograma uma função destinada à administração da marca, que é sua principal vantagem competitiva.

### Dimensão tecnológica

A dimensão tecnológica pode ser associada a aspectos como tecnologia dos processos produtivos e administrativos, alocação de recursos, divisão de trabalho e racionalidade das práticas adotadas. O encaminhamento de transformações organizacionais, motivadas por perspectivas ou objetivos estratégicos, determina a consideração da necessidade de mudanças tecnológicas e de gestão sobre as consequências desse processo. O alinhamento da tecnologia à estratégia pode ser reconhecido à medida que a primeira favorece a segunda, ou seja, na condição em que a tecnologia oferece sustentação efetiva ao desenvolvimento da estratégia e/ou potencializa a vantagem competitiva preconizada pela estratégia. Um exemplo de alinhamento desse tipo seria um negócio cuja vantagem competitiva se baseasse na segurança da condução de carga, adquirir tecnologia de ponta no acompanhamento remoto de transportes rodoviários internacionais.

## Dimensão humana

A dimensão humana parte da compreensão da organização como um sistema social, resultante da composição de indivíduos e agrupamentos (grupos formais e informais), focos centrais da perspectiva dessa dimensão. Alterações nessa dimensão, motivadas por um esforço de alinhamento à estratégia, implicam mudanças de visão, de atitude e de comportamento dos indivíduos. Nesse sentido, as ações de transformação estão condicionadas ao conhecimento dos grupos e à habilidade para intervenções neles. Existe alinhamento estratégico nessa dimensão quando posturas (atitude e comportamento) do grupo potencializam implementação ou desenvolvimento da estratégia. Um exemplo desse tipo de alinhamento se dá em uma situação em que, a partir de uma estratégia baseada em oferta de produtos básicos de baixo custo, gestores e funcionários priorizam controle e ações de redução de custos permanentemente.

## Dimensão cultural

A dimensão cultural pressupõe a organização vista como um conjunto compartilhado de tradições, valores, costumes, símbolos e visões individuais e coletivas. Mudanças nessa dimensão demandam, fundamentalmente, empenho e disposição para ações de transformação coletiva de percepções individuais e compartilhadas, latentes na organização. A dimensão cultural pode ser considerada alinhada à estratégia em contextos em que valores, hábitos, símbolos e crenças associados à organização concorrem para implementação e/ou execução da estratégia. A respeito desse tipo de alinhamento, um exemplo emblemático ocorreu na Johnson & Johnson, na década de 1920, quando se determinou que todos os escritórios deveriam ser pintados na cor branca, como uma ação de alinhamento, vinculando o conceito de higiene à cultura da organização.

## Dimensão política

A dimensão política constitui a perspectiva, segundo a qual, a organização é apreendida enquanto um sistema ou uma configuração de poder, em que pessoas e grupos buscam expandir sua influência nas esferas de decisão. O alinhamento entre essa dimensão e a estratégia envolve necessariamente redistribuição do poder. Em outras palavras, esse movimento exige credibilidade e imparcialidade do agente de mudança, por parte dos atores organizacionais, além de poder efetivamente implementar alterações. Por essa razão, não raro considera-se o envolvimento de um terceiro (como uma consultoria), patrocinado pelo *board* da organização. Entende-se a presença de alinhamento da dimensão política à estratégia fundamentalmente quando não se verifica ameaça ou vulnerabilidade da estrutura de poder pela estratégia. Exemplo significativamente citado na literatura é o da Avon, cujas competências estratégicas e vantagem competitiva baseiam-se fundamentalmente na distribuição, de forma coerente concentra o poder na diretoria de distribuição.

### Alinhamento: dimensão estratégica X demais dimensões

O alinhamento estratégico, entendido como o processo de integração coerente entre as dimensões organizacionais, significa operacionalmente o esforço de composição de referências e parâmetros dessas dimensões, assegurando consistência das diferentes instâncias de existência organizacional (estratégica, estrutural, tecnológica, humana, cultural e política). Do ponto de vista mais instrumental, pode-se entender que o alinhamento envolve a definição de indicadores e metas superordenados, que garantem uma perspectiva integrada de objetivos, prioridades e ações, articulada entre as dimensões componentes da organização.

Deve-se reconhecer que se enfatiza a dimensão estratégica como a plataforma de alinhamento para as demais dimensões, e o alinhamento estratégico (ou seu estágio) pode ser avaliado a partir do grau de influência ou de orientação das demais dimensões estratégicas.

## Estratégias de cooperação

### Alianças estratégicas

A composição entre duas ou mais organizações vem se tornando uma configuração progressivamente frequente na dinâmica dos negócios. Resultante de diferentes vetores, como recrudescimento da concorrência, expansão do poder dos consumidores e combinação de competências essenciais, esse arranjo constitui uma alternativa estratégica, potencialmente viável, de expansão de limites de competitividade. Essa constituição conjugada de negócios até então independentes é tratada, em geral, como aliança estratégica, embora também seja chamada de parceria, *joint venture* ou fusão, em função de características específicas.

Em geral, as alianças estratégicas decorrem da fixação de objetivos e estratégias compartilhadas entre duas ou mais empresas, e o período de atuação conjunta ou integrada pode ter um horizonte temporal limitado ou não, *a priori*. A permuta ou a combinação de competências, domínios de conhecimento e/ou tecnologia conduz ao conceito central de busca e estabelecimento de vantagens competitivas sustentáveis. O exemplo do veículo urbano de passeio Smart, resultado da *joint venture* entre Mercedes e SMH (fabricante dos relógios suíços Swatch), apresentado em 1997 ao mercado europeu no Salão de Frankfurt, ilustra como a união de competências de duas organizações (Mercedes: construção e distribuição de veículos; Swatch: miniaturização de conjuntos e componentes), balizadas num propósito comum, levou ao desenvolvimento e à oferta de um novo conceito de produto.

Alianças estratégicas podem ser caracterizadas, conforme Lorange e Roos,[23] segundo atributos específicos de sua constituição, como apresentados a seguir:

- Nacionalidade e grau de cooperação entre as empresas.
- Contribuição de cada empresa decorrente de sua cadeia de valor.
- Escopo geográfico e missão (em sentido de cadeia de valor).
- Exposição a riscos fiduciário e ambiental.
- Relativo poder de barganha e propriedade.

Uma alternativa de caracterização de alianças estratégicas seria a utilização de um *continuum* de integração vertical entre organizações, limitado por transações em um mercado livre ("mercado") e internalização total ("hierarquia"), como representado na Figura 8.5.

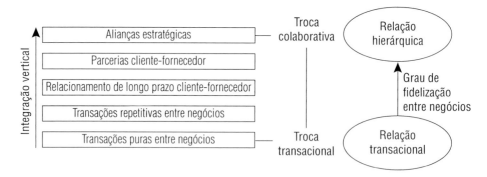

**Figura 8.5** Espectro de relacionamento entre negócios
*Fonte*: Elaborada pelos autores.

A apreciação dessa escala indica que integrações verticais mais intensas correlacionam-se com condições de integração mais profundas entre organizações, aspecto que sugere maior potencial de estabelecimento de vantagens competitivas associadas a riscos superiores.

Alguns autores, como Lewis,[24] defendem que a expansão do potencial de acesso a fatores de operação do negócio (estrutura, recursos e processos) e o alcance de vantagens competitivas sustentáveis para alianças estratégicas tendem a ser superiores aos de qualquer empresa isolada, a princípio. Desenvolvimento de novos produtos, capacidade de redução de custos, internalização de tecnologias, ampliação de escala e acesso a novos mercados constituem opções de amplificação da capacidade competitiva de parcerias de negócios.

Uma perspectiva da maior importância, que deve ser reconhecida, é a redução de riscos para cada organização componente na aliança estratégica. O caráter de união de operações ou composição da participação de diferentes empresas numa parceria implica divisão de riscos incidentes e estímulo ao enfrentamento de decisões, cujos riscos ou incertezas poderiam descredenciar cada uma das organizações isoladamente na busca de soluções para tais dificuldades.

Nesse sentido, deve-se reconhecer que os riscos em uma aliança estratégica incorporam aqueles vinculados à eficácia do resultado da operação conjunta entre organizações, condição de previsão inviável durante a decisão de estabelecimento da parceria. Uma relação compartilhada entre negócios alcança sucesso no que diz respeito aos seus objetivos se sustentada em credibilidade e ajuste mútuo, realização de esforços de adaptação interorganizações ao longo do tempo.

Esse processo de manutenção, ajuste e reconstrução da relação permanentemente determina um efeito fundamental na parceria: a contaminação de problemas (e soluções) entre parceiros. Dificuldades de gestão, inadequação de modelos de gestão, inconsistência de políticas de remuneração podem comprometer a relação entre parceiros e a operação de ambos.

Considerando a intensidade de integração entre operações ou, como definem Lorange e Roos,[25] o grau de interdependência entre as organizações, é possível classificar a modalidade de aliança estratégica (Figura 8.6).

**Figura 8.6** Interdependência entre parceiros em alianças estratégicas.
*Fonte*: Elaborada pelos autores.

A constituição de uma aliança estratégica naturalmente não pode ser entendida como um processo e decisão simples, envolvendo obstáculos e desafios de vários tipos e magnitudes. Aspectos ou temas associados, por exemplo, às dimensões estratégica, estrutural, tecnológica, humana, cultural e política certamente se apresentam como questões de complexidade elevada, demandando – por parte das organizações envolvidas – esforço relevante na identificação de soluções e ajustes sustentáveis. Exemplos de dificuldades culturais em alianças entre negócios de diferentes países, de dificuldades políticas em alianças que esbarram em regulamentações governamentais, entre outras, sugerem que o estabelecimento de parcerias está condicionado a competências estratégicas de ajuste, gestão e manutenção de acordos e arranjos instituídos nessas alianças.

## O modelo de coopetição

Embora, nos dias de hoje, muitos repitam quase como um mantra que "os negócios são uma guerra" e cheguem até mesmo a buscar inspiração para essa guerra em autores militares como Sun Tzu[26] ou Clausewitz,[27] uma observação atenta do ambiente empresarial, em geral, e de alguns setores, em especial, sugere que isso não é necessariamente verdade.

Os autores de marketing insistem que é preciso ouvir os clientes.* E, para isso, bilhões de dólares são gastos no mundo todo em pesquisas de opinião dos clientes. Nas áreas de operações e logística, as empresas formam parcerias com seus fornecedores e buscam formas de coordenar suas atividades para ganhar produtividade e cortar custos. Aliás, empresas tidas como inovadoras e como exemplos, até mesmo investem em seus fornecedores, capacitando-os a produzir melhores insumos e compartilhando riscos – veja o exemplo da Toyota e das firmas que produzem suas autopeças. Essas alianças e parcerias, investimentos e cooperação logicamente envolvem gastos elevados.

Por outro lado, quando Michael Porter[28] apresentou seu modelo das cinco forças, ficou claro que o conceito de concorrência estava sendo expandido. Segundo esse modelo (abordado no Capítulo 5), concorrentes não são apenas as empresas que concorrem diretamente, ofertando produtos semelhantes aos mesmos mercados. Qualquer um – empresa ou pessoa – que tente se apropriar do lucro da empresa deveria ser considerado um concorrente. Como os clientes e os fornecedores disputam o lucro da empresa – os primeiros pedindo descontos e os segundos tentando subir os preços –, eles também são concorrentes. De acordo com a visão de que "os negócios são uma guerra", isso seria, no mínimo, um paradoxo. Afinal, parece não fazer sentido gastar fortunas para agradar ou fazer aliar-se com os concorrentes, isto é, os inimigos.

Um olhar atento para alguns setores da economia mostra que há casos em que o sucesso de uma empresa pode estar ligado ao sucesso de outras empresas. A

---

* Peter Drucker, um dos mais conhecidos autores de administração, chegou a dizer que marketing é enxergar a empresa do ponto de vista dos clientes.

área da informática é um desses casos. Quando a Intel lança um novo chip para microcomputadores, com um preço superior, os demais envolvidos na produção e na comercialização de microcomputadores poderiam considerar que esse lançamento fosse um ato de um concorrente, ou de um inimigo. No entanto, um chip mais poderoso permite que a Microsoft aperfeiçoe seus programas – o que atrairá mais compradores – e a Dell tenha um computador mais moderno para oferecer, o que deve aumentar suas vendas. Obviamente, não se trata de questionar as ideias de Porter, mas sim de reconhecer que seu modelo pode ser aprimorado – ou complementado –, de forma que abrigue situações específicas, que ocorrem com certa frequência no ambiente empresarial.

Brandenburguer e Nalebuff,[29] pesquisadores da área de estratégia, propuseram um novo conceito destinado a explicar e ajudar os executivos a lidar com essas situações. Trata-se da ideia da "coopetição", aliás, o mesmo nome do livro por eles publicado. Segundo esses autores, "a maioria das empresas só é bem-sucedida se outras também o forem."[30]

A proposta de Brandenburguer e Nalebuff não deve ser encarada como uma oposição pura e simples à "guerra nos negócios". Os próprios autores lembram que continuam existindo disputas acirradas entre clientes e fornecedores, e empresas continuam disputando participação de mercado e vendas em geral. Inclusive, a área da informática, que exemplifica como os bons resultados de uma empresa podem ajudar outras, também pode ser usada para mostrar o contrário: afinal, os avanços do chamado sistema "wintel" (computadores com chips Intel e sistema operacional Windows) não são considerados um fato positivo pela Apple, que oferece produtos destinados às mesmas necessidades, mas com outra plataforma tecnológica.

Provavelmente, nesta altura do texto, o leitor estará fazendo uma pergunta: "afinal, negócios são guerra ou paz?". Brandenburguer e Nalebuff[31] respondem a essa pergunta afirmando que o "negócio é cooperação quando o objetivo é criar um bolo e concorrência quando chega a hora de dividi-lo" e citam Ray Noorda, fundador da empresa de software Novell, que disse que nos negócios "você tem que competir e cooperar ao mesmo tempo".

É interessante notar que esse conceito de cooperação e concorrência não possui conflito teórico com o modelo de Porter,[32] uma vez que as cinco forças, de forma geral, analisam a concorrência a partir de uma perspectiva estática (uma foto do ambiente em um dado momento ou período), e a ideia da coopetição envolve uma perspectiva temporal, considerando momentos diferentes na vida de um produto ou de uma empresa (a criação do bolo e a sua posterior divisão).

Brandenburguer e Nalebuff, de forma bem-humorada, sustentam que nos negócios não é preciso ser Átila, o Huno, tampouco São Francisco de Assis e sugerem um manual, que resumiria os princípios da coopetição:

Você pode competir sem ter de matar a oposição. Se a luta for de morte, destruirá o bolo, não restará nada a ser capturado – ambos os lados saem perdendo. Do mesmo modo, você pode cooperar sem ignorar seu autointeresse. Afinal, não é inteligente criar um bolo que você não pode capturar[33].

A preocupação com o crescimento do bolo, eventualmente com a colaboração de terceiros, tem início com a compreensão do conceito de *complemento*. Para Brandenburguer e Nalebuff,[34] "um complemento de um produto ou serviço é qualquer outro produto ou serviço que torne o primeiro mais atraente". Esses autores alertam que "complementos podem determinar toda a diferença entre o sucesso e o fracasso nos negócios".

Alguns complementos são bastante óbvios, como carne para churrasco e cerveja, televisores e *home theatres*, computadores e software. Entretanto, há complementos que não são tão evidentes e mesmo alguns que precisam ser desenvolvidos. Brandenburguer e Nalebuff[35] citam o caso de uma associação, a Lincoln Highway Association, fundada pela GM e por outros fabricantes de carros e autopeças, que tinha o objetivo de estimular o governo americano a fazer estradas pavimentadas. Carros e estradas são complementos, evidentemente. Esse exemplo também mostra uma característica importante dos complementos: eles são sempre recíprocos.

A busca por ou a criação de complementos não é o pensamento tradicional em termos de negócios. Em vez de disputar um bolo de tamanho fixo, os competidores se unem para fazer o bolo crescer. Do ponto de vista da estratégia, o ensinamento é "deve-se fazer o bolo crescer, criando novos complementos ou tornando mais acessíveis os que já existem"[36].

Aqueles, pessoas ou empresas, que proporcionam os complementos são os *complementadores*. Brandenburguer e Nalebuff[37] ressaltam que as empresas, assim como as pessoas, podem assumir diferentes papéis em suas existências, e de um ponto de vista uma empresa pode ser um concorrente, mas de outro prisma pode ser um complementador. Isto é, em uma rede de valores, uma empresa pode realizar mais de um papel.

> Da perspectiva da American Airlines, a Delta é ao mesmo tempo concorrente e complementadora. A American e a Delta competem por passageiros, pistas de aterrissagem e portões de embarque, mas se complementam quando encomendam à Boeing um novo avião. Para a American seria um erro ver a Delta somente como concorrente ou somente como complementadora – a Delta desempenha ambos os papéis.[38]

A análise da rede de valores permite enxergar como as empresas desempenham mais de um papel. De acordo com a ideia da coopetição, a rede de valores de uma empresa contém, além dos fornecedores, clientes e concorrentes, também os complementadores. Veja na Figura 8.7 a rede de valores de uma empresa genérica.

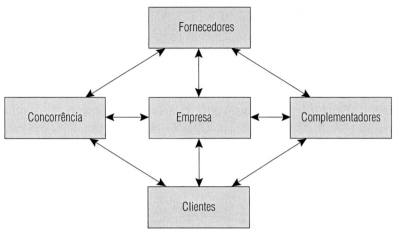

**Figura 8.7** A rede de valores genérica.
Fonte: Elaborada pelos autores, baseados no conceito de BRANDENBURGUER e NALEBUFF.[39]

A visão de empresas que se complementam ajuda a compreender também situações que não deixam de ser intrigantes, ao menos à luz das teorias mais tradicionais, como é o caso das concentrações de lojas. Brandenburguer e Nalebuff[40] mencionam diversos exemplos desses *clusters* varejistas, como "os negociantes de diamantes de Nova York ao longo da Rua 47; as galerias de arte no Soho; livrarias especializadas em raridades bibliófilas em Londres; cinemas em Westwood, Los Angeles; e vendedores de carros numa faixa contínua de terreno". Em São Paulo, concentrações de lojas semelhantes também são encontradas, como a Rua das Noivas (Rua São Caetano), a Rua Santa Ifigênia, especializada em eletrônicos, e a Rua da Consolação, com o comércio de lustres.

As empresas desses locais preferem permanecer ao lado de seus concorrentes em vez de se afastarem deles, espalhando-se pela cidade. O fato é que "a concentração numa determinada área cria complementariedade que desenvolve o mercado, mesmo que às vezes a concorrência se torne mais acirrada quando ele é dividido."[41] Ou seja, os fregueses de todas essas lojas percebem mais valor nelas quando lojas que aparentemente são concorrentes – que, na verdade, são complementadores – estão ao lado.

Em suma, a ideia da coopetição é que as empresas precisam identificar as empresas complementadoras dos seus produtos e estabelecer estratégias que permitam que todos tenham sucesso. Para Brandenburguer e Nalebuff,[42] "o que importa não é que os outros não vençam – é fatal que isso às vezes aconteça – mas que você vença", lembrando que, quando as companhias e suas complementadoras são bem-sucedidas, elas se beneficiam mutuamente.

## Questões de revisão

1. Não existe uma definição universalmente aceita para alinhamento funcional. Para Henderson e Venkatraman, por exemplo, o alinhamento estratégico está associado a dois conceitos basicamente: ajuste estratégico e a integração funcional. Como você definiria alinhamento estratégico? Forneça um exemplo.

2. Quais as vantagens e os desafios no processo de alinhamento estratégico de uma organização? Enumere, ao menos, duas vantagens e dois desafios, enfatizando efeitos positivos e obstáculos ao processo.

3. Explique o significado da figura a seguir (representação da Figura 8.2). Qual o significado do imã no segundo quadro?

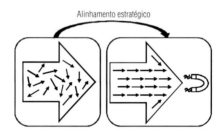

4. O alinhamento estratégico, entendido como o processo de integração coerente entre as dimensões organizacionais, aponta para uma perspectiva efetivamente passível de operacionalização para os negócios. Discuta como essa visão sobre o alinhamento estratégico oferece uma alternativa relevante para as organizações.

5. Explique a ideia da coopetição e dê um exemplo de um produto que seja um complementador de outro.

6. Como a ideia da coopetição pode ajudar a explicar as concentrações de lojas numa determinada área, que vendem produtos semelhantes?

### Estudo de caso

#### O caso do Magazine Luiza[†]

O Magazine Luiza, uma loja de departamentos de capital nacional, iniciou suas atividades em 1957. Com faturamento, em 2003, de R$ 920 milhões, empregando cerca de 3.200 pessoas, esse negócio

---

[†] O texto deste estudo de caso é baseado em informações obtidas em SACCOL, A. I. C. Z. Alinhamento estratégico da utilização da internet e do comércio eletrônico: os casos Magazine Luiza e Fleury. *Revista de Administração Contemporânea*, v. 9, n. 2, 2005.

de varejo contava com 174 lojas: 137 convencionais e 37 virtuais, incluindo o site web. O Centro de Eventos (CE) representa cerca de 10% do seu faturamento, sendo utilizado em diferentes canais como estes: lojas virtuais, site web, televendas, *lounges* e quiosques.

As lojas virtuais apresentam conceito inovador, no qual o Magazine Luiza foi pioneiro. Nessas lojas não há produtos físicos, as vendas são realizadas em células, com um computador no qual são demonstrados os produtos pelos vendedores e realizadas todas as demais operações: cadastro, análise de crédito etc. O objetivo dessas lojas é atingir cidades pequenas ou bairros de grandes cidades. Seu custo é de aproximadamente 15% do custo de uma loja tradicional, tendo em média 150 m², em vez de cerca de 800 m². É parte do conceito de lojas virtuais a interação com a comunidade local. Cada loja possui um Centro de Eventos, no qual são oferecidos diversos cursos, realizam-se encontros da comunidade, há acesso gratuito à internet e posto bancário, atraindo e oferecendo serviços adicionais aos clientes.

O site web do Magazine Luiza (http://www.magazineluiza.com.br/) é a loja que apresenta o maior volume de vendas de toda a rede. Junto com o site comercial está o Tia Luiza, site com informações e dicas de uso dos produtos comercializados. O canal de televendas serve basicamente para apoiar o comércio realizado via web. Os *lounges* e quiosques são outros canais em que se utiliza a internet. Um quiosque possui apenas um ou dois microcomputadores, com vendedores que apresentam os produtos via catálogo eletrônico. Os *lounges* exibem alguns produtos físicos específicos em ilhas montadas, normalmente, em Shopping Centers. O Magazine Luiza também realiza o CE B2B junto a alguns de seus principais fornecedores; e, quanto ao CE intraorganizacional, este realiza atividades de ensino a distância via internet, principalmente para treinamento de vendas. O e-mail é utilizado intensivamente para a comunicação entre filiais e destas com a matriz.

**Planejamento estratégico organizacional, de TI e da utilização da internet e do CE**

O início do processo de planejamento estratégico da empresa ocorreu formalmente em 1990, definindo diretrizes para um horizonte de longo prazo, de 3 a 5 anos. Foram definidos os fatores críticos de sucesso para o seu alcance e as ações a serem realizadas. Esses elementos são estabelecidos para a empresa como um todo, desdobrando-se para cada área funcional. É feito o alinhamento das ações para a efetivação do plano. Durante o ano são realizadas reuniões mensais de monitoramento do planejamento estratégico, em que cada área apresenta o *status* do que foi planejado, assim como as necessidades de apoio de outras áreas, não esquecendo as demandas gerais e priorizando os interesses da empresa. O planejamento da área de TI segue essa mesma metodologia. Como se trata da área de apoio mais importante para as demais, a TI também apresenta à organização novas tecnologias e ferramentas. Essas são discutidas em conjunto e só passam a ser adotadas após estudo criterioso da relação custo-benefício.

Desde o início das ações do CE, a área de TI atua como consultoria técnica, apoio à escolha de fornecedores etc. No entanto, foi designada uma equipe específica para trabalhar o CE, na área comercial, o que não é visto como problema, na opinião do gestor de TI e do gestor do CE. Uma das razões para a separação foi que a estrutura interna de pessoal e a infraestrutura de TI não tinham condições de absorver as novas atividades relativas ao CE. Para ganhar agilidade, foi dada autonomia decisória à área de CE e alocados recursos externos para atender às suas necessidades. No dia a dia, as duas áreas trabalham em cooperação.

**Adoção da internet e do CE e seu alinhamento com a estratégia organizacional**

Para compreender a questão do alinhamento estratégico da utilização da internet e do CE na empresa, é necessário resgatar o histórico de adoção dessas práticas. As ações de comércio eletrônico iniciaram em 1991. Na época foi lançada a questão estratégica: como expandir a rede de lojas com baixos custos? Em resposta à pergunta, foi criada, em 1992, a primeira loja virtual, na época chamada de loja eletrônica, que nasceu no departamento comercial, a partir do trabalho de grupos de estudo.

Na época, os recursos multimídia tinham alto custo. Assim, a primeira loja virtual trabalhava com catálogos impressos de fornecedores, *posters* e fitas de vídeo. Um dos entrevistados relata a experiência:

> Então quando uma pessoa chegasse à loja e dissesse que estava interessada em um fogão, por exemplo, o vendedor pegava a tabelinha e olhava o produto e sua posição na fita. Pegava a fita, apertava o botão, corria, achava; então parava e daí mostrava. Assim se vendia muita coisa. Isso foi utilizado por uns seis meses[1].

Estava implantado o novo conceito na empresa: vender o produto, sem necessariamente o cliente tocá-lo. Em 1998, foi ao ar o site web da empresa, visando somente à divulgação institucional. Em 1999, ele começou a ser utilizado para vendas. Foi apontado por um dos entrevistados que atuar no CE via web, em princípio, não estava previsto no planejamento estratégico da empresa:

> Mas daí o que aconteceu, como começou a vir aquela febre [de] internet, internet, internet, começamos a pensar: isso é um canal de vendas e nós não podemos ficar fora [...] A princípio então não estava planejado; com o surgimento desta febre e a necessidade de se criar o multicanal (e o site fazia parte), não tinha como fugir, aí a empresa resolveu desenvolver um projeto [...] O planejamento estratégico do site era feito bem localmente naquela área [comercial], foi incorporado depois no planejamento estratégico [da empresa][2].

Ao contrário das lojas virtuais, por meio das quais se buscou uma tecnologia para viabilizar a estratégia, a atuação na web foi quase mandatária, isto é, a nova tecnologia se tornou imperativa para a empresa, que adotou, por princípio, operar em multicanal. Logo, a TI levou a um novo meio de atuação. A perspectiva de alinhamento, neste caso, se aproxima da de potencial competitivo.[3] De acordo com essa perspectiva, exploram-se as capacidades emergentes da TI para impactar novos produtos e serviços, havendo adaptação da estratégia de negócios via capacidades emergentes da TI.

Contudo, a empresa foi bastante cética e cautelosa em relação aos investimentos na web, como costuma ser em relação a qualquer investimento em TI. De acordo com um dos entrevistados:

> Quando muitas empresas em 1999, principalmente em 2000, explodiram aí com lançamentos (e muitas delas hoje nem existem mais), foi aquele 'boom', aquela coisa toda. Logo a gente foi muito... conservador, vamos dizer assim, sabendo que o negócio iria evoluir [...] Então em 2001 aí sim nós fomos colocar realmente uma mídia mais forte, colocamos em revistas, em jornais etc. Então nesse momento foram as estratégias para não 'torrar dinheiro', se divulgou quando se tinha certeza da viabilidade do negócio.[4]

Além do CE via lojas virtuais e site web, intensificaram-se na sequência outras ações, como o televendas, os *lounges* e quiosques, e mesmo o CE B2B. Com a tecnologia, foi possível ir ao lugar onde o cliente estivesse e efetivar os múltiplos canais de negócios. A partir daí, as iniciativas relacionadas ao comércio eletrônico procuraram ser cada vez mais integradas.

**Perguntas**

1. Como você vê o alinhamento entre a estratégia de marketing de exploração de canais alternativos para as vendas e a tecnologia usada para isso?
2. Existiu um alinhamento entre outras áreas da empresa (como RH ou Finanças) para a implementação dessa estratégia?
3. Há algum tipo de negócio que poderia ser um complementador para as lojas varejistas como o Magazine Luiza?
4. Dê exemplos de ações que poderiam ter sido – ou foram – realizadas pela área de TI do Magazine Luiza para dar apoio à estratégia de marketing mencionada no texto.

[1] SACCOL, A. I. C. Z. Alinhamento estratégico da utilização da internet e do comércio eletrônico: os casos Magazine Luiza e Fleury. *Revista de Administração Contemporânea*, v. 9, n. 2, 2005.
[2] Id., Ibid.
[3] HENDERSON, J. C.; VENKATRAMAN, N. Strategic alignment: leveraging information technology for transforming organizations. *IBM Systems Journal*, v. 8, n. 2 e 3, p. 472-484, 1993.
[4] SACCOL, A. I. C. Z., op. cit.

# Referências

[1] CHANDLER JR., A. D. *Strategy and structure*. Cambridge (MA): MIT Press, 1962.

[2] RUMELT, R. P. *Strategy, structure and economic performance*. Boston: Harvard Business School Press, 1974.

[3] VASCONCELLOS, E. ; HEMSLEY, J. R. *Estrutura das organizações*: estruturas tradicionais, estruturas para inovação e estrutura matricial. 2. ed. São Paulo: Pioneira, 1989.

[4] Id., Ibid.

[5] RUMELT, R. P., op. cit.

[6] ANSOFF, H. I. *Estratégia empresarial*. São Paulo: McGraw-Hill, 1977.

[7] HITT, M. A.; IRELAND, R. D.; HOSKISSON, R. E. *Administração estratégica.Competitividade e globalização*. 2. ed. São Paulo: Cengage Learning, 2008.

[8] RUMELT, R. P., op. cit.

[9] CHANDLER JR., A. D., op. cit.

[10] ZACCARELLI, S. B. et al. *Clusters e redes de negócios*: uma nova visão para a gestão dos negócios. São Paulo: Atlas, 2008. p. 132.

[11] KAPLAN, R.; NORTON, D. P. *Strategy maps*. Boston: Harvard Business School Press, 2004.

[12] Id., Ibid., p. 145.

[13] BENJAMIN, R. et al. Information technology: a strategic opportunity. *Sloan Management Review*, Spring 1984.

McFARLAN, F. Information technology changes the way you compete. *Harvard Business Review*, v. 62, n. 3, p. 98-103, 1984.

[14] STRASSMANN, P. A. *Information Payoff*: the transformation of work in the electronic age. Nova York: Free Press, 1985.

[15] LOVEMAN, G. W. *An assessment of the productivity impact on information technologies*. MIT Management in the 1990s Working Paper, n. 88-054, July 1988.

[16] HENDERSON, J. C.; VENKATRAMAN, N. *Strategic alignment*: a framework for strategic information technology management. MIT – CISR WP No. 190, Sloan WP No. 3039-89-MS, 90's WP No. 89-076, ago. 1989.

[17] ANDREWS, K. R. *The concept of corporate strategy*. ed. rev. Homewood, IL: R. D. Irwin, 1980. LAWRENCE, P. R.; LORSCH, J. W. *Organization and environment*: managing differentiation and integration. Boston, MA: Harvard Business School Press, 1967. THOMPSON, J. D. *Organizations in action*: social science bases of administrative theory. Nova York: McGraw-Hill, 1967.

[18] HENDERSON, J. C.; VENKATRAMAN, N., op. cit.

[19] Id., ibid.

[20] MOTTA, P. R. *Transformação organizacional*. Rio de Janeiro: Qualiltymark, 1997.

[21] Id., ibid.

[22] ZACCARELLI, S. B. et al., op. cit.

[23] LORANGE, P.; ROOS, J. *Alianças estratégicas*: formação, implementação e evolução. São Paulo: Atlas, 1996.

[24] LEWIS, J. D. *Alianças estratégicas*: estruturando parcerias para o aumento da lucratividade. São Paulo: Pioneira, 1992.

[25] LORANGE, P.; ROOS, J., op. cit.

[26] SUN TZU. *A arte da guerra:* os treze capítulos originais. São Paulo: Jardim dos Livros, 2007.

[27] CLAUSEWITZ, C. V. *Da guerra*. São Paulo: Martins Fontes, 1996.

[28] PORTER, M. *Vantagem competitiva*. Rio de Janeiro: Campus, 1989.

[29] BRANDENBURGUER, A. M.; NALEBUFF, B. J. *Co-opetição*. São Paulo: Rocco, 1999.

[30] Id., ibid.

[31] Id., ibid., p. 14.

[32] PORTER, M., op. cit.

[33] BRANDENBURGUER, A. M.; NALEBUFF, B. J., op. cit., p. 14.
[34] Id., ibid., p. 22.
[35] Id., ibid.
[36] Id., ibid., p. 25.
[37] Id., ibid.
[38] Id., ibid.
[39] Id., ibid., p. 29.
[40] Id., ibid., p. 45.
[41] Id., ibid.
[42] Id., ibid., p. 51.

Capítulo 9

# A estratégia em seu senso lato: criatividade e abrangência

- A estratégia nos diferentes setores da atividade humana
- Referencial externo à estratégia empresarial
- Reflexões sobre a inteligência astuciosa

## A estratégia nos diferentes setores da atividade humana

Este capítulo apresenta a estratégia em seu sentido lato, ou seja, em seu sentido amplo, subjetivo, ao privilegiar a criatividade e abrangência como complemento do estudo da estratégia empresarial em seu sentido estrito.

Nos capítulos anteriores, a estratégia empresarial foi analisada e discutida em seu sentido estrito, isto é, em seu sentido objetivo.

Em seu sentido lato, pode-se considerar que a estratégia está presente em todos os setores da atividade humana, acentuadamente nas atividades competitivas, visto que, comumente, o ser humano estabelece objetivos que devem ser alcançados e, para tal intento, lida continuamente com a incerteza dos resultados e os interesses dos demais competidores, o que conduz, invariavelmente, ao uso da criatividade.

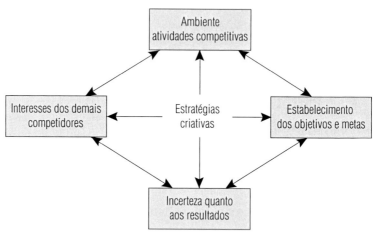

**Figura 9.1** Estratégia em seu sentido lato.
*Fonte*: Elaborada pelo autor.

Em decorrência desses três fatores (objetivos a serem alcançados, incertezas dos resultados e interesse dos competidores), a criatividade no pensamento estratégico se torna imprescindível, uma vez que é preciso se antecipar aos eventos para não ser "pego de surpresa", com custos sociais, econômicos e morais catastróficos, quando os problemas tendem a adquirir proporções incontroláveis, concretizando as ameaças e impedindo as oportunidades de desenvolvimento.

Desse modo, os adeptos da estratégia, em seu sentido lato, de forma criativa, buscam avaliar a possibilidade de transposição dos princípios originários das manobras militares para demais atividades, tais como: atividades desportivas, política, concorrência empresarial, metáforas do discurso e assim por diante.

O pensador da administração, Peter Drucker, afirmou que toda organização necessita de uma habilidade essencial: a inovação.[1] De certa maneira, a inovação resulta da criatividade e conduz ao êxito. No mundo dos negócios, o sucesso organizacional, a posição competitiva e a satisfação do consumidor dependem da habilidade do gestor em pensar criativamente.

A criatividade e a curiosidade natural, por desvendar o ambiente e inferir que tipo de conhecimento, habilidades e atitudes são necessárias para se empreender as diferentes estratégias, é parte indissociável das tarefas que cabem ao comandante militar, ao técnico de um clube, ao gestor de empresas, pois a estratégia é um pensamento complexo, por natureza, envolvendo percepções e intuições que ocorrem, inicialmente, na mente do estrategista.

Nos mais diferentes setores de atividades, a mente do estrategista deve penetrar além da superfície para chegar à essência daquilo que se propõe alcançar. Por isso, a clareza de suas ações deve adaptar-se com precisão e flexibilidade às decisões que serão tomadas para se atingir os objetivos estabelecidos, como bem esclarece Zaccarelli: "Não existe estratégia certa ou errada, mas sim, estratégia que deu certo e estratégia que não deu certo."[2]

Por atuar em situações de incerteza, o estrategista precisa unir racionalidade, imaginação e intuição. Não é possível compreender as possibilidades que se apresentam sem penetrar criativamente nos meandros das situações, como em uma partida de xadrez, na qual cada decisão adotada em cada movimento condicionará os movimentos futuros e o resultado final.

Portanto, em sentido lato, para o êxito da estratégia são necessárias uma curiosidade natural sobre a arte de vencer e habilidade para penetrar em determinada temática até ser desvendada. Um dos fatores essenciais da vantagem competitiva começa na capacidade de perceber aquilo que a maioria ainda não percebe. Para tanto, é necessário tomar consciência dos efeitos que os princípios têm em nosso agir e, assim, proceder descobertas para evoluir criticamente e de tal forma recriar os próprios conceitos.

### Relações de inferências

Em seu sentido lato, a estratégia, para buscar possíveis transposições de um ramo do conhecimento para outro, utiliza relações de inferências. Ressalva-se que é utilizado o termo *possíveis transposições*. Antes do emprego de uma transposição é necessário verificar sua viabilidade técnica na estratégia empresarial com base em alguns modelos existentes na estratégia estrita, tais como aqueles apresentados nos capítulos que antecederam a este. Inferir é retirar, exclusivamente por intermédio da reflexão, de um conhecimento dado outro conhecimento que não poderia ser alcançado de outra forma, com o mesmo rigor formal, sem que se parta de premissas para validar a conclusão.

**Quadro 9.1** Justificativa da estratégia em seu sentido lato.

> **Premissa maior:** a estratégia busca criar situações para se alcançar vantagem competitiva em relação aos concorrentes.
>
> **Premissa menor:** os comandantes militares, os políticos, os desportistas, os empresários buscam alcançar vantagem competitiva em relação aos seus concorrentes.
>
> **Conclusão:** logo, a estratégia está presente na guerra, na política, nos desportos e nas empresas.

Fonte: Elaborado pelo autor.

Nessa visão generalista, o agente deve minimizar a probabilidade de tomar decisões erradas, como recomenda Sun Tzu: "O que basta é: ser capaz de avaliar sua própria força, ter uma visão clara da situação do inimigo e obter apoio total de seus homens. Aquele que não faz planos ou estratégias, e menospreza o inimigo, seguramente será capturado pelo oponente".

Entretanto, não é possível transpor diretamente os princípios da estratégia militar para a estratégia empresarial, sem violar os preceitos da lógica formal presentes no método científico. A lógica formal, por intermédio dos três princípios propostos por Aristóteles, proporciona rigor e clareza, sem os quais, a abordagem não pode ser considerada rigorosamente válida.

**Quadro 9.2** Estratégia em seu sentido estrito.

---

**Princípios da lógica formal**

1. *Princípio de identidade* – uma coisa é igual a si mesma.
   Exemplo. Uma estratégia militar é uma estratégia militar, uma estratégia empresarial é uma estratégia empresarial.
2. *Princípio de não contradição* – uma coisa é diferente de outra.
   Exemplo. Uma estratégia militar é diferente de uma estratégia empresarial.
3. *Princípio do terceiro excluído* – nada pode ser ela mesma e outra coisa ao mesmo tempo.
   Exemplo. A estratégia militar não pode ser estratégia militar e empresarial ao mesmo tempo.

---

*Fonte*: Elaborado pelo autor com base em Aristóteles.

Nessa visão estrita, a estratégia empresarial pode ser considerada um conjunto coerente de decisões e responsabilidades que um agente assume e se propõe a tomar, em face das diversas eventualidades que será levado a encarar, tanto por circunstâncias exteriores, como em virtude de hipóteses que incidem sobre o comportamento dos outros agentes interessados em tais decisões.

Contrariamente ao sentido estrito da lógica formal, por intermédio do silogismo, em sentido lato, pode-se transpor, por meio de analogias, os princípios da estratégia militar para o campo da estratégia empresarial, todavia por intermédio da lógica formal, em sentido estrito, essas analogias não são válidas porque violam principalmente o princípio do terceiro excluído que afirma que nada pode ser uma e outra coisa ao mesmo tempo.

Em razão disso, o estudo da estratégia em seu sentido lato busca inspirar o estudante para a importância do pensamento estratégico nos mais diferentes setores da atividade humana, incluindo, obviamente, a estratégia empresarial, com o intuito de explorar a criatividade e a reflexão.

Com base na criatividade e na reflexão, é possível inferir que, na perspectiva ocidental, a maioria dos princípios básicos da definição e da aplicação da estratégia empresarial foi originada muito antes da era cristã, no tempo da Antiga Grécia com Péricles (século V a.C.), para apontar as atividades de liderança, oratória ou poder, e, posteriormente, no tempo de Alexandre da Macedônia (século III a.C), para indicar um sistema unificado de governo.[3, 4]

Como explicado no Capítulo 1, *Conceitos e fundamentos de estratégia empresarial*, na perspectiva da cultura ocidental, o vocábulo estratégia teve sua origem na Grécia Antiga, significando, inicialmente, "arte do geral".[5] Posteriormente, adquiriu uma conotação voltada para a guerra, denotando general, arte e ciência de conduzir um exército por um caminho.[6]

Enfim, *Strategus*, para os gregos antigos, significava o general superior, ou generalíssimo, e *strategia* significava a arte deste general.

É interessante observar que na língua grega antiga existe um leque de extensões, ligadas principalmente ao ato de guerrear, como *stratégos*, ou o general, o chefe militar, o ministro da guerra; *strategicós*, o general chefe; *stratégema*, ou estratagema, ardil de guerra; *stratiá*, ou expedição militar; *stratégion*, ou tenda do general, local de reuniões militares; *stráteuma*, ou exército em campanha.

Desse modo, desde o período histórico denominado Antiguidade Clássica, o termo estratégia esteve relacionado, em seu conjunto, à guerra, à política e à administração.

Quinn afirma que o vocábulo estratégia chegou à época contemporânea nos escritos, datados do século XIX, do general prussiano Carl Von Clausewitz, que sugeriu como administrar os exércitos em épocas de conflitos e traçou estreitas aproximações entre a arte de administrar empresas e a arte da guerra.

É possível concluir, na ótica da cultura ocidental, que, desde os antigos gregos, o termo estratégia teve várias fases e significados, evoluindo de um conjunto de ações e manobras militares para a arte do discurso. Mais tarde, tornou-se uma disciplina do conhecimento administrativo que, em nossos dias, diz respeito à condução de organizações no contexto da competição, cuja operacionalização inclui a seleção de objetivos para delimitar e guiar as ações de manutenção ou de melhoria da posição alcançada no mercado, a reunião dos recursos disponíveis, a avaliação de contingências ambientais, tais como os interesses de determinados grupos.

A partir dos anos 1960, surgiu a administração estratégica, dotada de conteúdo, conceitos e razões práticas, que, acentuadamente, por volta da década de 1980, conquistou seu espaço tanto no âmbito acadêmico como no empresarial.

Atualmente, estratégia empresarial diz respeito à condução de organizações no contexto da competição. Sua operacionalização inclui a seleção de objetivos para delimitar e guiar as ações de manutenção ou de melhoria da posição alcançada no mercado, a reunião dos recursos disponíveis, a avaliação de contingências ambientais, como os interesses de determinados grupos, inovações tecnológicas, medidas governamentais, entre outras tarefas ainda muito similares àquelas desempenhadas na remota Grécia pelos conquistadores em tempos de luta.

Se, na perspectiva ocidental, é preciso se reportar ao mundo grego antigo para encontrar os primeiros estudos sobre estratégia, na perspectiva da cultura oriental, na Antiga China, foram encontrados os primeiros escritos significativos sobre estratégia voltados para a guerra, política, religião etc.

Juhari e Stephens afirmam que a busca por registros que permitam traçar as origens da estratégia revela que o uso da inteligência militar, econômica, comercial, religiosa ou política tem existido na China por mais de 5 mil anos.[7]

Nessa mesma linha de raciocínio, Walle esclarece que, também na China, em textos religiosos de mais de 3 mil anos são descritas situações em que a inteligência é utilizada em processos de tomada de decisão, inclusive no âmbito militar. Há mais de 2.500 anos, os chineses já enfatizavam a importância da inteligência, da astúcia, da coragem e da afeição ao conhecimento.[8]

Seja na perspectiva ocidental, seja na perspectiva oriental, para os antigos, a guerra sempre foi considerada continuação da política e da administração. Desde a mais remota antiguidade, as estratégias traçadas pelos líderes militares, pelos líderes políticos, pelos líderes organizacionais influíam enormemente na vida do cidadão comum, que, assim, era convocado a dar sua contribuição, em sangue ou trabalho.

## Antropologia filosófica e estratégia

A antropologia filosófica é um ramo da filosofia que investiga a estrutura essencial do ser humano. Caracteriza-se não por trabalhar com dados, mas com reflexões, busca não tanto fazer descobertas, mas estabelecer concepções e propor novos entendimentos sobre determinado tema.

O tema deste estudo é a estratégia, então, é preciso questionar:

- Que relação existe entre a condição humana e a estratégia?
- Pode-se responder que historicamente a elaboração de estratégia é inerente à condição humana. Na escala evolutiva da humanidade, no estágio de *homo sapiens*, a criação de estratégias sempre fez parte da inteligência e astúcia do homem, desde as suas formas mais rudimentares até as mais complexas, seja para defender seu território dos invasores e sua contrapartida, seja para conquistar aquilo que, originariamente, não lhe pertencia. A estratégia, portanto, constitui parte indissociável da história cultural das civilizações.

O ser humano consciente de um ser integrado no mundo das relações busca alcançar o domínio das circunstâncias em um ambiente de riscos e incertezas. Nessa busca percebe que suas capacidades intrínsecas (inteligência, astúcia, força e coragem etc.) estão sendo continuamente testadas diante das possibilidades que se apresentam e que podem resultar em crescimento e expansão ou, contrariamente, em degeneração e aniquilação, quando subjugado pelo ambiente.

> A vida humana é um combate contra a malícia do próprio homem. O homem hábil nela emprega como armas os estratagemas da intenção [...] E depois, quando, seu artifício fica conhecido, aprimora a dissimulação, servindo-se da própria verdade para enganar. Ele muda de jogo e de bateria, para mudar seu ardil. Seu artifício é os não ter mais, e toda a sua sagacidade está em passar da dissimulação precedente à candura. Aquele que o observa e tem penetração conhecendo a habilidade de seu rival acautela-se e descobre as trevas revestidas de luz. Decifra um procedimento tanto mais oculto quanto tudo nele é sincero.[9]

Entretanto, a criação de estratégias se caracteriza pelo seu aspecto prático. Não existe um plano perfeito ou uma estratégia de sucesso, visto que constitui um ato perceptivo e criativo de saber qual a melhor atitude a ser utilizada no momento mais oportuno.

Desde os escritos dos seus primeiros teóricos, a arte da conquista material, pelo contínuo ganho de posições, sempre caracterizou as ações do grande estrategista na arte da guerra, como marca radical das atividades competitivas.

Por essa razão, é possível estabelecer analogias entre a guerra e os diferentes ramos do conhecimento. Para Stacy,[10] a reflexão estratégica consiste em utilizar as analogias e as semelhanças qualitativas a fim de elaborar as novas ideias criativas e conceber as intervenções baseadas sobre os novos aprendizados. Quais sejam, a política, os desportos e o universo empresarial, uma vez que esses campos do conhecimento humano são complexos, dinâmicos, cujos princípios desafiam a moral social predominante e, consequentemente, tendem a utilizar métodos acentuadamente pragmáticos, como esclarece Zaccarelli: "a palavra mentir não existe no dicionário do estrategista"[11], ou mesmo como o ex-embaixador do Brasil, Mansour Challita: "a hipocrisia que é considerada defeito de caráter na moral social é considerada virtude na política"[12].

No mundo dos negócios e na política, frequentemente, passa-se da guerra não declarada para a guerra declarada no caso de alcançar vantagem competitiva, uma vez que, tanto na guerra e na política, quanto na concorrência empresarial, estão presentes questões de conteúdo, processos e ambiência.

Decorre então que o mundo dos negócios, a exemplo da guerra, requer ações dinâmicas, com ritmo acelerado e emprego eficaz de recursos e, pela sua visão do todo, exige atributos humanos imprescindíveis a ambos os campos de atuação.

- Que atributos seriam esses?
- Com base no pensamento de eminentes estrategistas clássicos, Sun Tzu, Alexandre, Nicolau Maquiavel, Napoleão Bonaparte (inspirou-se em Maquiavel) e estudiosos contemporâneos da estratégia, como o professor Sérgio Zacarelli, entre outros, é possível destacar quatro principais atributos humanos básicos para a competitividade:

**Quadro 9.3** Atributos dos estrategistas.

1. **Inteligência** – perceber o nexo entre as coisas, aparentemente desconexas.
2. **Astúcia** – saber empregar ardis maliciosos para alcançar os objetivos propostos.
3. **Afeição ao conhecimento** – sintonizar seus interesses e atividades com o estudo das ideias e práticas dos demais.
4. **Coragem** – ousar com prudência no avançar, no recuar e no esperar.

*Fonte*: BAZANINI (2007).[13]

O estudo da estratégia na ótica da antropologia filosófica enfatiza a importância criativa do emprego dos atributos humanos básicos pelas seguintes razões:

- **Inteligência** para superar a falta de visão.
- **Astúcia** para não cair na ingenuidade.
- **Afeição** ao conhecimento para transcender a ignorância.
- **Coragem** para evitar a acomodação de um lado, imprudência e temeridade, de outro.

Na perspectiva da antropologia filosófica, esses atributos são imprescindíveis para formação das competências necessárias nas atividades competitivas.

## A inteligência astuciosa na mitologia grega

Até por volta do século V a.C., a mitologia grega desdobra-se como uma etapa no desenvolvimento do mundo e do homem. Os mitos gregos contêm uma sabedoria poucas vezes alcançada. Suas lendas facilitam a compreensão da alma humana e dão grandes lições de vida em todos os principais ramos do conhecimento humano (religião, filosofia, ciência e arte).

Em termos de estratégia, as antigas narrativas gregas contêm inúmeros exemplos da inteligência astuciosa, presentes nas ações de Odisseu, retornando da Guerra de Troia.

A inteligência astuciosa é representada pela deusa *Métis*, um conceito grego tão antigo quanto a lógica ou mesmo a ética, como explica Detienne Vernant:

> A Métis é uma forma de inteligência e pensamento, um modo de conhecer. Implica um conjunto complexo, porém muito coerente, de atitudes mentais e de comportamentos intelectuais que combinam o olfato, a sagacidade, a previsão, a flexibilidade de espírito e a simulação, a habilidade para safar-se dos problemas, a atenção vigilante, o sentido de oportunidade, habilidades diversas e uma experiência largamente adquirida. Se aplica às realidades fugazes, movediças, desconcertantes e ambíguas, que não se prestam a medidas precisas, ao calculo exato e ao raciocínio rigoroso.[14]

Mitologicamente, *Métis*, ou seja, *a inteligência astuciosa*, é caracteristicamente determinante para o saber agir com eficiência diante do não planejado, o que escapa à previsão, ao repentino, aquilo que está além do reino da lógica. Representa a essência da flexibilidade diante de situações imprevistas, e, por isso, *Métis* sempre aparece em seu aspecto múltiplo, variado e sinuoso. Seu próprio campo de aplicação seria o mundo do móvel e do ambíguo.

Com frequência, os cenários das guerras do mundo grego estão relacionados aos perigos do mar, ambiente no qual os riscos são contínuos e inesperados.

> E é exatamente para os navegadores que a Métis é de grande importância, já que o mar é o lugar das ambivalências e dos perigos, no qual as habilidades astutas e rápidas são fundamentais para sua sobrevivência em território inóspito.[15]

Em termos pragmáticos, a *Métis* e a estratégia estão intimamente relacionadas, uma vez que operam em circunstâncias de incertezas, na busca da vitória. A guerra, como também o mundo dos negócios, é essencialmente o lugar das incertezas e da fluidez extrema, visto que planos anteriormente concebidos têm de ser mudados ao sabor das vicissitudes do combate ou da situação de mercado. Decisões firmes e praticamente instantâneas têm de ser tomadas caso realmente se almeje vencer um combate.

Em outras palavras, o conceito de *Métis*, e tudo aquilo que compõe o ambiente incerto, inclui a astúcia e o engano, pois está no âmbito da ambiguidade e da multiplicidade; esse é seu campo de aplicação.

A *Métis* se exercita nas realidades fluidas, nas situações que estão sempre se modificando, fora da solidez de um amplo planejamento. Dessa maneira, não poderia ser caracterizada por um conceito claro e de significância sólida.

Portanto, a flexibilidade, a rapidez, a astúcia e o engano são partes componentes da *Métis*. Um dos aspectos determinantes da sua estratégia caracteriza-se pelas ações mais rápidas que as próprias oportunidades, visto que permite agir no momento exato, alcançando o máximo de eficácia.

## Atributos da inteligência astuciosa

Avançando no tempo além do período mitológico, adentrando ao período histórico, a inteligência astuciosa se caracteriza pela criatividade, ao manifestar o conhecimento, a habilidade, a atitude adequada diante do inusitado, da surpresa e dos perigos.

Com base nesses pressupostos, têm-se aqui outras questões:

- Por que a estratégia foi concebida, originalmente, pelo termo *stratégo*, ou a arte do general?
- O que o trabalho do general tem de especial quando comparado com o comandante do campo?

Inicialmente, é preciso diferenciar que o comandante do campo é funcional, enquanto a visão do general é holística. O general é responsável por múltiplas unidades em múltiplas frentes e por múltiplas batalhas ao longo do tempo. O desafio colocado ao general (e o valor que o generalato acrescenta) é a orquestração e a visão do conjunto, uma vez que os grandes generais pensam sobre o todo.

Decorre daí que os *stratégos*, por serem responsáveis por planejar a guerra e vencer seus inimigos, deveriam ser portadores, como atributo imprescindível para o sucesso de seu empreendimento, da inteligência astuciosa.

Como foi visto, ao longo dos séculos, a estratégia foi saindo do campo militar e da política para conquistar espaço nas relações empresariais. Nesse sentido, cada país, cidade ou organização comercial passou a dedicar parte de seus esforços, recursos e tempo em traçar seus planos de conquista de novos mercados.

Desde suas origens, a inteligência astuciosa, acompanhada da coragem e da afeição ao conhecimento, sempre esteve presente nas situações competitivas, tanto na visão oriental quanto na visão ocidental, para os empreendimentos de sucesso e conquista.

Etimologicamente, a palavra inteligência tem origem no termo latino *intelligentia*, que significa "ler entre linhas", ou seja, compreensão, faculdade de aprender. A *inteligência competitiva* prepara o estrategista para saber lidar adequadamente com o ambiente externo e interno. Estar consciente de suas forças, fraquezas. Prever ameaças e oportunidades. Alterar os rumos do empreendimento. Saber o que é possível mudar e aquilo que é preciso se adaptar.

> A inteligência competitiva representa uma nova síntese teórica no tratamento da informação para a tomada de decisão nas organizações, uma metodologia que permite o monitoramento informacional da ambiência e, quando sistematizada e analisada, a tomada de decisão.[16]

Etimologicamente, a palavra *astúcia* origina-se do latim *astutia*, esperteza, sagacidade, habilidade em enganar por meio da criação de estratagemas, álibis, dissimulação. A inteligência ("ler entre linhas") necessita da astúcia (*esperteza*) para concretizar seus intentos. Maximiano descreve os elementos de engano e ilusão presentes nas estratégias:

> O conceito de estratégia nasceu da necessidade de realizar objetivos em situações de concorrência, como acontece na guerra, nos jogos e nos negócios. A realização do objetivo significa anular ou frustrar o objetivo do concorrente, especialmente quando se trata de inimigo ou adversário que está atacando ou sendo atacado. A palavra estratégia, também, envolve certa conotação de astúcia, de tentativa de enganar ou superar o concorrente com a aplicação de algum procedimento inesperado, que provoca ilusão ou que o faz agir como não deveria, mas segundo os interesses do estrategista.[17]

Etimologicamente, a palavra *conhecimento* provém do latim *cognoscere*, que significa conhecer pelos sentidos, conhecer por experiência, saber. Aquele que tem afeição ao conhecimento está sempre aprendendo, visto que esse ocorre por intermédio de um sujeito que conhece e um objeto que passa a ser conhecimento. A *afeição ao conhecimento* organizacional sugere dois movimentos: aproveitar as lições daqueles que nos antecederam e, ao mesmo tempo, aprender com o ambiente, portanto, conhecer pelos sentidos e conhecer pela experiência, ou seja, interpretação, aprendizado e ação.

> O conhecimento organizacional é uma propriedade coletiva da rede de processos de uso da informação, por meio dos quais os membros da organização criam significados comuns, descobrem novos conhecimentos e se comprometem com certos cursos de ação. O conhecimento organizacional emerge quando os três processos de uso da informação – criação de significado, construção do conhecimento e tomada de decisões – se integram num ciclo contínuo de interpretação, aprendizado e ação.[18]

Etimologicamente, a palavra coragem, do latim *coraticum*, derivado de *cor*, *coração*, significa pôr o coração naquilo que faz. Toda conquista contém riscos, entretanto, quando um empreendedor toma um risco, deve tomá-lo de maneira corajosa, ou seja, com sabedoria do coração, discernindo cada possível consequência negativa dessa decisão. Decorre daí que os riscos são minimizados pela inteligência, pela astúcia e pela afeição ao conhecimento, que disciplinam os motivos do coração, o que não deve se tornar temeridade, como esclarece Shane:

> [...] uma das imagens mais distorcidas do empreendedorismo é a de que empreender é arriscar. Realmente o termo empreendedor surgiu no século XVII como sendo aquele que toma riscos, diferenciando-o assim do capitalista, aquele que possui o capital. Apesar de ela ser necessária, empreendedores muito corajosos vivem de excesso de confiança e

podem facilmente se embriagar com o sucesso, e a coragem, por mais heroica que seja, pode facilmente se tornar temeridade (coragem imprudente e presunçosa).[19]

Os argumentos na defesa dos atributos da inteligência, da astúcia, da coragem e da afeição ao conhecimento foram desenvolvidos por inúmeros pensadores da estratégia. Em seu sentido lato, destaca-se o pensador Sun Tzu, frequentemente citado em inúmeros estudos e palestras sobre estratégia empresarial.

## Referencial externo à estratégia empresarial

Neste ponto de nosso estudo é preciso advertir que Sun Tzu representa um referencial externo à estratégia empresarial, uma vez que, suas reflexões filosóficas discorrem sobre a arte da guerra.

O uso ou a simples transposição de perspectiva militar ou do sentido comum de estratégia pode ser perigoso e falacioso para o entendimento da estratégia empresarial moderna, visto que a complexidade alcançada pelo ambiente concorrencial exige estudos bem mais específicos, em um contexto de grandes riscos e incertezas. Estudos esses que, em seu sentido estrito, pouco ou nada têm a ver com o fato de se ser especialista em praças de guerra, hábil em jogos, ou *expert* em artimanhas.

A simples transposição do conceito estratégia do campo militar para o campo empresarial deixa implícitas as semelhanças e adequações inexistentes no mundo dos negócios, dos quais podemos destacar duas diferenças básicas:

1. O campo de batalha, em comparação com a ambiência empresarial, é acentuadamente mais simples. O modelo clássico de combate militar é determinado por uma série de constantes – montanhas, cidades, rios – e poucas variáveis. Enquanto o campo empresarial moderno é constituído por um grande número de variáveis que se alteram rapidamente e em velocidades acentuadas.

2. A estratégia militar é baseada na premissa da oposição inteligente por parte de adversários, que também desenham estratégias ou alternativas de ação, que, assim, podem ser formuladas segundo alguns parâmetros de possibilidades de ação dos oponentes conhecidos. A estratégia empresarial contemporânea, por sua vez, é elaborada segundo um alto grau de incertezas provenientes de um ambiente de ambiguidades e mudanças extremamente velozes, que ocorrem independentemente da vontade e da ação de opositores conhecidos.

Apesar dessas diferenças, tal como as empresas, o exército necessita de uma estratégia se pretende ter sucesso. No entanto, não existe uma teoria geral sobre estratégia que se possa aplicar ao campo militar e ao campo empresarial. Contudo, é possível, por meio das analogias militares, propor reflexões para despertar o interesse pelo pensamento estratégico criativo no mundo dos negócios.

As analogias que se estabelecem entre o mundo dos negócios e o campo de batalha são frequentes na linguagem cotidiana. Expressões de cunho militarista estão presentes em salas de reunião de conselho de administração de grandes empresas, nas publicações de revistas científicas, como por exemplo: *Brasil ganha batalha inicial na Organização Mundial do Comércio (OMC).*[20]

A finalidade dessas analogias está em proporcionar bases para uma introspecção na natureza das práticas modernas nos negócios, com o intuito de servir de plataforma para a exploração de similitudes entre negócios e guerra, no sentido lato do termo.

Autores como Ries e Trout, em seu livro *Marketing Warfare*,[21] e Levinson,[22] em *Marketing de guerrilha*, afirmam que o mundo dos negócios pode ser comparado a um estado de guerra, pois envolve questões de conteúdo, processo e ambiente.

Evidentemente, essas analogias possuem limitações. A guerra é uma situação extrema que exige respostas bem mais radicais daquelas presentes no ambiente empresarial, como suspensão da vida normal, dilema entre matar ou morrer, ou seja, hipóteses que não seriam admitidas ou encorajadas em tempos de paz.

Como foi visto, a palavra estratégia possui origem grega, sendo utilizada para designar funções militares. No entanto, sem usar o termo, o chinês Sun Tzu, em seus escritos sobre a arte da guerra, datados de 2.500 a.C., adiantou muitas das ideias de estratégia, não apenas conforme a visão grega, como também de escritos militares que se tornaram predominantes através dos séculos.

Sun Tzu pode ser classificado como um filósofo-estrategista que comandou e venceu muitas batalhas. Súdito do rei da província de Wu, na China, viveu em turbulenta época dos Estados guerreiros chineses, há 2.500 anos. Com inteligência e argumentos extremamente racionais, expôs a importância obediência, da disciplina, do planejamento e da motivação das tropas. Sua principal obra, a *Arte da guerra*, proporciona elementos para discernir sobre a competitividade das empresas no mundo dos negócios.

Recomenda a inteligência astuciosa, a coragem e a afeição ao conhecimento, para o qual importa o que conduz ao êxito, e não aquilo que a educação familiar e escolar ensinam, por isso, comumente, entram em choque com a moral estabelecida. O pensamento de Sun Tzu entrou em conflito com a moral de Confúcio. Contemporaneamente, corroborando o pensamento desses dois autores, em relação à dicotomia que se estabelece entre a estratégia e moral, Zaccarelli escreveu: "a palavra mentir não existe no dicionário do estrategista."[23]

## Sun Tzu: as lições da estratégia oriental

Como foi mencionado no Capítulo 1, o livro *A arte da guerra*, de Sun Tzu (século VI a.C.),[24] ocupa uma posição de destaque na literatura sobre estratégia. Inúmeros consultores ressaltam a necessidade de os executivos conhecerem o pensamento desse estrategista militar chinês, cuja obra recebeu durante séculos referências e citações nos mais diferentes setores de atividades, constituindo-se leitura obrigatória para estudiosos da política, estadistas, desportistas e gestores de maneira geral. Basta uma simples pesquisa para se constatar centenas de traduções e cada vez mais novas edições sobre o pensamento desse autor nos mais diferentes países.

Sun Tzu foi um profundo conhecedor das manobras militares, discutiu todos os aspectos da guerra, dos estratégicos e táticos aos atributos humanos, na forma de princípios. Afirmava que a estratégia é a grande obra de uma organização e que, em situações de vida e morte, é o caminho da sobrevivência ou da extinção, por isso seu estudo não pode ser negligenciado: "todos os homens podem ver as táticas pelas quais eu conquisto, mas o que ninguém consegue ver é a estratégia a partir da qual grandes vitórias são obtidas."[25]

Os intérpretes de seu pensamento explicam que esses princípios, em determinados momentos, são aplicáveis tanto no mundo dos negócios como na vida cotidiana.

Uma grande lição que se tira dos seus ensinamentos é que a primeira batalha que devemos travar é contra nós mesmos. Para atingir determinada meta, o estrategista chinês ensina que é necessário agir em conjunto, conhecer o ambiente de ação, o obstáculo a ser vencido e, é claro, conhecer seus próprios pontos fortes e pontos fracos. A grande sabedoria é obter do adversário tudo o que desejar, transformando seus atos em benefícios.

Adverte que a superioridade numérica isolada não confere vantagem, mas a determinação de um líder sim. A energia deste será fundamental para a vitória, mas não se trata de uma energia cósmica ou religiosa, e sim da vontade de agir e conseguir conquistar objetivos.

Na obra *A arte da guerra*, é explicitado que as manobras estratégicas significam escolher os caminhos mais vantajosos. De modo geral, para Sun Tzu, a função de um general consiste, parcialmente, em criar alterações e manipulá-las, depois, em proveito próprio, pois a *inteligência competitiva* pondera a situação antes de se movimentar e, assim, deve estar consciente daquilo que deve e não deve fazer:

> [...] alguns caminhos que não devem ser seguidos, alguns exércitos a não serem atacados, algumas cidades a não serem cercadas, algumas posições a não serem disputadas e algumas ordens do soberano a não serem acatadas.[26]

Esse primeiro atributo da *inteligência competitiva* para se adaptar ao terreno da batalha conduz ao emprego da *astúcia*: "o general conhecedor do terreno leva o inimigo para o campo perigoso que ele próprio evitará. Escolhe o lugar onde vai pelejar, atrai o inimigo para lá e lá o combate."[27]

Os atributos da inteligência competitiva e da astúcia são complementados pela *afeição ao conhecimento* que o estrategista deve possuir, sem a qual, a inteligência competitiva não se concretiza. Insistia que, antes do início das hostilidades, agentes secretos cuidavam de romper as alianças do inimigo e realizavam diversas atividades subversivas. Suas missões compreendiam espalhar falsos rumores e informações enganosas, corromper e subverter oficiais, criar e aumentar a discórdia interna, ao mesmo tempo em que os espiões, atuando em todos os níveis, informavam sobre a situação do inimigo.

> O conhecimento do espírito do mundo tem de ser obtido por advinhação; a informação sobre a ciencia natural deve ser procurada pelo raciocínio intuitivo; as leis do universo podem ser comprovadas pelos cálculos matemáticos; mas as disposições do inimigo só são averiguadas por espiões e apenas por eles.[28]

Por fim, ressaltava a importância da *coragem*, ao advertir que esse atributo deve estar associado à *inteligência*, visto que, sem inteligência, a coragem deixa de ser coragem e passa a ser temeridade. O temerário é aquele que, por exemplo, por excesso de confiança, negligencia certos cuidados indispensáveis para o êxito do empreendimento. O corajoso não "enfrenta um tigre nem um rio em fúria sem se importar se vai viver ou morrer", mas, quando a oportunidade lhe surge, age rápida e decisivamente.[29]

De modo geral, as lições sobre estratégia de Sun Tzu esclarecem que na arte da guerra um combate envolve muito mais que o confronto entre homens armados, e que os números, isoladamente, não representam nenhuma vantagem. Atribuiu maior importância aos aspectos emocionais, intelectuais e circunstanciais envolvidos na guerra do que propriamente aos físicos, e advertiu reis e comandantes para que não depositassem sua confiança única e exclusivamente no poderio militar.

## O pensamento de Sun Tzu e a estratégia empresarial

Acentuadamente, as lições de Sun Tzu destacam a necessidade da adaptabilidade às diferentes situações que se apresentam em determinado contexto. Concebe, metaforicamente, a arte da guerra como sendo a água com o terreno no qual escoa. Tal como a água se adapta à conformação do terreno, também em guerra terá de ser adaptável, empregando-se, com frequência, táticas em conformidade com as posições dos adversários.

Transportando essa reflexão para a "guerra empresarial", nos dias de hoje, podemos verificar que uma empresa que define sua estratégia no autoconhecimento e na investigação permanente do ambiente competitivo é capaz de escolher uma estratégia em condições de superar os oponentes. Por meio de um posicionamento diferenciado, que consiste em se aproveitar da própria força, pode anular ou derrotar o concorrente, desde que a visão deste contemple um olhar de fora para dentro.

Na perspectiva de Sun Tzu, filósofo-estrategista, a estratégia é concebida como visão do todo, inclui a visão do ambiente interno e ambiente externo, conhecimento e autoconhecimento.

> Se você conhece o inimigo e conhece a si mesmo, não precisa temer o resultado de cem batalhas. Se você se conhece, mas não conhece o inimigo, para cada vitória ganha sofrerá também uma derrota. Se você não conhece nem o inimigo nem a si mesmo, perderá todas as batalhas.[30]

Portanto, para o estrategista, conhecimento e autoconhecimento são imprescindíveis. Autoconhecimento, pois a primeira batalha que se deve travar é contra si mesmo. Conhecimento, visto que, para atingir uma meta, é necessário agir em conjunto, conhecer o ambiente de ação, o obstáculo a ser vencido e, é claro, conhecer seus próprios pontos fortes e pontos fracos. A grande sabedoria é obter do adversário tudo o que desejar, transformando os atos deste em benefícios para a causa do estrategista.

Em relação aos comandados, é preciso manter uma disciplina rígida, ser respeitado, ter prestígio, ser temido. Para tanto, é preciso agir rápido à medida que as infrações ocorrem. A superioridade numérica isolada não confere vantagem, mas a determinação de um líder sim. O carisma, a energia do líder, será fundamental para a vitória. Com base nessas recomendações, pode-se inferir que o mundo dos negócios possui inúmeras semelhanças com o campo de batalha. Dentre essas semelhanças destaca-se o planejamento deficiente, resultando em perda de capital e empregos.

Cardoso[31] explica essa analogia ao afirmar que, no caso das corporações empresariais, o impacto das perdas, às vezes, pode ser sentido em muitos outros setores da economia, assim como as perdas de uma guerra podem deixar uma nação totalmente esfacelada. Ou seja, a competição no universo empresarial, também, pode ser bastante feroz e impiedosa, e o massacre de oponentes, um mero evento do cotidiano.

A primeira etapa de qualquer processo de tomada de decisão, seja na guerra, seja nos negócios, é a avaliação situacional. A tomada de decisões estratégicas inicia-se com a avaliação da conveniência de se engajar, ou não, em combate. Esse é o ponto crucial da avaliação da situação e envolve compreensão em profundidade do princípio do planejamento detalhado.

O Quadro 9.4 traça uma analogia entre as estratégias militares e as estratégias empresariais, baseada no pensamento de Sun Tzu, como exercício de reflexão e criatividade.

**Quadro 9.4** Estratégias militares e empresariais.

| Objetivo | Conquista e controle de mercados | Conquista e controle de territórios |
|---|---|---|
| Análises | Estudo do mercado<br>Estrutura da indústria<br>Pontos fortes e fracos<br>Organização e liderança | Condições climáticas<br>Condições do terreno<br>Distribuição das forças<br>Estrutura de comando |
| Resultados | Estratégia empresarial<br>Plano estratégico | Estratégia militar<br>Plano de campanha |

*Fonte*: BAZANINI (2010, p. 145).[32]

No Quadro 9.5, Sun Tzu propõe quatro princípios básicos para formulação de uma estratégia militar que não podem ser transpostos diretamente para a estratégia empresarial, todavia, servem de reflexão e, posteriormente, suas conclusões podem servir de inspiração para o entendimento da criatividade executiva.

**Quadro 9.5** Princípios militares e gestão.

| Estratégia militar | Estratégia empresarial |
|---|---|
| Princípio da escolha do local da batalha | Seleção dos mercados em que a empresa deseja atuar. |
| Princípio da concentração das forças | Organização dos recursos próprios para assegurar vantagens sobre os competidores. |
| Princípio do ataque | Implementação de ações em função da natureza da concorrência. |
| Princípio das forças diretas e indiretas | Gestão das contingências decorrentes da evolução do meio ambiente. |

*Fonte*: BAZANINI (2010, p. 145).[33]

Em seu aspecto reflexivo, o princípio do planejamento detalhado transposto para o mundo dos negócios permite em essência inferir à determinação dos pontos fortes da empresa, relativamente aos dos concorrentes, e à identificação de possíveis áreas em que a empresa possa ser ameaçada, bem como aquelas em que ela possua vantagens nítidas e distintas.

No Quadro 9.6, com base na importância do conhecimento e do autoconhecimento, é possível estabelecer correlações filosóficas bastante criativas em relação às atividades competitivas.

**Quadro. 9.6** Conhecimento e autoconhecimento.

| | |
|---|---|
| ▪ Conhece-te a ti mesmo e ao teu inimigo e, em cem batalhas que sejam, nunca correrás perigo. | ▪ Conheça seus clientes, seus concorrentes e a si mesmo, suas estratégias não fracassarão, mesmo que você seja desafiado cem vezes. |
| ▪ Quando te conheces mas desconheces o teu inimigo, as tuas hipóteses – chances – de perder ou de ganhar são iguais. | ▪ Se você conhecer somente a si mesmo, mas não a seus clientes ou concorrentes, espere tantos fracassos quanto sucessos. |
| ▪ Se te desconheces e ao teu inimigo também, é certo que, em qualquer batalha, correrás perigo. | ▪ Se você não conhecer a si mesmo nem a seus clientes e concorrentes, sempre fracassará. |

*Fonte*: BAZANINI (2010, 146).[34]

Os Quadros 9.4, 9.5 e 9.6 são bastante ilustrativos em relacionar a importância do conhecimento e do autoconhecimento na guerra, na política e nos negócios.

## Reflexões sobre a inteligência astuciosa

No início do capítulo, foi dito que a antropologia filosófica busca investigar as ações em relação aos atributos que compõem a essência do ser humano, numa busca de desvelamento daquilo que as pessoas são, por isso, é reflexiva e almeja propor entendimentos sobre determinado tema.

Como foi visto, na mitologia grega, a estratégia é representada pela deusa Métis, deusa essa que traz em si diversos significados que se complementam, já que, para além de uma astúcia da inteligência, ela também representa a prudência ardilosa e o pensamento rápido que preveem os desdobramentos das ações. Atua no improviso refletido, observando as oportunidades do cotidiano em seu jogo de perde e ganha.

Por isso, atributos e competências relacionados à inteligência, à astúcia, à afeição ao conhecimento e à coragem são imprescindíveis para o sucesso do estrategista.

A inteligência astuciosa recomenda que os líderes precisam possuir discernimento. Devem ser capazes de avaliar problemas de modo sistemático e de planejar suas ações por meio de uma compreensão clara do ambiente, decorrente da análise cuidadosa dos pontos fracos e fortes da empresa.

O Quadro 9.7 extrai algumas recomendações presentes nas máximas de Sun Tzu para reflexão.

**Quadro 9.7** Recomendações de Sun Tzu.

- O maior dos inimigos que temos que vencer está em nós: somos nós mesmos.
- A maior das virtudes está em quebrar a resistência dos oponentes sem lutar.
- A inteligência astuciosa recomenda o conhecimento e a coragem.
- O conhecimento e o autoconhecimento são imprescindíveis para o estrategista.
- O conhecimento para o conhecimento das oportunidades e ameaças do ambiente.
- O autoconhecimento para o exame de nossos pontos fortes e pontos fracos.

*Fonte*: Elaborado pelo autor, com base em SUN TZUN, (2006).[35]

**Reflexão**: o maior inimigo de uma pessoa é ela mesma, por não utilizar os atributos da inteligência, da astúcia, da afeição ao conhecimento e da coragem. Quebrar a resistência do oponente sem lutar corresponde ao máximo da eficácia e, para tal, é necessário conhecimento para discernir e a coragem para concretizar seu intento e autoconhecimento que permita ao estrategista reconhecer suas qualidades e limitações. Nas atividades competitivas, a força e a astúcia são essenciais, partindo-se do princípio de que a natureza humana é ambiciosa, desejosa de poder e, portanto, pode ser controlada pelo medo e pelo engano. Com base nessas reflexões, conclui-se que o que importa é vencer, os meios são secundários.

## Casos paradigmáticos de sucesso e de fracasso

### Caso de sucesso: A seda chinesa

**A seda chinesa**[1]

**Inteligência – Astúcia – Coragem – empregadas adequadamente**

"[...] cerca de três mil anos antes de nossa era, uma imperatriz da China encorajou a cultura da amoreira e a criação do bicho-de-seda. Realizou pessoalmente numerosas experiências de enrolamento e rebobinagem do fio da seda e há quem pense que foi ela a inventora da tecelagem.

Os chineses, embora exportassem livremente seus tecidos, guardavam zelosamente o segredo da fabricação. Guardaram-no tão bem [...], que os espiões industriais da época levaram vários séculos para trazê-lo à luz. Foram os japoneses que conseguiram essa façanha ao estilo de James Bond.

No ano 300 a.C., uma delegação japonesa chegou à China. Oficialmente, procurava contratar tecelões de seda capazes de ensinar esta arte no Japão. Na verdade, desejava descobrir o segredo da fabricação da seda, [...], não muito tempo depois, o Japão se tornou o segundo produtor de seda do mundo.

Pouco mais tarde, uma princesa chinesa desposou um príncipe hindu. A fim de levar o famoso segredo para a nova pátria, ocultou casulos de seda nos cabelos e semente de amoreira na bainha do quimono. Em breve, grandes caravanas transportavam para o Ocidente tecidos de seda fabricados na Índia."

[1] LANGELAAN, G.; BARRAL, J. *Espionagem industrial*. Rio de Janeiro: Expressão e Cultura, 1970.

## Caso de fracasso: O Titanic

### Naufrágio do Titanic[2]

- Inteligência relegada ao acaso
- Astúcia inoperante
- Coragem substituída pela temeridade
- Afeição ao conhecimento negligenciada

O naufrágio do Titanic é considerado uma das maiores tragédias do século XX, 1.512 pessoas morreram afogadas no maior desastre marítimo da história em tempos de paz.

Em 14 de abril de 1912, por volta de onze e meia da noite, 2.206 pessoas viajavam no luxuoso navio concebido como a embarcação mais segura que já existiu. A vida das mais de 2.200 pessoas, que deveriam desembarcar em Nova York em 17 de abril de 1912, tomou um rumo inesperado. O navio chocou-se contra um *iceberg* a poucos quilômetros da Ilha Terra Nova, no Oceano Atlântico.

O Titanic não resistiu ao choque com o *iceberg* e pereceu nas águas profundas do Atlântico Norte.

O naufrágio do navio ocorreu devido a problemas de má administração e má utilização das técnicas de planejamento na estratégia.

Acentuadamente, as más condições de trabalho dos marinheiros, responsáveis por avisar sobre a existência de *icebergs*, trabalhavam em um local frio e desconfortável que provocava distrações.

Adotava-se o pressuposto de que os botes salva-vidas eram desnecessários em face de indestrutibilidade do transatlântico.

O navio estava defasado tecnologicamente em determinados equipamentos e conjuntos mecânicos. Também, não havia equipamentos adequados que identificassem a tempo a existência de *icebergs*. Os recursos materiais chegavam a ser insuficientes, não havendo, por exemplo, botes salva-vidas suficientes para atender a todas as pessoas a bordo em caso de naufrágio.

Enfim, o naufrágio do Titanic constitui um instrutivo exemplo do descaso em relação aos objetivos a serem alcançados e as incertezas dos resultados. A estratégia negligenciou tanto o ambiente interno quanto o externo, a inteligência foi substituída pela arrogância, a astúcia pela prepotência, a coragem pelo excesso de confiança, a afeição ao conhecimento pelo desconhecimento do poderio da natureza e de seus elementos.

[2] MASSON, P. *Titanic: história completa*. São Paulo: Contexto, 2011.

# Referências

[1] DRUCKER, P. The Information Executives Truly Need. *Harvard Business Review*, v. 73, n. 1, p. 54-62, jan./fev. 1995.

[2] ZACCARELLI, S. B. *Estratégia e sucesso nas empresas*. São Paulo: Saraiva, 2000.

[3] QUINN, J. B. Strategic Change: "Logical Incrementalism". In: MINTZBERG, H.; QUINN, J. B. (Org.). *The Strategy Process – Concepts and Contexts*. Englewood Cliffs: Prentice Hall, 1992. p. 96-104.

[4] WHIPP, R. Creative Deconstruction: Strategy and Organizations. In: CLEGG, S. R.; HARDY, C.; NORD, W. *Handbook of Organization Studies*. Londres: Sage, 1996.

[5] STEINER G. M. J. *Política e estratégia administrativa*. Rio de Janeiro: Interciência, 2001.

[6] MEIRELLES, A. M. *O planejamento estratégico no Banco Central do Brasil e a viabilidade estratégica em uma unidade descentralizada da autarquia: um estudo de caso*. 1995. Dissertação (Mestrado em Administração) – Cepead/Face/UFMG, Belo Horizonte, 1995.

[7] JUHARI, A. S.; STEPHENS, D. Tracing the Origins of Competitive Intelligence throughout History. *Journal of Competitive Intelligence and Management*, v. 3, n. 4, 2006.

[8] WALLE, A. H. *Qualitative Research in Intelligence Marketing: the New Strategic Convergence*. Westport, Connecticut: Quorum books, 2001.

[9] GRACIAN, B. *A arte da prudência*. São Paulo: Sextante, 2008.

[10] STACY, R. *Managing the Unknowable*. San Francisco: Jossey-Bass, 1992.

[11] ZACCARELLI, S. B., op. cit.

[12] CHALITTA, M. *A arte da política*. Rio de Janeiro: Acigi, 1976.

[13] BAZANINI, R. *Visão filosófica das estratégias empresarias: há controvérsias e conveniências*. São Paulo: Plêiade, 2007.

[14] DÉTIENNE, M.; VERNANT, J. P. *Métis: as astúcias da inteligência*. São Paulo: Odysseus, 2008.

[15] VIEIRA, A. L. B. *Os pescadores atenienses: a métis da ambivalência na Atenas do período clássico*. 2005. Dissertação (Mestrado em História Social) – Programa de Pós-Graduação em História Social, Universidade Federal do Rio de Janeiro, Rio de Janeiro, 2005.

[16] TARAPANOFF, K. (Org.). *Inteligência organizacional e competitiva*. Brasília: Universidade de Brasília, 2001.

[17] MAXIMIANO, A. C. A. *Teoria geral da administração*. 2. ed. São Paulo: Atlas, 2000.

[18] CHOO, C. W. *A organização do conhecimento*: como as organizações usam a informação para criar significado, construir conhecimento e tomar decisões. São Paulo: Senac, 2003.

[19] SHANE, S. A. *The Illusions of Entrepreneurship: the Costly Myths That Entrepreneurs, Investors and Policy Makers Live By.* New Haven: Yale University, 2008.

[20] BRASIL GANHA BATALHA INICIAL NA ORGANIZAÇÃO MUNDIAL DO COMÉRCIO, *HSM Management*, jan./fev. 2002.

[21] RIES, A.;TROUTH, J. *Posicionamento*: a batalha pela sua mente. São Paulo: Pioneira, 1987.

[22] EVINSON, J. C. *Marketing de guerrilha*. São Paulo: Makron Books, 1985.

[23] ZACCARELLI, S. B., op. cit.

[24] SUN TZU. *A arte da guerra*. 2 ed. bilíngue. São Paulo: Conrad, 2006.

[25] Id., Ibid.

[26] Id., Ibid.

[27] Id., Ibid.

[28] Id., Ibid.

[29] Id., Ibid.

[30] Id., Ibid.

[31] CARDOSO, A. M. *Os treze momentos*. Rio de Janeiro: Biblioteca do Exército, 1987.

[32] BAZANINI, R. *Filosofia e evolução das ideias sociais*. São Paulo: Plêiade, 2010.

[33] Id., Ibid.

[34] Id., Ibid.

[35] SUN TZU, op. cit.

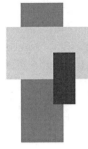

## Capítulo 10

## Teoria dos *stakeholders*

- Fundamentos da teoria dos *stakeholders*
- Função-objetivo da teoria dos *stakeholders*
- Contraposição à teoria da firma
- Gestão de *stakeholders*
- Estratégias para *stakeholders*

## Fundamentos da teoria dos *stakeholders*

No início dos anos 1980, embora a globalização ainda não fosse um fenômeno tão evidente como atualmente, os observadores mais atentos já percebiam que o ambiente dos negócios estava mudando. Embora os sistemas de comunicação ainda não fossem tão acessíveis (em termos de disponibilidade e custo) e a informática empregasse o modelo dos computadores mainframe, de custo de aquisição e operação elevado, já era possível perceber que os consumidores começavam a se articular, que havia mais informação sobre produtos, empresas e meio ambiente circulando e que decisões inicialmente com impacto previsto apenas como local repercutiam em outras áreas. O mundo começava a mudar e a forma de administrar as empresas precisaria se adaptar aos novos tempos.

Foi nesse contexto de certa turbulência que em 1984, R. Edward Freeman, um filósofo e professor da Universidade da Virgínia (que na época lecionava na Universidade de Minnesota), publicou o livro *Strategic Mangement: a Stakeholder Approach*. Freeman inicia o texto observando que nessa época, por falta de uma teoria e estratégia para enfrentar a diversidade e a turbulência, a administração de empresas estava se transformando em uma busca por soluções para as sucessivas crises que surgiam e que era preciso sair do ciclo de identificar e solucionar crises e agir de forma proativa. Em outras palavras, Freeman entendia que os administradores precisavam parar de simplesmente "apagar incêndios" e encontrar uma maneira de conduzir seus negócios, evitando que os incêndios surgissem. O livro apresentava, em suas primeiras páginas, o caso de um executivo americano que tinha dificuldade em lidar com todos os interessados nas atividades de sua empresa – ou atingidos por elas –, e esse é o ponto de partida para a introdução do conceito de *stakeholder*.

Freeman não inventou o conceito de *stakeholder*. Segundo o próprio autor, a mais antiga citação do termo data de 1963 e consta de um memorando interno do Stanford Research Institute, que se referia a *stakeholder* como "aqueles grupos sem o suporte dos quais a organização cessaria de existir."[1]

Nos Capítulos 1 e 3 deste livro já foi mencionado um conceito de *stakeholders*. No entanto, grande número de pesquisadores já colaborou para o aperfeiçoamento dessa ideia e é interessante analisar suas contribuições. Os pesquisadores Friedman e Miles, em um trabalho publicado em 2006,[2] identificaram 55 diferentes definições do termo em 75 publicações. O Quadro 10.1 apresenta uma relação das definições de *stakeholder* compilada por Mitchell, Agle e Wood.[3]

**Quadro 10.1** Definições de *stakeholder*.

| Definição | Autor/fonte |
|---|---|
| Grupos, sem o apoio dos quais, a empresa deixa de existir. | Stanford Research Institute, 1963 |
| Dependem da empresa para atingir seus objetivos pessoais, e de quem a empresa depende para existir. | Rhenman, 1964 |
| Quem afeta as realizações e objetivos da empresa ou quem é afetado pelas realizações e objetivos da empresa. De quem a empresa depende para sobreviver. | Freeman & Reed, 1983, p. 91 |
| Pode afetar ou ser afetado pela realização de objetivos da empresa. | Freeman, 1984, p. 46 |
| Pode afetar e ser afetado por um negócio (*business*). | Freeman & Gilbert, 1987, p. 397 |
| Aqueles que fazem reivindicações por meio de contratos formais. | Cornell & Shapiro, 1987, p. 5 |
| Possuem um objetivo ou demandam por objetivos em uma empresa. | Evan & Freeman, 1988, p. 75-76 |
| Quem se beneficia ou é prejudicado, cujos direitos são violados ou respeitados, por atividades corporativas. | Evan & Freeman, 1988, p. 79 |
| Sem o apoio de quem, a empresa deixaria de existir. | Bowie, 1998, p. 112 |
| Grupos, junto aos quais, a empresa possui responsabilidades. | Alkhafaji, 1989, p. 36 |
| Possuidores de contratos. | Freeman & Evan, 1990 |

**Quadro 10.1** Definições de *stakeholder*. (continuação)

| Definição | Autor/fonte |
|---|---|
| Que possuem relacionamento com uma empresa. | Thompson et al., 1991, p. 209 |
| Possui interesse nas atividades de uma empresa e a habilidade de influenciá-la. | Savage et al., 1991, p. 61 |
| Constituintes que possuem reivindicações legítimas para com uma empresa, estabelecidas por meio de um relacionamento de trocas. | Hill & Jones, 1992, p. 133 |
| Possuem algum relacionamento legítimo e não trivial com a empresa, como: transações comerciais, atividades de impacto e responsabilidades morais. | Brenner, 1993, p. 205 |
| Que possuem um ou mais objetivos nos negócios, podendo afetar ou ser afetados por eles. | Carroll, 1999, p. 60 |
| Participantes do processo de criação de valor. | Freeman, 1994, p. 415 |
| Interagem e proporcionam significado à empresa. | Wicks et al., 1994, p. 483 |
| Podem ser influenciados por, ou são potenciais influências da empresa. | Starik, 1994, p. 90 |
| Produz algum tipo de risco, em consequência de ter investido alguma forma de capital, humano ou financeiro, em uma empresa, ou que está submetido a riscos em consequência das atividades de uma empresa. | Clarkson, 1994, p. 5 |
| Possui ou reivindica propriedade, direitos, ou interesses em uma empresa e suas atividades. | Clarkson, 1995, p. 106 |
| Interagem com a empresa, e, assim, tornam possível sua operação. | Nasi, 1995, p. 19 |
| Que afeta ou pode afetar, ou é afetado pelas atividades de uma empresa. | Brenner, 1995, p. 76 |
| Pessoas ou grupos com interesses legítimos nos processos e aspectos substantivos de uma atividade corporativa. | Donaldson & Preston, 1995, p. 85 |

*Fonte:* MITCHELL, AGLE E WOOD apud HOURNEAUX JR., F. *Relações entre as partes interessadas (stakeholders) e os sistemas de mensuração do desempenho organizacional.* 2010. Tese (Doutorado em Administração) – Departamento de Administração da Faculdade de Economia, Administração e Contabilidade, Universidade de São Paulo, São Paulo, 2010.

A definição de *stakeholder* mais conhecida, no entanto, é, realmente, a que foi criada por Freeman, segundo a qual *stakeholder* é "qualquer grupo ou indivíduo que pode afetar, ou ser afetado, pelo alcance dos propósitos de uma firma"[4]. Posteriormente, mais visões foram acrescentadas, inclusive algumas favoráveis e outras contrárias à definição de Freeman.[5]

# Função-objetivo da teoria dos *stakeholders*

Segundo Freeman, a utilização do conceito de partes interessadas pelas corporações levaria a grandes mudanças teóricas na administração de empresas. Para ele, seria preciso adotar um novo modelo de gestão (um novo *framework*), que, por sua vez, levaria a novas teorias e modelos organizacionais. Freeman afirma que, posto que é um fato que os *stakeholders* existem, "se as organizações de negócios desejam ter sucesso no ambiente de negócios atual e futuro, então os executivos devem levar em consideração múltiplos grupos de *stakeholders*"[6].

Nessa frase de Freeman, a expressão "ter sucesso" e o verbo "devem" sugerem a possibilidade de existência de uma função-objetivo para as empresas na teoria dos *stakeholders*. Para os administradores de uma empresa, a função-objetivo se refere à meta principal que deve ser perseguida. No dia a dia das empresas, ao considerarem as opções que dispõem para tomar decisões, os administradores devem escolher aquelas que mais contribuem para a função-objetivo da firma, pois ela "serve como um norteador para a tomada de decisão por parte dos gestores"[7].

No livro *Strategic Mangement*, de 1984, Freeman não propõe explicitamente uma função-objetivo para as empresas, mas apresenta suas ideias de uma maneira que levam a esse resultado. Pela teoria dos *stakeholders*, tal como Freeman[8] a apresenta, o grande desafio para os administradores seria rever suas formas de pensar e reorientar seus processos gerenciais externamente, para melhor responder aos múltiplos *stakeholders*. Para Freeman, a busca por soluções satisfatórias para todas as partes (resultados "ganha-ganha") seria a verdadeira mudança que poderia ocorrer e

> [...] uma situação em que a solução para um problema de um *stakeholder* fosse imposta por uma agência do governo ou uma corte deveria ser vista como um fracasso gerencial. Similarmente, uma situação, em que a firma A satisfaz as necessidades dos advogados dos consumidores, das agências do governo etc. melhor do que a firma B, deveria ser vista como uma perda competitiva da firma B.[9]

Posteriormente, em 1993, com a continuação de suas pesquisas, Freeman, em conjunto com Evan, propõe, de forma mais explícita, uma função-objetivo para a firma. Segundo o relato de Clarkson et al.[10] em uma conferência realizada em Toronto, no Canadá, em 1993, Freeman afirmou que a questão normativa central da teoria dos *stakeholders* apoia-se nas suas propostas elaboradas em parceria com Evans, segundo as quais "o verdadeiro propósito da empresa é o de servir de veículo para coordenar os interesses dos *stakeholders*", e também nas do próprio Clarkson, que, em uma publicação de 1988, teria definido o propósito da empresa como "criar e distribuir riqueza aos *stakeholders*".

É importante ressaltar que a nova maneira de pensar a que Freeman se referia no livro de 1984 precisaria ser precedida por uma disposição dos administradores – e das empresas – para voluntariamente buscar soluções negociadas em vez do enfrentamento. Um exemplo de como a disposição para negociar pode ser vantajosa é uma analogia que Freeman[11] faz com o famoso dilema do prisioneiro,* que neste caso foi rebatizado como dilema do *stakeholder*.

O dilema do *stakeholder* é uma situação em que uma empresa está sendo pressionada por ativistas – que são um grupo de *stakeholders* – a mudar um produto, que poderia conter alguma característica não desejável por esse grupo. Tanto a empresa como os ativistas podem negociar uma solução ou partir para o confronto, que poderia levar a um resultado considerado uma vitória para uma das partes (e uma derrota, para a outra) ou a um resultado imposto pela justiça, considerado caro e pouco satisfatório por ambas as partes. O Quadro 10.2, a seguir, resume a situação da firma e dos ativistas, e a Tabela 10.1, o retorno obtido (sendo 1 o retorno mais desejável e 4, o menos desejável).

**Quadro 10.2** Resultados do dilema dos *stakeholders*.

| | | Estratégias possíveis para a firma | |
|---|---|---|---|
| | | Negociação | Confronto |
| Estratégias possíveis para os ativistas | Negociação | ▪ Solução mutuamente aceitável<br>▪ Ambos devem se comprometer | ▪ A firma vence (não desiste)<br>▪ Ativistas perdem |
| | Confronto | ▪ Firma perde<br>▪ Ativistas vencem (não desistem) | ▪ Solução imposta pela justiça<br>▪ Custo elevado |

*Fonte:* FREEMAN, R. E. *Strategic Management*: a *Stakeholder Approach*. Boston: Pitman, 1984. p. 77.

Segundo Freeman,[12] para que o melhor resultado para ambas as partes (2,2) possa ser alcançado, é preciso que as duas estejam dispostas a se voluntariar para a negociação, o que nem sempre é a filosofia das empresas.

No dilema do *stakeholder* há, realmente – e ainda que de forma implícita –, uma proposta diferente de como conduzir uma empresa. Trata-se da incorporação

---

*O dilema do prisioneiro é um caso muito usado em cursos de economia para exemplificar como situações de falta de informação podem condicionar resultados: dois prisioneiros, em celas distintas, sem comunicação, podem ter suas penas reduzidas se confessarem e incriminarem um ao outro; se ninguém confessar, ambos saem livres; se um confessar e o outro, não, o que confessou sai livre e o que não confessou recebe pena máxima. Como um não sabe o outro confessará, ambos acabam por confessar.

da preocupação com a satisfação dos *stakeholders* (os ativistas) e não mais apenas com os interesses da firma. Pela forma tradicional de fazer negócios, a preocupação seria apenas com os resultados das atividades da empresa, traduzidos em termos financeiros.

**Tabela 10.1** Retorno da firma e dos *stakeholders*

|  |  | Firma | |
|---|---|---|---|
|  |  | Negociação | Confronto |
| Ativistas | Negociação | (2,2) | (4,1) |
|  | Confronto | (1,4) | (3,3) |

*Fonte:* FREEMAN, R. E. *Strategic Management: a Stakeholder Approach.* Boston: Pitman, 1984. p. 77.

## Contraposição à teoria da firma

A teoria da firma é um conjunto de ideias e conceitos originários da ciência da economia que descrevem o comportamento das empresas. O foco da teoria é a empresa e seu relacionamento econômico com o mercado, não existindo, para aqueles que se dedicam ao seu estudo, interesse em conceituar as empresas segundo a ótica jurídica ou contábil.

A firma, segundo essa teoria, é uma unidade técnica que produz bens, que são vendidos aos consumidores. A gestão das atividades de produção e venda, logicamente, não é algo aleatório. Ela segue uma lógica ou orientação: "a ideia essencial é de que a firma seja uma unidade de produção, que atue racionalmente, procurando maximizar seus resultados relativos à produção e lucro"[13]. Isso significa que os proprietários da empresa, ou os executivos que a administram, tomam decisões que visam aumentar o valor do capital que foi investido.

Neste ponto há necessidade de fazer uma ressalva: existe certa controvérsia entre os pesquisadores e autores da área de negócios com relação ao fato de todas as decisões dos proprietários ou executivos – principalmente esse segundo grupo – terem como objetivo a maximização do lucro. Executivos poderiam, por exemplo, ter interesse em aumentar a receita – e não o lucro – para obter promoções, bônus ou algum outro tipo de benefício. Mas a grande maioria dos economistas aceita que as empresas que não se preocuparem com a maximização do lucro a longo prazo não sobreviverão e que maximizar o lucro é o objetivo da empresa.[14] Desse modo, não é errado dizer que os administradores devem buscar aumentar o valor do investimento feito nas empresas – e esse propósito está ligado ao quanto vale a empresa em determinado momento.

Inicialmente, considerava-se apropriado medir o valor de uma empresa seguindo critérios contábeis, mas à medida que o capitalismo foi se sofisticando e surgiram as bolsas de valores, pareceu razoável a todos que o verdadeiro valor da empresa deveria ser o do conjunto de suas ações, conforme a cotação diária no pregão. Isso significava que, se as ações de determinada empresa fossem negociadas por um valor superior ao seu valor contábil (ou patrimonial), o valor da empresa seria superior ao seu valor contábil. A valorização extra poderia ser atribuída a fatores não contabilizáveis, que, pela ótica do mercado, possuiriam valor, como a propriedade de uma marca forte (como a Coca-Cola) ou a gestão de um líder carismático (como Steve Jobs, da Apple). Atualmente considera-se que a melhor forma de realizar a avaliação de uma firma é considerar o valor presente líquido (o VPL) do fluxo de caixa envolvido na sua compra e operação por certo horizonte de tempo.

O Quadro 10.3 apresenta uma comparação entre as três alternativas mencionadas para avaliação das empresas.

**Quadro 10.3** Alternativas para avaliação de empresas.

| Variável | Critério para apuração do valor da empresa |||
|---|---|---|---|
| | Valor contábil | Valor de mercado | Valor presente líquido |
| Origem das informações | Passado | Presente | Presente e futuro |
| Valores intangíveis (marca, cultura da organização, lideranças etc.) | Não considera | Considera | Considera |
| Foco temporal | Curto prazo | Médio prazo | Longo prazo |
| Perspectiva | Registrar o passado | Conhecer o presente e a expectativa de futuro | Ganhos futuros |

*Fonte:* Elaborado pelo autor.

Segundo a teoria da firma, as empresas possuem uma função-objetivo, que seria a maximização do lucro a longo prazo. Como nos casos de programação linear, essa visão da função-objetivo da firma contém uma variável, que é o valor da empresa, que está sujeita a um conjunto de restrições e cuja maximização é a solução ótima.

Praticamente todos os livros da área de finanças, em seus capítulos iniciais, discutem qual tarefa cabe aos administradores financeiros na maximização da função-objetivo da firma. Isso faz sentido, pois os gestores financeiros tomam decisões diariamente que se relacionam com esse objetivo.

Em empresas estruturadas como sociedades de capital aberto observa-se que o objetivo de maximização do valor da empresa, por meio da seleção de projetos com base no seu valor presente líquido, é compatível com o objetivo primordial da gestão financeira, que é aumentar a riqueza do acionista.[15]

Quanto às empresas que não são de capital aberto, embora os pesquisadores tenham mais dificuldade em conhecer seus dados e tirar conclusões sobre suas práticas, pode-se afirmar que do ponto de vista da teoria também faz sentido a busca da maximização da função-objetivo pelo critério do valor presente líquido.

As origens da teoria da firma remontam à época do aparecimento da própria ciência econômica e, a rigor, sua origem pode ser encontrada até mesmo no trabalho de Adam Smith. Apesar da ideia de uma função-objetivo e do critério do valor presente líquido serem mais recentes, esse conjunto de conceitos é algo aceito pela grande maioria dos pesquisadores e autores de finanças e negócios. Entretanto, com o advento da teoria dos *stakeholders*, uma função-objetivo alternativa passou a existir, afinal trata-se de uma teoria que "defende que as decisões sejam tomadas para equilibrar e satisfazer os interesses de todos os públicos envolvidos com a corporação"[16].

Duas possibilidades de função-objetivo:

**Figura 10.1** Qual função-objetivo adotar?
*Fonte:* Elaborada pelo autor.

Dispondo de duas possibilidades de função-objetivo, os administradores passaram a ter uma tarefa extra, que é decidir qual função usar (veja a Figura 10.1) – ou usar ambas, buscando alguma forma de compatibilização entre elas. No entanto, o estudo dos conflitos entre as duas funções-objetivo não é simples, uma vez que essas funções pertencem a teorias diferentes.

> Tais teorias têm origens bastante distintas e são estudadas em diferentes campos da Administração. A teoria da firma é abordada na área de finanças, cuja tradição é empregar métodos quantitativos em estudos empíricos. Já a teoria dos *stakeholders* possui origens na sociologia, comportamento organizacional e administração de conflitos, em que nos estudos empíricos predominam métodos qualitativos. Essas diferenças de origem conceitual e de abordagens metodológicas entre as duas teorias são suficientes para explicar a complexidade que envolve a discussão deste tema.[17]

Administrar uma empresa considerando duas funções-objetivo não parece ser uma boa ideia. Jensen,[18] um pesquisador da área, afirma que uma empresa teria dificuldades se tentasse atingir vários objetivos simultaneamente, pois um avanço em direção a um desses objetivos poderia ser um recuo em relação a outro. Em suma, Jensen diz que perseguir vários objetivos seria, na prática, o equivalente a não possuir nenhum objetivo.

Para os críticos da teoria dos *stakeholders*, ela apresenta ao menos duas fragilidades teóricas com relação à sua função-objetivo. Como admite a existência de inúmeros *stakeholders*, com interesses próprios e eventualmente conflitantes entre si, implicitamente há uma esperança de que esses interesses possam ser, de alguma forma, equilibrados. Esse pressuposto pode não ser, necessariamente, verdadeiro.[19] Outra dificuldade é que a subordinação das decisões de uma firma a grupos outros que não os seus proprietários (acionistas ou cotistas) é algo difícil de ser aceito em uma economia capitalista.

Assim sendo, para os críticos, em geral oriundos da área de finanças, parece ser mais apropriado que as empresas adotem uma única função-objetivo, conforme a teoria da firma, e que essa função seja capaz de assimilar os efeitos das decisões sobre as demais variáveis. Esse direcionamento tem a vantagem adicional de dar aos executivos da empresa "um critério lógico para a tomada de decisão e para a avaliação de seu desempenho"[20].

## Gestão de *stakeholders*

As críticas feitas à adoção pelas empresas de uma função-objetivo, conforme proposto pela teoria dos *stakeholders*, não significam que essa teoria seja inútil e deva ser descartada de pronto. O reconhecimento de que existem mais grupos interessados na atividade da firma que se imaginava acrescenta uma tarefa – ou desafio – aos gestores: administrar o relacionamento desses grupos com a firma. E é exatamente dessa forma que Freeman[21] conceitua a gestão dos *stakeholders*: "administrar os relacionamentos com os seus grupos específicos de *stakeholders* de uma forma orientada para a ação".

Diversos pesquisadores já se dedicaram ao estudo da gestão dos *stakeholders*. Carroll e Buchholtz,[22] em um texto do ano 2000, defendem que gerir os *stakeholders* significa encontrar as respostas para o seguinte conjunto de perguntas (ou questões essenciais da organização):

1. Quem são os nossos *stakeholders*?
2. Quais são seus interesses?
3. Que oportunidades e desafios os *stakeholders* representam para a organização?

4. Que responsabilidades (econômicas, legais, éticas e filantrópicas) a organização tem com seus *stakeholders*?
5. Que estratégias e ações a organização deve ter para melhor gerenciar as oportunidades e desafios relacionados aos *stakeholders*?

As respostas a essas perguntas devem permitir à firma decidir quais ações irá adotar em relação aos seus *stakeholders*, buscando equilibrar as suas necessidades com as das várias categorias de interessados.[23] Esse entendimento estabelece uma ligação entre a gestão de *stakeholders* e a administração estratégica, aliás, como propôs Freeman, em seu livro de 1984.

A gestão dos *stakeholders*, segundo Freeman,[24] possuiria três níveis de análise, que seriam complementares. O primeiro nível é o da análise racional, que visa identificar quais são os *stakeholders* e quais os seus interesses na organização (com a elaboração de um mapa dos *stakeholders*); o segundo nível busca identificar os processos que a empresa usa para administrar seu relacionamento com os *stakeholders* (implícita ou explicitamente) e verificar se eles se encaixam no mapa dos *stakeholders*; e, em um terceiro nível, há a necessidade de compreender o conjunto de transações ou barganhas entre a organização e seus *stakeholders*, para deduzir se essas negociações se encaixam no mapa dos *stakeholders* e nos processos organizacionais voltados a eles. Esses níveis encontram-se no Quadro 10.4, elaborado por Hourneaux Jr.,[25] tendo Freeman[26] como fonte.

**Quadro 10.4** Níveis de gestão das partes interessadas.

| Nível racional (entendimento) | Nível de processo (como fazer) | Nível transacional (relacionamento) |
|---|---|---|
| Identificação: quem são? | Análise do portfólio. | Mapa das partes interessadas. |
| Categorização: quais são seus interesses? | Revisão estratégica dos processos. | Processos interorganizacionais. |
| Mapeamento: como se encaixam na organização? | Monitoramento estratégico. | Relacionamento com as partes interessadas. |

*Fonte:* FREEMAN, R. E. apud HOURNEAUX JR., F. *Relações entre as partes interessadas (stakeholders) e os sistemas de mensuração do desempenho organizacional*. 2010. Tese (Doutorado em Administração) – Departamento de Administração da Faculdade de Economia, Administração e Contabilidade, Universidade de São Paulo, São Paulo, 2010.

A análise no nível racional deve ser iniciada com a elaboração do mapa dos *stakeholders* da organização. Idealmente, o ponto de partida do mapa deve ser uma análise histórica do ambiente dessa particular organização. Caso não existam informações que permitam fazer essa análise, pode ser empregado um mapa genérico para início do trabalho, como o que é visto na Figura 10.2.

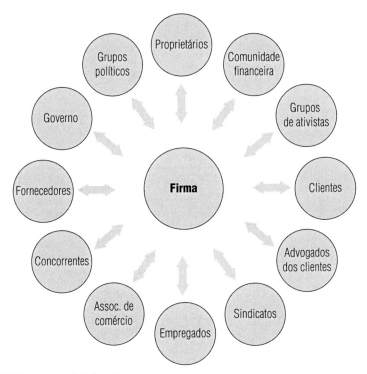

**Figura 10.2** Mapa de *stakeholders*.
*Fonte*: FREEMAN, R. E. *Strategic Management*: a Stakeholder Approach. Boston: Pitman, 1984.

Ao mapear e classificar os *stakeholders* de uma firma, logo vem à mente a ideia de agrupá-los com relação a sua importância, isto é, ao poder que dispõem. O poder de um *stakeholder* pode ser definido como:

> [...] a capacidade de aplicar diretamente um alto nível de recompensas ou punições econômicas (dinheiro, bens, serviços e outros) e/ou força coercitiva ou física (uso de armas, imobilização, sabotagem e outros, incluindo acesso a processos legais que podem induzir o uso de força física) e/ou influência social positiva ou negativa (na reputação, prestígio e outros, por meio da mídia e de outros meios).[27]

De acordo com Frooman,[28] outro pesquisador da área, a compreensão da importância dos *stakeholders* específicos da empresa abriria caminho para a gestão estratégica dos *stakeholders*. Segundo esse importante autor, a análise do nível de dependência dos *stakeholders* em relação à organização (e vice-versa) e o comportamento desses *stakeholders* conduziriam a empresa a diferentes diretrizes estratégicas, logicamente com diferentes resultados. O Quadro 10.5, de Hourneaux

Jr.,[29] baseado nas ideias de Frooman,[30] apresenta as possibilidades de relacionamento mencionadas.

**Quadro 10.5** Tipologias essenciais de relacionamento e de influência nas estratégias.

|  |  | O *stakeholder* é dependente da organização? |  |
|---|---|---|---|
|  |  | Sim | Não |
| A organização é dependente do *stakeholder*? | Sim | I — Alta interdependência. Abordagem direta com uso do poder. | II — Poder do *stakeholder*. Abordagem direta com reservas. |
|  | Não | III — Poder da organização. Abordagem indireta com uso do poder. | IV — Baixa interdependência. Abordagem indireta com reservas. |

*Fonte:* FROOMAN, J. apud HOURNEAUX JR., F. *Relações entre as partes interessadas (stakeholders) e os sistemas de mensuração do desempenho organizacional.* Tese (Doutorado em Administração) – Departamento de Administração da Faculdade de Economia, Administração e Contabilidade, Universidade de São Paulo, São Paulo, 2010.

Os significados dos quatro quadrantes são:

I – Se o *stakeholder* é dependente da organização e a organização é dependente do *stakeholder* (caracterizando uma alta interdependência), então este optará por uma ação direta, com uso do seu poder, para influenciar a organização.

II – Se o *stakeholder* não é dependente da organização, mas a organização é dependente do *stakeholder* (caracterizando o poder do *stakeholder*), então este escolherá uma estratégia direta, mas com reservas, para influenciar a organização.

III – Se o *stakeholder* é dependente da organização, mas a organização não é dependente do *stakeholder* (caracterizando o poder da organização), então o *stakeholder* escolherá uma ação indireta, com uso do seu poder, para influenciar a organização.

IV – Se o *stakeholder* não é dependente da organização e a organização não é dependente do *stakeholder* (caracterizando baixa interdependência), então este escolherá uma estratégia indireta, mas com restrições, para influenciar a organização.[31]

Organizações grandes e complexas têm muitos processos para realizar tarefas. Freeman concentra-se em três processos muito conhecidos e bastante usados pelos gerentes para a gestão estratégica das corporações. Os processos são a gestão de portfólio, a revisão estratégica e a análise do ambiente.

Na gestão de portfólio, a corporação deve ser entendida como um conjunto de unidades de negócios, que pode ser visto como a carteira de ações de um investidor.

A forma tradicional de fazer essa análise é a que está exemplificada no Gráfico 10.1, no qual para cada unidade de negócios são anotados pares de valores. O primeiro valor se refere à atratividade do setor da economia da unidade de negócios (expresso como taxa de crescimento do seu setor) e o segundo é a força dessa unidade de negócios (expresso como sua participação no mercado). Os gestores distribuem os recursos da corporação entre as unidades de negócio para maximizar o retorno (em relação ao investimento) e minimizar o risco.

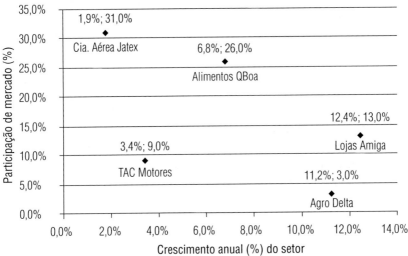

**Gráfico 10.1** Exemplo de análise de portfólio de uma corporação.
*Fonte*: Elaborado pelo autor.

Embora admita que a análise de portfólio ajuda os gestores a reconhecer alguns fatores de sucesso nos negócios, Freeman entende que, nos termos acima, essa técnica peca por simplificar demais o contexto da tomada de decisões e por considerar muitos poucos *stakeholders*.

Uma segunda técnica bastante empregada na gestão estratégica é a revisão periódica dos processos. A ideia é que periodicamente os altos executivos da corporação e os dirigentes das unidades de negócio se reúnam para avaliar os progressos em relação às metas estipuladas e para, se for o caso, formular novas estratégias. O problema dessa técnica, para Freeman, é que normalmente os dirigentes das unidades de negócio se preocupam mais em impressionar bem os executivos da corporação – que são seus chefes – do que em alinhar seus negócios com os interesses dos *stakeholders*, principalmente os externos.

O terceiro processo, a análise do ambiente, é, obviamente, orientado externamente. Ela compreende o monitoramento do ambiente em busca de novas tendências, eventos-chave e outros acontecimentos que possam afetar os negócios no futuro. Diversas técnicas podem ser empregadas para isso: criação de cenários, análise de tendências e os estudos do futuro. Todas necessitam de pressupostos para poder gerar resultados, e esses pressupostos em geral são ligados a variáveis macroeconômicas. Por exemplo, em certo cenário, a inflação deve se manter entre determinados valores. Freeman alega que raramente os executivos observam se os pressupostos iniciais permanecem válidos ao acompanharem os planos feitos e também que é difícil ver essas técnicas conduzirem a ações concretas das empresas.

Para Freeman,[32] "se o ambiente externo é rico e possui múltiplos *stakeholders*, os processos estratégicos da organização devem refletir essa complexidade". Em função disso, os processos de análise de portfólio, revisão estratégica e análise do ambiente precisariam ser desenvolvidos, tornando-se mais sofisticados, para captar toda a diversidade.

Na Figura 10.3 encontra-se uma versão do esquema típico dos processos do planejamento estratégico (como foi proposto inicialmente por Lorange,[33] em 1980), mas revisto por Freeman, que incorporou questões ligadas à teoria dos *stakeholders*, que ampliam a discussão dos processos, conforme visto nos parágrafos anteriores.

O terceiro nível da gestão dos *stakeholders* é o das transações entre a empresa e seus *stakeholders*. Na verdade, "o resultado final da gestão de *stakeholders* tem que ser *o conjunto de transações* que os gerentes da organização têm *com os stakeholders*"[34] (grifo nosso). O comportamento dos membros da empresa e a natureza dos bens e/ou serviços que ela troca com o mercado são os elementos-chave do sucesso nas transações com os *stakeholders*, e a falta de ajuste (ou de sintonia) entre as transações da empresa e seus processos e entre os processos e os *stakeholders* é fonte de descontentamento.

Um exemplo da falta de sintonia nas transações é o caso de uma grande empresa,[35] que decidiu se comprometer com um programa de qualidade de vida no trabalho e montou diversos comitês em parceria com os empregados visando a ações de longo prazo. Entretanto, logo em seguida anunciou que possuía colaboradores demais e iniciou um programa de aposentadorias precoces. Obviamente, essa decisão é inconsistente com a preocupação em relação à qualidade de vida no trabalho e com os comitês de trabalhadores.

**Figura 10.3** Esquema dos processos do planejamento estratégico revisto por Freeman.
Fonte: FREEMAN, R. E. *Strategic Management: a Stakeholder Approach*. Boston: Pitman, 1984. p. 69.

A falta de sintonia entre as ações e o mapa dos *stakeholders* pode acontecer nas mais diversas áreas ou momentos da atividade da empresa. Exemplos disso são as ocasiões em que a empresa se relaciona com a mídia, os encontros com acionistas ou analistas financeiros, as reuniões com pessoas do governo, as interações diárias com empregados e sindicatos e as reclamações dos consumidores. No caso das reclamações, um exemplo positivo de como essas transações podem ser oportunas para conhecer melhor as necessidades dos clientes – o que, em última análise, significa bons resultados financeiros e clientes satisfeitos – é o do varejista americano Sears (que já possuiu lojas no Brasil), que segue à risca o slogan "satisfação garantida ou seu dinheiro de volta".

## Estratégias para *stakeholders*

Diversos autores já fizeram propostas de estratégias genéricas para as empresas. Essas propostas contêm estratégias que se baseiam na posição estratégica da firma em um determinado segmento econômico (ou indústria, no sentido que os economistas costumam dar a essa palavra) e que, por serem genéricas, deveriam ser aplicáveis a qualquer segmento econômico.

Exemplos de estratégias genéricas podem ser encontrados nos textos de Andrews, na teoria do portfólio, mas o caso mais conhecido certamente é o criado por Michael Porter. Freeman[36] propõe que o modelo de Porter, das cinco forças que moldam a competição, já abordado neste livro, seja complementado com uma sexta força chamada de "força relativa de outros *stakeholders*".

A adição dessa sexta força deveria, para Freeman, ampliar a análise do modelo de Porter além da estrutura da indústria em direção a uma estrutura de *stakeholders*. Entretanto, é importante lembrar que as empresas de uma indústria não compartilham necessariamente os mesmos *stakeholders*. A Figura 10.4 apresenta o modelo de Porter com a generalização proposta por Freeman.

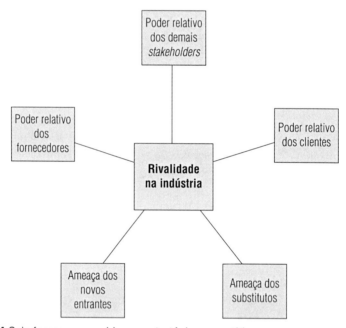

**Figura 10.4** Seis forças que moldam a estratégia competitiva.
*Fonte:* FREEMAN, R. E. *Strategic Management: a Stakeholder Approach*. Boston: Pitman, 1984. p. 141.

Segundo Freeman, a maior ou menor possibilidade de um *stakeholder* específico – ou grupo de *stakeholders* – afetar um programa estratégico que esteja sendo desenvolvido pode ser estimada pela análise conjunta de duas variáveis: a ameaça competitiva e o seu potencial para cooperação. Embora essa estimativa não seja proposta de modo quantitativo, o resultado, de forma genérica, permite a sugestão de ações a serem desenvolvidas pelas empresas. A Figura 10.5 mostra um quadro com a análise dessas duas variáveis, conforme formulado por Freeman.

O grupo de *stakeholders* com alta ameaça competitiva e alto potencial de cooperação com a empresa é chamado de grupo da mudança; o grupo com baixa ameaça competitiva e alto potencial de cooperação com a empresa é chamado de grupo da postura ofensiva (da empresa); o grupo com alta ameaça competitiva e baixo potencial de cooperação com a empresa, por outro lado, é o da defensiva; e o grupo com baixa ameaça competitiva e baixo potencial de cooperação com a empresa é o da manutenção da situação atual.

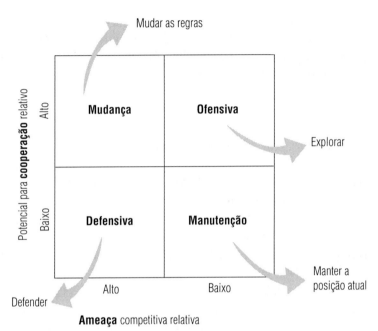

**Figura 10.5** Estratégias genéricas para *stakeholders*.
*Fonte*: FREEMAN, R. E. *Strategic Management: a Stakeholder Approach*. Boston: Pitman, 1984. p. 143.

Após a identificação, no quadro da Figura 10.5, do quadrante em que o *stakeholder* em questão (ou grupo de *stakeholders*) se encontra, são propostas as seguintes estratégias:

1. Se um conjunto de *stakeholders* tem potencial cooperativo relativamente alto e ameaça competitiva relativamente baixa, a firma deve adotar uma **estratégia ofensiva** para tentar extrair o potencial cooperativo desse conjunto de *stakeholders*.

2. Se um conjunto de *stakeholders* tem ameaça competitiva relativamente alta e potencial para cooperação relativamente baixo, a firma deve adotar uma **estratégia defensiva** para prevenir ameaça competitiva por parte desses *stakeholders*.

3. Se um conjunto de *stakeholders* tem potencial cooperativo relativamente alto e ameaça competitiva também alta, a firma deve adotar uma **estratégia que busque a mudança** ou influenciar as regras do jogo que governam as interações entre ela e os *stakeholders*.

4. Se um conjunto de *stakeholders* tem potencial para cooperação e ameaça competitiva relativamente baixos, a firma deve adotar uma **estratégia que busque continuar** os atuais programas estratégicos e manter as posições atuais desses *stakeholders*.[37]

As estratégias mencionadas são genéricas e precisam ser contextualizadas e adaptadas caso a caso. Embora talvez ainda seja cedo para que a teoria dos *stakeholders* faça parte do *mainstream* da estratégia, é certo que ela ampliou os horizontes da discussão do conteúdo da estratégia e da gestão das empresas.

## Questões de revisão

1. Usando as várias visões sobre *stakeholders* apresentadas no texto, desenvolva um conceito seu sobre o que é o *stakeholder*.
2. Há alguma incompatibilidade entre a função-objetivo da empresa quanto à forma como ela é apresentada pela teoria da firma e a dos *stakeholders*? Qual é a diferença entre elas?
3. Considere uma empresa sobre a qual você possua informações. Aplique-lhe as questões sugeridas por Carroll e Buchholtz para gestão dos *stakeholders*.
4. Para a mesma empresa do exemplo acima, faça a análise do nível de dependência dos *stakeholders* em relação à organização, conforme a proposta de Frooman.
5. Qual é a diferença entre o modelo das 5 forças, de Porter, e o das 6 forças, de Freeman?
6. As estratégias genéricas para os *stakeholders* de Freeman devem ser consideradas para um *stakeholder* individualmente, para um grupo específico de *stakeholders* ou, globalmente, para todos os *stakeholders* da organização?

### Estudo de caso

#### Stop Fire equipamentos contra incêndio

A empresa que será estudada, identificada como Stop Fire, é uma fornecedora nacional de equipamentos para segurança contra incêndios e atende a uma grande parcela do mercado corporativo brasileiro, vendendo seus produtos, por exemplo, a bancos e demais organizações que necessitam desse tipo de solução.

O mercado de equipamentos de segurança contra incêndio no Brasil é pulverizado e a concorrência se dá regionalmente. Essas empresas, de forma geral, desenvolvem tecnologia própria a fim de atender às normas de proteção contra o fogo. As companhias que atuam nesse segmento, em sua maioria, são nacionais.

Entre seus principais produtos está a gestão de equipamentos de combate a incêndio. O ciclo de vida desse produto é longo e requer uma forte presença da empresa nas atividades de pós-venda. O custo para atendimento nacional é alto e há uma concorrência regional com baixa tecnologia, mas com forte atuação no seu ambiente.

Seguindo a proposta de gerir os *stakeholders* encontrando as respostas para o conjunto de perguntas (ou questões essenciais da organização) apresentado no texto do Capítulo 10, a Stop Fire identificou como seus principais *stakeholders* os clientes, os empregados, os fornecedores, os sócios e o governo (Figura 1). Segundo a Stop Fire, o principal interesse de seus *stakeholders* é o atendimento de suas necessidades maximizando a relação benefício/custo. Embora essa forma de apresentar os interesses possa ser considerada genérica, isso não apresenta problemas no caso dos *stakeholders* identificados pela Stop Fire. É facilmente compreensível que seus clientes pensem dessa maneira. Além disso, como empresas de grande porte, desejam que o relacionamento com a Stop Fire seja também ético e conte com práticas sustentáveis, o que pode ser resumido com a atenção ao trinômio *people, profit, planet*.*

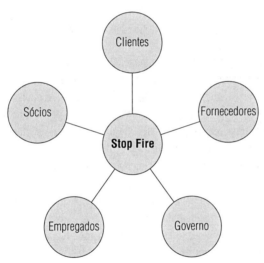

**Figura 1** *Stakeholders* da Stop Fire.
*Fonte*: Elaborada pelos autores.

Os empregados podem ser considerados fornecedores de mão de obra e seria possível entender suas necessidades da mesma forma que as dos demais fornecedores. Caso houvesse alguma demanda específica por parte dos empregados, como a solicitação de um plano de assistência médica melhor, mais condições de trabalho ou algo semelhante, esses itens deveriam fazer parte dessa relação, mas,

---

* O trinômio *people, profit, planet* se refere à preocupação com as pessoas, portanto, com os aspectos sociais ligados à atividade empresarial, com a rentabilidade da empresa e com o planeta – isto é, o cuidado com a preservação do meio ambiente.

no caso, isso não ocorre. Para a Stop Fire, o interesse dos empregados é manter sua empregabilidade em um ambiente saudável, que promova seu desenvolvimento contínuo.

O interesse principal dos fornecedores é a continuidade dos negócios, mantendo a demanda por seus produtos. Também é importante para os fornecedores da Stop Fire que os compromissos financeiros e administrativos sejam cumpridos e que os negócios aconteçam em um ambiente ético. No entender da Stop Fire, o interesse do governo é poder contar com empresas que operem dentro da legalidade e que se desenvolvam, gerando empregos e recolhendo corretamente seus tributos. A Stop Fire também crê que entre os interesses do governo esteja a preocupação com a preservação do meio ambiente.

O interesse dos sócios é a preservação do trinômio *people, profit, planet*, pois são preocupados em gerir uma empresa sustentável.

A Stop Fire vê as oportunidades e desafios que os *stakeholders* representam como estímulos para a dinâmica da empresa. Os clientes estão constantemente demandando produtos e serviços com mais qualidade e valor agregado. O atendimento dessas necessidades somente será possível se houver um aperfeiçoamento constante e inovador nesses serviços e produtos. E para que isso seja possível, é necessário o empenho e comprometimento dos *stakeholders* empregados, fornecedores e sócios. Assim, pode-se dizer que a maior oportunidade é a de continuar a fornecer produtos e serviços com cada vez mais qualidade e valor agregado, e o desafio é conseguir reunir os esforços de todos para essa finalidade.

A Stop Fire possui alguns tipos de responsabilidades com seus *stakeholders*. Com os seus sócios, empregados, fornecedores e o governo há a responsabilidade econômica, uma vez que é necessário obter os resultados econômicos almejados, para ser possível distribuir lucro, pagar salários, impostos e as compras feitas junto aos fornecedores. Com todos os *stakeholders* existem responsabilidades éticas e legais, uma vez que a legislação regula uma gama bastante ampla das atividades das empresas, como, por exemplo, o recolhimento de tributos, o relacionamento com os empregados, a distribuição de lucros e mesmo alguns aspectos da relação com clientes e fornecedores.

Na visão da empresa, ela tem como responsabilidade garantir a entrega, de forma ética, de produtos e serviços com um preço considerado justo pelos clientes, amparada por fornecedores e empregados que são respeitados e estimulados a se qualificar cada vez mais. A Stop Fire estimula os empregados a estudar, obtendo bolsas de estudo para cursos técnicos e universitários. A atenção com a responsabilidade com os empregados se manifesta também em um plano de carreira, que permite a evolução dentro da organização.

Aos fornecedores a empresa oferece oportunidades para se qualificarem e se aprimorarem tecnicamente. Isso é feito colocando a sua equipe técnica, que é muito bem conceituada no mercado, à disposição das empresas fornecedoras.

Além disso, a empresa Stop Fire possui convênios com creches e hospitais e doa sistematicamente recursos para contribuir com a sociedade, pois entende que também possui responsabilidades sociais e filantrópicas.

De modo geral, as estratégias que a Stop Fire afirma que adota para gerir as oportunidades e desafios do seu relacionamento com os *stakeholders* (externos e internos) são a preocupação constante com a identificação das suas necessidades, a oferta de serviços diferenciados, o investimento na qualidade de vida dos *stakeholders* (principalmente no caso dos *stakeholders* internos) e a adoção de práticas sustentáveis, ligadas à preocupação com o *people, profit, planet*.

Analisando os *stakeholders* com o auxílio do gráfico das estratégias genéricas (Figura 2), segundo a visão da Stop Fire, 20% dos clientes estariam no quadrante II. Esses seriam os principais clientes, responsáveis por uma boa parte do faturamento. Os fornecedores estariam no quadrante III, havendo a possibilidade de serem substituídos, caso não se mostrem dispostos a crescer e a se qualificar de acordo com as necessidades da gestão da cadeia de abastecimento. Os empregados estariam no quadrante I, pois a empresa entende que depende de seus colaboradores, tanto quanto eles dependem da empresa. A Stop Fire não visualiza nenhum cliente no quadrante IV.

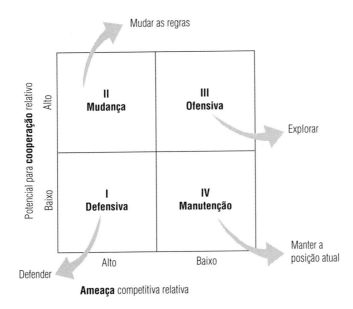

**Figura 2** Gráfico das estratégias genéricas para os *stakeholders*.
Fonte: Elaborada pelos autores.

## Perguntas

1. No gráfico das estratégias genéricas (Figura 2), em qual quadrante poderia ser colocado o governo? Por quê?
2. As necessidades do grupo de *stakeholders* dos empregados podem se modificar com o tempo. Como poderiam ser essas necessidades daqui a dez anos?
3. Alguns clientes bancários poderiam ter potencial para colaborar com a Stop Fire, já que têm interesse no bom resultado do uso dos produtos e serviços. Entretanto, se não for possível saber o tamanho da concorrência, esses clientes poderiam ser alocados em dois quadrantes distintos. Quais seriam eles?
4. Alguns produtos para segurança bancária, assim como alguns serviços de segurança dessa área, entram em contato com os clientes dos bancos, como as portas giratórias e os vigilantes. Essas pessoas, os clientes dos bancos (que são os clientes da Stop Fire), também são *stakeholders*? Quais seriam seus interesses?

## Referências

[1] FREEMAN, R. E. *Strategic Management: a Stakeholder Approach*. Boston: Pitman, 1984. p. 31.

[2] FRIEDMAN, A. L.; MILES, S. *Stakeholders: Theory and Practice*. Oxford: Oxford University Press, 2006.

[3] MITCHELL, AGLE E WOOD apud HOURNEAUX JR., F. *Relações entre as partes interessadas (stakeholders) e os sistemas de mensuração do desempenho organizacional*. 2010. Tese (Doutorado em Administração) – Departamento de Administração da Faculdade de Economia, Administração e Contabilidade, Universidade de São Paulo, São Paulo, 2010.

[4] FREEMAN, R. E., op. cit., p. 46.

[5] Id., Ibid.

[6] Id., Ibid., p. 52.

[7] BOAVENTURA, J. M. G. at al. Teoria dos stakeholders e teoria da firma: um estudo sobre a hierarquização das funções-objetivo em empresas brasileiras. *Revista Brasileira de Gestão de Negócios – RBGN*, v. 11, n. 32, p. 289-307, 2009.

[8] FREEMAN, R. E., op. cit.

[9] Id., Ibid., p. 74.

[10] CLARKSON at al. apud BOAVENTURA, J. M. G. at al. Teoria dos stakeholders e teoria da firma: um estudo sobre a hierarquização das funções-objetivo em empresas brasileiras. *Revista Brasileira de Gestão de Negócios – RBGN*, v. 11, n. 32, p. 289-307, 2009.

[11] FREEMAN, R. E., op. cit.

[12] Id.,Ibid.

[13] CARVALHO, L. C. P. Teoria da firma: a produção e a firma. In: PINHO, D. B.; VASCONCELOS, M. A. S. (Org.). *Manual de economia*. 4. ed. São Paulo: Saraiva, 2004. p. 160-190.

[14] PINDYCK, R. S.; RUBINFELD, D. L. *Microeconomia*. 5. ed. São Paulo: Prentice Hall, 2002. MANKIW, N. G. *Introdução à economia*. São Paulo: Pioneira Thomson Learning, 2005.

[15] LAZZARINI, S. G.; BIALOSKORSKI NETO, S.; CHADDAD, F. R. Decisões financeiras em cooperativas: fontes de ineficiência e possíveis soluções. *Gestão e Produção*, v. 6, n. 3, p. 257-268, 1999.

[16] SILVEIRA, A. M.; YOSHINAGA, C. E.; BORBA, P. R. F. Crítica à teoria dos stakeholders como função-objetivo corporativa. *Caderno de Pesquisas em Administração*, v. 12, n. 1, p. 33-42, 2005.

[17] BOAVENTURA, J. M. G. at al., op. cit.

[18] JENSEN, M. Value Maximization, Stakeholder Theory and the Corporate Objective Function. *Journal of Applied Corporate Finance*, v. 14, n. 3, p. 8-21, 2001.
[19] BLATTBERG, C. *From Pluralist to Patriotic Politics: Putting Practice First*. Oxford: Oxford University Press, 2004.
[20] SILVEIRA, A. M.; YOSHINAGA, C. E.; BORBA, P. R. F., op. cit.
[21] FREEMAN, R. E., op. cit., p. 53.
[22] CARROLL; BUCHHOLTZ apud HOURNEAUX JR., F. *Relações entre as partes interessadas (stakeholders) e os sistemas de mensuração do desempenho organizacional*. 2010. Tese (Doutorado em Administração) – Departamento de Administração da Faculdade de Economia, Administração e Contabilidade, Universidade de São Paulo, São Paulo, 2010.
[23] Id., Ibid.
[24] FREEMAN, R. E., op. cit.
[25] HOURNEAUX JR., F. *Relações entre as partes interessadas (stakeholders) e os sistemas de mensuração do desempenho organizacional*. 2010. Tese (Doutorado em Administração) – Departamento de Administração da Faculdade de Economia, Administração e Contabilidade, Universidade de São Paulo, São Paulo, 2010.
[26] FREEMAN, R. E. apud HOURNEAUX JR., F. *Relações entre as partes interessadas (stakeholders) e os sistemas de mensuração do desempenho organizacional*. 2010. Tese (Doutorado em Administração) – Departamento de Administração da Faculdade de Economia, Administração e Contabilidade, Universidade de São Paulo, São Paulo, 2010.
[27] AGLE, B.; MITCHELL, R.; SONNENFELD, J. Who Matters to CEOs? An Investigation of Stakeholder Attributes and Salience, Corporate Performance and CEO Values. *Academy of Management Journal*, v. 42, n. 5, p. 507-525, 1999.
[28] FROOMAN, J. Stakeholder Influence Strategies. *The Academy of Management Review*, v. 24, n. 2, p. 191-205, 1999. FROOMAN, J. *Stakeholder Influence Strategies*. 2002. Doctoral Thesis, University of Pittsburgh, Pittsburgh, 2002.
[29] FROOMAN, J. apud HOURNEAUX JR., F. *Relações entre as partes interessadas (stakeholders) e os sistemas de mensuração do desempenho organizacional*. Tese (Doutorado em Administração) – Departamento de Administração da Faculdade de Economia, Administração e Contabilidade, Universidade de São Paulo, São Paulo, 2010.
[30] FROOMAN, J., op. cit.
[31] FROOMAN, J. apud HOURNEAUX JR., F., op. cit.
[32] FREEMAN, R. E., op. cit., p. 68.
[33] LORANGE, P. *Corporate Planning: an Executive Viewpoint*. Englewood Cliffs: Prentice Hall, 1980.

[34] FREEMAN, R. E., op. cit., p. 69.
[35] Id., Ibid.
[36] Id., Ibid.
[37] Id., Ibid., p. 143.

## Capítulo 11

# Campos e armas da competição: formulação da estratégia competitiva

- Definição de campo da competição e de arma da competição
- Campos da competição
- Armas da competição
- As três variáveis fundamentais do submodelo quantitativo do CAC: intensidade média das armas, foco e dispersão

*Para a empresa ser competitiva, não há condição mais relevante do que ter alto desempenho apenas naquelas poucas armas que lhe dão vantagem competitiva nos campos da competição escolhidos para cada par produto/mercado.*

(Tese do modelo de campos e armas da competição)

## Introdução

### O que é o modelo de campos e armas da competição e para que serve

O modelo de campos e armas da competição (CAC) é um modelo da teoria da estratégia empresarial que tem por objetivo servir de instrumento para a empresa aumentar sua competitividade. Ele serve para: (a) entender, analisar e explicar como um grupo de empresas pertencentes ao mesmo segmento econômico compete entre si; (b) entender, analisar e explicar a posição competitiva de uma empresa em relação às concorrentes; (c) diagnosticar as deficiências e identificar as características competitivas da empresa; (d) propor medidas para aumentar a competitividade da empresa; (e) formular a estratégia competitiva de negócio e as estratégias competitivas operacionais de uma empresa; (f) alinhar (dar coerência e harmonizar) as estratégias competitivas operacionais à estratégia competitiva de negócio da empresa; (g) determinar as competências essenciais e o *core business* da empresa;

e (h) identificar as atividades a terceirizar dentro do processo de desverticalização, de forma que aumentem as vantagens competitivas da empresa. Tem sido aplicado com sucesso tanto em empresas industriais quanto nas de serviço.

O CAC é um modelo, simultaneamente, qualitativo e quantitativo, analógico e simbólico. Qualitativo porque possui vários componentes (como campo da competição, arma da competição, alvo das armas) com características qualitativas. Quantitativo porque possui sete variáveis matemáticas que medem diversos elementos que o constituem (como grau de competitividade, intensidade da arma e foco das armas no campo da competição). Analógico porque usa um conjunto de propriedades para representar outro conjunto de propriedades – seus componentes foram concebidos para representar os diversos conceitos de estratégia (por exemplo, a estratégia competitiva de negócio é representada pelos campos da competição de cada par produto/mercado; a estratégia competitiva operacional, pelas armas da competição; o alinhamento dessas estratégias, pelo foco). E simbólico porque usa variáveis matemáticas (símbolos) para representar vários de seus conceitos, o que permite a manipulação dessas variáveis, que são independentes, para testar o impacto nas variáveis dependentes, principalmente no grau de competitividade.

Como afirma Contador,[1] o CAC foi concebido e desenvolvido pela via epistemológica, que é um dos caminhos da evolução do conhecimento, o caminho da observação e reflexão sobre a competição entre empresas para chegar às suas proposições. Essa via foi também o caminho da sua validação experimental, a validação cognitiva da prática – se funciona, é válido. O processo da sua validação possibilitou concluir que ele goza das propriedades da consistência (isenção de contradições), da universalidade (verdadeiro em 98% das situações) e da flexibilidade (adaptável aos mais diversos casos). Em decorrência da sua concepção e validação, surgiu um modelo consistentemente estruturado e detentor de características inovadoras.

### Evolução do CAC

O CAC é objeto de estudo de Contador desde 1990, cujos conceitos iniciais, tendo como pano de fundo a indústria, foram lançados à discussão acadêmica em dois artigos publicados na *Revista de Administração* da USP em 1995, um sobre "Campos da competição"[2] e outro sobre "Armas da competição"[3]. Esses conceitos evoluíram muito graças às pesquisas realizadas em empresas de diversos segmentos econômicos, feitas principalmente a partir de 1999 para fundamentar dissertações de mestrado.

O livro *Campos e armas da competição*,[4] publicado por José Celso Contador em 2008, consolida todo o conhecimento acumulado por esse autor sobre a competição empresarial e serviu de base para o desenvolvimento deste capítulo. Nas suas 608 páginas, o interessado encontrará material para aprofundar a compreensão dos conceitos aqui expostos.

## Objetivos deste capítulo

O capítulo trata do processo de formulação da estratégia competitiva, prescrito pelo CAC. Esse tema foi o escolhido, dentre as diversas aplicações citadas no início deste capítulo, por ser o que mais desperta o interesse dos estudiosos da estratégia empresarial, pois trata exatamente das formas de uma empresa vencer suas concorrentes.

Ser o último capítulo do livro a tratar deste tema possibilita mostrar como os vários conceitos expostos nos capítulos precedentes são integrados no CAC e, ainda, comparar o CAC com outros modelos da teoria da estratégia empresarial abordados.

## Evolução do pensamento estratégico

O pensamento sobre estratégia empresarial evoluiu significativamente nos últimos 50 anos, desde o tempo em que, com as obras de Selznick,[5] de Chandler,[6] de Learned et al.[7] e de Ansoff[8], começou a nascer o que viria a ser genericamente chamado planejamento estratégico.

O planejamento estratégico notabilizara-se na década de 1970, principalmente pela distinção entre planejamento estratégico, tático e operacional, pela definição do negócio, visão e missão da empresa, pelo modelo SWOT (*strengths, weaknesses, opportunities, threats*), que analisa as forças e fraquezas *versus* oportunidades e ameaças, pela matriz BCG (Boston Consulting Group), PIMS (Profit Impact of Market Strategies) e curva de experiência.

A década de 1980 foi distinguida pela estratégia competitiva e pela vantagem competitiva de Michael Porter que, com perspicácia para perceber a importância do ambiente externo da empresa e do posicionamento dela nesse ambiente, apresentou em 1979 "as cinco forças competitivas que determinam a rentabilidade da indústria."[9] Mais tarde, disseminou o conceito de vantagem competitiva.[10] Desde então, exerce forte influência sobre os meios acadêmico e empresarial.

A prevalência que Porter atribui aos fatores externos fez surgir opositores nas décadas de 1980 e 1990, muitos dos quais se agregaram na RBV (Resource Based View, denominação crida por Wernerfelt[11]), cuja ênfase está nos fatores internos da empresa – "empresa pode criar vantagens competitivas a partir de seus recursos, tornando-se mais lucrativa", como afirmam Barney,[12] Peteraf[13] e Krogh e Ross[14]. A RBV é um modelo de desempenho focado nos recursos e nas capacidades controlados pela empresa, como fontes de vantagem competitiva que devem ser valiosos, raros, de difícil imitação e organizados.[15]

A década de 1990 presenciou o nascimento e o florescimento do *Balanced Scorecard*,[16] que prega a necessidade do alinhamento das estratégias para o sucesso competitivo da empresa e utiliza quatro categorias de medidas: desempenho financeiro, conhecimento do cliente, processos internos e aprendizado e crescimento.

Nas décadas de 1990 e 2000, Contador desenvolveu o modelo de campos e armas da competição (CAC), que alia duas concepções bastante distintas, as quais têm sido, de um modo geral, tratadas isoladamente na literatura especializada: a concepção de que a competitividade da empresa provém predominantemente do seu posicionamento no mercado (posicionamento representado pelos campos da competição) e a concepção de que ela provém basicamente dos seus fatores internos (fatores denominados armas da competição). O CAC é constituído por variáveis qualitativas e quantitativas, possui um pensamento central muito forte que orienta a formulação das estratégias competitivas e gera estratégias competitivas operacionais alinhadas à estratégia competitiva de negócio.

Assim, o CAC incorpora as três perspectivas da estratégia competitiva: o ambiente externo, o interno e o alinhamento das estratégias. O ambiente externo está relacionado aos campos da competição: (1) formular a estratégia competitiva de negócio é definir produtos para cada mercado e escolher os campos da competição de cada produto em cada mercado; e (2) o posicionamento do produto e da própria empresa no mercado é definido pela escolha dos campos da competição para cada par produto/mercado. O ambiente interno está relacionado às armas da competição, pois a formulação das estratégias competitivas operacionais corresponde a escolher as armas a serem utilizadas na competição e a definir sua intensidade. Por fim, o alinhamento das armas da competição aos campos escolhidos pela empresa para competir, que decorre naturalmente da concepção do modelo, equivale ao alinhamento das estratégias competitivas operacionais à estratégia competitiva de negócio, cabendo mencionar que, em razão de sua metodologia, as estratégias operacionais já nascem alinhadas à estratégia de negócio.

## Definição de campo da competição e de arma da competição

O CAC nasceu de uma ideia simples: separar as chamadas vantagens competitivas segundo o interesse do cliente, distinguindo as que lhe interessam das que não lhe interessam. As primeiras relacionam-se aos campos da competição, e as segundas, às armas da competição.

Considerem-se para ilustrar o conceito seis vantagens competitivas normalmente citadas: preço, propaganda, qualidade do produto, produtividade, variedade de modelos e rapidez de produção. Quais delas interessam ao cliente?

O cliente se interessa obviamente por preço, qualidade do produto e variedade de modelos, porque são atributos do produto sempre levados em consideração em maior ou menor grau dependendo da situação de compra. Como essas vantagens competitivas são as relacionadas aos campos da competição, elas representam os atributos do produto e da empresa valorizados e de interesse do cliente. O que caracteriza um campo da competição é o interesse do cliente, pois, se houver interesse do cliente, haverá competição entre empresas para conseguir sua preferência. Por essa razão, foi denominado campo da competição.

Por outro lado, ao cliente não interessa saber se a empresa opera com alta ou com baixa produtividade (muitas pessoas nem sabem o que é produtividade e não precisam, de fato, saber); interessa-lhe, sim, o preço do produto. É importante para ele a imagem de um produto criada pela propaganda, mas a propaganda em si não lhe interessa. Seu interesse não está na rapidez de produção, mas no prazo de entrega: não lhe interessa saber se o prazo curto de entrega de um produto decorre de uma produção rápida ou de alto estoque da empresa. Assim, a característica central das armas da competição é não interessar ao cliente, como produtividade, propaganda e rapidez de produção do exemplo anterior.

Feita essa distinção, pode-se definir: *Campo da competição é o locus imaginário da disputa num mercado entre produtos ou entre empresas pela preferência do cliente, em que a empresa busca alcançar e manter vantagem competitiva*, como preço e qualidade do produto. Esse local é imaginário porque só existe na mente das pessoas. O campo da competição não passa de uma ideia que norteia a formulação da estratégia competitiva da empresa.

E pode-se definir arma e arma da competição. *Arma é qualquer atividade ou recurso da empresa. Arma da competição é uma atividade executada ou um recurso utilizado pela empresa para conquistar e/ou manter vantagem competitiva.*

O critério para saber se uma vantagem é um campo ou uma arma da competição é o interesse do cliente. Se ele tiver interesse, é um campo. Se não tiver, é uma arma.

A arma tem um escopo bastante restrito, pequeno. Essa concepção objetiva facilitar a aplicação do CAC, pois está no nível de atuação do funcionário. São armas, por exemplo: Serviço de Atendimento ao Consumidor (SAC), publicidade, comunicação visual, melhoramento no processo produtivo, manutenção de equipamento, Controle Estatístico de Processo (CEP), recursos financeiros, monitoramento dos concorrentes, elaboração de projeto, equipamentos de produção, treinamento de pessoal, redução de despesas.

Para facilitar a gestão das atividades e dos recursos da empresa (que são armas), é necessário que as atividades e os recursos sejam atribuídos a um pequeno grupo de funcionários que desempenham atividades similares, como os vendedores de uma loja, os operários de uma linha de montagem, os engenheiros e projetistas de um departamento de projeto e os gestores financeiros. Foi com essa preocupação em mente que Contador[17] definiu o conteúdo que uma arma e uma arma da competição devem ter:

- Arma é qualquer atividade executada ou recurso administrado por um grupo de funcionários da empresa com atribuições homogêneas.
- Arma da competição é qualquer atividade executada ou recurso administrado por um grupo de funcionários com atribuições homogêneas, utilizado pela empresa para conquistar e/ou manter vantagem competitiva.

De modo geral, os autores não distinguem o que o CAC conceitua como campo da competição e como arma da competição – eles os tratam sempre como vantagens competitivas. A distinção feita pelo CAC facilita a formulação e a implementação das estratégias competitivas da empresa, pois campos da competição referem-se à estratégia competitiva de negócio, e armas da competição, às estratégias operacionais.

> **Definições de campo da competição, arma e arma da competição**
> *Campo da competição* é o *locus* imaginário da disputa num mercado entre produtos ou entre empresas pela preferência do cliente, em que a empresa busca alcançar e manter vantagem competitiva.
> *Arma* é qualquer atividade executada ou recurso administrado por um grupo de funcionários da empresa com atribuições homogêneas.
> *Arma da competição* é qualquer atividade executada ou recurso administrado por um grupo de funcionários com atribuições homogêneas utilizado pela empresa para conquistar e/ou manter vantagem competitiva.

## Campos da competição

### Configuração dos campos da competição

As pesquisas feitas por Contador durante mais de 15 anos concluíram que há 14 campos da competição. Ou seja, há 14 maneiras básicas (além de suas inúmeras combinações) de a empresa se diferenciar, maneiras relativas às características de seu produto e às suas próprias características. Essa quantidade pode variar em função do critério de agregação, mas ela tem se mostrado satisfatória nas mais diversas aplicações do CAC.

A configuração dos campos da competição representa os 14 campos agregados em cinco macrocampos:[18]

- **Competição em preço**: (1) em preço propriamente dito; (2) em condições de pagamento; e (3) em prêmio e/ou promoção.

- **Competição em produto (bem ou serviço)**: (4) em projeto do produto; (5) em qualidade do produto; e (6) em diversidade de produtos.
- **Competição em atendimento**: (7) em acesso ao atendimento; (8) em projeto do atendimento; e (9) em qualidade do atendimento.
- **Competição em prazo**: (10) em prazo de entrega do produto; e (11) em prazo de atendimento.
- **Competição em imagem**: (12) do produto e da marca; (13) de empresa confiável; e (14) em responsabilidade social.

Além de campo da competição, há o campo coadjuvante. Campo da competição é o campo no qual a empresa vai efetivamente criar ou manter vantagem competitiva. Campo coadjuvante é o campo que complementa a estratégia competitiva de negócio da empresa. É um campo auxiliar, mas não um campo da competição – nele, a empresa não compete, mas ele contribui para o alcance e a manutenção das suas vantagens competitivas.

Segundo o CAC, as empresas se distinguem pela escolha de diferentes campos da competição e campos coadjuvantes, o que condiciona, inclusive, o projeto do produto.

> **Configuração dos campos da competição**
>
> A configuração dos campos da competição representa os 14 campos agregados em cinco macrocampos: preço, produto, atendimento, prazo e imagem.
> Uma das formas de as empresas se distinguirem é pela escolha de diferentes campos da competição e coadjuvantes.

## Campos da competição e estratégia competitiva de negócio

*Os campos da competição retratam as possíveis estratégias competitivas de negócio.* Assim, a formulação da estratégia competitiva de negócio consiste basicamente na definição do par produto/mercado e na escolha dos campos da competição para cada par produto/mercado. Analogamente, *os campos da competição representam a estratégia de posicionamento do produto no mercado.*

Deve-se enfatizar que a competição num campo só dará vantagem competitiva à empresa se o cliente, ou o consumidor, reconhecer as características do produto ou da própria empresa como superiores às das empresas concorrentes e ser atraído para comprar dela.

Enfatize-se: *para o CAC, um produto é tanto um bem material como um serviço.* Devido à sua importância, é necessário mostrar como os campos da competição retratam as estratégias competitivas de negócio da empresa.

1. **Competir em preço** significa ter, ou almejar ter, preço menor do que o preço dos produtos concorrentes. A competição em preço se dá necessariamente em produtos padronizados, pois não é possível diferenciá-los dos produtos dos concorrentes, como no caso das *commodities* (soja, minérios, açúcar etc.). Entretanto, há outras situações, como as comentadas a seguir.

Para conseguir ter preço menor do que o preço dos produtos concorrentes e mesmo assim usufruir lucro, a empresa precisa possuir baixo custo, o que implica alta produtividade e redução drástica de desperdícios. É o campo da competição que apresenta maiores dificuldades para a empresa e menores margens de lucro. Por isso, as empresas, de modo geral, procuram esquivar-se desse tipo de competição por meio da diferenciação de produtos e da decisão de competir em algum dos demais 13 campos.

Precisa também projetar produtos para serem produzidos a baixo custo, como fez a Suggar Eletrodomésticos com os chamados *tanquinhos*, que não têm recursos tecnológicos tão avançados quanto as lavadoras de roupa, e a Accor Hotels com sua rede Formule 1.

Além disso, o próprio negócio precisa ser especialmente projetado, como fez a Gol Linhas Aéreas ao decidir operar no modelo de negócio *baixo custo, baixa tarifa,* que se assenta em três pilares: (1) alta produtividade (por meio do aumento do número de assentos nas aeronaves, obtido pela redução da distância entre assentos, pela eliminação dos fornos de aquecimento de alimentos e por operar com frota homogênea de aeronaves, o que diminui os custos de treinamento de pilotos e mecânicos e os de estoque de peças de reposição); (2) minimização de custos (oferecimento de serviços minimalistas, o que também diminui a quantidade de comissários de bordo, venda de bilhetes pela internet sem usar sistemas de reserva que cobram por reserva); e (3) maximização das receitas (operação em rotas de alta intensidade de tráfego e em rotas curtas, que são mais rentáveis).

2. **Competir em condições de pagamento** significa oferecer, ou almejar oferecer, mais facilidades de pagamento que os concorrentes, como desconto, prazo, quantidade de parcelas de pagamento e instrumento de crédito.

Esse é o campo da competição da Casas Bahia – o preço de seus produtos não é o menor da praça, mas suas condições de pagamento procuram ser as melhores.

Para competir nesse campo, a empresa precisa operar com alta produtividade e dispor de abundantes recursos financeiros. Tanto assim, que a Casas Bahia, para reduzir custos, fabrica móveis e possui frota própria para entrega das mercadorias e, para aumentar sua capacidade de financiamento aos clientes, celebrou acordo com o Bradesco.

3. **Competir em prêmio e/ou promoção** significa oferecer, ou almejar oferecer, temporariamente ao comprador vantagens mais interessantes que as dos concorrentes, como sorteios e ofertas, sem alterar o preço normal de venda.

Esse é o campo da competição típico dos supermercados – como o preço de seus produtos não é consistentemente menor que o dos concorrentes, procuram atrair compradores fazendo diariamente promoção de alguns produtos e ocasionalmente sorteio de brindes, alguns até valiosos como televisores e automóveis.

4. **Competir em projeto do produto** significa desenvolver, ou almejar desenvolver, produto com características e atributos valorizados pelos clientes, ou consumidores, que atendam às suas exigências, necessidades, preferências, expectativas ou anseios, de forma mais atraente que as características e os atributos dos produtos concorrentes em termos de aparência visual, funções a cumprir, facilidade de uso, qualidade dos materiais e do acabamento e outros. A fim de definir as características do produto, a empresa precisa realizar pesquisas com clientes, ou consumidores, para entender seu comportamento e suas exigências, necessidades, preferências, expectativas ou anseios.

Esse é o campo da competição típico da indústria automobilística – para projetar um veículo, a montadora segmenta o mercado pela renda e pelo perfil do público-alvo e define a faixa de preço, e dentro dessa faixa procura oferecer um veículo com as melhores características de desempenho possível.

5. **Competir em qualidade do produto** significa oferecer, ou almejar oferecer, produto que o cliente julgue de melhor qualidade que a dos produtos concorrentes nos mais diversos critérios por ele valorizados, como aparência visual, funções a cumprir, desempenho, facilidade de uso, qualidade dos materiais e do acabamento, durabilidade e outros.

Como este campo é bastante valorizado pelo cliente, várias empresas decidem competir nele ou o elegem como campo coadjuvante. Uma estratégia utilizada com razoável frequência é oferecer prazo de garantia longo, pois o cliente usa esse critério para avaliar a qualidade do produto que ainda não conhece.

É importante compreender o significado de qualidade do produto para o cliente – para ele, significa tanto as características intrínsecas definidas pelo projeto quanto o desempenho e a durabilidade. Mas a empresa precisa distinguir qualidade do projeto de qualidade do produto, pois as armas a usar são diferentes, uma vez que a qualidade do produto depende da qualidade do processo produtivo e da qualidade do projeto (que se refere à competição em projeto do produto).

6. **Competir em diversidade de produtos** significa oferecer, ou almejar oferecer, maior variedade de produtos que os concorrentes.

A enorme variedade de modelos de relógios de pulso e a diversidade de lojas e de serviços oferecidos pelos shopping centers são exemplos de competição neste campo.

As empresas competem em diversidade de produtos ou os elegem como campo coadjuvante, porque reconhecem que as pessoas não são todas iguais, elas gostam de variedade de modelos, e que há nichos, mesmo pequenos, para cada modelo de produto. Está implícita a ideia de que, quanto mais a empresa conseguir satisfazer específica e individualmente a cada cliente, maiores serão suas vendas e seu lucro, compensando o aumento dos custos da cadeia produtiva.

Para competir neste campo, a empresa precisa conceber os produtos de forma que viabilize sua diversidade por meio da variação de apenas algumas operações, a fim de que a fabricação seja a mais padronizada possível, utilizando principalmente o conceito de módulos padronizados que se combinam para propiciar grande quantidade de modelos. É o caso de relógios de pulso, em que variam apenas a caixa ou somente a pulseira. E a empresa precisa também dispor de flexibilidade no processo produtivo.

7. **Competir em acesso ao atendimento** significa proporcionar, ou almejar proporcionar, melhor acesso ao atendimento que o dos concorrentes, do ponto de vista do cliente.

Empresas do comércio eletrônico, postos de gasolina, lojas de conveniência, padarias, farmácias elegem acesso ao atendimento como campo da competição ou coadjuvante.

Cinco são as formas básicas de a empresa propiciar acessibilidade aos clientes: (1) pela sua localização e a dos postos de atendimento; (2) pela extensão da rede de lojas e de distribuição; (3) pelo horário estendido de atendimento; (4) pela venda direta, que pode ser realizada por meio de visita de vendedores, pela venda porta a porta, por telefone, teleatendimento (telemarketing), mala direta, catálogo, televisão e internet; e (5) pelos canais virtuais de acesso. É comum a estratégia de múltiplos canais de acesso ao atendimento.

8. **Competir em projeto do atendimento** significa desenvolver, ou almejar desenvolver, atendimento com características valorizadas pelos clientes, que satisfaçam suas exigências, suas necessidades, suas preferências, suas expectativas ou seus anseios, de forma mais atraente que as características do atendimento das empresas concorrentes.

Inicialmente é necessário destacar que o CAC conceitua atendimento de modo bem específico, a fim de diferenciá-lo da produção de um serviço: o atendimento consiste simplesmente nas atividades relacionadas à recepção, ao contato e à comunicação com o cliente. Tome-se, como exemplo, um caixa bancário. Nos momentos em que autentica um documento, conta dinheiro ou confere a assinatura de um cheque, está *produzindo* o serviço e utiliza as armas típicas do processo produtivo, como os recursos dos sistemas informatizados do banco. Nos momentos em que recebe e conversa com o cliente, está *atendendo* e utiliza as armas típicas de atendimento. Essa distinção é extremamente importante para possibilitar ao formulador das estratégias selecionar as armas da competição da empresa.

Para projetar o atendimento, são necessários: (1) decidir sobre os canais de acesso; (2) projetar o local, as instalações e a operação do atendimento; e (3) especificar os equipamentos. As agências bancárias tipo *private* ou *prime* são estratégias adotadas pelos bancos para tentar se diferenciar dos concorrentes.

Projeto do atendimento é comumente escolhido como campo da competição ou coadjuvante pelas empresas do setor de comércio e serviços. Entretanto, o fato de qualquer atendimento ter de ser projetado não significa que a empresa compete em atendimento.

Analogamente ao exposto na competição em projeto do produto, o projeto do atendimento deve ser norteado pela adequação do atendimento ao cliente, para o que é necessário pesquisar suas exigências, necessidades, preferências, expectativas ou anseios.

**9. Competir em qualidade do atendimento** significa oferecer, ou almejar oferecer, atendimento que o comprador julgue de melhor qualidade que a de empresas concorrentes. Lembre-se de que atendimento se refere a recepção, contato e comunicação com o cliente.

Analogamente ao exposto na competição em qualidade do produto (item 5 anterior), é importante compreender o significado de qualidade do atendimento ao cliente – para ele, significa tanto as características intrínsecas definidas pelo projeto quanto o desempenho, ou seja, avalia o projeto e a qualidade apenas como qualidade do atendimento. Mas, a empresa precisa distinguir projeto do atendimento de qualidade do atendimento, pois as armas a usar são diferentes, uma vez que projeto refere-se à concepção, e qualidade, à execução do projeto.

Há dois fatores que determinam a qualidade do atendimento: atendente e ambiente do atendimento. O desempenho do atendente, tanto o presente quanto o distante, deve primar por cordialidade, educação, cortesia, dedicação, respeito, capacidade de encantar o cliente e profundo conhecimento sobre os produtos e suas funções, para o que são relevantes o recrutamento, a seleção e o treinamento.

Atender bem os clientes é uma das principais formas de fidelizá-los, e a empresa deve adotar o lema: "Realizar uma venda é importante, manter os clientes, fundamental". Isso porque o cliente fiel tende a comprar mais frequentemente, a gastar mais e a recomendar a empresa para outras pessoas, e porque é mais barato reter do que conquistar clientes. Para tanto, comumente as empresas distribuem cartões de fidelidade e possuem SAC e até algum sistema de gestão do relacionamento com clientes, como o CRM, ECR e CPFR (Customer Relationship Management, Efficient Consumer Response, Collaborative Planning, Forecasting and Replenishment, respectivamente).

Frequentemente as empresas elegem qualidade do atendimento como campo da competição ou como coadjuvante. Elegem como campo da competição, aquelas que procuram se esmerar para proporcionar melhor atendimento do que suas concorrentes. Elegem como campo coadjuvante, aquelas que, apesar de lhes darem elevada importância, não objetivam ser a melhor entre suas concorrentes.

Como o atendimento pode se dar antes, durante e após a venda, os campos da competição, projeto do atendimento e qualidade do atendimento abrangem esses três momentos.

**10. Competir em prazo de entrega do produto** significa ofertar, ou almejar ofertar, prazo de entrega do produto menor que o dos concorrentes e conseguir cumprir o prazo combinado.

Em alguns casos, como nos das lojas de varejo e das companhias de energia elétrica, o produto precisa estar disponível para compra ou uso. Nesses casos, disponibilidade de produto é sinônimo de prazo de entrega.

Pessoas ansiosas em usufruir rapidamente dos benefícios de um produto, ou numa situação de emergência (como nos casos de saúde) ou de urgência (como no caso de conserto de veículo) valorizam muito o prazo de entrega; assim como as empresas compradoras que dependem de materiais para operar e poder cumprir seus compromissos de entrega. Por isso, prazo de entrega é, com alguma frequência, escolhido como campo da competição ou coadjuvante.

É moderna e forte a tendência de as empresas operarem com baixos estoques a fim de reduzir seus custos. Para isso, as compradoras procuram adquirir em pequenos lotes, o que implica intervalos curtos entre as entregas da fornecedora, sistema conhecido como *just in time*. Daí, ser essencial o cumprimento do prazo de entrega para reduzir o risco de desabastecimento. Consequentemente, a importância da competição em prazo de entrega é crescente. Os lojistas da Rua Santa Ifigênia, em São Paulo, por exemplo, já não mais mantêm estoque para trinta dias, como no passado, mas sim, para dois dias. Na falta do produto, dão prazo de entrega de dois dias ao cliente, pois a indústria compromete-se em abastecê-lo em 24 horas. E a área daquelas grandes lojas do passado é hoje ocupada por dezenas de quiosques, principalmente de produtos eletrônicos.

Essa nova política de compra está obrigando as empresas fornecedoras a trabalhar também no sistema *just in time* para reduzir seus estoques, sendo essencial possuírem rapidez de produção. Para tanto, algumas armas são relevantes para fabricantes, como o planejamento e controle da produção, gestão de estoques, máquinas mais velozes, troca rápida de ferramentas e projeto do produto que privilegie a rapidez. No setor de serviços, bom exemplo é o sistema operacional dos bancos: o uso intensivo da tecnologia da informação consegue dar celeridade ao processo produtivo.

**11. Competir em prazo de atendimento** significa atender, ou almejar atender, o cliente em prazo menor que o dos concorrentes. Lembre-se novamente de que o ato de atender refere-se a recepção, contato e comunicação com o cliente.

O prazo de atendimento é determinado por dois fatores essenciais: quantidade de atendentes, para reduzir o tempo de espera na fila, e velocidade do processo produtivo, para acelerar a produção (o que é tratado pelo CAC como prazo de entrega do produto, e não como prazo de atendimento, coerentemente com a concepção de o ato de atender referir-se apenas a recepção, contato e comunicação com o cliente).

O dimensionamento do número de atendentes geralmente é feito empiricamente: colocar mais atendentes quando a fila aumenta e retirar quando ela diminui. Para não onerar seus custos devido à ociosidade de atendentes, a empresa procura ter atendentes fixos para dar conta da demanda normal e alguns funcionários polivalentes, que são deslocados de sua função principal para os postos de atendimento nos momentos de pico de movimento. Para a variação sazonal, é comum contratar funcionários temporários, como o varejo faz na época de Natal. Algumas empresas dimensionam o número de atendentes por meio de modelos matemáticos, como a teoria das filas e a simulação de sistemas.

E é necessário aperfeiçoar o processo produtivo do atendimento, como faz o McDonald's.

**12. Competir em imagem do produto e da marca** significa oferecer, ou almejar oferecer, produto que o cliente julgue ter melhor imagem que a dos produtos concorrentes e possuir, ou almejar possuir, imagem crível do produto e da marca mais favorável que a dos concorrentes, num aspecto valorizado pelos clientes.

A competição nesse campo decorre do comportamento do comprador: ele não compra apenas um produto, compra também uma imagem e um símbolo de sucesso, de *status* e de poder, representados pelo produto e, por isso, está disposto a pagar um sobrepreço.

Imagem do produto e da marca geralmente é campo da competição para produtos de luxo ou de moda e é escolhido como coadjuvante para apoiar os campos da competição – a empresa que compete em qualidade do produto, por exemplo, precisa criar na mente do comprador que seu produto é superior aos das concorrentes. A Gol compete em preço em algumas rotas, mas criou a imagem de possuir preço de bilhetes aéreos menor que o das concorrentes em todas as rotas.

A origem do poder de uma marca geralmente decorre do volume comercializado (como é o caso da Coca-Cola) ou do fato de se constituir num objeto de desejo (como é o caso de joias e automóveis de luxo). Mas muitas empresas pequenas, como padarias e restaurantes, conseguiram construir marcas fortes.

Ampliação mercadológica da marca é uma estratégia para aumentar vendas e lucros, adotada por marcas de luxo, que consiste em dirigir produtos para a classe média, movimento conhecido por *masstige*, neologismo resultante da fusão das palavras *massa* e *prestígio*. Empresas que comercializam produtos populares também estão nesse caminho, mas num movimento de baixo para cima. Essas estratégias mostram a força da competição em imagem do produto e da marca.

**13. Competir em imagem de empresa confiável** significa possuir, ou almejar possuir, imagem crível mais favorável que a dos concorrentes, num aspecto valorizado por clientes, funcionários, fornecedores, membros da sociedade e acionistas e investidores.

O campo da competição anterior está relacionado à imagem do produto e da marca; este e o seguinte, à imagem da empresa como um todo.

Os campos em imagem da empresa raramente são escolhidos como campo da competição, mas são frequentemente escolhidos como coadjuvante, pois, em alguns casos, a imagem se constitui no único diferencial da empresa em relação às suas concorrentes. A vantagem competitiva da Nestlé advém da confiança dos consumidores: as mães dão produtos Nestlé aos seus filhos sem a menor preocupação.

Como, nos dias de hoje, a confiança, tanto nas pessoas quanto nas empresas, está abalada, a concepção de empresa confiável resgata um valor do passado – *a confiança entre as pessoas* –, quando vendas eram realizadas pelo sistema *fiado* (adjetivo que significa fé ou confiança), efetivamente sem juro embutido.

Como não há espaço neste capítulo para a apresentação das características da empresa confiável, recomenda-se a leitura do Capítulo 12 do livro *Campos e armas da competição* de Contador.[19] Pode-se mencionar, entretanto, a importância da ética e da governança corporativa para a imagem de empresa confiável.

**14. Competir em imagem em responsabilidade social** significa ter, ou almejar ter, imagem crível em responsabilidade social (quanto a comunidade, cidadania e meio ambiente) mais favorável que a dos concorrentes, num aspecto valorizado pelo cliente. É composto pela imagem cívica e pela imagem preservacionista.

Se imagem cívica raramente é um dos campos da competição da empresa, frequentemente é escolhida como campo coadjuvante. A imagem preservacionista já tem maior abrangência, pois pode ser um dos campos da competição das empresas que comercializam produtos ecológicos e é escolhida como campo coadjuvante por outras.

O que motiva a competição em responsabilidade social é a percepção das empresas de que a atuação socialmente responsável assegura a fidelidade dos clientes, motiva os empregados, constrói relações duradouras com fornecedores e gera imagem muito favorável nos membros da sociedade. Pelo lado dos clientes, já se constata que as pessoas estão passando a cobrar atitudes mais responsáveis por parte das empresas. Kotler,[20] por exemplo, acredita que, ao escolher produtos e serviços, algumas pessoas serão influenciadas pela reputação cívica dos fornecedores. A responsabilidade social, afirmam alguns, está provocando o surgimento de uma nova economia.

Quanto à imagem preservacionista, há três situações distintas. Se a empresa efetivamente procura oferecer produtos com melhor conteúdo ambientalista do que os de suas concorrentes, esse campo é da competição. Se a empresa comercializa produtos com conteúdo ambientalístico sem, entretanto, caracterizar uma competição com outras empresas, ou se ela não comercializa produtos com conteúdo ambientalístico mas apoia movimentos ambientalísticos, imagem preservacionista é campo coadjuvante. Nesta terceira situação, estão as empresas pertencentes a setores que possuem maior potencial poluidor, como o petroquímico, o de celulose e o automobilístico, e as não poluidoras, como as do setor de cosmético e perfumaria, que estão engajadas na preservação ambiental por meio de ações que privilegiam a biodiversidade.

## Armas da competição

### Conceitos sobre arma e arma da competição

Arma e arma da competição foram assim definidas:

- *Arma* é qualquer atividade executada ou recurso administrado por um grupo de funcionários da empresa com atribuições homogêneas.
- *Arma da competição* é qualquer atividade executada ou recurso administrado por um grupo de funcionários com atribuições homogêneas, utilizado pela empresa para conquistar e/ou manter vantagem competitiva.

Nesta seção, são dados outros conceitos e mostrado como as armas da competição e as armas relevantes são determinadas, que são dois dos pontos centrais do CAC.

A origem da vantagem competitiva está nas armas da competição (mas não só nelas, como conceituado na seção *A visão do CAC sobre competitividade, vantagem e vantagem competitiva*). É por meio de sua atuação sobre as armas da competição que a empresa proporciona efetividade competitiva a seus produtos no campo escolhido para competir em cada mercado.

Contam-se às dezenas as armas de uma empresa. Competência, na acepção dada por Hamel e Prahalad,[21] tem o mesmo significado de arma, porém mais denso e abrangente. Ou seja, uma competência contém várias armas.

*As armas da competição retratam as estratégias competitivas operacionais da empresa.* Isso significa que formular as estratégias competitivas operacionais é definir as ações que a empresa deve realizar sobre cada arma.

O CAC possui dois axiomas:* (1) uma mesma arma serve para competir em mais de um campo; e (2) para competir em um campo são necessárias várias armas. A programação da produção, por exemplo, é uma arma necessária para a empresa competir em preço, ou em prazo, ou em qualidade do produto, ou em diversidade de produtos. Se a empresa desejar competir em qualidade do produto – um campo –, precisa de várias armas: controle estatístico de processo, melhoramento contínuo no processo, estudo e padronização do trabalho, gestão da manutenção, qualidade nas matérias-primas e componentes etc.

As armas e as armas da competição são classificadas, segundo sua natureza, em: armas de produção, de atendimento, de planejamento e de apoio. Esse é o critério adotado no Apêndice do livro de Contador.[22]

Após a determinação das armas da competição da empresa, elas são classificadas, segundo sua relevância para a obtenção de vantagens competitivas no campo da competição ou no coadjuvante escolhido pela empresa, em: armas relevantes, semirrelevantes e irrelevantes para cada campo da competição.

> **Conceitos sobre armas da competição**
> As armas da competição retratam as estratégias competitivas operacionais.
> Uma mesma arma serve para competir em mais de um campo.
> Para competir em um campo são necessárias várias armas.

## Determinação do conjunto das armas da competição de uma empresa

Como são identificadas as armas da competição? Essa questão é uma das centrais do CAC. Para ser da competição, uma arma precisa ter as seguintes características: (1) ser uma atividade das mais importantes de um setor administrativo, ser uma das realizadas mais frequentemente e/ou ser uma das mais onerosas em termos de pessoas e equipamentos; (2) ser um dos recursos mais importantes de um setor

---

* Axioma é uma proposição irredutível, um princípio geral evidente por si mesmo, ao qual todas as demais proposições se reduzem e no qual as últimas necessariamente se apoiam (FERRATER MORA, J. *Dicionário de filosofia*. São Paulo: Martins Fontes, 1996).

administrativo, ser um dos utilizados mais frequentemente e/ou ser um dos mais onerosos em termos financeiros; (3) ser uma arma importante que o setor não utiliza, mas deveria; e (4) possuir conteúdo estratégico, ou seja, que possa propiciar vantagem competitiva à empresa.[23]

O procedimento para a identificação das armas da competição de uma empresa é o seguinte: (1) seleção, na relação de armas que consta do Apêndice do livro de Contador,[24] de todas as atividades e recursos que têm potencial para serem armas da competição da empresa, o que geralmente resulta em cerca de cem armas; (2) validação e complementação dessa lista, por meio de consulta às diversas áreas da empresa, utilizando um questionário que contém a descrição das armas selecionadas e no qual é perguntado se a empresa as utiliza para competir, que resulta numa segunda lista que geralmente contém de 60 a 80 armas; (3) descrição do conteúdo das armas, com o auxílio das áreas da empresa; (4) identificação no universo de armas da segunda lista, por meio da análise de conteúdo, das armas que possuam conteúdo estratégico, ou seja, que possuam as características acima mencionadas, necessárias para fazer parte do conjunto de armas da competição da empresa, conjunto denominado Lista de Armas da Competição da Empresa, geralmente contendo de 40 a 60 armas. Para maiores detalhes, consultar os subcapítulos 4.2 a 4.4 do livro de Contador.[25]

Para esclarecer o significado de conteúdo estratégico, tome-se, como exemplo, a atividade contabilidade. Como é uma atividade, é uma arma. E é, sem dúvida, uma atividade muito importante. Mas, a contabilidade tradicional não é uma arma da competição, porque não tem conteúdo estratégico, nem proporciona vantagem competitiva à empresa. Entretanto, poderá ser uma arma da competição para determinada empresa se ela abranger certos conteúdos, tais como: preparação de informações, inclusive de concorrentes, para auxiliar a formulação das estratégias, controle dos resultados econômicos das estratégias, capacidade de avaliar a vantagem competitiva da empresa e dos concorrentes.

No caso do fabricante de notebooks que ilustra este capítulo, identificaram-se na Relação de Armas que consta do Apêndice do livro de Contador, 111 armas, que teriam potencial para serem armas da competição desse fabricante. Por meio do procedimento descrito acima, foram reduzidas a 65. Tendo sido notado nessa quantidade que havia algumas armas com conteúdo próximo, elas foram fundidas em armas com conteúdo ampliado, chegando às 52 armas da competição, mostradas na Tabela 11.1. Como a dificuldade operacional do processo prescrito pelo CAC é proporcional à quantidade de armas, um número menor de armas facilita a coleta de dados e o cálculo das variáveis.

## Relevância das armas da competição

Uma analogia com a área militar facilita a explicação de relevância. Na área militar, do arsenal são selecionadas as armas para uma batalha e, de acordo com o tipo de combate, serão utilizadas as armas apropriadas. Todas são armas de combate (aqui denominadas armas da competição), mas só algumas serão empregadas – e o que determinará isso é o tipo do combate. O carro de combate, que é uma das armas mais importantes do Exército, é irrelevante para combater traficantes nos morros cariocas, porque seu tamanho não o permite transitar nas ruas estreitas.

Na empresa, do arsenal das suas armas da competição são "retiradas" as que serão usadas para competir num certo campo. A relevância da arma para a competitividade (leia-se, para os campos da competição) da empresa é o critério para identificar se uma arma da competição deve ou não ser utilizada para competir num campo. Ou seja, é o campo da competição que determina se uma arma da competição da empresa é ou não relevante para a competição.

Como já mencionado, pelo critério de relevância, as armas da competição são classificadas em armas relevantes, semirrelevantes e irrelevantes para cada campo da competição.

**Arma relevante** é uma arma pertencente ao conjunto das armas da competição da empresa que proporciona a esta elevada vantagem competitiva no campo escolhido para competir. É uma arma necessária para a competição num determinado campo. É a alta intensidade das armas relevantes que proporciona vantagem competitiva à empresa (o conceito de intensidade da arma será apresentado adiante). Portanto, é justificável um elevado investimento para a obtenção de expressiva competência.

**Arma irrelevante** é uma arma pertencente ao conjunto das armas da competição da empresa que não propicia a esta vantagem competitiva no seu campo da competição nem no coadjuvante. Ou seja, é uma arma da competição inútil para uma determinada estratégia competitiva de negócio e deve ter baixa intensidade, exigindo pequeno investimento.

**Arma semirrelevante** é uma arma da competição da empresa de importância intermediária entre as armas relevantes e as irrelevantes para o campo da competição e deve ter intensidade média, sendo injustificável um alto investimento.

É conveniente reforçar o conceito: a arma é classificada como relevante, semirrelevante ou irrelevante exclusivamente em decorrência do campo escolhido pela empresa para competir. Dessa assertiva derivam dois corolários:[†] (1) uma arma

---

[†] Corolário é uma proposição deduzida de uma demonstração precedente que contém um acréscimo de conhecimento (ABBAGNANO, N. *Dicionário de filosofia*. São Paulo: Martins Fontes, 2000).

relevante para um campo da competição pode ser irrelevante para outro e semirrelevante para um terceiro; e (2) uma arma classificada como irrelevante para um campo da competição não pode ser excluída, pois ela faz parte do conjunto das armas da competição da empresa.

Para classificar as 40 a 60 armas da competição (determinadas da forma exposta) em armas relevantes, semirrelevantes e irrelevantes para um *determinado campo da competição*, há dois métodos: pela matriz de priorização das armas da competição ou pelo método expedito. O primeiro é o mais preciso, mas não há espaço neste artigo para descrevê-lo – os interessados podem consultar o subcapítulo 4.5 do livro de Contador.[26]

O método expedito consiste simplesmente em classificar as 40 a 60 armas da competição de forma que obedeçam à seguinte distribuição forçada: as armas relevantes devem corresponder a cerca de 25% delas e as semirrelevantes, a cerca de 35% delas. Esse foi o método utilizado no caso do fabricante de note e netbooks que ilustra este capítulo, cujo resultado para o campo qualidade do produto está mostrado nas terceira e quarta colunas da Tabela 11.1.

## Armas da cooperação

Além das armas da competição, há as armas da cooperação.

Analisando as estratégias competitivas das empresas, constata-se que, ao mesmo tempo em que competem entre si, elas cooperam umas com as outras. Cooperam naquilo em que há interesse comum. Nas palavras de Nalebuff e Brandenburger,[27] "cooperam quando o objetivo é criar um bolo e concorrem na hora de dividi-lo". Por isso, há armas da cooperação. Elas são utilizadas frequentemente nos aglomerados empresariais (*clusters*).

*Arma da cooperação é a atividade executada ou o recurso utilizado pela empresa para atuar juntamente com outras, com a finalidade de obter benefícios comuns*, como cooperação para desenvolvimento de tecnologia de processo, cooperação para compra de materiais.

Geralmente, a empresa colabora com suas concorrentes nas atividades ou nos recursos que não comprometem sua vantagem competitiva em um de seus campos. Uma empresa, por exemplo, que não compete em preço pode participar de uma central de compras junto com suas concorrentes, o que aumenta o poder de negociação com fornecedores e reduz o custo dos materiais, o que é desejável. Entretanto, se ela competir em preço, precisa ser capaz de comprar materiais a custos menores que os obtidos pelas concorrentes, pois necessita alcançar vantagem competitiva no campo preço e não pode partilhar essa vantagem.

## Alvos das armas

Além de campo da competição e arma da competição, o CAC possui uma terceira entidade: o alvo da arma.

O exemplo dado no início deste capítulo para definir campo da competição e arma da competição é útil para introduzir os conceitos, mas contém duas impropriedades, pois produtividade e rapidez de produção foram denominadas armas, e na realidade não são.

Arma, por definição, é uma atividade ou um recurso da empresa. Ora, produtividade e rapidez de produção não são nem atividade nem recurso. Na verdade, para a empresa alcançar alta produtividade, o que é fundamental para competir em preço, necessita utilizar muitas armas. Mas, se, como mencionado, uma mesma arma serve para competir em mais de um campo, pode-se depreender que deve haver alguma diferença. E de fato há – uma arma serve para competir em mais de um campo, mas com objetivo diferente conforme o campo da competição.

Tome-se, como exemplo, a arma programação da produção, citada na seção *Conceitos sobre arma e arma da competição*. Se a empresa decidiu competir em preço, precisa ter alta produtividade para obter baixo custo, e o programa de produção deve evitar ao máximo as paradas de máquinas e de pessoal (pois horas paradas oneram os custos), o que provavelmente obrigará o produto a sofrer algumas paradas. Se a empresa decidiu competir em prazo de entrega, precisa ter alta velocidade de produção, e o programa de produção deve evitar ao máximo as paradas do produto, o que provavelmente obrigará as máquinas e o pessoal a sofrer algumas paradas. Essas duas situações decorrem do fato de ser difícil balancear os tempos das operações. É fácil de entender que o programa de produção que tem por objetivo aumentar a produtividade é diferente daquele cujo objetivo é aumentar a velocidade. Ou seja, a mesma arma, programação da produção, gera dois programas de produção diferentes. E por quê? Porque ela tem objetivos diferentes.

Assim, para o CAC, *o objetivo de uma arma é denominado alvo da arma*. Alvo da arma é, pois, uma terceira entidade, distinta de campo e de arma. Pelo exposto, conclui-se que: (1) o alvo é o elemento de ligação entre um campo da competição e as armas utilizadas; e (2) há um alvo relacionado a cada campo da competição, como mostra o Quadro 11.1.

Em decorrência do conceito de alvo, pode-se concluir que os dois axiomas, mencionados na seção *Conceitos sobre arma e arma da competição*, geram dois postulados:[‡] (1) uma mesma arma serve para competir em mais de um campo,

---

[‡] Postulado é uma proposição de caráter fundamental para um sistema dedutivo que não é evidente por si mesma. A diferença entre axioma e postulado é a evidência – o primeiro é evidente por si mesmo, o segundo não (FERRATER MORA, J. *Dicionário de filosofia*. São Paulo: Martins Fontes, 1996).

*mas terá alvos diferentes*; (2) para competir em um campo, são necessárias várias armas da competição, que *terão idêntico alvo*. É na forma de postulado que essas proposições são utilizadas no CAC.

**Quadro 11.1** Alvos das armas associados a cada campo da competição.

| Campo da competição | Alvo relativo ao campo da competição | Alvo relativo ao campo coadjuvante |
|---|---|---|
| Competição em preço: | | |
| 1. Preço propriamente dito | Produtividade | Produtividade |
| 2. Condições de pagamento | Produtividade | Produtividade |
| 3. Prêmio e/ou promoção | Produtividade | Produtividade |
| Competição em produto: | | |
| 4. Projeto do produto | Novidade | Diversos |
| 5. Qualidade do produto | Qualidade no processo | Qualidade no processo |
| 6. Diversidade de produtos | Flexibilidade | Flexibilidade |
| Competição em atendimento: | | |
| 7. Acesso ao atendimento | Acessibilidade | Acessibilidade |
| 8. Projeto do atendimento | Novidade | Diversos |
| 9. Qualidade do atendimento | Qualidade no processo | Qualidade no processo |
| Competição em prazo: | | |
| 10. Prazo de entrega do produto | Velocidade | Velocidade |
| 11. Prazo de atendimento | Velocidade | Velocidade |
| Competição em imagem | | |
| 12. Do produto e da marca | Desejabilidade | Confiabilidade |
| 13. De empresa confiável | Confiabilidade | Confiabilidade |
| 14. Em responsabilidade social | Responsabilidade social | Responsabilidade social |

*Fonte*: CONTADOR, J. C. *Campos e armas da competição*. São Paulo: Saint Paul, 2008. p. 101.

---

**Conceitos e definição de alvo das armas e associação entre alvo das armas e campos da competição**

*Alvo da arma* é o objetivo que a arma deve atingir.
O alvo da arma é determinado pelo campo da competição.
Alvo é o elo entre um campo da competição e as armas utilizadas.
Uma mesma arma serve para competir em mais de um campo, mas terá alvos diferentes.
Para competir em um campo, são necessárias várias *armas da competição*, que terão idêntico alvo.
As armas da competição da empresa devem mirar o alvo associado ao campo da competição escolhido pela empresa.

## Estrutura dos elementos essenciais e distintivos do CAC

Para o bom entendimento do CAC, é necessário compreender: (1) as inter-relações entre suas entidades, os indicadores de desempenho operacional e os indicadores de resultado da empresa; (2) a tese e as sete variáveis quantitativas; (3) caracterização analógica e simbólica; e (4) objetivo e aplicações. Como o CAC é um modelo de estratégia competitiva, é conveniente conceituá-la, o que é feito na seção intitulada *A visão do CAC sobre competitividade, vantagem e vantagem competitiva*.

### Inter-relações entre as entidades campos, armas e alvos: o modelo conceitual

A Figura 11.1 ilustra como as três entidades do CAC se inter-relacionam.

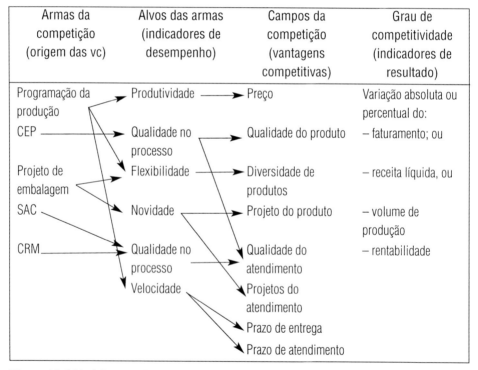

**Figura 11.1** Modelo conceitual do modelo de campos e armas da competição.
*Fonte*: CONTADOR, J. C. *Campos e armas da competição*. São Paulo: Saint Paul, 2008.

Para entender os conceitos ilustrados na Figura 11.1, retome-se o exemplo sobre a arma programação da produção. Se a empresa decidir competir em preço, ela precisa operar com alta produtividade no processo de produção, e, portanto, a arma programação da produção deve ter como alvo aumentar a produtividade. Se a empresa decidir competir em diversidade de produtos, ela tem de operar com alta flexibilidade no processo de produção, e, portanto, a programação da produção deve ter como alvo aumentar a flexibilidade. Se a empresa decidir competir em prazo de entrega, ela precisa operar com alta velocidade no processo de produção, e, portanto, a programação da produção deve ter como alvo aumentar a velocidade. Em cada um desses exemplos, a mesma arma – programação da produção – gerará programas diferentes. Conclui-se que, variando o alvo, diferente será o resultado.

A Figura 11.1 mostra graficamente os conceitos já expostos, assim resumidos:

1. O alvo das armas é o elo entre uma arma da competição e um campo da competição.
2. Há pelo menos um alvo das armas associado a cada campo da competição e pelo menos, um campo da competição associado a um alvo das armas.
3. O alvo das armas é determinado pelo campo da competição.
4. Uma mesma arma tem alvos diferentes para diferentes campos da competição.
5. Várias armas podem ter um mesmo alvo.
6. As armas da competição da empresa devem mirar o alvo associado ao campo da competição escolhido pela empresa.

A quarta coluna da Figura 11.1 corresponde ao Grau de competitividade, que é determinado por alguns indicadores de resultado. Sua posição ali quer representar que a finalidade do encadeamento das entidades (arma da competição → alvo da arma; e alvo da arma → campo da competição) é aumentar o grau de competitividade da empresa. A variável grau de competitividade será tratada adiante.

A segunda coluna da Figura 11.1 evidencia que os indicadores de desempenho operacional da empresa estão associados aos alvos das armas: indicadores de produtividade, de qualidade no processo, de velocidade, de flexibilidade etc. Mas o CAC não utiliza esses indicadores para formular as estratégias competitivas ou para analisar as razões que levam uma empresa a ser mais competitiva que outra. Ele os utiliza apenas para controlar a eficácia da implementação das estratégias competitivas operacionais. Se a empresa compete em preço, por exemplo, precisa implementar medidas que aumentem sua produtividade, e os indicadores de produtividade servem para verificar a eficácia dessas medidas.

O CAC é bastante explícito: a empresa deve atuar sobre as armas da competição e não sobre os indicadores de desempenho, pois os indicadores refletirão os efeitos dessas ações e se alterarão por consequência da ação sobre as armas da competição. Percebe-se então que a concepção do CAC é diferente daquelas metodologias de análise da competitividade que utilizam indicadores, como, por exemplo, o *Balanced Scorecard*.

## A tese do CAC e as sete variáveis quantitativas

O CAC foi construído sobre um pensamento central que fundamenta e orienta todo o modelo. Por ser um pensamento muito forte, que dá o caminho para a empresa ser competitiva, precisava ser validado. Por essa razão, foi denominado tese[§] do CAC. Para validá-lo, Contador[28] realizou, de 1999 a 2007, pesquisas em empresas dos mais diversos segmentos econômicos, cuja síntese dos resultados está na seção que trata da validação CAC.

A tese do CAC é assim enunciada: *Para a empresa ser competitiva, não há condição mais relevante do que ter alto desempenho apenas naquelas poucas armas que lhe dão vantagem competitiva nos campos da competição escolhidos para cada par produto/mercado.*

Como arma relevante é uma arma *que dá vantagem competitiva nos campos da competição escolhidos para cada par produto/mercado,* para ser competitiva, a empresa precisa ter alto desempenho nas relevantes. Esse conceito é fácil de entender se pensarmos num atleta: um maratonista tem características físicas que lhe dão alto desempenho numa corrida longa, mas não numa de cem metros. Ou seja, ele é competitivo numa prova e não na outra. Nesse exemplo, a prova corresponde ao campo da competição, e as características físicas, às armas da competição.

Para poder validar a tese de forma quantitativa, Contador[29] criou cinco variáveis matemáticas: grau de competitividade, intensidade da arma, intensidade média das armas, foco e dispersão. Mais tarde, criou outras duas, aproveitamento e poderio competitivo, que são utilizadas para a formulação das estratégias competitivas. Essas variáveis serão estudadas ao longo deste capítulo.

## Caracterização do CAC

O CAC é um modelo simultaneamente analógico e simbólico, pois utiliza conceitos qualitativos e variáveis matemáticas. Convém conceituar esses dois tipos de modelos.

Os *modelos analógicos* usam um conjunto de propriedades para representar outro conjunto de propriedades. Por exemplo, curvas de nível num mapa são análogas às elevações; e um sistema hidráulico poderá ser usado para representar um sistema elétrico, ou um sistema de tráfego, ou um econômico. Os *modelos simbólicos* usam letras, números e outros tipos de símbolos para representar as variáveis e suas relações, constituindo o tipo de modelo mais geral e abstrato, e tomam a forma de relações matemáticas (geralmente equações ou inequações), que refletem a estrutura daquilo que representam, podendo utilizar variáveis aleatórias.

---

[§] Tese é uma proposição fundamental assumida como princípio teórico que se pretende validar (ABBAGNANO, N. *Dicionário de filosofia.* São Paulo: Martins Fontes, 2000).

As analogias do CAC estão na forma de conceber: (1) os campos da competição e coadjuvantes (além do par produto/mercado) como representantes da estratégia competitiva de negócio da empresa; (2) as armas da competição e a intensidade das armas como representantes das estratégias competitivas operacionais da empresa; (3) os alvos das armas como representantes dos objetivos das armas; e (4) as sete variáveis quantitativas como representantes do relacionamento entre essas três entidades e da tese do CAC.

A parte simbólica do CAC está consubstanciada nas sete variáveis quantitativas que medem diversos elementos que constituem o CAC. Contador[30] procurou desenvolver um modelo simbólico, o qual produz quase sempre resultados mais exatos que os modelos icônicos ou analógicos.

## A visão do CAC sobre estratégia

Estratégia, estratégia competitiva, estratégia de posicionamento e estratégia corporativa já foram conceituadas nos capítulos precedentes. Cabe aqui apenas dar a visão do CAC sobre estratégia competitiva de negócio e estratégia competitiva operacional.

**Estratégia competitiva de negócio** é a estratégia competitiva de uma empresa ou de uma unidade de negócio para posicionar um produto ou a própria empresa num mercado, cuja essência, segundo o CAC, está na escolha dos campos da competição e dos campos coadjuvantes para cada par produto/mercado. Ela evidencia a visão externa da empresa (aquela que ela tem em relação aos clientes e aos concorrentes) e, segundo o CAC, versa basicamente sobre quatro questões: (a) definição da empresa almejada (delineamento inicial do negócio e fixação dos objetivos permanentes); (b) definição da linha de produtos; (c) definição dos mercados de atuação da empresa e caracterização dos clientes em cada mercado para cada produto (definição dos pares produto/mercado); e (d) definição dos campos da competição e dos campos coadjuvantes de cada par produto/mercado.

**Estratégia competitiva operacional** é a estratégia interna à empresa relativa ao seu funcionamento. Quando trata especificamente dos departamentos ou das áreas funcionais (como Marketing, Produção, Finanças, Vendas, Recursos Humanos), ela é denominada estratégia funcional. Ela evidencia a visão interna da empresa, tratando especificamente do uso de armas que aumentam sua competitividade. Segundo o CAC, a estratégia competitiva operacional corresponde à definição das ações internas à empresa necessárias à implementação da estratégia competitiva de negócio, ações que devem ser alinhadas aos campos da competição e aos campos coadjuvantes da empresa (ou seja, alinhadas à estratégia competitiva de negócio). Ela consiste na escolha das armas da competição a serem usadas pela empresa, na determinação da intensidade de cada arma e no alinhamento das armas aos campos.

## A visão do CAC sobre competitividade, vantagem e vantagem competitiva

Como o CAC é um modelo inserido na teoria da competitividade ou das vantagens competitivas, é conveniente discutir esses conceitos.

**Competitividade**, segundo o CAC, é a capacidade da empresa em obter vantagem competitiva ou em obter resultado sustentável superior ao das concorrentes, medido por um indicador de crescimento de mercado e assegurada uma rentabilidade satisfatória, por meio do alcance de uma ou mais vantagens competitivas.
**Grau de competitividade** é, segundo o CAC, a variável que mede a competitividade.
**Empresa competitiva**, de acordo com o CAC, é a empresa capaz de obter resultado sustentável superior ao das concorrentes, medido por um indicador de crescimento de mercado e assegurada uma rentabilidade satisfatória, por meio do alcance de uma ou mais vantagens competitivas de uma empresa.
**Empresa mais competitiva (ou menos competitiva)** é aquela que possui *grau de competitividade* maior (ou menor) que o de uma concorrente.
**Condicionantes da competitividade** são os fatores que determinam a competitividade de uma empresa. Segundo o CAC, são quatro os condicionantes da competitividade: (1º) produto adequado ao mercado a que se destina; (2º) escolha adequada dos campos da competição e dos coadjuvantes para cada par produto/mercado; (3º) uso adequado das armas da competição, o que significa identificar as armas que são relevantes, semirrelevantes e irrelevantes para os campos da competição e para os campos coadjuvantes e definir a intensidade dessas armas; e (4º) alinhamento das armas aos campos da competição e aos coadjuvantes.

É importante ressaltar a distinção que o CAC faz entre vantagem e vantagem competitiva:

- **Vantagem** é qualquer fator ou condição de superioridade da empresa com relação a uma concorrente, ou a si mesma em momento anterior, que a beneficia. A vantagem está relacionada às armas da competição.
- **Vantagem competitiva** é uma posição de superioridade reconhecida e valorizada pelo cliente, que leva uma empresa a ser mais competitiva que uma concorrente ou a si mesma em momento anterior. A vantagem competitiva está relacionada aos campos da competição e como ela é representada por eles, conclui-se que há 14 tipos básicos (além de suas inúmeras combinações) de vantagens competitivas, uma para cada campo da competição.

**Competir num campo** significa ser, ou almejar ser, melhor que as concorrentes nesse campo da competição, ser a empresa líder nesse campo.

## As variáveis quantitativas do CAC

Como comentado, o CAC é um modelo qualiquantitativo. Segue, pois, a tendência recente de privilegiar modelos quantitativos, tendência observada nos trabalhos publicados nos principais periódicos internacionais especializados em estratégia.[31]

O CAC possui sete variáveis matemáticas, sendo duas primárias, três fundamentais e duas terciárias. As duas variáveis primárias são as que dependem de dados obtidos na empresa: intensidade da arma e grau de competitividade. As três fundamentais constituem a essência do submodelo quantitativo: intensidade média das armas, foco e dispersão. Elas são calculadas a partir da intensidade da arma e utilizadas em todas as aplicações do CAC. As duas terciárias, no sentido de virem em terceiro lugar por dependerem das três fundamentais para serem calculadas, são: aproveitamento e poderio competitivo. São variáveis necessárias ao processo de formulação da estratégia competitiva da empresa e estão apresentadas adiante. As cinco primeiras variáveis são estudadas a seguir.

### Grau de competitividade da empresa

**Grau de competitividade** é a variável que mede a competitividade de uma empresa em relação a um conjunto de empresas do mesmo segmento econômico. Coerentemente com a definição de competitividade dada, o grau de competitividade é calculado pela variação absoluta ou percentual, num determinado período de tempo (geralmente quatro anos), de um indicador de crescimento de mercado em relação a um conjunto de empresas do mesmo segmento econômico, assegurada uma rentabilidade satisfatória. O grau de competitividade é uma variável com distribuição normal de probabilidades, porque resulta da conjunção de inúmeras variáveis.

Os indicadores de mercado utilizados com maior frequência são: faturamento ou receita líquida ou volume de produção. Os critérios de cálculo usualmente adotados são: (a) variação em números absolutos ou percentuais de uma dessas três variáveis; (b) variação em números absolutos de uma dessas três variáveis no período dividido pela variação do setor, indicador que mede quanto do crescimento do mercado foi conquistado pela empresa; (c) crescimento da participação de mercado; (d) variação percentual de participação de mercado; e (e) uma dessas três variáveis em um ano dividido pela de alguns anos antes.

A rentabilidade pode ser medida por qualquer indicador que relacione lucro com ativo. Rentabilidade satisfatória depende dos objetivos da empresa, mas um valor superior ao da média da rentabilidade do setor é considerado satisfatório, desde que o indicador de mercado esteja também num patamar acima da média do setor.

### Intensidade da arma

**Intensidade da arma** é a intensidade com que a arma é utilizada pela empresa, avaliada entre 1 e 5. É entendida também como o grau de eficácia da utilização dos recursos da arma ou a potência e alcance de uma arma. É uma variável discreta. A intensidade 5 corresponde à arma no seu estado mais evoluído, ou seja, à atividade executada no nível máximo do seu conteúdo ou ao recurso mais avançado e moderno. A intensidade 1 corresponde à arma no seu estado mais simples, ou seja, à atividade executada no nível mínimo ou ao recurso mais simples. Tome-se, a título ilustrativo, a arma planejamento e controle da produção. Ela pode ser um sistema simples, constituído por procedimentos manuais suportados por algumas planilhas desenvolvidas em Excel, por exemplo, para elaborar carga-máquina, preparar plano mestre, controlar os vários tipos de estoques e a carteira de pedidos – nesse caso, sua intensidade seria 1. E pode também ser um sistema bastante complexo que integra diversas funcionalidades, como planejamento da produção, plano mestre da produção, cálculo detalhado das necessidades de material, equipamentos e pessoal, controle de compras e planejamento das operações e vendas, acrescido ainda de instrumentos para otimizar a programação da produção. Ou seja, pode ser um MRP II (Manufacturing Resource Planning) completo – nesse caso, sua intensidade seria 5. Se a arma planejamento e controle da produção fosse um MRP, sua intensidade seria 4.

Há dois métodos para avaliar a intensidade da arma. Pelo primeiro, a avaliação é feita por meio de um questionário estruturado a ser respondido por especialistas das diversas áreas da empresa, sendo essencial definir, no questionário, o mais precisamente possível, a intensidade 1 e a 5. Como a definição dessas duas intensidades é trabalhosa, Contador[32] propôs o *método expedito*, pelo qual a empresa identifica, para cada arma, a concorrente mais evoluída nessa arma, atribui intensidade 5 a essa arma e avalia a situação da sua arma numa escala que varia de 1 a 5. Esse método decorre da ideia central do *benchmarking*. Como esse método é subjetivo, deve ser aplicado por um grupo de pessoas que conheçam bem as armas da empresa e as das concorrentes, e a intensidade final da arma resulta do consenso do grupo, da escolha pela maioria, da média das opiniões ou pela aplicação de um processo Delphi. O método expedito foi o utilizado no caso do fabricante de notebooks e netbooks que ilustra este capítulo, e os valores da intensidade da arma estão mostrados na quinta coluna da Tabela 11.1.

## As três variáveis fundamentais do submodelo quantitativo do CAC: intensidade média das armas, foco e dispersão

As três variáveis que constituem a essência do submodelo quantitativo do CAC são:

- **Intensidade média das armas** é a média aritmética da intensidade de todas as armas pesquisadas. É uma variável contínua, com domínio entre 1 e 5.
- **Foco**, o mesmo que foco das armas no campo da competição, é a variável que mede a aplicação de esforços nas armas que proporcionam vantagem competitiva no campo escolhido para competir, que mede a aplicação de esforços nas armas relevantes para o campo escolhido para competir. É uma variável contínua, com domínio entre 0 e 1. Corresponde à quantificação das forças e fraquezas, mas não da empresa como um todo, e sim em relação a cada um de seus campos da competição.
- **Dispersão**, o mesmo que dispersão das armas no campo da competição, é a variável que mede a aplicação de esforços nas armas que não proporcionam vantagem competitiva no campo escolhido para competir, que mede a aplicação de esforços nas armas irrelevantes para o campo escolhido para competir, e é o oposto do foco.

O procedimento para calcular os valores dessas três variáveis, sumariamente exposto a seguir, mas detalhado nos Capítulos 4 e 5 do livro de Contador, é constituído por quatro fases: (1) determinação do conjunto das armas da competição da empresa, já apresentada; (2) classificação das armas da competição, segundo sua relevância para a competição num determinado campo, em armas relevantes, semirrelevantes e irrelevantes, já apresentada; (3) avaliação da intensidade das armas, já apresentada; e (4) cálculo das variáveis intensidade média das armas, foco e dispersão, a seguir apresentada.

O método de cálculo das variáveis intensidade média das armas, foco e dispersão, proposto por Contador,[33] é muito simples, pois é facilitado pelo uso de uma planilha Excel. A Tabela 11.1 serve para ilustrá-lo.

Nas duas primeiras colunas da Tabela 11.1, estão numeradas e relacionadas as 52 armas da competição do fabricante de computadores, determinadas conforme descrito na fase 1.

Nas terceira e quarta colunas, intituladas relevante e irrelevante, estão indicadas, por um par de números 1 e 0, as armas relevantes, semirrelevantes e irrelevantes, classificadas conforme exposto na fase 2. O par (1; 0) indica que a respectiva arma é relevante – o número 1 significa que ela contribui para o foco, e o número 0, que não gera dispersão. O par (0; 0) indica que a respectiva arma é semirrelevante, evidenciando que ela não contribui para o foco nem para a dispersão. O par (0; 1) indica que a respectiva arma é irrelevante – o número 1 significa que ela gera dispersão, e o número 0, que não contribui para o foco. No caso da Tabela 11.1, o campo da competição é projeto do produto. Portanto, essas duas colunas valem para qualquer produto que compete em projeto.

Na quinta coluna, é anotado o valor da intensidade de cada arma do fabricante, apurado na fase 3. Como a intensidade das armas independe do campo da competição, essa coluna é sempre igual para todos os cálculos de foco e dispersão. A intensidade média das armas (2,88) é a média aritmética da intensidade das armas: 150 dividido por 52 (vide as últimas duas linhas).

A sexta coluna, valor do foco, é obtida pela multiplicação da terceira coluna pela quinta. Significa considerar apenas a intensidade das armas relevantes (que correspondem ao valor 1 da terceira coluna). O foco é medido pela relação entre a soma da intensidade das armas relevantes e a intensidade máxima possível de ser obtida no conjunto das armas relevantes. A soma da intensidade das armas relevantes é obtida pela soma dos valores da coluna Foco e indicada na linha da soma (45). A intensidade máxima possível de ser alcançada nas armas relevantes é obtida pela multiplicação da quantidade de armas relevantes (15, mostrada na linha da soma da terceira coluna) por 5, que é o valor máximo da intensidade de uma arma (75). Assim, o valor do foco do fabricante no campo projeto do produto (0,600), mostrado na última linha, é obtido pela divisão de 45 por 75.

O valor da dispersão é obtido de forma análoga. A sétima coluna, valor da dispersão, é obtida pela multiplicação da quarta coluna pela quinta. Significa considerar apenas a intensidade das armas irrelevantes (valor 1 da quarta coluna).

**Tabela 11.1** Planilha de cálculo dos valores do foco e da dispersão das armas do fabricante de computadores no campo projeto do produto

| Nº | Armas da competição | \multicolumn{2}{c|}{Projeto do produto} | Intensidade da arma | \multicolumn{2}{c|}{Valor} |
|---|---|---|---|---|---|---|
| | | Relevante | Irrelevante | | Foco | Dispersão |
| | **Organização do atendimento** | | | | | |
| 1 | Canais virtuais de acesso à empresa | 0 | 1 | 2 | 0 | 2 |
| 2 | Projeto de sistemas voltado para o cliente | 0 | 1 | 2 | 0 | 2 |
| 3 | Equipe técnica de vendas e estilo arrojado de vendas | 0 | 0 | 3 | 0 | 0 |
| 4 | Financiamento ao cliente e flexibilidade nas condições de pagamento | 0 | 1 | 2 | 0 | 2 |
| 5 | Assistência técnica | 1 | 0 | 5 | 5 | 0 |
| | **Relacionamento pessoal no atendimento** | | | | | |
| 6 | Conhecimento personalizado do cliente | 0 | 1 | 3 | 0 | 3 |
| 7 | Uniformidade, consistência e confiabilidade do atendimento | 0 | 1 | 3 | 0 | 3 |
| 8 | Ampliação de alçada decisória do atendente | 0 | 1 | 4 | 0 | 4 |

*(continua)*

**Tabela 11.1** Planilha de cálculo dos valores do foco e da dispersão das armas do fabricante de computadores no campo projeto do produto (*continuação*)

| N° | Armas da competição | Projeto do produto Relevante | Projeto do produto Irrelevante | Intensidade da arma | Valor Foco | Valor Dispersão |
|---|---|---|---|---|---|---|
| | **Processo produtivo de produtos e serviços** | | | | | |
| 9 | Estratégia adequada e inovadora do processo produtivo | 0 | 0 | 3 | 0 | 0 |
| 10 | Engenharia de processo | 0 | 0 | 2 | 0 | 0 |
| 11 | Melhoramento contínuo no processo | 0 | 1 | 3 | 0 | 3 |
| 12 | Reorganização da produção para implementar estratégias operacionais | 0 | 1 | 2 | 0 | 2 |
| 13 | Agilidade para reprogramar a produção e trocar de produto | 0 | 1 | 2 | 0 | 2 |
| | **Administração da produção de produtos** | | | | | |
| 14 | Sistema de planejamento e controle da produção e de materiais | 0 | 1 | 3 | 0 | 3 |
| 15 | Controle e melhoria da qualidade | 0 | 0 | 3 | 0 | 0 |
| | **Logística interna e externa** | | | | | |
| 16 | Estruturação da rede logística | 0 | 1 | 2 | 0 | 2 |
| 17 | Administração da logística | 0 | 1 | 2 | 0 | 2 |
| | **Fornecedor de produtos, serviços e equipamentos** | | | | | |
| 18 | Seleção e acompanhamento dos fornecedores e controle de seu desempenho | 0 | 0 | 4 | 0 | 0 |
| 19 | Certificação e parceria com fornecedores | 0 | 0 | 5 | 0 | 0 |
| | **Estratégia** | | | | | |
| 20 | Inteligência competitiva e entendimento do negócio | 0 | 0 | 4 | 0 | 0 |
| 21 | Fixação do preço do produto | 1 | 0 | 3 | 3 | 0 |
| 22 | Análise da concorrência e monitoramento dos concorrentes | 1 | 0 | 2 | 2 | 0 |
| 23 | Identificação e gestão das oportunidades, ameaças e riscos | 0 | 0 | 2 | 0 | 0 |
| 24 | Formulação das estratégias competitivas de negócio e operacionais | 0 | 0 | 3 | 0 | 0 |
| 25 | Agilidade na implementação das estratégias | 0 | 1 | 2 | 0 | 2 |
| 26 | Redefinição da linha de produtos | 1 | 0 | 3 | 3 | 0 |
| | **Marketing** | | | | | |
| 27 | Atendimento às exigências, preferências e comportamento de compra do cliente | 0 | 1 | 2 | 0 | 2 |
| 28 | Capacidade de entender as estratégias dos disputantes do sucesso | 0 | 0 | 3 | 0 | 0 |
| 29 | Propaganda e publicidade | 1 | 0 | 3 | 3 | 0 |
| 30 | Formulação da estratégia de marketing | 1 | 0 | 3 | 3 | 0 |
| | **Projeto dos produtos e serviços** | | | | | |
| 31 | Parceria tecnológica para pesquisa e desenvolvimento de produto | 1 | 0 | 3 | 3 | 0 |
| 32 | Monitoramento do desenvolvimento tecnológico | 1 | 0 | 3 | 3 | 0 |
| 33 | Engenharia de produto e tecnologia de desenvolvimento de produto | 1 | 0 | 3 | 3 | 0 |
| 34 | Captação das tendências e monitoramento das novidades | 1 | 0 | 3 | 3 | 0 |
| 35 | Agilidade no lançamento de novo produto | 1 | 0 | 2 | 2 | 0 |

*(continua)*

**Tabela 11.1** Planilha de cálculo dos valores do foco e da dispersão das armas do fabricante de computadores no campo projeto do produto (*continuação*)

| N° | Armas da competição | Projeto do produto | | Intensidade da arma | Valor | |
|---|---|---|---|---|---|---|
| | | Relevante | Irrelevante | | Foco | Dispersão |
| | **Projeto dos produtos e serviços** | | | | | |
| 36 | Organização e gestão da equipe e do próprio projeto | 1 | 0 | 3 | 3 | 0 |
| 37 | Garantia do produto | 1 | 0 | 5 | 5 | 0 |
| | **Organização da administração** | | | | | |
| 38 | Sistemas de informação gerencial e operacional | 0 | 1 | 4 | 0 | 4 |
| 39 | Programa de aumento da produtividade e redução de custos administrativos | 0 | 1 | 2 | 0 | 2 |
| 40 | Controle do desempenho operacional | 0 | 1 | 3 | 0 | 3 |
| | **Finanças** | | | | | |
| 41 | Sistemas orçamentário, contábil, financeiro e de contabilidade de custos | 0 | 0 | 3 | 0 | 0 |
| 42 | Contabilidade e controladoria com cunho estratégico | 0 | 1 | 3 | 0 | 3 |
| 43 | Disponibilidade de recursos financeiros próprios e de terceiros (financiamento) | 0 | 0 | 4 | 0 | 0 |
| 44 | Administração de crédito | 0 | 0 | 5 | 0 | 0 |
| 45 | Proteção cambial | 0 | 0 | 4 | 0 | 0 |
| | **Pessoal** | | | | | |
| 46 | Planejamento e administração de recursos humanos | 0 | 1 | 3 | 0 | 3 |
| 47 | Recrutamento, seleção e capacitação de pessoal | 0 | 0 | 3 | 0 | 0 |
| 48 | Gestão do conhecimento (*knowledge management*) | 1 | 0 | 2 | 2 | 0 |
| 49 | Motivação de pessoal e sistemas de recompensa salarial (política de salário) | 0 | 0 | 2 | 0 | 0 |
| 50 | Política de retenção e demissão seletiva de pessoal e de gestão de talentos | 1 | 0 | 2 | 2 | 0 |
| | **Cooperação** | | | | | |
| 51 | Desenvolvimento de novos produtos | 0 | 1 | 3 | 0 | 3 |
| 52 | Desenvolvimento de fornecedores | 0 | 1 | 0 | 0 | 0 |
| | **Soma:** | 15 | 21 | 150 | 45 | 52 |
| | **Intensidade média das armas, foco e dispersão:** | | | 2,88 | 0,600 | 0,495 |

*Fonte*: Elaborada pelos autores.

# Validação do CAC

Foi mencionado que, pelo fato de a tese do CAC consubstanciar um pensamento muito forte, que dá o caminho para a empresa ser competitiva, ela precisava ser validada. Para ser possível validar a tese de forma quantitativa, Contador[34] criou as cinco variáveis matemáticas estudadas anteriormente.

Para entender a razão da criação dessas variáveis, é necessário recordar a tese: *Para a empresa ser competitiva, não há condição mais relevante do que ter alto de-*

sempenho apenas naquelas poucas armas que lhe dão vantagem competitiva nos campos da competição escolhidos para cada par produto/mercado.

"Para a empresa ser competitiva, ...". Como saber se uma empresa é competitiva? Para tanto, Contador criou a variável grau de competitividade.

"... alto desempenho apenas naquelas poucas armas ...". Para medir o desempenho, Contador criou a variável intensidade da arma.

"... armas que lhe dão vantagem competitiva nos campos da competição...". Nessa frase está embutida a ideia de alinhamento das estratégias competitivas operacionais (armas) à estratégia competitiva de negócio (campos). Para medir esse alinhamento, Contador criou a variável foco, que corresponde à média da intensidade das armas relevantes. A hipótese que validaria a tese seria a existência de forte correlação entre o foco e o grau de competitividade das empresas de uma amostra.

Contador julgou importante ter uma variável que servisse de contraprova, ou seja, uma variável que representasse o desalinhamento das estratégias. Para medir esse desalinhamento, criou a variável dispersão, que corresponde à média da intensidade das armas irrelevantes dividida por 5. A hipótese que corroboraria a validação da tese seria a não existência de correlação com o grau de competitividade das empresas de uma amostra.

Entretanto, "... ter alto desempenho apenas naquelas poucas armas..." contraria o pressuposto básico da Qualidade Total, que prega a necessidade de qualidade em tudo que a empresa faz. Para medir o desempenho em todas as armas, Contador criou a variável intensidade média das armas. A hipótese que corroboraria a validação da tese seria a existência de baixa correlação com o grau de competitividade das empresas.

Os resultados das pesquisas comprovaram essas hipóteses.

Contador[35] relata 12 pesquisas realizadas em profundidade, entre 1999 e 2007, para fundamentar dissertações de mestrado, em 176 empresas de seis variados segmentos industriais e seis de serviços, nas quais foram obtidos, na média dessas pesquisas, os seguintes coeficientes de correlação de Pearson (r) entre o grau de competitividade e as variáveis foco (0,890) e intensidade média das armas (0,669), não tendo sido encontrada correlação entre o grau de competitividade com a dispersão. O quadrado desse coeficiente, conhecido como coeficiente de explicação, resulta em (0,792) e (0,448), o que significa que, em média, o foco explica 79,2% da competitividade das empresas que integraram as 12 pesquisas e a intensidade média das armas, 44,8%. Como na variável intensidade média das armas há armas relevantes, que têm forte correlação com grau de competitividade, e armas irrelevantes, que não têm correlação, concluiu-se que as responsáveis pelo valor 44,8% são as armas relevantes, que geram foco. Uma frase serve para ilustrar: é melhor uma espingarda que acerta o objetivo do que um canhão que erra.

Como os resultados das pesquisas nas empresas foram tratados estatisticamente, foi possível verificar que é de 98% a probabilidade de o foco ser a variável que melhor explica a competitividade das empresas. Ou seja, em 98% dos casos, o foco explica a razão de uma empresa ser mais competitiva que outra.

As pesquisas também concluíram que o tamanho da empresa não influencia sua competitividade, ou seja, somente algumas vezes a empresa maior é a mais competitiva.

Constatado que é o foco que explica as razões de uma empresa ser mais competitiva que outra, ele será utilizado para fundamentar a formulação da estratégia competitiva.

## Processo de formulação da estratégia competitiva pelo CAC

Expostos e discutidos todos os conceitos do CAC, pode-se agora apresentar o processo para formular a estratégia competitiva de uma empresa. A fim de dar um caráter prático à apresentação do processo, ele será acompanhado pela sua aplicação a um fabricante de computadores. Para introduzir o leitor nessa empresa, algumas de suas características são a seguir descritas.

### O fabricante de computadores e a definição do produto

Como as informações sobre essa empresa, expostas neste capítulo, são reais, é necessário manter em sigilo seu nome. Por isso, será singelamente denominada fabricante.

Ele atua no desenvolvimento e na comercialização de produtos e soluções de automação bancária e comercial de computação e de serviços, por intermédio de três unidades de negócios. Além da sede administrativa e do centro fabril, possui 33 filiais de serviços, que garantem a capilaridade necessária para atender, com agilidade e eficiência, clientes em 3,7 mil municípios, conta com dez laboratórios de suporte espalhados pelo país e atua no exterior por meio de cinco subsidiárias. Ao final de 2010, seu quadro funcional era composto de quase 6 mil colaboradores diretos. Sua receita líquida de vendas e serviços consolidada de 2010 atingiu mais de R$ 1,5 bilhão.

O caso aqui apresentado relata a formulação da estratégia competitiva apenas para a Divisão de Soluções de Computação Pessoal do fabricante, especificamente para os diversos modelos de notebooks e netbooks. Esses produtos foram escolhidos porque o mercado brasileiro de informática está crescendo significativamente: em 2010 foram comercializados 6,6 milhões de desktops e 6,7 milhões de notebooks, 17% mais do que em 2009, sendo que, pela primeira vez, o número de notebooks comercializados superou o de desktops, resultado impulsionado principalmente pela queda no preço médio dos equipamentos e pela crescente necessidade de mobilidade por parte dos usuários. As vendas de notebooks cresceram 44% em 2010, enquanto as de desktops caíram 1%.

## Passos para formular ou reformular a estratégia competitiva de uma empresa

O Quadro 11.2 mostra os passos do processo.

**Quadro 11.2** Passos do processo de (re)formulação da estratégia competitiva pelo CAC.

| Passo 1 | Definir a empresa almejada, constituído pelas etapas: (1) delinear o negócio; e (2) fixar os objetivos permanentes. |
|---|---|
| Passo 2 | Estruturar o sistema de inteligência competitiva da empresa. |
| Passo 3 | Entender o negócio, que consiste em entender: (1) o macroambiente empresarial; (2) a estrutura da indústria, usando o modelo das cinco forças de Porter;[36] (3) os clientes e os fornecedores; (4) os concorrentes atuais e potenciais; e (5) tentar descobrir de onde surgirão e quem serão os novos concorrentes. |
| Passo 4 | Identificar e avaliar oportunidades, ameaças, forças e fraquezas. |
| Passo 5 | Identificar o posicionamento competitivo da empresa e dos concorrentes pelo CAC. |
| Passo 6 | Formular alternativas de estratégia competitiva de negócio utilizando o CAC. |
| Passo 7 | Decidir a estratégia competitiva de negócio. |
| Passo 8 | Definir a estratégia competitiva operacional. |

*Fonte:* CONTADOR, J. C. *Campos e armas da competição.* São Paulo: Saint Paul, 2008. p. 344.

Como os primeiros quatro passos não apresentam novidades e a bibliografia sobre eles é rica, inclusive os Capítulos 2, 3 e 5 deste livro, não são aqui discutidos por restrição de espaço. O Capítulo 14 de *Campos e armas da competição* de Contador é integralmente dedicado a eles.

As diferenças marcantes do processo baseado no modelo CAC em relação a processos contemporâneos começam no quinto passo.

### Passo 5: identificar o posicionamento competitivo do fabricante de note e netbooks e dos concorrentes utilizando o CAC

O título completo deste passo é: "Identificar o posicionamento competitivo da empresa e o dos concorrentes, o valor atribuído pelos clientes às características do produto e as forças, as fraquezas, as eficiências e as ineficiências da empresa". Este passo é constituído por cinco etapas:

1. Identificar os segmentos do mercado de clientes para cada produto (pares produto/mercado).
2. Identificar para cada par produto/mercado os atuais campos da competição e coadjuvantes escolhidos pela empresa.
3. Identificar as características do produto e da empresa valorizadas/preferidas pelos clientes em cada par produto/mercado.
4. Identificar os campos da competição e os coadjuvantes escolhidos pelos concorrentes para cada par produto/mercado.
5. Obter a configuração das variáveis foco e dispersão das armas da competição nos campos da competição e nos coadjuvantes para cada par produto/mercado.

A etapa 1 é necessária porque a estratégia competitiva pode ser diferente para cada produto e para cada mercado. Para fins da formulação da estratégia competitiva, pode-se considerar uma família de produtos como sendo apenas um produto, desde que os vários produtos sejam similares e destinados ao mesmo público-alvo, compartilhem o mesmo processo produtivo e tenham os mesmos concorrentes. Por isso, os note e netbooks foram considerados um único produto. O mercado definido foi o território brasileiro.

As etapas 2, 3 e 4 foram cumpridas por meio de um questionário que solicitava a indicação de três dos 14 campos em relação ao fabricante, à preferência dos clientes e os escolhidos pelos concorrentes. Esse questionário foi respondido por três gestores do fabricante. O campo mais indicado foi considerado o de competição, e os outros dois mais votados, como campos coadjuvantes. O CAC prescreve essa identificação porque é pela escolha de diferentes campos da competição e coadjuvantes que as empresas se diferenciam entre si. Todos os campos citados estão no mapa estratégico da Tabela 11.2.

Quanto à etapa 5, o procedimento para calcular os valores do foco e da dispersão das armas, nos seis campos que foram citados na pesquisa acima, já foi detalhado.

### Passo 6: formular a estratégia competitiva de negócio pelo CAC

*Mapa estratégico*

Há consenso de que o sucesso da empresa advém da diferenciação. E como ela se diferencia? Segundo o CAC, ela se diferencia por meio de um produto adequado ao mercado a que se destina e pela escolha adequada dos campos da competição e coadjuvantes para cada par produto/mercado. Se a empresa decidir competir em preço, por exemplo, precisa ter um produto adequado ao mercado que valoriza preço baixo.

As informações coletadas e as variáveis calculadas no passo 5 foram sintetizadas na Tabela 11.2. Ela facilita a formulação da estratégia competitiva de negócio exatamente por apresentar, numa única folha, um *mapa estratégico* de cada par produto/mercado.

**Tabela 11.2** Mapa estratégico dos notebooks e netbooks no mercado nacional

| Campos da competição | Preço | Projeto produto | Qualidade do produto | Diversidade de produtos | Prazo de entrega | Imagem do produto e marca |
|---|---|---|---|---|---|---|
| Valorizados pelos clientes | 1º | | 2º | | | 3º |
| Atuais do fabricante | | | 1º | 3º | | 2º |
| Concorrente A | | 2º | | 3º | | 1º |
| Concorrente B | | 2º | | 3º | | 1º |
| Concorrente C | 2º | | | 3º | 1º | |
| Concorrente D | | 2º | | 3º | | 1º |
| Variáveis do fabricante para os notebooks e netbooks ||||||||
| Foco | 0,493 | 0,600 | 0,629 | 0,579 | 0,556 | 0,606 |
| Dispersão | 0,568 | 0,495 | 0,495 | 0,400 | 0,633 | 0,600 |
| Aproveitamento | - 0,075 | 0,105 | 0,134 | 0,179 | - 0,077 | 0,006 |
| Ordem decrescente dos focos | 6 | 3 | 1 | 4 | 5 | 2 |
| Ordem decrescente dos aproveitamentos | 5 | 3 | 2 | 1 | 6 | 4 |
| Campos propostos para o fabricante | 2º | 1º | 3º | | | |

| Poderio competitivo | Máximo | Campos atuais | Campos propostos |
|---|---|---|---|
| | (0,629 + 0,606 + 0,600)/3 = 0,612 | (0,629 + 0,606 + 0,579)/3 = 0,605 | (0,600 + 0,493 + 0,629)/3 = 0,574 |

Legenda: 1º = campo da competição; 2º = 1º campo coadjuvante; 3º = 2º campo coadjuvante

*Fonte*: Elaborada pelos autores.

Antes de apresentar as razões da escolha dos campos propostos para o fabricante, mostrados na última linha da Tabela 11.2, que representam a estratégia competitiva de negócio dos note e netbooks no mercado nacional, é conveniente relembrar alguns conceitos já expostos. O *foco* mede a aplicação de esforços nas armas que proporcionam vantagem competitiva num campo, e há correlação muito forte entre ele e o grau de competitividade da empresa – na média das pesquisas realizadas por Contador para validar o CAC, ele explica 79% do complexo fenômeno da competitividade da empresa, ou seja, quanto maior o foco, maior o grau de competitividade da empresa. A *dispersão* mede a aplicação de esforços nas armas que não proporcionam vantagem competitiva num campo e representa desperdício de recursos, sendo que quanto mais baixo for seu valor, mais eficiente é a empresa nesse campo; além disso, não foi encontrada correlação entre ela e o grau de competitividade. Entretanto, a interpretação do valor da dispersão precisa ser cuidadosa, porque uma arma relevante para um campo (aquela que dá vantagem competitiva nesse campo e proporciona foco) pode ser irrelevante para outro, o que acarreta dispersão neste último campo.

E é o momento de definir as outras duas variáveis do CAC, mostradas na Tabela 11.2:

- **Aproveitamento** é a capacidade da empresa em ser competitiva com menor custo e é medido pela diferença entre o foco e a dispersão no mesmo campo.
- **Poderio competitivo** da empresa é a média dos valores do foco de cada campo da competição e de cada campo coadjuvante que forma um subconjunto de campos.

*Formulação da estratégia competitiva de negócio: escolha dos campos*

A escolha dos campos da competição e coadjuvantes deve ser feita de acordo com as 10 diretrizes gerais para a formulação da estratégia competitiva de negócio, sugeridas por Contador[37] e de acordo com suas recomendações relativas ao ciclo de vida do produto, ao estágio de evolução do mercado e à participação de mercado da empresa. Entretanto, para simplificar o exemplo deste capítulo, a escolha dos campos mostrados na última linha da Tabela 11.2 foi feita apenas de acordo com as cinco primeiras diretrizes gerais, que são as decorrentes do CAC:

**Diretriz 1**: Escolher campos da competição e coadjuvantes na mesma ordem daqueles valorizados pelos clientes.

**Diretriz 2**: Escolher o subconjunto de campos que possua grande poderio competitivo, que significa *escolher campos para obedecer à ordem decrescente dos focos.*

**Diretriz 3**: Comparar a empresa com as concorrentes em termos das características do produto, dos campos nos quais o produto compete, das vulnerabilidades, do ímpeto competitivo e da posição competitiva, considerações que permitem decidir por confronto ou esquivamento da competição.

**Diretriz 4**: Escolher campos na ordem decrescente do aproveitamento, pois alto foco retrata eficácia – ter alto desempenho apenas nas armas que proporcionam vantagem competitiva –, e baixa dispersão representa pequeno desperdício de recursos, o que retrata eficiência.

**Diretriz 5**: Procurar não eleger campos da competição que exijam o uso de uma mesma arma com alvos diferentes, como preço e qualidade.

Como alerta Contador,[38] as diretrizes são incompatíveis entre si, donde se conclui que cabe ao decisor escolher qual delas deve ser priorizada em cada caso.

Analisando a Tabela 11.2, é possível vislumbrar uma estratégia interessante: competir em projeto do produto tendo preço como campo coadjuvante. Isso significa definir uma faixa de preço acessível à maioria dos clientes (preço é o campo mais valorizado por eles) e oferecer, dentro dessa faixa, o melhor projeto do produto (caracterizado pela aparência visual, funções a cumprir, facilidade de uso, qualidade dos materiais e do acabamento etc., que os note e netbooks devem ter). Essa proposta, decorrente da diretriz 3, evidencia uma combinação de campos não adotada por nenhum concorrente, o que provavelmente dará vantagem competitiva ao fabricante, pois os clientes entendem qualidade do produto, o segundo campo mais valorizado, também em função do projeto do produto. Essa estratégia, ao privilegiar a diretriz 3, contraria as diretrizes 1, 2 e 4 devido ao baixo foco no campo preço (0,493), o que exigirá maiores investimentos para aumentar a intensidade das armas relevantes ao campo preço. E contraria também a diretriz 5, devido à incompatibilidade entre os campos projeto do produto e preço, mas como os clientes de note e netbooks estão ansiosos por um bom produto dentro de uma faixa de preço acessível, se a empresa conseguir satisfazê-los, conseguirá vantagem competitiva sobre os concorrentes.

Para completar essa estratégia, a proposta de adotar qualidade do produto como segundo campo coadjuvante atende às diretrizes 1 (maior foco), 2 (aumenta o poderio competitivo) e 4 (segundo maior aproveitamento), e o que é mais notável: nenhum concorrente atua explicitamente nesse campo, o que caracteriza esquivamento da competição segundo a diretriz 3 e proporciona uma posição única do fabricante entre os concorrentes.

Como a estratégia proposta dá desvantagem competitiva ao fabricante em imagem do produto e da marca, que é o campo da competição de três concorrentes, ele precisa confrontá-los. Para tanto, deve usar armas de marketing para criar na mente dos clientes ideias do tipo: "nessa faixa de preço, os melhores note e netbooks são os do fabricante" e "esses produtos valem mais do que custam".

## Passo 7: definir as estratégias competitivas operacionais

### Proposta de novas intensidades das armas do fabricante

Se a estratégia de negócio está relacionada aos campos da competição, a operacional está relacionada às armas da competição. Pelo modelo CAC, é muito fácil definir a estratégia competitiva operacional, pois seu processo está fundamentado na variável foco. Como comprovaram as pesquisas realizadas por Contador:[39] 79% da competitividade das empresas das amostras são explicadas pelo foco.

Assim, a definição da estratégia competitiva operacional, segundo o processo prescrito pelo CAC, é óbvia: basta definir medidas administrativas para aumentar o foco, ou seja, aumentar a intensidade das armas relevantes aos campos da competição e coadjuvantes, e eventualmente diminuir a das irrelevantes, o que reduz a dispersão, uma vez que a dispersão não influencia a competitividade de uma empresa.

No caso do fabricante de note e netbooks, foram adotadas as recomendações de Contador[40] sobre a intensidade que uma arma deve ter em função da sua relevância para os campos da competição e coadjuvantes, expostas na Tabela 11.3.

**Tabela 11.3** Recomendação sobre a intensidade das armas

| Campo || Intensidade da arma | Campo || Intensidade da arma | Campo || Intensidade da arma |
|---|---|---|---|---|---|---|---|---|
| 1º | 2º | | 1º | 2º | | 1º | 2º | |
| R | R | 5 | S | R | 4 | I | R | 3 |
| R | S | 5 | S | S | 3 | I | S | 2 ou 1 |
| R | I | 4 | S | I | 3 ou 2 | I | I | 1 |
| Legenda: 1º campo = Campo da competição; 2º campo = Campo coadjuvante; R = Arma relevante; S = Arma semirrelevante; I = Arma irrelevante |||||||||

*Fonte*: Adaptação de CONTADOR, J. C. *Campos e armas da competição*. São Paulo: Saint Paul, 2008. p. 403.

No caso dos note e netbooks, decidiu-se não propor a redução da intensidade atual das armas irrelevantes, imaginando que numa futura revisão da estratégia, quando outros campos poderão ser escolhidos, algumas delas talvez se tornem relevantes. Quanto às armas cujo aumento da intensidade para o valor sugerido pelo CAC exigiria investimento elevado, foi proposto um aumento menor, deixando para o futuro novos investimentos.

Com os valores propostos para a intensidade das armas, foram recalculados os valores da intensidade média das armas, do foco e da dispersão. A intensidade média das armas passou de 2,88 para 3,42, um aumento de 19%. O foco no campo projeto do produto passou de 0,600 para 0,867; no campo preço, de 0,493 para 0,680; e no campo qualidade do produto, de 0,629 para 0,829. A dispersão no campo projeto do produto passou de 0,495 para 0,533; no campo preço, de 0,568 para 0,621; e no campo qualidade do produto, de 0,495 para 0,581. O poderio competitivo passou de 0,574 para 0,792, um aumento de 38%.

Deve ser ressaltado que esse aumento de 38% foi alcançado com um aumento de apenas 19% na intensidade média das armas, valor este que grosseiramente reflete os investimentos que precisarão ser feitos – ou seja, um efeito grande com um investimento relativamente menor. Além dessa vantagem, nota-se que o processo de formulação da estratégia competitiva prescrito pelo CAC gera estratégias operacionais perfeitamente alinhadas à estratégia de negócio, pois, como o foco é a variável que mede o alinhamento das armas ao campo da competição, a estratégia operacional já nasce alinhada à de negócio. Não há esforço para alinhar, como, por exemplo, o exigido pelo *Balanced Scorecard*.

A fim de avaliar o impacto da nova estratégia na competitividade da empresa, Contador[41] recomenda o cálculo do valor do foco e da dispersão para o conjunto dos campos escolhidos, utilizando pesos em função da relevância conjunta, o que não foi feito neste capítulo devido à restrição de espaço.

*Implementação das estratégias competitivas: o plano de ação*

A estratégia competitiva de negócio não passa de uma ideia e, portanto, não é implementável. Sua implementação se dá pela implementação das estratégias operacionais, estas sim, implementáveis por serem medidas concretas, como discutido a seguir.

Definida a intensidade que cada arma deve ter para alcançar os novos valores do foco e da dispersão, faltam somente definir medidas administrativas para alcançar esses valores, ou seja, definir o plano de ação, envolvendo investimentos, melhorias e realocações de recursos (pois geralmente é possível passar alguns recursos das armas irrelevantes para as armas relevantes, o que reduz os custos da implementação das estratégias operacionais).

A facilidade do processo está no fato de saber exatamente o que e como fazer, pois as armas da competição já foram identificadas e suas intensidades atuais, avaliadas. Assim, as pessoas que avaliaram a intensidade de cada arma sabem exatamente o que é necessário para elevar (ou reduzir) a sua intensidade. Tome-se, como exemplo, a arma 22 da Tabela 11.1 – Análise da concorrência e monitoramento dos concorrentes. Para elevar sua intensidade de 2 para 4, é necessário: (1) analisar também as empresas que disputam o sucesso, como fornecedores e clientes, e não apenas as concorrentes atuais; (2) tentar descobrir de onde surgirão e o que farão novos concorrentes, mesmo de indústrias distantes do seu negócio, pois poderão gerar inovações que o afetem; (3) analisar empresas não concorrentes que podem impactar seu negócio; (4) tentar desvendar o segredo do sucesso competitivo dos concorrentes; e (5) implementar um sistema permanente de pesquisa concorrencial de preço, produto, qualidade, prazo e satisfação do cliente.

# Comparação do CAC com outros modelos e conclusões

## Comparação do CAC com os modelos de Porter, da RBV e de Hamel e Prahalad

Cabe discutir e comparar o processo de formulação da estratégia competitiva fundamentado no CAC com o de outros três modelos consagrados da teoria da competitividade, o de Porter, o da RBV e o de Hamel e Prahalad.

Se adotado o modelo de Porter, a estratégia competitiva de negócio de uma empresa seria formulada a partir das cinco forças competitivas que determinam a rentabilidade da indústria e as três estratégias competitivas genéricas, e as estratégias competitivas operacionais, a partir da cadeia de valores. O CAC usa as cinco forças (ameaça de novos entrantes, poder de negociação dos compradores, poder de negociação dos fornecedores, ameaça de serviços ou produtos substitutos e rivalidade entre empresas existentes) apenas para entender o negócio no qual a empresa está inserida e, depois de formuladas as alternativas de estratégia de negócio e antes da decisão sobre qual escolher, para avaliar o impacto de cada força nas alternativas. O CAC concentra-se na quinta força, rivalidade entre empresas existentes, pois entende que as quatro primeiras afetam de forma semelhante todo o setor e, por isso, pouco auxiliam a formulação das estratégias competitivas, já que não conseguem estabelecer diferenças significativas entre os concorrentes.

A análise das três estratégias genéricas (liderança em custo, diferenciação e enfoque), que decorrem da vantagem competitiva em custo baixo ou em diferenciação, é de extrema importância. Nesse ponto, a análise pelo CAC permite estabelecer todas as alternativas à disposição da empresa para se diferenciar, alternativas representadas por alguns dos 14 campos da competição combinados com alguns dos 14 campos coadjuvantes.

A cadeia de valores divide a empresa nas diversas atividades relativas ao projeto, produção, marketing e distribuição, classificadas em atividades primárias e de apoio, conceito semelhante ao de armas do CAC. Nesse aspecto, o CAC identifica, dentre as armas, aquelas que são utilizadas para competir e as classifica em armas relevantes, semirrelevantes e irrelevantes, concentrando-se na análise das relevantes para os campos da competição da empresa, que são as que proporcionam competitividade a ela como evidencia a tese do CAC e cuja intensidade média é medida pela variável foco.

Caso fosse adotado o modelo da RBV, a estratégia competitiva de uma empresa seria formulada a partir da análise dos recursos e capacidades controlados por ela, que, segundo Barney,[42] devem ser valiosos, raros, de difícil imitação e organizados. O CAC entende que, nos mais diversos setores econômicos, é difícil encontrar um recurso que seja raro e de difícil imitação, capaz de diferenciar uma empresa de outra: os equipamentos do parque tecnológico são adquiridos no mercado, os funcionários são recrutados no mercado e podem ser treinados de forma semelhante pelos concorrentes, as instalações estão ao alcance de todos. O CAC diferencia um recurso de uma empresa do de outra por meio da intensidade da arma – o sistema de materiais de uma empresa pode ser melhor que o de outra, e a intensidade da arma distingue essa diferença.

Caso fosse adotado o modelo de Hamel e Prahalad,[43] a estratégia de uma empresa seria formulada a partir das suas competências essenciais, conceito semelhante ao das armas relevantes: uma competência essencial é constituída por um conjunto de armas relevantes. Enquanto o modelo de Hamel e Prahalad é apenas qualitativo, o CAC dá um tratamento qualiquantitativo ao processo de formulação da estratégia competitiva, pois leva em consideração também a posição competitiva dos concorrentes, representada pelos seus campos da competição, os campos valorizados pelos clientes e o valor das variáveis foco, dispersão e aproveitamento, como bem mostra o mapa estratégico da Tabela 11.2.

## Conclusão

Condensar uma grande quantidade de informações em algumas variáveis constitui a essência e a vantagem de um modelo. Em geral é possível construir modelos que são muito simples e, ainda assim, conseguir empregá-los para prever e explicar fenômenos com alto grau de precisão. A razão disso é que, embora seja necessário um grande número de variáveis para prever um fenômeno com exatidão, um pequeno número explica geralmente a maior parte dele. A dificuldade está em descobrir as variáveis certas e a relação correta entre elas. O CAC satisfaz essas duas condições essenciais de um modelo: (1) ser simples de entender e aplicar; e (2) fornecer uma representação simplificada, mas realista em relação ao problema. Para exemplificar, pode-se destacar a capacidade do CAC de explicar, por meio da variável foco, 79% (na média das pesquisas realizadas por Contador) do complexo fenômeno da competitividade empresarial.

A deficiência do CAC reside na sua incapacidade de formular a estratégia corporativa, já reconhecida por Contador.[44] Sendo o CAC um modelo analógico, não possui um constructo análogo à estratégia corporativa como tem em relação à estratégia competitiva de negócio, representada pelos campos da competição de cada par produto/mercado, e à estratégia operacional, representada pelas armas da competição e suas intensidades.

A dificuldade na aplicação do processo de formulação da estratégia competitiva, prescrito pelo CAC, está na necessidade da descrição do conteúdo e da intensidade das armas, pois exige conhecimento do seu estado da arte, e na da elaboração da matriz de priorização das armas para cada campo da competição, que é trabalhosa.

## Questões sobre a teoria

1. O que distingue campo da competição de arma da competição? Defina e explique esses dois conceitos e cite a configuração dos campos da competição, conceituando cada um deles.
2. Explique a classificação das armas da competição segundo sua natureza e discorra sobre o procedimento recomendado pelo CAC para determinar as armas da competição de uma empresa.
3. Discorra sobre o conceito de relevância da arma da competição, abordando sua importância e o procedimento para classificar as armas da competição da empresa segundo a relevância para propiciar vantagem competitiva a ela.
4. O que é e quais são os alvos das armas? Qual a importância deles?
5. Quais são as analogias do modelo de campos e armas da competição com os conceitos da teoria da estratégia competitiva empresarial?
6. O CAC tem um pensamento central muito forte que Contador denominou tese do modelo de campos e armas da competição. Qual é seu enunciado e qual é sua importância?
7. O CAC tem uma visão própria sobre estratégia competitiva de negócio, estratégia competitiva operacional, competitividade, condicionantes da competitividade, vantagem e vantagem competitiva. Discorra sobre como ele os conceitua e comente os indicadores que adota para medir o grau de competitividade de uma empresa.

## Questões sobre o caso do fabricante

1. Explique o processo de formulação da estratégia competitiva prescrito pelo CAC.
2. Considere uma empresa de seu conhecimento. Identifique cinco armas de produção, cinco de atendimento, cinco de planejamento e cinco de apoio, que tenham potencial para serem suas armas da competição, e determine os conjuntos de armas relevantes, semirrelevantes e irrelevantes para um dado campo da competição.
3. Conceitue, explique e discorra sobre a influência de cada uma das sete variáveis quantitativas do CAC na competitividade de uma empresa.
4. Explique como o CAC procede para recomendar medidas destinadas à ampliação da competitividade da empresa.

## Referências

[1] CONTADOR, J. C. *Campos e armas da competição*. São Paulo: Saint Paul, 2008. p. 127.

[2] Id. Campos da competição. *Revista de Administração*, USP, São Paulo, v. 30, n. 1, p. 32-45, jan./mar. 1995.

[3] Id. Armas da competição. *Revista de Administração*, USP, São Paulo, v. 30, n. 2, p. 50-64, abr./jun. 1995.

[4] Id., op. cit.

[5] SELZNICK, P. *Leadership in administration:* a sociological interpretations. Evanston, Illinois: Row, Peterson, 1957.

[6] CHANDLER, A. D. *Strategy and structure:* chapters in history of the industrial enterprise. Cambridge, MA: MIT Press, 1962.

[7] LEARNED, E. P. et al. *Business policy:* test and cases. Homewood: Irwin, 1965.
[8] ANSOFF, I. *Corporate strategy.* Nova York: McGraw-Hill, 1965.
[9] PORTER, M. E. How competitive forces shape strategy. *Harvard Business Review,* v. 57, n. 2, p. 137-145, Mar./Abr. 1979.
[10] Idem. *Vantagem competitiva.* Rio de Janeiro: Campus, 1989.
[11] WERNERFELT, B. A resource-based view of the firm. *Strategic Management Journal,* n. 5, p. 171-180, 1984.
[12] BARNEY, J. Organizational culture: can it be a source of sustained competitive advantage? *Academy of Management Review,* v. 11, n. 3, p. 656-665, 1986.
[13] PETERAF, M. A. The cornerstones of competitive advantage: a resource-based view. *Strategic Management Journal,* West Lafayette, Indiana, USA Chichester, v. 14, n. 3, p. 179-188, 1993.
[14] KROGH, G.; ROSS, J. A perspective on knowledge, competence and strategy. *Personal Review,* Farnborough, v. 24, n. 3, p. 56-76, June 1995.
[15] BARNEY, J. B.; HESTERLY, W. S. *Administração estratégica e vantagem competitiva.* São Paulo: Prentice Hall, 2007.
[16] KAPLAN, R. S.; NORTON, D. P. *A estratégia em ação.* Rio de Janeiro: Campus, 1997.
[17] CONTADOR, J. C., op. cit., 2008, p. 20.
[18] Id., Ibid., p. 19.
[19] Id., Ibid.
[20] KOTLER, P. Competitividade e caráter cívico. In: HESSELBEIN, F.; GOLDSMITH, M.; BECKHARD, R. *A organização do futuro.* São Paulo: Futura, 1997. 428 p.
[21] HAMEL, G.; PRAHALAD, C. K. *Competindo pelo futuro.* Rio de Janeiro: Campus, 1995.
[22] CONTADOR, J. C., op. cit., 2008, p. 563-581.
[23] Id., Ibid., p. 88.
[24] Id., Ibid., p. 563-581.
[25] Id., Ibid., p. 79-90.
[26] Id., Ibid., p. 92.
[27] NALEBUFF, B. J.; BRANDENBURGER, A. M. *Co-opetição.* Rio de Janeiro: Rocco, 1996.
[28] CONTADOR J. C., op. cit., 2008, p 127-154.
[29] Id., Ibid., p. 113-121.
[30] Id., Ibid., p. 106-113.

[31] PRAHALAD, C. K.; HAMEL, G. Strategy as a field of study: why search for a new paradigm? *Strategic Management Journal*, West Lafayette, Indiana, USA, n. 15, p. 5-16, 1994.

[32] CONTADOR J. C., op. cit., 2008, p. 114-116.

[33] Id., Ibid., p. 117-121.

[34] Id., Ibid., p. 113-121.

[35] Id., Ibid., p. 127-147.

[36] PORTER, M. E. *Vantagem competitiva*. Rio de Janeiro: Campus, 1989.

[37] CONTADOR J. C., op. cit., 2008, p. 385-395.

[38] Id., Ibid., p. 385.

[39] Id., Ibid., p. 127-154.

[40] Id., Ibid., p. 400-405.

[41] Id., Ibid., p. 403-404; 520-524.

[42] BARNEY, J. B., op. cit., 1986.

[43] HAMEL, G.; PRAHALAD, C. K., op. cit., 1995.

[44] CONTADOR, j. C., op. cit., 2008, p. 34.

Impressão e acabamento